D1719756

Notfall Seele

Ambulante Notfall- und Krisenintervention in der Psychiatrie und Psychotherapie

Manuel Rupp

3., aktualisierte und erweiterte Auflage

44 Abbildungen
77 Tabellen

Georg Thieme Verlag
Stuttgart · New York

Bibliografische Information
der Deutschen Nationalbibliothek

Die Deutsche Nationalbibliothek verzeichnet diese Publikation in der Deutschen Nationalbibliografie; detaillierte bibliografische Daten sind im Internet über
http://dnb.d-nb.de abrufbar.

1. Auflage 1996
2. Auflage 2003

Dr. med. Manuel Rupp
Facharzt für Psychiatrie und Psychotherapie FMH
Bärenfelserstr. 36
4057 Basel
Schweiz

e-mail: manuel-rupp@bluewin.ch

Wichtiger Hinweis: Wie jede Wissenschaft ist die Medizin ständigen Entwicklungen unterworfen. Forschung und klinische Erfahrung erweitern unsere Erkenntnisse, insbesondere was Behandlung und medikamentöse Therapie anbelangt. Soweit in diesem Werk eine Dosierung oder eine Applikation erwähnt wird, darf der Leser zwar darauf vertrauen, dass Autoren, Herausgeber und Verlag große Sorgfalt darauf verwandt haben, dass diese Angabe **dem Wissensstand bei Fertigstellung des Werkes** entspricht.

Für Angaben über Dosierungsanweisungen und Applikationsformen kann vom Verlag jedoch keine Gewähr übernommen werden. **Jeder Benutzer ist angehalten**, durch sorgfältige Prüfung der Beipackzettel der verwendeten Präparate und gegebenenfalls nach Konsultation eines Spezialisten festzustellen, ob die dort gegebene Empfehlung für Dosierungen oder die Beachtung von Kontraindikationen gegenüber der Angabe in diesem Buch abweicht. Eine solche Prüfung ist besonders wichtig bei selten verwendeten Präparaten oder solchen, die neu auf den Markt gebracht worden sind. **Jede Dosierung oder Applikation erfolgt auf eigene Gefahr des Benutzers.** Autoren und Verlag appellieren an jeden Benutzer, ihm etwa auffallende Ungenauigkeiten dem Verlag mitzuteilen.

© 2010 Georg Thieme Verlag KG
Rüdigerstraße 14
70469 Stuttgart
Deutschland
Telefon: +49/(0)711/8931-0
Unsere Homepage: www.thieme.de

Printed in Germany

Zeichnungen und Umschlagbild:
Dr. med. Manuel Rupp, Basel
Grafische Umsetzung: Helmut Holtermann, Dannenberg
Umschlaggestaltung: Thieme Verlagsgruppe
Satz: stm media + druckhaus köthen GmbH, Köthen
gesetzt aus Adobe InDesign CS3
Druck: Grafisches Centrum Cuno, Calbe

ISBN 978-3-13-102173-1   1 2 3 4 5 6

Vorwort

Was ist anders in der 3. Auflage?

Der anhaltende Verkaufserfolg dieses Handbuches ermunterte mich, neu mit eigenen Zeichnungen zur Übersichtlichkeit und Anschaulichkeit beizutragen. Die dargestellte Methodik und Praxis haben sich im Berufsalltag der psychosozialen Nothilfe weiterhin bewährt, so dass inhaltlich wenig geändert werden musste. Die Medikamentenempfehlungen wurden aktualisiert.

Dank

In zahlreichen interdisziplinären Notfallkursen konnte ich im Dialog mit den Teilnehmern die Praxistauglichkeit der Konzepte überprüfen. Von Patienten und Angehörigen stammen ebenfalls wertvolle Hinweise. Manche Denkanstöße gaben mir meine Praxiskolleginnen lic. phil. Andrea Gallasch, Dr. med. Christine Glauser, Rita Voneschen und Dr. med. Rudolf Balmer. Die einzelnen Praxis-Kapitel habe ich Experten vorgelegt: Die Empfehlungen in Kapitel 2.1 besprach ich mit PD Dr. med. Christoph Cottier, Burgdorf. Wichtige Hinweise gaben mir Dr. med. Philipp Eich, Liestal, und Dr. med. Martin Eichhorn sowie Dr. med. Barbara Hiss in Basel (zu Kapitel 2.2), PD Dr. med. Martin Hatzinger (zu Kapitel 2.3) sowie das interdisziplinäre Team des ambulanten Dienstes Sucht ADS der Universitären Psychiatrischen Kliniken und Dr. med. Hannes Strasser in Basel (zu Kapitel 2.5). Prof. Dr. med. Wolf Langewitz in Basel gab mir viele wertvolle Anregungen zu Kapitel 2.6. Bei der aufwändigen Endredaktion haben meine Familienangehörigen aus drei Generationen tatkräftig und aufmunternd mitgearbeitet.

All diesen Mitwirkenden danke ich herzlich für ihre wichtigen Beiträge. In den Dank schließe ich Kirsten Heuser, Korinna Engeli sowie Ursula Biehl-Vatter vom Thieme Verlag ein, die mich motivierend und sachkundig unterstützt haben.

Das Buch sei Ihnen, liebe Leserin, lieber Leser, ein guter Begleiter!

Basel, im Januar 2010   Manuel Rupp

Auf der Innenseite des Buchumschlages finden Sie wichtige Übersichtstabellen!

Inhaltsübersicht

1 Grundlagen der Notfall- und Krisenintervention

1.1 Notfall und Krise

Grundbegriffe

▪ Seelische Krise

Die Gefährdung des psychischen Gleichgewichts. Im Folgenden wird zwischen „Krise" und „Notfall" – der potenziell gefährlichen Krise – unterschieden. In der Krise wird durch eine außerordentliche innere oder äußere Belastung das seelische und psychosoziale Gleichgewicht eines Individuums gefährdet. Ein zunehmend großer Teil der psychischen Energie wird zur Bewältigung der Belastung und der inneren Erschütterung gebunden. Es zeigen sich Unbehagen und Anspannung, jedoch noch keine eigentlichen Krankheitssymptome.

Bei hohen Wellen:
Krise und
Krisenintervention

In der Krise wird die
**Kraft zur
Stabilisierung des
psychischen
Gleichgewichts**
verwendet.

Krisen können in unterschiedlichen Lebenszusammenhängen entstehen[1]:
▶ **Entwicklungskrise:** normale Durchgangsstadien bei der Entwicklung durch innere Neuorientierung
  – im Rahmen der Ablösung von Jugendlichen
  – bei Menschen in einer länger dauernden Psychotherapie usw.
▶ **Belastungskrise:** durch innere (z.B. Krankheit) bzw. äußere Belastung (z.B. psychosozialer Stress), Spezialfälle sind traumatische Krisen:
  – akute Belastungsreaktion
  – posttraumatische Belastungsstörung (PTBS; Posttraumatic Stress Disorder, PTSD)
▶ **Veränderungskrise** (Caplan 1964): durch umfassenden Wechsel der Lebensumstände (life events) z.B.:
  – bei Geburt eines Kindes
  – bei Verlust eines Angehörigen

▶ **Chronische Krise** (Farewell 1990, Linehan 2007): Schwere Dauerkrise bei Suchtkranken, Borderline-Patienten usw.

■ Seelischer Notfall

Der Notfall – sofortiger Handlungsbedarf! – wird als Spezialfall einer Krise verstanden. Angesichts drohender Selbst- oder Fremdgefährdung und akuter Überforderung der Angehörigen (Gefährdung des sozialen Netzes) wird unverzügliche Hilfe von den Auftraggebern erwartet. Damit soll eine vermeintliche oder tatsächliche akute Gefahr für psychische Integrität, Leib und Leben abgewendet werden. Die bisherige Problembewältigung versagt, was nicht nur mit dem seelischen Gleichgewichtsverlust des Patienten, sondern ebenso sehr mit einer Überforderung seines Beziehungsnetzes zusammenhängt. Notfallpatienten sind zudem meist nicht mehr vertragsfähig.

> Jeder seelische Notfall ist auch ein psychosozialer Notfall.

Der Zuzug professioneller Helfer ist ein Eskalationszeichen. Normalerweise kümmern sich Familienangehörige, Arbeitskollegen und bereits behandelnde Therapeuten um notleidende Menschen. Erst wenn die Lage weiterhin akut bleibt, wird die Beanspruchung der Betroffenen zu groß, so dass außenstehende professionelle Helfer zugezogen werden.

■ Notfall- und Krisenintervention

Bei der Intervention werden alle verfügbaren Ressourcen zusammengefasst, um einen nicht wiedergutzumachenden Schaden abzuwenden. Dabei muss gehandelt werden, bevor die Ursachen für die psychische Notlage genau bekannt sind. Vieles muss sozusagen experimentell getan werden, um am Effekt einer kleinen Maßnahme die Gefährdung von Patient und Bezugspersonen erkennen zu können.

Schnelle, wirksame und damit gut überblickbare, einfache (jedoch nicht simple) Vorgehensweisen sind erforderlich. Während der Intervention müssen sie ständig überprüft – evaluiert – werden. Somit ist es hilfreich, sich schon vor dem Einsatz mit den eigenen professionellen Handlungs- und Entscheidungsmustern auseinanderzusetzen, damit das eigene Repertoire erweitert werden kann. Auch bei viel Erfahrung ist Notfallhilfe mit außerordentlichen Anstrengungen verbunden. Der Einsatz muss deshalb zeitlich limitiert werden, um den Helferkreis nicht zu erschöpfen. Entscheidungen sind rasch zu treffen. Ein Notfalleinsatz mit einem Hausbesuch ist in der Regel innerhalb von 1–2 Stunden abgeschlossen – nämlich dann, wenn die Hilfe durch reguläre Helferdienste und Angehörige weitergeführt werden kann und keine akute Gefahr mehr für Leib, Leben und Integrität des Patienten und dessen Umfeld besteht.

Die Notfallintervention ist eine interdisziplinäre Aufgabenstellung. Deshalb kommen in diesem Buch sowohl pflegerische, psychotherapeutische, medizinische wie auch sozialarbeiterische Gesichtspunkte zur Sprache. Wie in andern Notsituationen geht es um einen möglichst nutzbringenden Verbund helfender Kräfte in methodischer Zusammenarbeit.

> Notfallintervention bei seelischen Krisen ist eine interdisziplinäre Aufgabenstellung.

Notfallhelfer brauchen Professionalität, ein gut reflektiertes Selbstverständnis der eigenen Rolle, eine therapeutische, d. h. auf Kommunikation und Entwicklung hin orientierte Grundeinstellung sowie Interesse an der Lebensweise von Menschen, die nicht der eigenen Subkultur an-

**Bei Sturm:
Notfall und
Notfallintervention**

Beim Notfall besteht
akute Gefährdung!

Die Entscheidungs-
und **Vertragsfähigkeit
sind schwer beein-
trächtigt**.

Aktive, eingreifende
Soforthilfe von außen
ist notwendig.

gehören. Daneben erfordert der Notfalleinsatz die Fähigkeit zu fairer Konfrontation im Respekt für die Entwicklungskompetenz der Patienten, zudem Entschlossenheit, Improvisationsfreude, die Bereitschaft, mit Angehörigen zusammenzuarbeiten, sowie Hartnäckigkeit und Mut, eine notwendige Entscheidung auch in widrigen Umständen umzusetzen. Nicht zuletzt ist – neben einem Grundwissen über die Eigenheiten psychischer Erkrankungen – ein Wissen um die eigenen Schwächen und Stärken, die eigenen Möglichkeiten und Grenzen notwendig.

Die ambulante Nachbetreuung entspricht methodisch einer Krisenintervention. Die Erfahrungen beim Notfalleinsatz können genutzt werden. Die unmittelbare Ursache für den psychosozialen Gleichgewichtsverlust wird benannt, der Patient wird gestützt und er lernt, seine Ressourcen besser zu nutzen. Eine solche Nachbetreuung kann mit der Methodik der Krisenintervention geschehen. Sie dauert von 2, 3 Tagen bis zu ein paar Wochen; so lange, bis sich beim Patienten und seinem Umfeld ein neues psychisches und soziales Gleichgewicht eingestellt hat. Dies ermöglicht, bestehende und neu erschlossene Hilfsquellen für die weitere Lebensbewältigung auszuschöpfen. Deshalb ist es sinnvoll, eine Notfallintervention im persönlichen Umfeld der Patienten durchzuführen und nur soweit wie notwendig auf stationäre Mittel zurückzugreifen.

Eine Klinikeinweisung ist dennoch in manchen Fällen unausweichlich. Es ist ein Zeichen von Professionalität, wenn die unhaltbare Lage anlässlich der ambulanten Intervention erkannt wird und ohne Verzug die Klinikeinweisung erfolgt, bevor eine Katastrophe geschieht – bevor der Patient und sein gesamtes Umfeld erschöpft oder gar geschädigt sind.

Auftrags- und Zielkonflikte kommen bei der Notfallintervention häufig vor. Es ist das typische Dilemma der professionellen Notfallhelfer. In der Notlage ergeben sich Zielkonflikte: Schnelle Improvisation steht im Gegensatz zu Gründlichkeit, fachlich Notwendiges im Gegensatz zum menschlich Durchsetzbaren, freie Entscheidung zum Zwang, individuelle Anliegen zum öffentlichen Interesse. Auftragskonflikte sind häufig. So kann ein akut schizophrener Mann in großem Misstrauen der Überzeugung sein, dass er vollständig gesund, hingegen seine Umgebung „gestört" ist. Die Angehörigen können unter sich zerstritten sein, ob ein Patient zuhause noch tragbar ist.

Die Notfallsituation alarmiert, zugleich enthält sie eine bedeutsame Chance für den Patienten, vorausgesetzt, er ist bereit, sie zu nutzen. Die Gefahr liegt darin, aus einem Zustand unerträglicher innerer Spannung etwas Destruktives zu unternehmen; die Chance liegt darin, in einem Moment von Aufbruch etwas Neues zu wagen, auf eine ungewohnte Perspektive einzusteigen und einen Wechsel der Lebensgewohnheiten zu vollziehen. Die akute Not setzt ein Zeichen. Es muss etwas geändert werden, nicht nur beim Patienten selbst, sondern auch in dessen Zusammenleben mit anderen. Der Notfallmoment enthält – im Gegensatz z. B. zur schweren Depression mit einem Verlust jeglicher Vitalität – ein Potenzial von gebündelter Energie, gelegentlich auch radikaler Entschlossenheit und einer grundsätzlichen Bereitschaft zur Veränderung. Dies unter der Voraussetzung, dass ein konstruktiver Impuls von außen den Teufelskreis destruktiver Gefühle von quälender individueller Ohnmacht und Wertlosigkeit unterbricht. Hier können Interventionen mit einer psychotherapeutischen Haltung konstruktiv sein, die auch dem Augenblick akuter Not Sinn zubilligt. Dies kann wesentlich dazu beitragen, dass die existenzielle Krise zur Schlüsselsituation wird, in der ein Mensch lernt, zusammen mit seinen Angehörigen und Freunden Herausforderungen der nächsten Zukunft wieder zu bewältigen. In Respekt für die Würde der Patienten soll deshalb in der Notfallintervention versucht werden, die Selbsthilfekompetenz anzusprechen. In der Akutsituation bricht die bisherige Art der Lebensbewältigung zusammen. Dies gibt die Gelegenheit, dass sich neue Wahrnehmungs-, Empfindungs-, Beziehungs- und Handlungsmuster bilden können. Diese Chance kann genutzt werden, indem die konstruktiven und progressiven Ansätze der Patienten – ihr Selbsthilfepotenzial – durch sofortige Entlastung neu aktiviert werden.

> Der Verlust von Kontrolle und Übersicht ist Gefahr und Chance zugleich.

Im Umbruch ist die Bereitschaft verborgen, auf Neues einzusteigen. Meistens ist in Notfallsituationen eine große Bereitschaft da, Hilfe anzunehmen. Dem Auftrag für einen Notfalleinsatz geht häufig die Erkenntnis voraus: „So kann es nicht weitergehen!" „Wir sind auf die Hilfe von Drittpersonen angewiesen" und „Jetzt muss etwas geschehen!"

Forschung

■ Untersuchung der psychischen Reaktion unter kritischer Belastung

Seit den 40er Jahren wird gezielt Krisenforschung betrieben. Frühe Publikationen mit systematisierten Beobachtungen zu psychischen Krisenreaktionen bei traumatischen Belastungen stammen von Lindemann (Lindemann 1944). Als Begründer der modernen Krisentheorie gilt jedoch Gerald Caplan (Caplan 1961, 1964). Auch später wurden aus der Beobachtung von psychischen Reaktionen auf Katastrophen wichtige Erkenntnisse gezogen (z. B. Cullberg 1978 sowie Malt 1999). Die Forschungsergebnisse zum Syndrom „Posttraumatic Stress Disorder" finden seit 1980 Eingang ins diagnostische und statistische Manual psychischer Störungen DSM (Sass et al. 2003). Einen anderen theoretischen Zugang entwickelte Erikson 1970 über eine psychodynamische Konzeptualisierung kritischer Lebensübergänge bei Jugendlichen (Erikson 2003). Weitere Beiträge zum Verständnis der Vorgänge bei der Entwicklung seelischer Krisen stammen aus der Stresstheorie (z. B. Lazarus 1978, Kessler et al. 1985), aus sozialen Lerntheorien (z. B. Bandura 1973), aus der Life-event-Forschung (z. B. bezüglich Verarbeitung von Partnerverlust: Wortmann u. Silver 1989) sowie aus der Chaostheorie (z. B. Ciompi et al. 1992). In der Coping-Theorie werden die bei der Meisterung von Krisen beobachteten

Bewältigungsmuster konzeptualisiert (z. B. Klinger 1975, 1977, Lazarus u. Launier 1978, Folkman u. Lazarus 1985); dem Konzept der Pathogenese wurde die sogenannte Salutogenese gegenübergestellt (Antonovsky 1979, 1987). Dieser Forschungszweig brachte wertvolle, in der Krisenbewältigung unmittelbar umsetzbare Erkenntnisse, wie z. B. Hinweise auf Eigenschaften, die Menschen aufweisen, die Krisen gut bewältigen („good copers"):

▶ **„Comprehensibility":** Fähigkeit, die Krise in ihren Elementen zu beschreiben, zu „fassen",
▶ **„Manageability":** Fähigkeit, sich in der Krise zielgerichtet aktiv um deren Bewältigung zu bemühen,
▶ **„Meaningfullness":** Fähigkeit, der Krise Sinnhaftigkeit zuzuordnen.

Ausgehend von einer Analyse bisher praktizierter Coping-Muster, wird im Rahmen der Kriseninterventionen gezielt auf das Coping-Verhalten eingewirkt (z. B. Heim 1996). Das Ansprechen auf eine psychotherapeutische Krisenintervention scheint unter anderem von Persönlichkeitsvariablen abhängig zu sein (Hautzinger 1998). „Good copers", Menschen mit guter Prognose in seelischen Krisen, stellen sich den zentralen Lebensproblemen mit der Erwartung, dass auf kritische Belastungen mit eigener Kraft Einfluss genommen und die Herausforderungen schließlich bewältigt werden können („internal locus of control"). Außerdem nehmen diese „good copers" unabwendbare Grundbelastungen eher hin. Sie haben ein differenziertes Repertoire an Problembewältigungsmöglichkeiten, sie sind entsprechend gut sozial integriert. Diese Bewältigungsmöglichkeiten stellen persönliche Ressourcen dar, die jedoch erst entfaltet werden können, wenn auch entsprechende soziale Ressourcen zur Verfügung stehen (Buer 1988). Analoge Fähigkeiten weisen auch Angehörige auf, die mit der psychotischen Erkrankung eines Familienmitgliedes klar kommen. Nach Grawe sind unsere emotionellen, kognitiven und handlungsbezogenen Bewältigungsweisen nach Schemata organisiert, gemäß welchen wir neue Herausforderungen zu lösen versuchen und zugleich entsprechend der neuen Erfahrung modifizieren (Grawe 2000). Krisen entstehen, wenn diese Bewältigungsprogramme nicht mehr angewendet werden können, die Adaptationsfähigkeit überfordert wird und die erlernten Muster versagen, bis dysfunktionale Muster entwickelt werden. Man spricht denn auch von „bad copers" – Menschen mit einer Tendenz zu Abhängigkeits- bzw. Hilflosigkeitsverhalten (Theorie der erlernten Hilflosigkeit, Seligman 1979) (Tab. 1.1).

Tabelle 1.1 Problemverschärfendes und lösungserleichterndes Denken (nach Beck 1974).

Problemverschärfend, depressiv	Lösungserleichternd
Übergeneralisieren, Kategorisieren	Konkret eingrenzen, auf Situation beziehen
Negativ wertend starr zuordnen	Beschreiben und flexibel zuordnen
Pathologisieren, moralisieren	Zusammenhänge erwägen und verstehen
Aufbauschen negativer Erfahrung	Enttäuschungen in Relation zum Ganzen sehen
Minimieren positiver Erfahrung	Auf kleine Fortschritte achten, wertschätzen
Voraussage von Misserfolg	Erwarten von Fortschritten
Alles-oder-Nichts-Denken, Schwarz-Weiß-Denken:	Auf Zwischentöne, auf das Teils-teils achten:
„Ich war schon immer ein ängstlicher Mensch – werde immer ein Feigling und krankhafter Versager bleiben, während alle anderen erfolgreich und glücklich sind!"	*„Ich bin unter unbekannten Menschen etwas ängstlich, kann bei Bedarf jedoch mutig sein und bin deshalb fähig, mehr Selbstvertrauen zu entwickeln!"*

▪ Methodisches Vorgehen in der Krise

Aus der Erfahrung in der Behandlung von suizidalen Menschen entwickelten sich nicht nur Erkenntnisse zur Psychopathologie (Ringel 1969) und zur psychischen Dynamik (Henseler 1974), sondern auch zur Psychotherapie (Henseler u. Reimer 1981, Reimer u. Arentewicz

1993, Dorrmann 2006) wie auch zur Suizidprophylaxe (Finzen et al. 1997). Erfahrungen in der Behandlung von Opfern traumatisierender Ereignisse zeigen hingegen, dass in dieser Art der akuten seelischen Not zu wenig Belastbarkeit und innerer Zusammenhalt vorhanden sind, um mit psychotherapeutischen Methoden wie Interpretation und Deutung zu arbeiten. Aus diesen Erkenntnissen entstanden Bestrebungen, die seelische erste Hilfe auszubauen. Der sofortige seelische Beistand durch Angehörige und speziell ausgebildete Betreuer ist notwendig (Malt 1993). Lösungsorientierte Vorgehensweisen (z. B. Prior 2007, de Shazer u. Dolan 2008), bei welchen der Fokus der Aufmerksamkeit systematisch auf bisher Bewährtes und gegenwärtig Gelingendes gerichtet wird, sind besonders hilfreich bei der professionellen Krisenintervention. Ebenso stellen kognitiv-verhaltenstherapeutische Vorgehensweisen (Dattilio u. Freeman 2007, Margraf 2005) sowie systemische Methoden (von Schlippe u. Schweitzer 2007) wichtiges methodisches Rüstzeug bereit, um in Krisen wirksam vorzugehen. Sozialpsychiatrische Ansätze bei der Behandlung von Krisen entwickelten Reiter und Strotzka sowie Sonneck und Ringel bereits 1977 (Reiter u. Strotzka 1977, Sonneck u. Ringel 1977). Die meisten Veröffentlichungen zur Notfallintervention in der Psychiatrie behandelten noch vor einem Jahrzehnt in erster Linie Fragen der Diagnostik, der medikamentösen Behandlung oder gingen von den Gegebenheiten einer stationären Einrichtung aus. Neuere Publikationen gehen zunehmend von einer syndromalen Beurteilung aus (z. B. Neu 2008). Eine auch psychotherapeutische Vorgehensweise auch außerhalb der Behandlung der Suizidalität ist erst vereinzelt konzeptualisiert (z. B. Riecher-Rössler et al. 2004).

Eine empirische Evidenz für spezifische Vorgehensweisen ist bisher kaum nachgewiesen. Schmidtke und Schaller weisen darauf hin, dass es bei suizidalen Patienten – immerhin bei einer intensiv erforschten Patientengruppe – bisher erst gelungen ist, einen Zusammenhang zwischen einem breiten Spektrum von Maßnahmen und der längerfristigen Prognose zu erkennen (Schmidtke u. Schaller 2009). Hier ist noch ein weites Forschungsfeld offen, um Qualitätskriterien einer kunstgerechten Notfall- und Krisenintervention zu definieren (Lasogga u. Gasch 2008). Nach wie vor ist deshalb der persönliche Erfahrungsaustausch unter Krisenhelfern eine unverzichtbare Quelle beruflicher Weiterbildung (Rupp 2004a).

Angebot und Nachfrage

■ Inanspruchnahme

Pro 100.000 Einwohner ist in einer großstädtischen Agglomeration hinsichtlich psychiatrischer Krisen und Notfälle mit einer jährlichen Fallzahl von knapp 1000 zu rechnen. Die Dienstleistungen werden hauptsächlich in der zweiten Morgenhälfte, in der ersten Hälfte des Nachmittags und spätabends (um 20 Uhr) genutzt: Drei Viertel der Hilfeleistungen geschehen im zwölfstündigen Zeitraum zwischen 9 und 21 Uhr. An Wochenenden ist mit einer deutlich geringeren Beanspruchung zu rechnen. Zu einem erheblichen Teil der Fälle sind Polizei und Rettungsdienste die ersten Ansprechpartner; dabei spielt der Bekanntheitsgrad der Institutionen in der Bevölkerung eine wichtige Rolle. Der überwiegende Anteil der Anmeldungen erfolgt per Telefon. Etwa die Hälfte bis zwei Drittel der Anrufer ersuchen für sich selbst um Hilfe. Bei den hilfesuchenden Drittpersonen handelt es sich mehrheitlich um Angehörige und Nachbarn. Ein eher geringer, wenn auch nicht unerheblicher Teil der Anrufe stammt von der Polizei. Etwa ein Viertel der Patienten beansprucht die Notfalldienstleistung wiederholt. Ein Großteil der Patienten ist bereits anderweitig psychiatrisch betreut. Bei einem Fünftel der Fälle handelt es sich um das erste Auftreten eines psychischen Notfalls.

> Psychotische Langzeitpatienten mit komplexer psychosozialer Problematik bilden die wichtigste Gruppe Hilfesuchender.

▨ Problemgruppen

Die ausländische Wohnbevölkerung nimmt die Angebote etwas weniger häufig in Anspruch. Die Dienstleistungen werden mehrheitlich durch Frauen (ca. 60 %), von eher jüngeren Erwachsenen sowie von folgenden Problemgruppen beansprucht: Es sind dies vor allem psychotische Langzeitpatienten sowie verzweifelte oder gar suizidale Menschen, außerdem Menschen in Beziehungskonflikten und Angstpatienten. Suchtprobleme finden sich in ca. einem Drittel der Fälle. In München-Süd wurde ein hoher Prozentsatz als hoch- bis mitteldringlich eingestuft (ca. 85 %); bei ca. 20 % lag eine Selbstverletzung, ein Suizidversuch oder eine akute Fremdgefährdung vor. Arbeitslose, sozial notleidende und alleinstehende Personen sind gegenüber der übrigen Bevölkerung bei psychosozialen Krisendiensten deutlich in der Mehrzahl.

▨ Einsatzort

Der Ort der Hilfestellung ist je nach Institution sehr unterschiedlich. Manche akut seelisch Leidende wie Psychosekranke und Patienten mit Panikstörungen wenden sich zudem an ihre Hausärzte oder an medizinische Ambulanzen. Abgesehen davon, dass ein Großteil der Fälle telefonisch erledigt werden kann, werden je nach Einsatzdoktrin der Notfalleinrichtung die übrigen Fälle mehr im Rahmen von Hausbesuchen oder mehr im Rahmen von Konsultationen in der Dienststelle betreut. Gewisse Institutionen müssen Hausbesuche delegieren. Eine Hausbesuchs-Quote von ca. einem Drittel der persönlichen (im Gegensatz zu den bloß telefonischen) Patientenkontakte scheint realistisch.

▨ Maßnahmen

Bei den getroffenen Maßnahmen fällt auf, dass 10–30 % der Patienten eingewiesen werden müssen, davon wird wiederum etwa ein Drittel bis die Hälfte zwangsweise untergebracht. Nach meinen eigenen Erfahrungen müssen nur bei einer eher geringen Zahl von Patienten Medikamente neu eingesetzt werden.

> Die wichtigsten Interventionsmittel in Notfall und Krise sind
> Kommunikation, Moderation und Management.

Risikofaktoren des Seelennotfalls

Die meisten der erwähnten Risikoelemente sind für sich allein nicht hinreichend, um eine schwere Gefährdung zu bedingen. Meist führt ein Zusammenwirken verschiedener ungünstiger Elemente zu einem akuten Verlust des seelischen Gleichgewichts.

▨ Lebensgeschichte

Erlebnisse beeinflussen spätere Bewältigungsmuster. Wenn Menschen in ihrer Jugend, in der Adoleszenz oder im Erwachsenenalter Angst um ihr Leben, um ihre körperliche und seelische Integrität litten, aber auch wenn sie über Jahre Einwirkungen „leiser Art" (Kränkung, Entwürdigung, Entmutigung) ausgesetzt waren, kann dies als Risikofaktor für einen späteren seelischen Gleichgewichtsverlust bedeutsam sein. Menschen, die Situationen ausgesetzt waren, in denen sie seelisch traumatisiert wurden, sind besonders gefährdet, auch nur entfernt ähnliche Ereignisse erneut traumatisch zu erleben. So bedürfen auch die Retter von Katastrophenopfern seelischer Betreuung, um weiterhin einsatzfähig zu bleiben.

Psychische Störung

Einschränkung des inneren Spielraums. Grundsätzlich besteht bei allen psychischen Krankheiten eine erhöhte Selbstgefährdung, weil durch den inneren Gleichgewichtsverlust der Spielraum zur Bewältigung von Belastungen kleiner wird. Viele akut Notleidende sind wegen einer seelischen Störung bereits in Behandlung. Drei Kategorien von Störungsbildern sollen hier speziell erwähnt werden, da bei diesen wegen der Gefahr von akut zerstörerischen Aktionen besondere Vorsicht am Platz ist:

▶ Depressionen (→ Kap. 2.3 Verzweifelt, suizidal),
▶ Suchtkrankheiten (→ Kap. 2.5 Alkohol-, Drogenproblem) und
▶ Störungen der Persönlichkeitsentwicklung (→ Kap. 2.7 Chronisch-akut).

Alle diese seelischen Krankheiten können eine ihnen eigene Dynamik auslösen, die sich als Symptomatik in den individuellen Lebensäußerungen abbildet. In Notfallsituationen wird das Drehbuch dieser seelischen Problemmuster deutlich. Wir stehen als Notfallhelfer plötzlich mitten auf der Lebensbühne eines Patienten. In einer Schlüsselszene, in der ein inneres Drama fassbar und damit veränderbar wird, äußert sich ein zentrales Lebensproblem, das sich sonst hinter einem Vorhang von Symptomen verbirgt.

Körperliche Störung

Eine Veränderung der Hirnfunktion durch organische Einwirkungen kann auf vielfältige Art die seelische Belastbarkeit, die intellektuelle und soziale Problemlösekompetenz vermindern. Dies kann durch Hirngewebeverdrängung wegen Tumoren, infektiöse Erkrankungen, Stoffwechselstörungen usw. geschehen. Ebenso wichtig sind jedoch auch banale Einwirkungen durch Hunger, Durst, Fehlernährung, Ermüdung und Intoxikation durch Alkohol, Drogen und Medikamente.

Soziale Belastung

Es braucht den Blick auf die soziale Not. Notfallinterventionen, die sich lediglich auf die Besserung der seelischen Verfassung des Patienten konzentrieren, ohne deren materielle Not mit zu berücksichtigen, werden den Betroffenen und ihrer Umwelt kaum etwas bringen.
Soziale Risikogruppen. Im gegenwärtigen wirtschaftlichen Umfeld nimmt die Zahl der Menschen zu, die an der Armutsgrenze leben (Tab. 1.2).
Die Notleidenden verfügen über eine verminderte psychosoziale Kompetenz. Sie sind mit dem Makel eines geringen sozialen Status behaftet. Ihre Lebensqualität ist schlecht. Die Not ist zugleich Ursache und Folge verminderter Problembewältigungsmöglichkeiten (Tab. 1.3). Schwere soziale Not macht krank. Der seelische Gleichgewichtsverlust tritt meist dann auf, wenn in einem ohnehin fragilen sozialen Gefüge, das bis an die Bruchgrenze beansprucht ist, eine weitere Belastung hinzutritt: Krankheit, Wechsel eines Betreuers, Stoffknappheit bei Drogenabhängigen usw.

Schwere soziale Not ist ein zentraler Risikofaktor
für akuten seelischen Gleichgewichtsverlust.

Tabelle 1.**2**   Soziale Risikogruppen.

Seelisch Behinderte: In dieser Bevölkerungsgruppe finden sich diejenigen, die aufgrund einer lang dauernden seelischen Krankheit sozial abgestiegen sind. Manche unter ihnen verwahrlosen in einer Einzimmerwohnung, ohne dass andere auf sie aufmerksam werden.

Schwer Suchtkranke, die jeden Einbezug in die Gesellschaft verloren haben, deren Leben sich praktisch nur noch um die Beschaffung von Suchtmitteln dreht, können mitten unter uns verelenden. Weder haben solche Menschen ein Zuhause, geschweige denn eine Arbeit oder regelmäßige finanzielle Einkünfte, noch verfügen sie über konstante menschliche Beziehungen. Sie sind meist chronisch körperlich und seelisch krank und teilweise durch die Folgen der Sucht bereits erheblich geistig und körperlich geschädigt.

Alte, Alleinstehende leben vielfach unter schlechten materiellen Bedingungen. Sie verfügen nicht nur über keine Mittel mehr, sich gesund zu ernähren und angenehm zu wohnen, sondern haben die sozialen Beziehungen verloren, die ihnen früher in Lebenskrisen über eine augenblickliche seelische Not hinweghalfen. Viele leiden unter Einsamkeit, sind enttäuscht und misstrauisch gegenüber ihren Mitmenschen, manchmal sind sie auch apathisch geworden. Sie beginnen sich körperlich zu vernachlässigen, erhebliche gesundheitliche Probleme bleiben unbehandelt, was sich wiederum verschlimmernd auf den seelischen Zustand auswirken kann.

Alleinerziehende Frauen müssen sich häufig mit einem Budget unter dem Existenzminimum einrichten. Schon ohne diese zusätzliche Belastung stellen Frauen mit mehreren kleinen Kindern hinsichtlich depressiver Erkrankungen eine Risikogruppe dar. Die häufig tapfer kaschierte materielle Not macht es diesen Müttern mit mehreren kleinen Kindern unmöglich, sich genügend große Wohnungen zu mieten und sich dringend notwendige Entlastung durch eine Haushalthilfe zu leisten. Dies ist vor allem dann von Belang, wenn kein familiäres Umfeld mehr vorhanden ist, das tatkräftig entlastend und finanziell unterstützend wirkt. Von der übrigen Familie isoliert, durch die Alleinverantwortung gegenüber den Kindern und durch Berufstätigkeit überlastet, geraten viele Mütter aus dieser Risikogruppe in schleichende innere Not, die sich durch eine seelische Entkräftung bis hin zu Suizidalität, jedoch auch über Verhaltensauffälligkeiten ihrer Kinder äußern kann.

Asylbewerber, Immigranten: Losgelöst von ihren Ressourcen, traumatisiert durch politische Verfolgung und dauernde Unsicherheit sowohl im Herkunftsland wie am neuen Aufenthaltsort, mit geringeren Möglichkeiten der Beschäftigung und der beruflichen Weiterentwicklung finden sich in dieser Bevölkerungsgruppe viele seelische Gesundheitsrisiken.

Tabelle 1.**3**   Die Problemdimensionen der sozialen Not.

Armut: Budget unter Existenzminimum (kein Bezug von Geldern, obschon anspruchsberechtigt; nicht sanierte Schulden). Jedoch auch schleichende Verarmung, wenn dringende, größere Auslagen nicht getätigt werden können (Zahnsanierung, Reparaturen und Heizmaterial).

Wohnungsnot: Obdachlosigkeit, Zwangsräumung der Wohnung, jedoch auch enge Raumverhältnisse bei kinderreicher Familie, keine räumliche Abgrenzungsmöglichkeit gegenüber einem schwer alkoholkranken Familienmitglied usw.

Arbeitslosigkeit durch Verlust der Arbeitsstelle, auferzwungene Arbeitslosigkeit bei Asylsuchenden, Arbeitslosigkeit wegen schwerer körperlicher oder seelischer Behinderung, jedoch auch Verlust der Tagesstruktur durch Arbeitsunfähigkeit wegen Krankheit oder einem Rückfall in Suchtmittelabhängigkeit usw. Die entstehende materielle Not ist verbunden mit einem schwer beeinträchtigten Selbstwertgefühl, mit Scham und Ohnmacht. Dies ist ein Nährboden für seelische Krankheit, Suchtmittelabhängigkeit und familiäre Katastrophen.

Geringe soziale Verknüpfung: Einsamkeit, soziale Isolation, jedoch auch Verlust der wichtigen Bezugspersonen durch Emigration oder Tod (→ unten), Arbeitsrhythmus (Nachtschicht, Wechselschicht) usw.

Keine Erholungszeit: Fehlende Freizeit bei Menschen, die zwei oder mehr Arbeitsstellen innehaben, jedoch auch mit Kindern und voller Berufstätigkeit überlastete alleinerziehende Eltern usw.

Gesundheitsprobleme: Unterernährung, fehlende Behandlung wunder Körperstellen und gravierender Erkrankungen, unsanierte Zähne, jedoch auch unausgewogene Ernährung mit wenig Vitaminen und sonstigen essenziellen Nährstoffen; geringe Körperpflege und schmutzige Kleider (abstoßendes Äußeres, Körpergeruch), ungenügend warme Kleidung usw.

Unsicherheit: Kein Schutz der persönlichen Sicherheit (Asylsuchende), jedoch auch Bedrohung durch gewalttätige oder missbrauchende Familienmitglieder, Erpressungsversuche im Milieu, Bedrohung durch rivalisierende Dealer in Drogenkreisen usw.

▪ Der Wechsel grundlegender sozialer Lebensbedingungen

Traumatisierung, einschneidende Verlusterlebnisse. Ein zutiefst schockierendes Erlebnis mit einer ernsthaften Bedrohung der Sicherheit, der persönlichen Würde und Unverletztheit bei einem katastrophalen Ereignis wie einem Verbrechen, einem Krieg, einem schweren Unfall kann sofort, jedoch auch mit zeitlicher Verzögerung eine schwere psychische Krise auslösen. Der Tod naher Bezugspersonen ist ein weiterer wichtiger Risikofaktor. Auch die plötzlich aufgezwungene Einsamkeit kann gefährlich sein, so z. B. bei alten Menschen, deren Angehörige gestorben sind und die zudem noch die Wohnung verlieren. Menschen, die auf kränkende Weise von einem Partner verlassen wurden und sich nicht auf einen neuen Personenkreis einzustellen wagen, sind ebenfalls erheblich gefährdet. Psychisch schwer traumatisierte Patienten, die sich nach einer Phase des inneren Rückzugs neu auf einen Therapeuten einlassen, sind in einer äußerst verletzlichen Lage. Eine ferienbedingte Abwesenheit des Therapeuten kann als ein Im-Stich-gelassen-Werden missdeutet werden – eine gefährliche Situation.

Diskrimination und Ausgliederung sind ebenfalls wichtige Risikofaktoren. Handelt es sich nun um Strafgefangene, die von ihrem bisherigen Umfeld geächtet werden, oder um Flüchtlinge, die sowohl von Landsleuten wie auch von der einheimischen Bevölkerung gemieden, oder um Menschen, die misshandelt und missbraucht werden, oder um Opfer von schweren Verbrechen. AIDS-Kranke, die sich ihrer Erkrankung schämen, geraten ebenfalls in eine seelisch verletzliche Lage. Auch Kinder, die innerhalb der Familie durch Trennung der Eltern in eine Außenseiterposition geraten, sind gefährdet.

Schwere soziale Kränkungen stellen ein erhebliches Gefährdungsrisiko dar. So können Arbeitslosigkeit, berufliches Scheitern, massive finanzielle Verschuldung oder Prüfungsversagen bei gewissen Menschen als unvereinbar mit ihrem Selbstbild erlebt werden. Auch heftige Entwertung durch nahe Bezugspersonen, z. B. in Ehe- und Ablösungskonflikten, kann ein unsicheres Selbstbild tödlich erschüttern. Bei der erhöhten Suizidalität von Verbrechens- und Unfallopfern spielt die gravierende Verletzung des inneren Bildes von persönlicher Integrität eine wichtige Rolle.

Die Last des freudigen Ereignisses. Es ist immer wieder erstaunlich zu sehen, wie Lebensveränderungen, die normal oder gar erfreulich sind, zu Belastungen führen können. Auch der Eintritt in eine intime Beziehung zu einem geliebten Menschen, die erhoffte Schwangerschaft, die Geburt eines erwünschten Kindes, berufliche Beförderungen und sogar der Ferienbeginn können erhebliche Risiken darstellen, wenn der Handlungsspielraum oder die Ressourcen eingeschränkt sind oder zusätzliche Belastungen die seelische Beweglichkeit und Anpassungsfähigkeit an die neue Situation einschränken.

▪ Beziehungsmangel, Beziehungsstörung

Einsamkeit. Die Erfahrung, in einer kritischen Belastung keine Solidarität erleben zu können, erschwert die psychische Verarbeitung einer Krise erheblich. Es besteht die Gefahr einer depressiven Entwicklung.

Tragfähigkeit und fehlende Belastbarkeit. Als Notfallhelfer sollte man in der Lage sein, zu erkennen, wie weit das Bezugsnetz eines Patienten tragfähig ist oder keine weitere Belastung mehr aushält – oder gar Ursache für eine fortgesetzte Verschlimmerung eines kritischen psychischen Zustandes sein könnte. Gelegentlich ist es notwendig, die unmittelbare Gefährdung von Kindern in belasteten Familien abzuschätzen, damit man nach einem Notfalleinsatz mit dem Kinderarzt oder anderen professionellen Bezugspersonen eine Stützung der Familie einleiten kann.

Psychisch kranke Eltern. Es ist erschütternd, welche Milieubelastung Kinder erleben, die mit schwer suchtkranken oder psychotischen Eltern aufwachsen. Manchmal ist ein Notfall eine

Chance, dass Außenstehende Zeuge des Elends werden, das sich hinter einer verschlossenen Wohnungstür abspielt. Ein solches Milieu allein ist für eine psychosozial krankhafte Entwicklung eines Menschen jedoch nicht ausreichend. Freunde der Familie, Nachbarn, Lehrer und Therapeuten können ungünstige häusliche Bedingungen kompensieren. Wenn aber diese äußeren Ressourcen fehlen – oder bei Kindern wegen elterlicher Verbote nicht benützt werden dürfen –, kann dies für die Entwicklung eines Heranwachsenden verheerend sein. Ebenso verschlimmern versiegende Ressourcen eine Krise im Erwachsenenalter wesentlich. Auf jeden Fall ist daran zu denken, dass eine Familie nicht notfallmäßig „saniert" werden kann, man kann sie aber eventuell für eine Zusammenarbeit mit außenstehenden Betreuern gewinnen.

> Der beste soziale Schutzfaktor ist ein Beziehungsnetz mit verlässlichen,
> gut erreichbaren, respektvollen und zugewendeten Personen.

Eskalation von der Krise zum Notfall

▪ Ein psychopathologisches Modell der seelischen Krise

Ein Teufelskreis. Die akute seelische Not kommt häufig im Gewand eines Gefühls von Ohnmacht, Wut und innerer Verletztheit daher. Dabei laufen charakteristische innere Prozesse ab. Prognostisch wesentlich ist, bei akuten Formen der Selbstschädigungs- oder Gewaltabsicht den Teufelskreis des ständigen und damit zerstörerischen Alarmzustands zu erkennen und zu unterbrechen, damit die Möglichkeit entsteht, von außen neue Gesichtspunkte einzubringen. Das psychopathologische Bild der akuten seelischen Not lässt auf einen charakteristisch gestörten psychischen Verarbeitungsprozess bei der Bewältigung von Belastung, Verlust und Kränkung schließen. Den betreffenden Menschen gelingt es nicht mehr, die Herausforderungen des Alltags zu bewältigen, so dass sich die psychischen und körperlichen Kräfte nicht mehr erholen. Ein Teufelskreis beginnt. Daraus entstehende Verzweiflungsenergie wird in Verbindung mit einem gelernten Muster von destruktivem Verhalten auf sich selbst oder auf andere gerichtet. Aus anfänglicher Unzufriedenheit entsteht schließlich Feindseligkeit gegen sich selbst oder andere bis hin zu Suizidalität, Wahn oder Gewalttätigkeit (Tab. 1.4).

Tabelle 1.**4**   Der Teufelskreis akuter seelischer Not.

Handlungsdrang. Durch einen erfolglosen Versuch, Kränkung und Verlust zu verarbeiten, wird der innere emotionale Druck (das Bedürfnis zu handeln, ohne genau zu wissen, was zu tun wäre) größer, was die Belastbarkeit beeinträchtigt.

Die Wahrnehmung wird zunehmend auf Kränkung und Verlust eingeengt – von neurotischen Übertragungen bis zu nahezu wahnartigen Verkennungen. Gleichzeitig wird der Geltungsbereich des erlebten Unglücks auf bisher intakte Erlebnisbereiche ausgedehnt (neurotische Generalisierung oder gar Ausbildung eines Wahns: Versündigungswahn, Verarmungswahn usw.). Die Aufmerksamkeit ist einseitig nach innen gerichtet und gruppiert sich um das Erlebnis des Scheiterns oder ist einseitig nach außen gerichtet und nimmt nur noch Fehlleistungen der anderen Menschen wahr.

Die Stimmungslage wird eingefärbt durch Misserfolgs- und Verlusterlebnisse („depressiv", oder „missmutig-aggressiv"). Sie ist beherrscht von Schuldvorstellungen, negativer Situationseinschätzung, hohen – unerreichbaren – Ansprüchen an sich selbst oder andere, bedrückter Stimmung und häufig zunehmender Unruhe, gefördert durch Schlafstörungen (➜ unten).

Der Stimmungsverlauf wird labil als Folge emotionaler Erschöpfung. Erschöpfung stellt sich ein, weil durch das pausenlose innere Suchen einer Problemlösung keine emotionale Erholung mehr möglich ist. Solche Menschen werden deshalb leicht beeinflussbar und schließlich unberechenbar.

Tabelle 1.**4**   (Fortsetzung).

Der Denkprozess verläuft nun nach einem Schwarz-Weiß-Muster. Nach einer Phase von Ambivalenz – dem inneren Hin- und Hergerissensein zwischen extremen Handlungsalternativen und einem Verlust der „Zwischenlösung" – findet eine Verminderung von Komplexität statt mit „Schwarz-Weiß-Denken", mit „Guten" und „Bösen", einer Einengung auf „Aussichtslosigkeit" und dem Suchen nach der „totalen Lösung" oder der „katastrophalen Ursache". Damit wird in verhängnisvoller Weise an Denkmustern festgehalten, die zum Scheitern führen. Die kognitive Übersicht im Sinne einer alle wichtigen Phänomene umfassenden Realitätskontrolle versagt zunehmend.

Lebensgeschichtlich frühere Bewältigungsmuster werden aktiviert. Es treten vermehrt Muster von abhängigem, regressivem Verhalten auf bzw. es entsteht eine Neigung zu Rückzug bis zu Depression oder eine Tendenz zu Aggression und Projektion.

Das Selbstbild wird in ohnmächtiger Grandiosität aufgespalten („Ich bin ein Opfer", „Ich bin schuldig", „Es hängt alles von mir ab", „Niemand kann mir helfen"). Dadurch fällt das Selbst-Konzept auseinander, die Verzweifelten wissen nicht mehr richtig, was sie nun wirklich sind. Dies löst heftige Angst und Scham aus und führt dazu, dass die Betroffenen wichtige Erlebnisanteile verschweigen und sich demzufolge zurückzuziehen beginnen. Bei dazu neigenden Personen entstehen sogar Symptome wie Verleugnung, Spaltung und Verwirrung bis hin zu wahnartigem Erleben.

Das Rollenverhalten wird starr und überzeichnet. In Konflikten nehmen solche verzweifelten Menschen häufig charakteristische Rollen ein: Sie sehen sich in einer Opfer-Täter-Konstellation, in welcher Schuld und Unschuld, Macht und Ohnmacht, Geliebtsein und Verstoßensein entsprechend dem Schwarz-Weiß-Muster des Denkens krass ungleichgewichtig verteilt sind.

Das Problemlösungsverhalten wird unflexibel nach dem Prinzip von „Noch-mehr-vom-Selben". Aus den erwähnten beeinträchtigten psychischen Funktionen resultieren eine verminderte innere Beweglichkeit und ein gestörter Bezug zur Realität. Es entsteht der Eindruck einer Sackgasse. Aus der psychischen Ermüdung heraus werden die bisher praktizierten und gescheiterten Problemlösungsmuster nicht verändert, sondern sogar in einem letzten Anlauf intensiviert: Noch einmal „sich Mühe geben", sich „besonders anstrengen" usw. führt schlussendlich zu einer gefährlichen Entkräftung; die Probleme sind weiter denn je von einer Lösung entfernt.

Es wird die Patientenrolle eingenommen. Vielfach ist schon Selbsthilfe angewendet worden, die aber charakteristischerweise die eigentliche Ursache nicht angeht. Das Erlebnis des Verzagens und Scheiterns wird zunehmend unerträglich, so dass zur Erlösung und Tröstung Genussmittel missbraucht und zur Behandlung von körperlichen oder psychosomatischen Störungen Hausärzte konsultiert werden, die dazu gedrängt werden, Beruhigungsmittel zu verschreiben. Davon geht – meist nach einer Anfangsentlastung – eine zusätzliche Gefährdung aus. Die Medikamente und Genussmittel verfälschen die Wahrnehmung, nehmen inneren Druck weg (ohne dass die Problembewältigungsart verändert wird) und beeinträchtigen die Impulskontrolle.

Der Körper reagiert wie in ständigem Alarm. Die körperliche Verfassung ist charakterisiert durch den Gleichgewichtsverlust in der rhythmischen Abfolge von Beanspruchung und Erholung. Der Appetit schwindet, das Körpergewicht geht zurück, die Schlafdauer und -tiefe reduzieren sich, körperliche Anspannung breitet sich aus. Es entstehen körperliche Missempfindungen bis hin zu psychosomatischen Störungen. Die fortgesetzte innere Alarmierung führt zu allgemeiner Energielosigkeit, Erschöpfung oder trägt bei zu körperlicher und psychischer Erkrankung (Depression, Manie, Schizophrenie), ohne dass durch die enorme Kraftanstrengung emotioneller Druck vermindert werden kann – dieser wird eher größer.
Damit schließt sich der Teufelskreis.

Bei Menschen, die bereits vor längerer Zeit einen Suizid- oder Rache-Entschluss gefällt haben, ist dieses Muster der ständigen Alarmiertheit kaum mehr wahrnehmbar. Hier finden sich manchmal gespenstisch anmutende, scheinbar gelassene Gemütslagen. Durch den geheimen Entschluss, Gewalt anzuwenden, entsteht eine Art Konspiration mit sich selbst gegen die übrige Welt. Innerlich haben solche Menschen bereits Abschied genommen.

■ Ein beziehungsdynamisches Modell der familiären Krise

Typische Eskalationsmuster. In Notfallsituationen bei schweren Beziehungskrisen können immer wieder ähnliche Kommunikationsmuster beobachtet werden: Die Muster „Verstrickung", „Ausstoßung" und „Kampf", sowie die „Täter-Opfer"-Konstellation.
Typische Eskalationsstadien. Auf Ohnmacht folgt je nach individueller Reaktionsneigung Überengagement oder innerer Rückzug, daraufhin Beschuldigung oder Verletztheit und schließlich Überschreiten von sozialen Normen oder Überanpassung. Eine Eskalation beginnt, die den Teufelskreis der akuten seelischen Not zusätzlich beschleunigt (Tab. 1.5).

Tabelle 1.**5**   Die Eskalation akuter Beziehungsnot.

Interne Kommunikationsstörung: Der Umgangston wird je nach persönlichem Stil der Beziehungspartner emotionsverstärkend mit einer Tendenz zu verbaler und körperlicher Gewalttätigkeit oder gar Feindseligkeit. Oder die Kommunikation wird emotionsvermeidend, es entsteht die Tendenz zur indirekten Mitteilung, zur Somatisierung oder Depression.

Schwarz-Weiß-Perspektive: Die Problemdefinition im Bezugsnetz, der Familie oder Wohngruppe, wird nun vereinfachend und kategorisch nur noch auf eine einzelne Ursache – meist eine Person – eingeengt, die tatsächlich (z. B. akute schwere Psychose) oder vermeintlich (Sündenbockrolle des Gruppenschwächsten) ein Spannungsgefühl in der Gruppe ausdrückt.

Aufgeben von Außenkontakten: Parallel zur zunehmenden Erschöpfung der individuellen Kräfte werden unterstützende Außenkontakte aufgegeben. Die Kraft wird in der familiären Auseinandersetzung gebunden. Schließlich bleibt zu wenig Energie, um Hilfe von außen anzufordern.

Rückzug des Umfeldes: Durch diese atmosphärischen Veränderungen, die Außenstehende beobachten, ziehen sich diese angewidert, überfordert oder ohnmächtig zurück, womit das Beziehungsnetz zerfällt und gegenregulierende Außeneinflüsse unterbleiben.

Verkennung der Kommunikationspartner: Nun können gravierende Missverständnisse auftreten. Alte seelische Verletzungen werden aktiviert. Neurotische oder gar psychoseartige Verkennungen tauchen aus tiefen Seelenschichten auf. Bei diesen vermeintlichen äußeren Wahrnehmungen – die zunehmend inneren Wahrnehmungen entsprechen – funktioniert die Realitätsprüfung nicht mehr.

Emotionelle Verklammerungen und Verstrickungen: Begünstigt durch die entstandene soziale Isolation kann ein bestimmtes Familienmitglied zum alleinigen Erfüllungsgehilfen für alle wichtigen psychischen Anliegen z. B. eines Elternteiles werden. Ein wechselseitiges Abhängigkeitsverhältnis von ineinander verbissenen Kampfpartnern, von Täter und Opfer, von Retter und Hilflosem oder von Dazugehörigen und Verstoßenen entsteht. Obschon beide Seiten aneinander leiden, ist es eindrücklich zu sehen, wie schwierig es für außenstehende Helfer werden kann, überhaupt noch von den Konfliktparteien wahrgenommen, geschweige denn einbezogen zu werden.

Eskalation der Auseinandersetzung von Kampf über Streit zu Krieg: Bei Paarbeziehungen entstehen massive Schuldzuweisungen und Entwertungen, Beschimpfungen, Verteufelungen, Drohungen, erpresserische Äußerungen, Ultimaten, heftige Auseinandersetzungen mit Gefühlsausbrüchen und Gewalttätigkeit. Es kommt zu Frontenbildung, Spaltung unter den Angehörigen (und eventuell Helfern!).

Zerfall und Neuordnung der Familien- oder Gruppenstruktur: In Familien entfremden oder trennen sich die Partner, der zurückbleibende Partner (in Familien meist die Mutter) schließt sich fürsorglich dem Symptomträger (z. B. einem präpsychotischen Adoleszenten) an. Die anderen (z. B. Geschwister) lösen sich vorzeitig ab. Die Restfamilie beginnt sich nach starren Regeln neu zu organisieren.

Beschädigung einer zentralen Ressource. Der Teufelskreis hat zur Folge, dass die Gemeinschaft als Ressource von Sicherheit, Geborgenheit und individueller Fürsorge gefährdet ist. Die Spirale von Beziehungsspannung, Angst und Ohnmacht dreht sich.

Bei Familien, die Emotionen vermeiden, kann die Destruktion verdeckt erfolgen. Kinder und Jugendliche lassen sich eher auf diese versteckten Vorgänge ansprechen (was den geschützten Rahmen von therapeutischen Gesprächen braucht). Das Zuziehen von Helfern ist auf jeden Fall eine wichtige Chance für eine spätere konstruktive Veränderung.

■ Eskalationsstufen von der Krise zum Notfall

Ein Notfall kann unterschiedlich schnell entstehen. Wenn Vorstufen eines akuten psychischen Gleichgewichtsverlustes erkennbar sind, kann rechtzeitig interveniert werden (Abb. 1.1).

Abb. 1.1 Eskalationsphasen von der Krise zum Notfall und schließlich zur Krankheit.

Das ungelöste Problem lässt die Krise zum Notfall werden. Je anfälliger („vulnerabler", d. h. konstitutionell empfindsamer reagierend) ein Mensch ist, desto geringer ist seine Belastbarkeit. Wenn eine Krise akut wird, ein Notfall entsteht, ist dies meist Folge einer ungewohnten oder unerwarteten Belastung (dem „Auslöser", wie z. B. die Unerreichbarkeit einer wichtigen Bezugsperson), welche die üblichen Lebensbewältigungsverfahren („Coping") überfordert, sowie einer nachfolgenden Phase fortgesetzt misslingender Problemlösung bzw. problemverschärfender Vermeidung („Defending"). Die psychischen und körperlichen Kräfte erschöpfen sich. Eine Krise kann sich so in unterschiedlichen Zeiträumen kritisch zuspitzen: innerhalb von Minuten (z. B. bei Panikattacken), von Stunden (z. B. bei einem berauschten Alkoholkranken in einem schweren Beziehungskonflikt) bis zu mehreren Tagen (z. B. bei einer Dekompensation einer Schizophrenie nach Absetzen von Neuroleptika) oder gar Wochen (z. B. bei suizidalen Menschen).

Das labile psychische Gleichgewicht in der Krise. Es kann auch ein unerwartetes, gar zufälliges Ereignis dazu beitragen, dass aus einer schwelenden Krise plötzlich eine schwere Notsituation entsteht:

> *Eine im Anschluss an eine dramatische Trennung seit längerer Zeit depressive Frau befreundet sich mit einem Mann, so dass sie neu Hoffnung zu schöpfen beginnt. Vor einem Wochenende, an dem sie mit dem neuen Freund in die Berge verreisen möchte, sagt dieser telefonisch wegen Krankheit ab. Die Frau deutet dies als Vorwand für eine Trennung, ruft völlig verzweifelt einer Freundin an und spricht von Suizidgedanken.*

Klare und undeutliche Signale. Das meist dramatische Erscheinungsbild ist für die Patienten und deren Umfeld ein deutliches Signal, dass Handlungsbedarf besteht. Manchmal werden die Zeichen jedoch auch verharmlost. In solchen Fällen muss der Notfallhelfer auf die Dramatik der Lage hinweisen (Tab. 1.**6**).

Tabelle 1.**6**   Verharmlosungen der dramatischen Lage.

„Wer über Suizid spricht, tut es nicht.“
„Hunde, die bellen, beißen nicht.“ (bei Gewaltdrohungen)
„Das ist eine hysterische Frau.“ (bei verzweifelten Frauen, deren Not nicht gehört wird und die deshalb die Intensität ihres Hilferufes erhöhen)

Soziale Eskalationsstufen eines Notfalls. Bis ein Notfall zu einem professionellen Notfallhelfer gelangt, versagen in der Regel zuerst verschiedene soziale Sicherungen. Einzig vereinsamte Menschen (z.B. alte Leute oder schwer schizophreniekranke Patienten) gelangen ohne Zwischenstufen direkt zu einem Notfallhelfer – oder Pfleger, Ärztinnen, Sozialarbeiter sind zu „Angehörigen“ dieser Kranken geworden, die nun ihrerseits Hilfe brauchen. Dem sozialen Gefüge muss in der Notfallsituation Rechnung getragen werden. Wohl geht es in erster Linie um einen Schutz des Patienten vor drohender Gefahr, jedoch schon als nächstes um eine Hilfestellung für die Angehörigen.

Die Krankheit verschafft über eine veränderte soziale Rolle Schonung. Der Lösung harrender andere Probleme werden vorübergehend unwichtig, verursachen jedoch weiterhin eine Hintergrundbelastung. Mit Zwängen, sozialen Phobien oder Substanzmissbrauch können emotionell belastete Menschen eine „Methode“ zur Vermeidung von Belastungen und damit zur kurzfristigen Spannungsreduktion entwickeln, ohne die Ursache der Belastung anzugehen (das „abgekürzte Verfahren zur Spannungsreduktion“). Der Erlebnisspielraum dieser Menschen ist dadurch eingeschränkt, so dass es immer wieder zur Symptomeskalation und schließlich zum Notfall kommen kann, wenn wichtige Auslöser für die Störung nicht umgangen werden können.

1.2 Schlüsselsyndrome

Schlüsselsyndrome = typische Notfallsyndrome

Mit „Schlüsselsyndromen" werden in diesem Buch die wichtigsten Erscheinungsbilder psychosozialer Not umschrieben. Der Notfallhelfer muss bei seinen ersten Entscheidungen von den Wahrnehmungen durch Laien ausgehen, die telefonisch um Soforthilfe bitten. Doch auch wenn Fachleute anrufen, sind möglichst präzise Beschreibungen in Alltagssprache hilfreicher als Verdachtsdiagnosen. Das Konzept der Schlüsselsyndrome ist in diesem Buch deshalb ein wichtiges Ordnungsprinzip (Tab. 1.7).

Tabelle 1.7 Schlüsselsyndrome und deren Schilderung durch Laien.

Schlüssel-syndrom	Psychische und soziale Funktionsstörung	Laienschilderung
Benommen, verwirrt	Störung des **Bewusstseins** (quantitativ oder qualitativ)	„Der Patient ist zunehmend schläfrig/kaum weckbar usw.; weiß nicht mehr, wo er ist; vergisst sofort alles, was man ihm sagt/stellt dauernd die gleichen Fragen."
Unruhig-komisch-wahnhaft	Störung des **Realitätsbezugs** in Wahrnehmung/Denken/Handeln	„Der Patient verhält sich seltsam/eigenartig/unberechenbar/ganz anders als sonst, redet wirres Zeug/hört Stimmen/schaut starr in eine Ecke/hat den Verfolgungswahn."
Verzweifelt, suizidal	**Affektive** Störung: depressiv, verzweifelt, suizidal, psychisch traumatisiert	„Der Patient weint nur noch/will sich umbringen/redet davon, nicht mehr leben zu wollen/macht unklare Andeutungen, das Leben habe keinen Sinn mehr." „Er hat etwas Schlimmes erlebt."
Konflikt, Gewalt	Störung des **Sozialverhaltens**, der Impulskontrolle, Grenzüberschreitungen, Verstrickungen	„Ein Paar hat einen schlimmen Streit/es herrscht ein großer Tumult in der Wohnung/man hört ein Geschrei, als würde gleich jemand umgebracht."
Alkohol-, Drogen-problem	Syndrom im Zusammenhang mit **Suchtmittelmissbrauch** (Alkohol, Drogen, Tabletten)	„Der Patient ist betrunken/verladen"; oder: „Der Patient ist auf Entzug" (viele Szeneausdrücke muss man sich zuerst erklären lassen!)/„braucht ein Schlafmittelrezept"/„hat das Methadon verloren" usw.
Angst, Panik	Phobische und andere **Angst-störungen** bei erhaltenem Realitätsbezug	„Der Patient sagt, er habe keine Luft mehr/hat wegen bestimmten Körperbeschwerden Todesangst/hat wieder eine Panikattacke/hat Platzangst."
Chronisch-akut	„**Schwierige Persönlichkeit**": Drängen nach wiederholter Notfallhilfe, ohne dass die Hilfe hilft	„Ich weiß auch nicht, was er hat, aber er möchte sich halt jetzt aussprechen/kann nicht schlafen, hat dabei in den letzten Tagen schon wiederholt angerufen. Es ist ein schwieriger Mensch. Er hat mit allen Streit."

Schlüsselsyndrom: Das Erscheinungsbild der bio-psycho-sozialen Not in der Alltagssprache.

Schlüsselsyndrom „benommen, verwirrt"

■ Laienbeschreibung einer akuten hirnorganischen Beeinträchtigung

Die Schilderungen dieser Zustandsbilder lauten beispielsweise: „Der Patient ist zunehmend schläfrig/kaum weckbar usw., weiß nicht mehr, wo er ist; er wirkt verwirrt, benommen, vergisst sofort alles, was man ihm sagt/stellt dauernd die gleichen Fragen." Damit beschreiben die Anrufer eine meist akute Beeinträchtigung der Wachheit, der Orientiertheit, der Aufmerksamkeit und Konzentration sowie der Merkfähigkeit.

■ Erscheinungsbild des Schlüsselsyndroms

Bewusstseinsgestört, bewusstseinsgetrübt. Wenn jemand außerhalb von banaler Müdigkeit nicht mehr richtig wach ist, ist dies meist ein Hinweis auf akute hirnorganische Beeinträchtigung, vor allem nach einem Schädel-Hirn-Unfall, bei einer schweren Infektionskrankheit und bei einer Vergiftung oder einem Entzug. Bei starker Schläfrigkeit oder verminderter Weckbarkeit (unabhängig von weiteren Beurteilungsfaktoren) sollte dies Anlass für eine sofortige körperliche Überwachung und Abklärung in einem Krankenhaus sein. Die meisten schweren Realitätsverkennungen und Wahnzustände, die bei psychiatrischen Notfällen angetroffen werden, treten ohne Bewusstseinsstörung auf. Eine solche ist jedoch gelegentlich erst anlässlich der Notfallkonsultation sicher auszuschließen.
Verwirrung, Desorientiertheit. Wenn jemand nicht mehr weiß, in welchem Monat wir sind, wo er sich selbst im Moment befindet, wenn jemand vertraute Dinge und Personen nicht mehr erkennt, jedoch völlig wach ist und diese Störung bereits seit längerer Zeit andauert, besteht Verdacht auf eine chronische, hirnorganische Beeinträchtigung. Zusätzlich zu einer Desorientiertheit (eventuell nur zeitweise wie beim Delir) kann jedoch auch eine Bewusstseinstrübung vorhanden sein.
Psychotische Verwirrtheit. Viele wahnhafte Patienten erscheinen durch ihren chaotischen Gedankengang und skurrile Handlungen „verwirrt". Bei näherem Zusehen erkennt man jedoch, dass die Patienten völlig klar bei Bewusstsein sind.
Bewusstseinsgetrübt und unruhig-komisch-wahnhaft: Delirium. Delirien wirken gelegentlich auf den ersten Blick ähnlich wie eine schizophrene Psychose, es ist jedoch eine

Bewusstseinstrübung vorhanden, die daran zu erkennen ist, dass sich der Patient bezüglich seiner Orientierung in Ort, Zeit und seiner eigenen Person nicht mehr zurechtfindet.

■ Fallbeispiele

Quantitative Bewusstseinsstörung. Benommenheit, Schläfrigkeit (sog. Somnolenz, somnolent), kaum mehr weckbarer Zustand (sog. Sopor, soporös), bis hin zur Bewusstlosigkeit (Koma). Ein Beispiel:

> *Die Mitarbeiterin einer Drogenberatungsstelle ist beunruhigt, da ihr Patient nicht zur Konsultation erschienen ist. Der Patient wurde von seiner Freundin, an der er sehr hängt, verlassen. Zur Sicherheit geht sie in seiner Wohnung nachschauen, die gegenüber der Drogenberatungsstelle liegt. Die Tür ist verschlossen – und niemand meldet sich. Der Hauswart öffnet das Schloss mit einem Nachschlüssel. Sie findet den nur noch durch Schmerzreiz weckbaren Patienten in seinem Bett. Sofort alarmiert sie den Notarztwagen.*

Qualitative Bewusstseinsstörung. Delirien sind lebensbedrohliche Notfälle! Die Ursachen sind vielfältig: Alkoholentzug, Infektions- und Stoffwechselkrankheiten, Hirnverletzungen usw. Beispiel für ein alkoholisches Delir → Seite 35.

Schlüsselsyndrom „unruhig-komisch-wahnhaft"

■ Laienbeschreibung eines psychoseartigen Zustandsbildes

Anrufer benützen bildhafte, umgangssprachliche Redewendungen: Jemand „spinnt", „hat nicht mehr alle Tassen im Schrank", „ist daneben", „ist nicht mehr ganz normal", „hat eine Meise", „dreht durch". Damit beschreiben sie den fehlenden Realitätsbezug, die verlorene Einfühlbarkeit von Handlungen, den Verlust der Beeinflussbarkeit der Störung durch die Umwelt, die Unberechenbarkeit oder etwas Unheimliches, Irres. Dieses Schlüsselsyndrom ist nicht nur vielgestaltig, sondern auch in seinen Ursachen vielfältig.

▪ Erscheinungsbild des Schlüsselsyndroms

Unruhe oder Erregung. Nicht mehr kontrollierbare körperliche und psychische Unruhe ist meist ein Hinweis auf eine innere oder äußere Reizüberflutung bei einer eventuell vorbestehenden krankhaften Irritierbarkeit (beispielsweise bei der sog. Manie). Ursache kann auch eine Vergiftung durch Alkohol, Drogen oder Medikamente sein. Eventuell liegt eine schwere Infektion vor oder ein Alkohol-, Drogen-, oder Medikamentenentzug. Doch auch Stoffwechselkrankheiten und Schädel-Hirn-Verletzungen können zu einer entsprechenden Störung führen. Deshalb wird in der Regel eine körperlich-medizinische Abklärung oder eine psychiatrische Klinikeinweisung notwendig. Es gibt jedoch auch Störungen, die sich gerade durch das Gegenteil – eine Apathie oder eine völlige Äußerungsblockade, z. B. den Stupor – auszeichnen.

Komisches Verhalten, Wahn. Wahrnehmung, Denken, Gefühl, Handeln und Beziehungsverhalten verlieren den inneren Zusammenhang und den Bezug zur äußeren Wirklichkeit. Wenn dies in (noch) geringem Ausmaß auftritt, empfinden wir es als komisch. Bei gewissen Kranken treten Sinnestäuschungen auf. Sie hören Stimmen, fühlen sich verfolgt und durch andere Menschen gedanklich beeinflusst, einige halluzinieren bildhaft. Es können schließlich Wahnvorstellungen entstehen, die den psychischen Wirrwarr auf eigenwillige Weise neu zu ordnen versuchen. Der Kranke kann sich dabei nicht mehr in die Wahrnehmungsperspektive des Gesunden hineindenken; der Gesunde empfindet die Verhaltensweise des Kranken als nicht mehr einfühlbar, als „komisch". Über den Wahn lässt sich nicht diskutieren. Je nach der momentanen Stimmungslage sind die Wahnvorstellungen misstrauisch (paranoid), depressiv oder euphorisch (maniform) eingefärbt. Die Kranken fühlen sich gleichzeitig in verschiedenen Welten, empfinden sich als unterschiedliche Persönlichkeiten, sind deshalb in ihrer Selbstverstrickung, der psychotischen Ambivalenz, innerlich bis zur völligen Handlungsblockade auseinandergerissen. Es gibt auch Patienten, deren Gedankengang zwar kaum mehr einfühlbar ist, die aber keine Wahnideen äußern. Ihr Realitätsbezug ist dennoch schwer gestört, auch sie handeln aus einer nicht mehr nachvollziehbaren inneren Wirklichkeit heraus. Menschen mit krankhaft gestörtem Realitätsbezug zeigen keine Krankheitseinsicht. Wahnhafte Menschen spüren manchmal mit einem Teil ihrer Seele, dass sie auf Hilfe angewiesen sind. Doch in ihrer Ambivalenz gelingt es ihnen nicht mehr, Hilfe zu holen. Dies tun schließlich Angehörige, Nachbarn oder Arbeitskollegen, manchmal auch Passanten oder die Polizei, häufig gegen den Willen der Kranken – oder ohne deren Wissen.

▪ Krankheitsbilder und Fallbeispiele

Psychosen: Krankheiten mit nicht besprechbarer, schwerer Realitätsverkennung. Bei der Vielfalt möglicher Ursachen ist es unrealistisch, in der Notfallsituation bei unbekannten Patienten eine zuverlässige Diagnose stellen zu wollen. Dabei denke man grundsätzlich auch an Folgeerscheinungen eines körperlichen Grundleidens.

Symptomatische Psychose. Ein Beispiel:

Aufgeregt ruft der erwachsene Sohn einer 54-jährigen verwitweten Verkäuferin seinen Hausarzt an. Seine Mutter, schon stets eigensinnig, bleibe seit mehreren Tagen von der Arbeit fern, schließe sich in ihrer Wohnung ein und erzähle zunehmend komische Dinge. Er vermute, sie habe den Verfolgungswahn. Ob sie in ärztlicher Behandlung sei, will sie ihm nicht sagen. Besorgte Nachbarn hätten ihn nun angerufen. Seine Mutter entfache auf dem Küchentisch offenes Feuer und rede unverständlich. Die Mutter müsse unbedingt in die Klinik. Der Arzt trifft eine wahnhaft erregte Frau. Mit der (falschen) Verdachtsdiagnose „akute Schizophrenie" lässt er sie in die Psychiatrie einweisen. In der Klinik wird schließlich eine Fehlfunktion der Schilddrüse diagnostiziert. Nach der Behandlung dieser Störung ist das Verhalten der Patientin wieder normal.

Die häufigste Psychose: Schizophrenie. Unter diesem ernsten, aber gut behandelbaren und zudem vielgesichtigen Krankheitsbild (so haben z. B. nicht alle Schizophreniekranken einen Wahn) leidet ein Großteil der Patienten, die psychosozial-psychiatrische Notfallhilfe beanspruchen. Viele waren schon mehrfach in einer psychiatrischen Klinik. Deswegen ist die Krankheit meist diagnostiziert und medikamentös behandelt. Medikamente (Neuroleptika/ Antipsychotika) sollen den Kranken helfen, sich besser gegen die Überflutung durch innere und äußere Wahrnehmungen zu schützen. Damit gewinnen die Patienten wieder den inneren Überblick. Neuroleptika können (müssen aber nicht) zu unangenehmen Nebenwirkungen führen, weshalb sie von gewissen Patienten immer wieder weggelassen werden. Dies kann innerhalb von Tagen zum erneuten Ausbruch der Störung führen.

> *Der Filialleiter eines Warenhauses alarmiert den betrieblichen Sozialdienst. Nach mehrtägiger unentschuldigter Abwesenheit sei eine 27-jährige Mitarbeiterin plötzlich wieder am Arbeitsplatz in der Kosmetikabteilung erschienen. Sie sei jedoch völlig ungepflegt, starre in immer die gleiche Ecke und kümmere sich nicht mehr um die Kundinnen. Nun sitze sie mit blasiertem Gesichtsausdruck in seinem Arbeitszimmer, lasse sich aus der Schürze helfen, ergreife sofort die angebotene Zigarette, verweigere jedoch jedes Gespräch. Sie wirke äußerst eigenartig und zugleich theatralisch. Der zugezogene Betriebsarzt kann kein Wort mit der Frau wechseln; auch nicht, als er sie damit konfrontiert, dass sie angesichts ihres Schweigens, als Krankheitszeichen interpretiert, einer Klinikbehandlung bedarf. Wie eine Wachsfigur sitze sie da, als würde es alle übrigen Anwesenden nicht geben. Als der Arzt die Patientin zur Einweisung anmeldet, reißt die Frau dem Arzt mit einer unerwartet heftigen Handbewegung das Funktelefon aus der Hand und wirft es zum Fenster aus dem vierten Stock, um gleich wieder in die ursprüngliche Haltung zu versinken. In der Klinik wird schließlich eine katatone Schizophrenie diagnostiziert.*

Unruhig-wahnhafte Reaktion: psychotische Krisen. Manchmal werden Notfallhelfer zu Menschen gerufen, die zum ersten Mal in einer wahnhaften Verfassung sind, beispielsweise Jugendliche oder junge Erwachsene in einer schwierigen Ablösungssituation von zu Hause oder schwer traumatisierte Menschen. Sie brauchen vorübergehend eine Antipsychotika-Medikation und eine psychotherapeutisch kompetente Begleitung. Oft kann ein Klinikaufenthalt in solchen Fällen durch eine intensive private Betreuung oder durch einen Kurzaufenthalt in einer Kriseninterventionsstation vermieden werden.

> *Einem Psychiater wird von der Poliklinik eine 34-jährige allein lebende Lehrerin zur Weiterbehandlung zugewiesen. Sie habe eine schwere depressive Krise hinter sich, nachdem ihr Freund sie verlassen habe. Bereits vor der vereinbarten ersten Konsultation beim neuen Psychiater ruft sie an. Sie könne seit mehreren Tagen nicht mehr schlafen, da sie durch einen Mann, der sie in der Straßenbahn intensiv angeschaut habe, beobachtet und verfolgt werde. Nun verbarrikadiere sie sich in ihrer Wohnung und wage nicht mehr auf die Straße zu gehen, sei jedoch für eine Behandlung zugänglich. Nachdem der Arzt der Patientin ein mildes Antipsychotikum gegeben hat, verschwinden die Verfolgungsideen.*

Unruhig-desorientiert-misstrauisch: Verwirrtheitsepisode im Alter. Ein Beispiel:

> *Morgens um 4 Uhr meldet sich die Leiterin eines Altenheims beim Hausarzt des Heims wegen einer 86-jährigen zuckerkranken Frau. Diese sollte gestern in einen neu renovierten Trakt des Gebäudes umziehen. Doch starrsinnig beharre sie darauf, in ihrem bisherigen Zimmer zu bleiben – das Ganze sei ein Komplott, welchem sie sich nicht beugen werde. Die betagte Dame habe immer „etwas dezidierte Ansichten" gehabt. Nun verweigere sie auch die Insulinspritze, das Essen und Trinken und schimpfe seit Stunden laut im Korridor des Heims. Das Personal sei am Ende. Dem Hausarzt gelingt es, die Angehörigen frühmorgens zu bewegen, die verwirrte alte Frau zu beruhigen, bis sie sich das Insulin spritzen lässt. Anschließend geht es ihr besser. Hingegen braucht sie wegen einer leichten Wahntendenz vor allem nachts eine gering dosierte antipsychotische Medikation.*

Angetrieben-unruhig-wahnhaft: manische Psychose. Die euphorisch- oder missmutig-angetriebenen Menschen können wie erregte Schizophreniekranke wirken. Sie nehmen ihre Medikamente nicht mehr ein (Lithium, Carbamazepin, Valproat, Antipsychotika, Benzodiazepine). Stark manische Menschen haben einen Größenwahn und scheinen sich durch nichts mehr bremsen zu lassen. Sie gefährden ihren sozialen Ruf, ihre Ersparnisse, ihre Beziehungen. Häufig müssen sie zwangsweise eingewiesen werden.

> *Der Pfarrer einer Vorstadtgemeinde wird von einer verzweifelten jungen Frau aus der kirchlichen Jugendgruppe aufgesucht. Ihr Vater, ein 45-jähriger frei praktizierender Arzt, treibe ihre Mutter zur Verzweiflung, so dass diese von Suizid rede. Seit mehreren Wochen würde ihr früher ruhiger, manchmal fast etwas zurückgezogener Vater immer aufbrausender, aggressiver. Tag und Nacht sei er unterwegs, halte großspurige Reden, habe sich zu den zwei Autos der Familie auf Abzahlung einen exklusiven Sportwagen gekauft. Zum Entsetzen der Familie verkehre er nun auch mit Prostituierten. Die Familie schäme sich und ertrage den Vater nicht mehr. Der Pfarrer kann den Patienten zu einem Gespräch in seinem Sprechzimmer bewegen. Zu dieser Konsultation bietet er einen Psychiater auf, der nach erfolglosen Überredungsversuchen mit der Polizei eine Zwangseinweisung vornehmen muss.*

Apathisch-(oder unruhig-)mutlos-wahnhaft: depressive Psychose. Menschen in einer tiefen Depression können einen Wahn entwickeln. Solche Patienten brauchen Medikation (Antidepressiva und Antipsychotika), in der akuten Phase wegen ihrer erlahmten Vitalität und Suizidalität auch Pflege und Überwachung in einer psychiatrischen Klinik.

Erregt-halluzinierend: Drogen-Halluzinose. Dazu auch ein Beispiel:

> *Die Stadtpolizei wird auf den Bahnhof gerufen. Dort randaliert ein 22-jähriger drogenabhängiger Mann, der schon mehrmals durch die Polizei in die psychiatrische Klinik gebracht werden musste. Er schmeißt Stellwände um, belästigt Passanten und redet wirr. Nun ist er in einer Zelle, die er zu demolieren beginnt. Die Polizeiärztin kann keinen Zugang zum Patienten finden, er scheint sie kaum richtig wahrzunehmen. Schließlich muss dem Patienten ein Neuroleptikum gespritzt werden, damit er überhaupt durch die Polizei transportiert werden kann. In der Klinik stellt man fest, dass er auch LSD konsumiert hat, auf das er mit Halluzinationen reagiert.*

■ Beziehungsdynamik: Familien mit schizophreniekranken Menschen

Wechselwirkung zwischen familiärem Klima und psychotischer (meist schizophrener) Erkrankung. Auch bei diesen Notfällen ist es wichtig, aufmerksam zu registrieren, in welcher Beziehungssituation der psychische Gleichgewichtsverlust geschieht. Die Notfallhelfer können ihre Beobachtungen weitergeben, damit die nachbehandelnden Stellen später im Gespräch mit dem Patienten die Bedeutung sozialer Co-Faktoren (dies ist nicht mit der Ursache der Krankheit gleichzusetzen!) verstehen lernen.

Bei Adoleszenten (jungen Erwachsenen im Ablösungsalter):

► **Ersterkrankung:** Die Familienangehörigen sind schockiert. Sie schämen sich zutiefst wegen des Aufsehens, das mit dem Notfalleinsatz verbunden ist. Sie sind verwirrt und verängstigt wegen der gespenstischen Erkrankung mit dem gestörten Realitätsbezug. Vor allem bei Müttern entstehen Schuldgefühle. Viele führen die gesundheitliche Krise auf ihr erzieherisches Fehlverhalten zurück. Erschüttert beobachten sie, dass sich ihr früher angepasstes Kind plötzlich „ungezogen" gebärdet. Dabei sind die auftretenden Verhaltensstörungen vielfach erst rückblickend von üblichen Verhaltensweisen in der Pubertät zu unterscheiden. Die beginnende Psychose wird deshalb oft auch von Fachleuten verkannt.

► **Wiedererkrankung:** In späteren Erkrankungsphasen treffen die Notfallhelfer auf eine depressiv-erschöpfte Umgebung, die sich die eigene Ohnmacht nicht einzugestehen wagt: Auf der einen Seite eine angespannte Überfürsorglichkeit (häufig zwischen einem Elternteil und dem Patienten) mit beginnender innerfamiliärer Distanzierung (z. B. Absetzbewegung des Vaters durch berufliche Inanspruchnahme), auf der andern Seite eine zunehmende Abschottung der Familie gegenüber dem übrigen Umfeld, wodurch sich dieses zurückzieht.

► **Fortgeschrittene Erkrankungsphase:** Die Fürsorglichkeit entwickelt sich zu einer Verstrickung zwischen dem Patienten und einem Elternteil, häufig der Mutter. Die familiäre

Desintegration konnte inzwischen voranschreiten: Die Eltern haben sich voneinander entfremdet, die Geschwister der adoleszenten Schizophreniekranken haben sich vorzeitig abgelöst; sie merken, dass ihr anfänglich ebenfalls großer Einsatz an Hilfeleistung wirkungslos blieb. In dieser Situation kann Feindseligkeit innerhalb der Familie entstehen: Feindseligkeit der Eltern untereinander (die Mutter fühlt sich im Stich gelassen, der Vater empfindet seine Partnerin als übermäßig auf den kranken Jugendlichen bezogen), die Kinder ärgern sich über ihr unzugängliches Geschwister. Das feindselige Klima kann sich auch auf die Helfer übertragen.

▶ **Phase der sozialen Desintegration:** Jetzt können sich schwere Verwahrlosungserscheinungen entwickeln. Verschrobene Formen der Tagesgestaltung schleifen sich ein, die Vereinsamung verraten. Manchmal ist eine Katze zur wichtigsten Bezugsseele geworden; oder das Fernsehprogramm in Kombination mit Alkoholräuschen leistet eine Ersatzform menschlicher Beziehung und Geborgenheit. Notfallhelfer werden bei solchen Menschen von Vormundschaftsbehörden oder Nachbarn aufgeboten. Ein tragfähiges Beziehungsnetz ist kaum mehr vorhanden, was die Notfallintervention zur „Feuerwehrübung" macht.

Bei psychotischer Ersterkrankung im späteren Erwachsenenalter (z.B. eine schizophrene, manische oder depressive Psychose) ist die Familie häufig schockiert. Die plötzliche Entfremdung durch das wahnhafte Verhalten wirkt beängstigend und vor allem für Kinder tief verunsichernd oder gar traumatisierend. Zuerst wird versucht, die „Verrücktheit" gegenüber den Nachbarn und den weiteren Angehörigen zu verbergen. Die Angehörigen wissen sich jedoch nicht mehr zu helfen; trotzdem lehnen sie im ersten Moment eine eingreifende Hilfe mit Zwangsmaßnahmen ab, weil sie sich die Urgewalt einer schweren psychotischen Dekompensation nicht richtig vorstellen können.

Schlüsselsyndrom „verzweifelt, suizidal"

■ Laienschilderung von Verzweiflung und Suizidalität

Wenn Anrufer gegenüber psychiatrischen Fachleuten Verzweiflung beschreiben, verwenden sie häufig den Begriff „depressiv". Dies macht es notwendig, die Bezeichnung in umgangssprachlicher Formulierung umschreiben zu lassen, um zu erfahren, was tatsächlich beobachtet wird. Verzweiflung tritt vielgestaltig auf, manchmal versteckt. Fast bei allen seelischen Leidenssituationen, auch bei Aggressivität, bei Sucht und bei schizophrener Psychose ist die Verzweiflung eine wichtige Begleitemotion.

■ Erscheinungsbild des Schlüsselsyndroms

Verzweiflung. Wir alle wissen, was „verzweifelt" ist: ergriffen sein von heftigen Gefühlen des Scheiterns und Verlusts. Wir erfahren von Niedergeschlagenheit und Ohnmacht mit Klagen und Weinen, eventuell auch mit stillem innerem Leiden. Wenn wir Zeugen einer solchen Verzweiflung sind, fühlen wir uns zum Trösten und zu Hilfeleistung aufgefordert. Die Verzweifelten haben damit die Chance, sich aus der Einsamkeit ihrer seelischen Not zu befreien, neue Perspektiven zu erfahren und Hilfe zu erleben.

▶ **Der „Nervenzusammenbruch":** Im Zusammenhang mit einem unerwartet belastenden oder angstvoll erwarteten Ereignis kann die heftige Verzweiflung dramatische Formen annehmen: Schluchzen, sich auf den Boden werfen, jedoch auch scheinbar verrücktes Wiederholen von stets gleichen, beschwörenden Sätzen, was bei Angehörigen meist intensive Anteilnahme auslöst. Damit wird ein Bild beschrieben, das der akuten Belastungsreaktion (➔ Seite 26) entspricht. Gelegentlich werden mit dem Begriff des Nervenzusammenbruches auch unruhig-komisch-wahnhafte Zustände umschrieben.

▶ **Die Selbstverletzung:** Selbstbeschädigungen treten häufig bei Personen auf, die durch katastrophale Ängste und innere Spannungen überflutet werden – meist bei Borderline-Störungen. Die Selbstverletzung unterbricht diese Katastrophengefühle. Mit der Selbstverletzung wird jedoch eine Grenze gegenüber sich selbst überschritten; es wird das Tabu der eigenen Integrität verletzt. Die grundsätzliche Hemmung, sich zu suizidieren, wird damit geringer.

▶ **Die lebensgefährliche Verzweiflung – Suizidalität:** Die unmittelbar lebensgefährliche Form der Verzweiflung ist die Suizidalität. Die psychische Verfassung eines Mitmenschen definieren wir dann als „suizidal", wenn wir mit seiner inneren Bereitschaft rechnen, sich zu töten. Dies kann absichtlich, jedoch auch durch eine entscheidende Unachtsamkeit in einem gefährlichen Moment geschehen. Fast alle über längere Zeit Verzweifelten denken einmal an Suizid. Und wir alle waren wohl schon einmal verzweifelt. Doch der Gedanke an eine solche Tat weist noch nicht auf eine unmittelbare Selbsttötungsbereitschaft hin. Für diese braucht es zusätzlich ein Gefühl von Aussichtslosigkeit, eine energische Entschlossenheit und das Wegfallen von inneren und äußeren Hindernissen, um einen solchen endgültigen Schritt zu tun. Viele nehmen sich im Verborgenen das Leben oder tarnen ihre Selbsttötung als Unfall. Wir können ahnen, mit wie viel Scham in unserer Kultur das Eingeständnis von Verlust, Ohnmacht und Scheitern verbunden ist. Deshalb können wir froh sein, wenn wir Anzeichen für eine solche verzweifelt-gekränkte und zu Äußerstem entschlossene Seelenverfassung wahrnehmen.

■ Krankheitsbilder

Die neurotisch-depressive Verarbeitung von Verlust. Die als unersetzlich erlebte, vermisste Person kann innerlich nicht losgelassen werden: Zur Vermeidung von Wut und andern heftigen Gefühlen wie Ärger gegenüber dieser Person werden die tabuisierten Emotionen gegen sich selbst gerichtet: Die eigene Person wird z. B. als Verursacherin des Verlustes betrachtet; es können starke Schuldgefühle und eine Selbstbestrafungstendenz (Autoaggression) entstehen. Zum zusätzlichen Schutz des inneren Bildes der verlorenen Person wird sie idealisiert, wodurch sie erst recht unentbehrlich und damit unersetzlich wird (➔ Fallbeispiel, Seite 27, bei „Verlust").

Die Verzweiflung als Folge psychischer Traumatisierung. Menschen, die als Opfer von schlimmen Unfällen, Gewalttaten oder Drohungen schweren Schrecken erlitten haben, haben eine Gefährdung ihrer Unversehrtheit erlebt, die sich ihre bewusste und unbewusste Erinnerung eingravieren kann. Der heftige seelische Schmerz durch die erlittene psychische Verletzung kann bei manchen Menschen auf die übliche Weise nicht mehr bewältigt werden. Mit psychischen Abwehrformen wie Abspaltung, Verleugnung, Selbstentfremdung, Ausweg in die Psychose usw. wird der schmerzende Teil des Erlebens oder gar des eigenen Körpers (bei Misshandelten und Missbrauchten) stillgelegt, sozusagen anästhesiert, damit die Person mit einem Rest an Unversehrtheit überleben kann. Dadurch wird viel Energie gebunden, die bei der Bewältigung des Alltags fehlt. Deshalb ist diese Personengruppe sowohl unmittelbar nach einem Gewalterlebnis (akute Belastungsreaktion) wie allenfalls nach mehrwöchiger Verzögerung (posttraumatische Belastungsstörung, PTBS) besonders gefährdet, das psychische Gleichgewicht zu verlieren.

Die Depression. Sie ist keine einheitliche Krankheit, sondern ein charakteristisches Muster einer über Wochen andauernden, schleichenden Verzweiflung mit weinerlicher oder bedrückter Verstimmung (bis hin zu Suizidalität) sowie vegetativen Begleiterscheinungen (vor allem gestörter Schlaf) mit multifaktorieller Ursache. Erst nach eingehenderen Abklärungen, die bei Bedarf auch körperliche Untersuchungen einschließen, können die Art und die Ursache einer Depression näher bestimmt werden. Einige Beispiele:

▶ **Erschöpfungsdepression:** Diese Form seelischer Entkräftung entsteht bei überfordernden Lebensaufgaben, verstärkt bei Menschen, die ihre Belastungsgrenzen wenig spüren oder die wenige Möglichkeiten haben, neue Kraft zu schöpfen und sich wirksam helfen zu lassen. In Notfallsituationen trifft man häufig auf solche Zustände.

▶ **Depressive, neurotische Entwicklung:** Die Aufmerksamkeit wird auf das Entbehrte, auf den Mangel konzentriert, wodurch sich rückkoppelnd die Stimmung verschlechtert und die Gedanken sich weiter auf das Negative, die Hoffnungslosigkeit einengen.

▶ **Depression bei Angstkrankheiten:** Die gleichzeitige Erkrankung von Angst und Depression ist häufig.

▶ **Wahnhafte Depression:** Die Depression ist derart schwer, dass psychotische Symptome auftreten (→ Seiten 21, 23).

▶ **Depression nach Beginn einer Behandlung mit Antipsychotika**

▶ **Symptomatische Depression:** Hormonelle Störungen (Wochenbettdepression), gewisse Stoffwechselkrankheiten (Schilddrüsenstörungen, Zuckerkrankheit, Lebererkrankungen usw.), schwere Infektionskrankheiten, Blutarmut (Anämie), Tumoren, Alzheimer-Krankheit oder Hirnerschütterungen können Depressionen auslösen.

▶ **Depressionen bei Essstörungen** sind häufig.

▶ **Depression bei Drogen-, Alkohol- und Medikamentengebrauch oder -entzug:** Medikamente können Depressionen auslösen (z.B. bestimmte Medikamente gegen Anfallskrankheiten, Kortikosteroide, Betablocker, Empfängnisverhütungspillen usw.).

▶ **Versteckte Depression: psychosomatische Krankheiten:** Die Verzweiflung kann sich hinter körperlichen Beschwerden verstecken, die zu verschlüsselten Botschaften eines nicht benennbaren Verlustes, einer tabuisierten Kränkung und uneingestandener Ohnmacht werden.

■ Seelische Dynamik: Wut und Ärger gegen sich selbst (mit Fallbeispielen)

Missbrauch, Missachtung und Demütigung. Durch den Entzug von elementarer Wertschätzung in Beziehungen können schwere Kränkungen ausgelöst werden. Die eigene Person wird nicht mehr als schützenswert, sondern als defekt, schuldig und verachtet erlebt. Parallel dazu können sich Bewältigungsmuster ausbilden, bei denen ein Teil der persönlichen Integrität preisgegeben wird, um die Zuwendung wichtiger Personen nicht zu verlieren. Wut gegen andere kann auf die eigene Person gerichtet werden.

Eine 28-jährige Krankenschwester nimmt massiv Gewicht ab, nachdem sich ihr langjähriger Freund wegen einer Liebschaft zu ihrer engsten Freundin von ihr getrennt hatte. Sie zieht sich darauf aus ihrem übrigen Freundeskreis zurück, um sich mit besonderer Energie in ihre Berufstätigkeit zu stürzen. Erschöpft bricht sie bei der Arbeit zusammen und begibt sich nach einer Aussprache mit der Oberschwester in psychiatrische Behandlung, wo sie nach anfänglicher Skepsis Vertrauen fasst und wieder an Gewicht zunimmt. Sie verliebt sich in einen Arbeitskollegen, der sich nach einem flüchtigen Liebeserlebnis von ihr abwendet. Aus der Abteilungsapotheke nimmt sie Tabletten, die sie alle auf einmal schluckt. Am nächsten Tag erscheint sie nicht in der Psychotherapiestunde. Der alarmierte Therapeut lässt Nachforschungen anstellen. Die Patientin wird bewusstlos gefunden. Nachdem sie auf der Intensivpflegestation erwacht, möchte sie von Neuem sterben. Im beschützenden Rahmen eines nachfolgenden Krankenhausaufenthaltes kann sie das ganze Ausmaß ihrer Krise überblicken. Sie entdeckt aufgrund von Erinnerungsspuren, dass sie Opfer sexuellen Missbrauchs in ihrer frühen Kindheit war. Sie setzt die Psychotherapie fort, beginnt sich beruflich anders zu orientieren und baut sich einen neuen Freundeskreis auf. Rückblickend ist sie froh, dass man sie gefunden und reanimiert hat.

Verlust. Tod oder Trennung von nahen Bezugspersonen, zu denen ein Abhängigkeitsverhältnis bestanden hat, können den Selbstwert oder gar die eigene seelische Überlebenskraft in Frage stellen. Ein solcher Verlust kann als Ausdruck eigenen Versagens verarbeitet werden. Die Ablösung aus der Beziehung erfolgt dann nicht in einem Abschiedsprozess, in dem das Verlorene betrauert, die gute Erinnerung bewahrt und die Beziehungsenergie auf neue Personen ausgerichtet wird (im sog. Trauerprozess), sondern es wird durch seelisches Festhalten an der scheinbar unersetzlichen Person das eigene Wohlbefinden geopfert. Eine erschöpfende Verzweiflung, eine Depression entsteht.

Nach einem heftigen Streit mit ihrem Ex-Mann um Unterstützungszahlungen betrinkt sich eine 36-jährige arbeitslose Frau und Mutter einer 15-jährigen Tochter. Die Frau kann sich nicht von ihrem ehemaligen Partner ablösen. Sie schließt sich in ihr Zimmer ein und spricht laut klagend davon, sich das Leben nehmen zu wollen. Über die Polizeinotrufzentrale erreicht die Tochter einen Notfallpsychiater, der die Zimmertür eindrücken lässt und eine völlig verzweifelte Frau trifft. Im Verlauf eines längeren Gesprächs wird die Frau zunehmend nüchtern, schließlich kann eine befreundete Nachbarin beigezogen werden, die die Frau tröstet und hütet, bis sie wieder zuversichtlicher wird. Eine Betreuung von Mutter und Tochter wird organisiert: Eine Sozialarbeiterin hilft die strittige Alimentenfrage regeln. Es ergibt sich mit ihr ein vertrauensvoller Gesprächskontakt, bei welchem die Bewältigung des Alltags im Vordergrund steht. Die Frau nimmt stundenweise eine Tätigkeit als Aushilfe in einem Kiosk auf. Dadurch gewinnt ihre Tochter wieder mehr Freiraum: Sie beginnt eine Ausbildung als Friseuse, wo sie sich wohl fühlt und über den Lehrlingslohn zum gemeinsamen Lebensunterhalt beitragen kann.

Schuldgefühl. Verinnerlichte unerbittliche moralische Normen oder überhöhte Selbstansprüche können bei Misserfolgen oder scheinbar unlösbaren Konflikten zum Verlust der Selbstachtung und zu schweren Schuld- oder Schamgefühlen führen. Die Misserfolge werden nicht mehr eingegrenzt wahrgenommen. Sie drohen eine Bedeutung zu erhalten, die über das Ereignis hinaus geht, gar den Existenzwert der Person zu bestimmen beginnt. Um einer befürchteten Verurteilung durch das eigene unerbittliche Gewissen zuvorzukommen, können sich solche Menschen selbst richten.

Der 58-jährige Leiter einer kleinen Handelsfirma erfährt, dass er die Generalvertretung des umsatzstärksten Produktes verliert. Angesichts der angespannten Finanzlage der Firma versucht er, die Vertretung eines neuen Markenartikels zu erhalten. In einer Art Flucht nach vorn beteiligt er sich an einer Messe, um einen neuen Kundenkreis zu erschließen. Nun vernimmt er das Scheitern der Verhandlung über die Generalvertretung des Produkts; die Messe wird für seine Firma ein Misserfolg. Akut entwickeln sich bei ihm tiefe Versagensgefühle und panikartige Ängste, so dass er nicht mehr ins Büro zu gehen wagt. Schluchzend ruft er die Telefonseelsorge an. Nur noch sein christlicher Glaube halte ihn davor zurück, sich zu erschießen, da er keinen Ausweg aus der geschäftlichen Misere mehr sehe und er seinen Angestellten nicht mehr gegenüber zu treten wage. Die Mitarbeiterin in der Telefonhilfe kann den Mann motivieren, eine Beratungsstelle aufzusuchen. Es kann nach Einbezug eines Mitglieds der Firmenleitung eine vorübergehende Entlastung organisiert werden. Der Verzweifelte erfährt dabei die Loyalität seines Arbeitgebers. Er kann sich dazu entschließen, einen jüngeren Mitarbeiter zu weiteren Verhandlungen zuzuziehen, die Erfolg bringen. Schließlich lässt er sich früher als vorgesehen pensionieren, um sich mehr seiner Frau und den Enkelkindern zu widmen.

Lebensgeschichtliche Einflüsse können auf diese Weise zu veränderten Erlebens- und Verhaltenstendenzen führen: massive Selbstentwertung, schwere Kränkbarkeit, Hoffnungslosigkeit, verminderte Selbstkontrolle bei emotioneller Belastung, Wendung der Aggression gegen sich selbst, Hemmung des emotionellen Ausdrucks mit der Gefahr von plötzlichen Impulsdurchbrüchen usw.

Der „letzte Versuch". Nach einer Phase innerer Zermürbung wird bei Verzweifelten und Gekränkten häufig eine Art letzter Versuch unternommen, dem Schicksal eine neue Richtung aufzudrängen. Die Selbstopferung ist ein Aufbäumen gegen das Unwiderrufliche. In der therapeutischen Arbeit werden unterschiedliche Suizidziele erkennbar, die viel mit Scham und Ohnmacht zu tun haben (Tab. 1.8).

Tabelle 1.8 Unbewusste Suizidziele sowie damit verbundene Gefahren und verborgene Lebensänderungschancen.

Selbstbestrafung
- ▶ Gefahr: Massive Schuldgefühle werden scheinbar abschließend gesühnt.
- ▶ Chance: In Selbstverantwortung Verhaltensänderungen einleiten.

Schuldgefühle bei Angehörigen
- ▶ Gefahr: Deren Aufmerksamkeit wird auf destruktive Weise erzwungen.
- ▶ Chance: Bedürfnis nach Nähe aktiv wahrnehmen, um auf andere zuzugehen.

Rache
- ▶ Gefahr: Die Angehörigen sollen öffentlich beschuldigt werden.
- ▶ Chance: Konflikte beim Namen nennen und sich auseinandersetzen.

Kompensation
- ▶ Gefahr: Durch dramatische Selbstopferung wird Verlust an Selbstbedeutung kompensiert.
- ▶ Chance: Zum Bedürfnis stehen, anerkannt und respektiert zu werden.

Vereinigung
- ▶ Gefahr: Im Tod wird eine Vereinigung mit dem geliebten und vermissten Menschen fantasiert.
- ▶ Chance: Trauern, so dass Platz für neue Beziehungen entstehen kann.

■ Beziehungsdynamik: Familien mit depressiven Menschen

Frühphase der Beziehung Depressiver. Viele Mutlose und Bedrückte glauben, dass sie sich ihren nächsten Angehörigen mit konkreten Anliegen nicht anvertrauen dürfen. Sie sind in Angst, anderen zur Last zu fallen, und bestrebt, entsprechend ihren hohen Selbstansprüchen alles selbst zu bewältigen. In Konflikten neigen sie zu selbstbeschuldigenden Reaktionen, womit die Problembewältigung ins Leere läuft. Damit entstehen bedrückend-liebe Beziehungen. Hintergründig lassen sich bei den Partnern von Depressiven ohnmächtige Wut und daraus resultierend Schuldgefühle erahnen, die zu einer überbetreuenden Haltung führen können. Die Partner versuchen, durch ein großzügiges Angebot der Droge „totale Zuwendung" den erspürten emotionellen Mangel zu beseitigen. Damit findet eine schleichende Entmündigung des Depressiven statt, eine verstärkte Abhängigkeit tritt ein und das depressive Verhalten verstärkt sich – und damit auch die Ohnmacht der Angehörigen. Die Angehörigen melden sich bei Notfalldiensten, da sie selbst mit psychischen Kräften am Ende sind.

Spätere Phase der depressiven Konstellation. Die schonende Haltung der Angehörigen kann zusammenbrechen. In einer Art versteckter Ausgrenzung wird der mutlose und klagende Partner zum Patienten der Familie; der Respekt vor ihm nimmt ab. Er kann auf diese Weise in eine Pseudo-Kindrolle geraten. In Notfallsituationen trifft man bei solchen Familien häufig auf bitter gewordene Angehörige, die psychisch entkräftet – oder anders ausgedrückt: depressiv – sind. Gelegentlich entsteht eine schleichende Feindseligkeit, die zu Entfremdung zwischen den Partnern führen kann, bis es zum inneren Bruch kommt. Gravierend ist die Auswirkung auf Kinder, vor allem wenn sie klein sind.

■ Exkurs: Suizidabsicht – psychische Krankheit oder freier Willensakt?

Die verwirrende Ambivalenz der Suizidalen. Der Suizidale, der ausdrücklich oder auf indirekte Weise seine Mitmenschen alarmiert, gibt seine innere Zerrissenheit zu spüren: Manchmal ein letztes Notsignal! Wenn Angehörige auf einen alarmierenden Hinweis nicht reagieren, deuten dies Verzweifelte als Bestätigung einer vermeintlichen Ablehnung ihrer Person. Wenn Helfende jedoch darauf eintreten, überträgt sich auf sie ein Teil der Wut der Suizidalen auf ihre Mitmenschen. Die Nothelfer erleben einen verzweifelt-trotzigen Abschied aus dem Bezug zu anderen. So ist es durchaus möglich, dass Helfer bei sich Gefühle von Ärger, gar Wut oder sarkastischer Zurückweisung erleben („wenn er unbedingt will, soll er sich doch umbringen!"). Suizidale prüfen häufig die Ernsthaftigkeit des Hilfe-Engagements, das in der Not zum Gradmesser des eigenen Selbstwertes werden kann.

Existenzielle Wertfragen. Die Suizidalität deutet auf akute Not in einem menschlichen Bezugssystem hin. Es gibt in unserem Kulturkreis wenige zivile Ereignisse, die derart traumatisch auf ein Beziehungsnetz einwirken können, wie ein Suizid – die unwiderrufliche einseitige Kündigung des Zusammenlebens. Dies löst Fragen aus: Ist Suizidalität eine Krankheit oder ein Krankheitssymptom oder ist die Selbsttötungsabsicht Ausdruck einer selbstverantworteten Willensentscheidung? Gibt es ein moralisches Recht auf Selbsttötung? Wie steht es mit der Verantwortung gegenüber den Mitmenschen, z.B. bei Eltern gegenüber ihren Kindern? Wir müssen erkennen, dass eine rasche Abwägung derart vielschichtiger Probleme – wie das Recht auf Selbstbestimmung im Sterben – in einer Situation akuter Verzweiflung nicht möglich ist. Vor allem kann es *nicht* Aufgabe der Notfallhelfer sein, letzte Instanz für eine derartige grundlegende existenzielle Entscheidung zu sein. Die Erfahrung zeigt, dass die allermeisten Menschen – einige Zeit nach einem Suizidversuch – froh darüber sind, diese seelische Katastrophe überlebt zu haben.

Schlüsselsyndrom „Konflikt, Gewalt"

■ Laienschilderung von aggressivem Verhalten

Die Kraft der vertretenen Standpunkte, die Echtheit der Emotion, die Unmittelbarkeit in der Interaktion, die Transparenz der Meinungen und Bedürfnisse, der Impuls zur Veränderung und Entwicklung – dies alles sind wichtige Dimensionen eines lebendigen sozialen Klimas, in dem sich Menschen selbstbewusst behaupten können. Wenn eine Auseinandersetzung mit diesen Merkmalen heftig ausgetragen wird, wird sie häufig als „aggressiv" bezeichnet. Die Heftigkeit muss nicht destruktiv sein, wenn dabei Spielregeln verinnerlicht sind, die den respektvollen Umgang miteinander und die Kontrolle über eigene heftige Impulse garantieren. Wenn jedoch bei der Durchsetzung von eigenen Zielen tätliche, angedrohte oder versteckte Gewalt eingesetzt wird, so ist Aggression zu einer Zerstörungskraft geworden, die lebenslangen Schaden anrichten kann, z. B. bei zuschauenden, zuhörenden, mitfühlenden, sich identifizierenden Kindern. Destruktiv sind auch die heimlichen Grenzüberschreitungen gegenüber Abhängigen (sexueller Missbrauch) oder der schwelende Schaden durch feindselige Intrigen und andauernden Liebesentzug. Im Folgenden geht es um die destruktive Aggression in Form von Gewalt, Grenzüberschreitung, Misshandlung und sexuellem Missbrauch – alles mögliche Anlässe für eine Notfallsituation.

■ Erscheinungsbild des Schlüsselsyndroms

Die Verstrickung im aggressiven Konflikt. Die aggressive Eskalation mit der Gefahr von Gewalttätigkeit entsteht bei Menschen, die sich von anderen abhängig fühlen und deshalb bei einem Konflikt um den Fortbestand ihrer Rolle, ihres Ansehens oder ihrer Macht innerhalb der Gemeinschaft fürchten. Im Kampf um ein gefährdetes Gleichgewicht bröckelt das Vertrauen bei andauernder Auseinandersetzung. Die Streitenden erleben im Dauerzwist, dass Zeichen eigener Schwäche vom anderen zur Festigung seiner Position ausgenützt werden. Der Kampf ums Gleichgewicht wird zum Kampf um die Vormacht. In einer Spirale von Verletzung, Gekränktheit und Rache vermindert sich unmerklich die gemeinsame Vertrauensgrundlage, bis diese eines Tages einbricht; es sei denn die Kontrahenten nehmen genügend früh Distanz zueinander auf oder sie ziehen außenstehende, neutrale Personen bei. Vielleicht kann es gelingen, als Außenstehende neue Gesichtspunkte einzubringen, die die Kämpfenden in ihrer Verstrickung nicht mehr erkennen konnten. Voraussetzung hierzu ist jedoch, dass die Kontrahenten ihrer Beziehung noch eine Chance geben.
Der heftige Konflikt ohne Gewalttätigkeit. Trotz heftigen Streites bleibt eine Beziehungsbrücke intakt. Die Auseinandersetzungen können lautstark sein, was die Partner oder die anderen Familienangehörigen alarmiert. Hingegen werden Grenzen eingehalten. Die aggressiven Impulse bleiben letztlich unter Kontrolle. Atmosphärisch können derartige Konstellationen vor allem für Kinder sehr belastend sein.
Der heftige Konflikt mit Drohung oder Gewalttätigkeit. Die Eskalation hat allmählich, häufig jedoch unvermittelt, manchmal gar aus einem Zustand scheinbarer Beherrschtheit eine Grenze überschritten. Angst um die seelische und körperliche Unversehrtheit der Streitenden und ihrer Kinder alarmiert Familienangehörige und Nachbarn.
Misshandlung. In zerrütteten Partnerbeziehungen finden keine fairen Auseinandersetzungen um die wesentlichen Familienfragen statt. Abhängige, Schwächere, Ausgelieferte – meist Kinder – können zu Blitzableitern ohnmächtiger Wut oder von Verachtung und Hass werden. Besonders heikel sind Situationen ohne soziale Kontrolle (abwesender anderer Elternteil etc.).
Sexueller Missbrauch. Im Gegensatz zur landläufigen Meinung kommt sexueller Missbrauch in erster Linie im Familien- und Bekanntenkreis vor. Es sind sexuelle Handlungen eines Erwachsenen (oder älteren Geschwisters) mit einem abhängigen Kind, das aufgrund seines seelischen Entwicklungsstandes einer derartigen Beziehung gar nicht freiwillig zustimmen kann. Der Überlegene nützt seine Machtposition zugunsten eigener Bedürfnisse und auf Kosten ei-

nes Kindes aus – oft über Jahre. In der Regel wird das Kind ohne Gewalt gefügig gemacht, so dass körperliche Spuren selten sichtbar sind. Es kommt jedoch auch zu eigentlichen Vergewaltigungen. Ein augenfälliges Täterprofil gibt es nicht; doch scheint es sich relativ häufig um Menschen zu handeln, die nicht gelernt haben, Intimitätsgrenzen zu respektieren. Opfer des sexuellen Missbrauchs sind nicht nur Jugendliche, sondern auch Kinder oder gar Säuglinge (in erster Linie Mädchen, jedoch viel häufiger als angenommen auch Knaben, die von Männern missbraucht werden). Der sexuelle Missbrauch ist vor allem dann traumatisierend, wenn das betroffene Kind dem Täter völlig ausgeliefert ist. In solchen Konstellationen sind die Täter zugleich die zentrale Bezugsperson. In der Notfallintervention muss diese heikle Lage der Opfer berücksichtigt und deshalb mit professioneller Umsicht vorgegangen werden.

Die unkontrollierte, offene Gewalt. Es gibt Menschen, die die Anwendung von brutaler Gewalt nicht nur verharmlosen, sondern offen gutheißen oder gar verherrlichen. In einem Umfeld ohne verbindliche, die Schwachen schützende und die Starken eingrenzende Verhaltensregeln, ohne tragende und auf Mitgefühl beruhende Beziehungen können sich dissoziale, gewalttätige Persönlichkeiten entwickeln. Sie brauchen Einschüchterung und körperliche Gewalt anstelle von Zuwendung und Respekt als Mittel der sozialen Beziehungskontrolle. Unterlegene sind bestenfalls nützlich. Wenn sie es nicht mehr sind, kommt es zu Missbrauch und verachtendem Verhalten mit sexistischer, rassistischer oder gar sadistischer Einfärbung. Die Schwachen haben sich zu fügen. Die psychosoziale Notfallintervention schafft in erster Linie Grenzen gegenüber grobem Machtmissbrauch durch die Anwendung polizeilicher Maßnahmen, die den Schutz abhängiger Personen gewährleisten. Nach Möglichkeit wird die Frühbetreuung gefährdeter Kinder über die Kinderpsychiatrie und das Jugendamt eingeleitet.

■ Beziehungsdynamik bei Gewalttätigkeit in der Familie

Schauplatz Familie. Die Familie ist nicht nur ein Ort von Geborgenheit, denn Misshandlung und Missbrauch geschehen vorwiegend in Abhängigkeitsbeziehungen. Im gefühlsmäßig dichten Familiengefüge können Erwachsene eigene frühere traumatisierende Erfahrungen auf die Mitglieder der aktuellen Familie übertragen. Partner und Kinder werden damit zu Rollenspielern in einem alten, neu aufgelegten Beziehungsdrama. Im Vordergrund entzünden sich die Eskalationen an Fragen von Macht und Ohnmacht (Tab. 1.**9**).

Tabelle 1.**9** Psychologische Risiken für gewalttätige Entwicklungen in Familien.

Angst um Einfluss:	z. B. getrennte Eltern im Streit um die Kinder
Überforderung:	z. B. junge Paare mit einem pflegeaufwändigen Kleinkind
Angst um Position:	z. B. Frauen, die zu Beginn der Beziehung dem Mann an beruflichem Status unterlegen sind und sich über das Niveau ihres Mannes qualifizieren
Angst vor Beziehungsverlust:	z. B. Süchtige, die konfrontierendes Verhalten des Partners für den eigenen Absturz verantwortlich machen und eine Trennung befürchten
Kränkung:	z. B. selbstunsichere Partner, die von einem Seitensprung des anderen erfahren

Verstrickung, „Clinch". Wie bei Boxern im Ring kann durch zu große Nähe Verstrickung entstehen, aus der sich die Kämpfenden allein nicht mehr befreien können – der sogenannte Clinch. Der Versuch der Kämpfenden, sich mit einem defensiv gemeinten Schlag zu befreien, wirkt wegen der großen Nähe als heftiger Angriff. Die Eskalation ist im Gang: Das Deeskalationsmuster des einen Partners wird vom anderen als Eskalationsabsicht missdeutet. Die Unterschiede zwischen Angriff und Selbstschutz verwischen sich. Es kommt zu heftigen verbalen Verletzungen, zu Beschimpfungen und Drohungen, schließlich zu Gewalttätigkeit bis hin zu schwerer Körperverletzung oder Tötung, jedoch auch zum erweiterten Suizid mit Kindern. Wie kann es zu derart tragischer Verkennung kommen?

▶ **Die Verwechslung mit früheren Bezugspersonen:** Persönlichkeitsanteile des einen Partners können vom anderen in ihrer tatsächlichen Bedeutung verkannt werden, so dass sich sogenannte Übertragungen bilden können („Du sprichst wie meine Mutter!"). Begünstigt durch äußere Belastung und geringen psychischen und sozialen Spielraum können sich Konflikte zuspitzen, bis sich die alten seelischen Wunden öffnen.

▶ **Die Projektion des eigenen psychischen Konflikts:** Manchmal stellen die Partner füreinander eine Art Leinwand dar, auf welche eigene, vor sich selbst schamhaft verborgene Strebungen projiziert werden. Wenn jemand selbst von einem Gefühl überflutet wird, das nicht sein darf, gibt der Partner sicher einmal einen Anlass, bei diesem das eigene, sich selber nicht eingestandene Gefühl zu vermuten („Du hast einfach etwas gegen mich!"). Diese Vermutung wird in aufgeladenen Situationen zur Gewissheit.

▶ **Die Inszenierung eines früher erlittenen Dramas:** Menschen mit traumatisierenden Erfahrungen in ihrer Jugendzeit, die missachtet und missbraucht worden sind, haben aus Not gelernt, ihre Anliegen auf indirekte, manipulative Weise durchzusetzen. So inszenieren solche Menschen frühere Erlebnisse mit dem Partner neu („Ich werde dich noch dahin bringen, wo du dich zeigst, wie du bist!"). Die Erinnerung an das erlittene Elend überträgt sich in eine neue Realität – zum Teil mit gewaltiger Wucht.

▶ **Geschlechtstypisches Rollenverhalten:** Bei Gewalttätigkeit lässt sich ein geschlechtstypisches Rollenverhalten beobachten. Während bei Männern aus ehemaligen Misshandlungsopfern eher Täter werden, neigen Frauen eher dazu, die unterlegene Rolle – ein Opfer zu sein – zu verinnerlichen. Frauen äußern Wut oft verbal oder durch Verweigerung, indirekte Aktionen oder Provokation. Zugleich haben Frauen gelernt, Eskalationen zu vermeiden, zu vermitteln und zu beschwichtigen. In der Paartherapie fällt auf, dass sich Frauen in Beziehungskonflikten in der Regel kompetenter ausdrücken können als Männer, die ihrerseits von einer anfänglichen Haltung des Nicht-ganz-ernst-Nehmens in eine Situation kommunikativer Hilflosigkeit geraten. In dieser Unterlegenheitssituation neigen gewisse Männer dazu, gewalttätig zu werden, da sie im Missbrauch ihrer physischen Überlegenheit das einzige Mittel sehen, ihren verletzten Stolz – letztlich um den Preis einer Vertrauensbeziehung zur Partnerin – zu rächen.

Die verhängnisvolle Scheinlösung mit Alkohol und Drogen. Suchtmittel werden von vielen Menschen in Konfliktsituationen als eine Art Selbstbehandlung eingenommen, um sich zu besänftigen oder abzulenken. Doch verhängnisvollerweise verändern Alkohol und viele Drogen nicht nur die Wahrnehmung und die Stimmungslage, sondern vermindern die Selbstkontrolle und senken die Hemmschwelle für antisoziale Handlungen.

Soziale Belastung. Die psychischen Wechselwirkungen und deren Abbild in der Dynamik der Beziehung sind zwar ein notwendiger, jedoch nicht ein hinreichender Grund für eine Eskalation zu Gewalttätigkeit. Dazu braucht es stets auch andere Risikofaktoren; meist sind überfordernde Aufgaben in der Familie (kleine Kinder) oder im Beruf (Überlastung, soziale Spannungen) beteiligt.

Verlaufsmöglichkeiten einer aggressiven Eskalation:

▶ **Ausgangslage:**

Ein zerstrittenes Paar mit 2 Kindern im frühen Schulalter. Die Ehefrau versucht nach einem zermürbenden Streit Luft und inneren Abstand zu gewinnen, indem sie über das Wochenende zu einer Freundin fährt. Ihr Partner interpretiert dies bereits als Trennungsschritt. Er erinnert sich, dass seine ebenfalls zerstrittenen Eltern sich scheiden ließen, nachdem seine Mutter zu einer Verwandten ausgezogen war. Er befürchtet eine Wiederholung des schon einmal Erlebten. Er reagiert drohend, verteufelt seine Frau als Rabenmutter. Der Ehemann bewirkt durch seinen panikerfüllten wutentbrannten Ausbruch, dass sich die Partnerin missverstanden fühlt, ihrerseits verletzt ist, Angst bekommt und nun tatsächlich an eine Trennung zu denken beginnt. Dadurch erreicht der Streit eine neue Stufe der Eskalation. Die Entwicklung kann nun eine Fortsetzung in verschiedenen Varianten finden.

▶ **Verlaufsvariante „Unterwerfung":**

Die Ehefrau reagiert auf die aus Verletztheit und Angst entstehende Wut des Mannes defensiv und verzichtet auf das Wochenende bei ihrer Freundin. Der Mann missversteht dies als Eingeständnis der Frau, dass er mit seinen Befürchtungen recht habe. Zugleich fühlt er sich in seinem drohenden Verhalten bestärkt, womit sich sein Groll für den Moment zwar legt, nun jedoch einem lauernden Misstrauen Platz macht.

▶ **Verlaufsvariante „Ausstoßung":**

Der Ehemann spioniert der Frau nach, stellt sie immer wieder misstrauisch zur Rede. In stetem Bemühen, dieses Misstrauen zu entkräften, zieht sie sich zurück, verzichtet nach und nach auf Außenaktivitäten. Dies wiederum erinnert sie an eine frühere Beziehung mit einem ähnlichen Entwicklungsverlauf. Sie beginnt sich nun selbst als Versagerin zu beschuldigen, wird depressiv, zieht sich vom Ehemann sexuell zurück. Dieser fühlt sich dadurch entwertet, verstärkt seinerseits sein misstrauisches und kränkendes Verhalten, bis die Frau einen Suizidversuch begeht.

▶ **Verlaufsvariante „Gewalttätigkeit":**

Nach einem Gespräch mit ihrem Psychotherapeuten entschließt sich die Frau nun doch, zu ihrer Freundin zu fahren. Ihr Mann trifft sie bei den Reisevorbereitungen, versucht sich mit einem Glas Schnaps zu beruhigen, versperrt ihr jedoch schließlich den Weg aus der Wohnung, worauf sie ihm verärgert eine Ohrfeige gibt. Dadurch kippt seine Angst in Wut und er beginnt sie heftig zu beschimpfen. Aus einer Rangelei entwickelt sich ein Handgemenge, in deren Folge die Frau zu Nachbarn flieht und die Polizei einen psychosozialen Notfalldienst herbeiruft.

▶ **Verlaufsvariante „Lösung":**

Die Ehefrau fühlt sich in einem wesentlichen Punkt missverstanden. Sie ist nicht bereit, auf dieser Ebene mit ihrem Mann weiter zu streiten. Sie ruft einen befreundeten Sozialarbeiter der Familie an, dem beide vertrauen. Seine bloße Anwesenheit schafft einen besseren Realitätsbezug und lässt beide Partner die Kommunikationsspielregeln einhalten. Die Frau kann ihre Absicht deutlich machen. Ihr Mann kann seine alten Ängste aussprechen und jetzt zwischen der Vergangenheit und der Gegenwart unterscheiden. Die Ehefrau verbringt das Wochenende bei der Freundin. Der Ehemann versorgt während dieser Zeit die Kinder und plant auch für sich ein freies Wochenende. Die Partner gewinnen damit die Möglichkeit zu mehr Freiraum, ohne dass sie sich vorher streiten müssen. Die Auseinandersetzung hat sie beide weitergebracht.

Schlüsselsyndrom „Alkohol-, Drogenproblem"

▪ Die Laienschilderung eines Suchtsyndroms

Laienschilderung eines Rausches. Die Erscheinungsweise eines Alkoholrausches ist allen geläufig. Anders ist es bei Mischzuständen (Konsumation unterschiedlicher Substanzen, gleichzeitig Rausch und Entzug) und Delirien.

Laienschilderung eines Entzugs. Je nachdem wird sofort erwähnt, dass der Patient „auf Entzug" ist. Gelegentlich wird das Zustandsbild ähnlich wie das Schlüsselsyndrom „unruhig-komisch-wahnhaft" beschrieben, zugleich jedoch angegeben, dass erheblicher Alkohol- oder Drogenkonsum besteht. Öfters werden Muskel- und Eingeweidebeschwerden geschildert, eventuell Fiebergefühl und Schüttelfrost. Hinter dem vermeintlichen „normalen Entzug" kann sich auch ein Delir verstecken.

■ Nicht-substanzspezifische Erscheinungsbilder und Fallbeispiele

Rausch, Trip. Bei Alkohol- und Drogenrausch ist eine Reihe von psychischen Funktionen gestört (Tab. 1.**10**).

Tabelle 1.**10**   Störung von psychischen Funktionen bei Alkohol- oder Drogenrausch.

Wachheitsgrad:	Erniedrigt, je nach Substanz auch erhöht
Reaktions-geschwindigkeit:	Verlangsamt, eventuell auch beschleunigt
Grob- und Feinkoordination:	Gangstörung, Artikulationsstörung usw.
Geistige Leistungs-fähigkeit:	In der Regel vermindert
Selbstkritik und Sozialdistanz-verhalten:	Meist unkritisch, distanzlos
Realitäts-wahrnehmung:	Störung des Realitätsbezugs bis hin zu eventuellen Halluzinationen, Verwirrung
Gedächtnis:	Vergesslichkeit, Betroffene können sich kaum mehr an den Notfallbesuch erinnern
Stimmungslage:	Labil, Achtung: Suizidalität. Je nach Droge: Stumpfheit, Missmut oder Euphorie

Abnormer Rausch, „Bad Trip". Damit werden ungewöhnliche Effekte bei gleichzeitig vorliegender psychischer Erschöpfung, hirnorganischer Beeinträchtigung, Wechselwirkung mit Medikamenten usw. beschrieben.

Halluzinose. Alkohol und verschiedene andere Drogen vermögen Krankheitsbilder auszulösen, die in der Notfallsituation nicht ohne Weiteres von einer akuten Psychose anderer Ursache unterschieden werden können (➔ Fallbeispiel auf Seite 23).

Überdosis/Intoxikation. Alle wichtigen Suchtmittel können bei Überdosierung zu Vergiftungserscheinungen führen – jedoch auch, wenn das Mittel inzwischen entzogen und neu in früherer Dosierung konsumiert wird. Die meisten Drogen, inklusive Alkohol und viele Psychopharmaka, können bei massiver Überdosierung zu Koma mit Hirnschädigung und Tod führen (➔ Seite 36 ff).

Drogen- oder Alkoholentzug. Er tritt auf, wenn vorher eine körperliche Abhängigkeit bestanden hat (bei Opioid-, Alkohol-, Barbiturat- und Benzodiazepin-Abhängigkeit). Bei Kokain- und Amphetaminabhängigen (keine körperliche Abhängigkeit) kann es auch eine Art „Entzug" geben: Nach dem Aufhören einer regelmäßigen Drogeneinnahme treten vorher durch die Drogenwirkung verdeckte schwerste Erschöpfungszustände zutage, die mit Angst oder gar Wahn einhergehen können (Tab. 1.**11**).

Tabelle 1.**11**   Erscheinungsbild des akuten Entzugssyndroms.

Vegetative Beschwerden:	Angst, Unruhe, Schlaflosigkeit; Muskel-/Bauchbeschwerden, eventuell Fieber, Schüttelfrost, Zittern, Schweißausbruch, *flüchtige* Illusionen/ Halluzinationen usw.
Beschwerdedauer:	unangenehmste Phase des Entzugs 2. bis 4. Tag (je nach Substanz)
Späterscheinungen:	z. B. Schlafstörungen und Nervosität

Delir, Delirium. Bei Überdosierung (Alkohol: auch bei Entzug), Medikamenteninteraktionen und anderen sich akut hirnorganisch auswirkenden Störungen kann dieses potenziell gefährliche Syndrom auftreten, das auf eine akute Hirnvergiftung hinweist. Bei Alkohol können die Entzugserscheinungen fließend in ein Delir übergehen. Dieses zeichnet sich durch eine im Zeitverlauf wechselnde Symptomatik aus; das Bewusstsein, aber auch die übrigen psychischen und auch psychomotorischen Funktionen sind gestört. Die Patienten machen einen verworrenen Eindruck.

Spät nachmittags ruft ein 36-jähriger Patient einer Beratungsstelle für Alkoholkranke seinen Betreuer an. Er spricht abgehoben heiter und distanzlos lallend, zum Teil unverständlich, wirr. Im Hintergrund eine heisere Frauenstimme, ebenfalls lallend. Plötzlich kippt die Stimmung des Patienten, er beginnt zu schluchzen und klagt, er wolle sich das Leben nehmen. Erst die Polizei kann dem Betreuer Zugang zur Wohnung verschaffen, in der ein riesiges Chaos herrscht: der Patient mit einer Begleiterin. Er, kaum bekleidet, ist nicht mehr in der Lage, aufzustehen, übergibt sich immer wieder auf den Teppich, schwitzt, hat einen fiebrigen Gesichtsausdruck. Zwischendurch spricht er zu nicht anwesenden Personen, nestelt am Bettlaken herum und verscheucht imaginäre, kleine Wesen. Plötzlich ist er erregt, fällt dann wieder in sich zusammen, scheint einzuschlafen. Seine Begleiterin ist in einem ähnlichen Zustand. Beide werden mit Verdacht auf ein Alkoholdelir eingewiesen.

Entzugsanfall. Diese gefährliche Komplikation kann z. B. bei Entzug von Alkohol, Barbituraten und Benzodiazepinen auftreten.

Demenz. Massiver, anhaltender Alkohol- oder Benzodiazepinmissbrauch kann zu einer bleibenden Schädigung des Gehirns führen. Dies drückt sich in Form von Gedächtnisverlust (vor allem Merkfähigkeit und Kurzzeitgedächtnis), verminderter Intelligenzleistung, charakterlicher Veränderung, labiler Stimmungslage und Verwirrung aus (zeitliche, örtliche und personenbezogene Desorientierung). Das gleiche Syndrom kommt auch bei andern körperlichen Krankheiten (Alzheimer-Krankheit, arteriosklerotisch bedingter Demenz, gewissen Infektionskrankheiten usw.) vor. Das Vorgehen im Notfall ist unter dem Schlüsselsyndrom „unruhig-komisch-wahnhaft" erläutert.

Polytoxikomanie. Die süchtigen Patienten eines Krisendienstes haben sehr häufig mehrere Drogen sowie Alkohol und Medikamente konsumiert. Die Angaben über die konsumierte Menge sind kaum zuverlässig. Bei der gleichzeitigen Einnahme mehrerer Drogen können uncharakteristische Mischbilder entstehen, eventuell auch völlig überraschende Effekte durch die Wechselwirkung mehrerer Substanzen. Zudem spielen die Gemütsverfassung vor dem Konsum sowie persönliche psychische (z. B. Psychoseneigung) und körperliche Reaktionseigentümlichkeiten (Geschwindigkeit des Substanzabbaus und der Stoffausscheidung aus dem Körper usw.) eine Rolle. Eine Diagnose ist in der Regel erst in der nachfolgenden Abklärung möglich. Dazu braucht es ein toxikologisches Screening mit einer Blutspiegel-Untersuchung und einer Urinkontrolle).

Doppeldiagnose. Bei Patienten, die bereits seit vielen Jahren an Suchtkrankheiten leiden, bestehen zwei (Doppeldiagnose) oder mehrere psychische Störungen oder verschiedene soziale Probleme (Multiproblemsituation).

■ Typische, substanzspezifische Syndrome

Überraschende, akut lebensgefährliche Situationen mit dramatischen psychischen und körperlichen Symptomen können bei Drogenkurieren (Bodypackern) und Dealern bei der Flucht vor der Polizei (Bodystuffern) auftreten, wenn die in Kondomen verpackten Drogen geschluckt werden, die Packungen reißen und mehrfach letale Dosen (z.B. bei Kokain und Opioiden) in den Magendarmtrakt austreten.

Tabelle 1.**12**   Substanzspezifische Syndrome.

Alkohol	
Szene-Jargon	„Alk"
Rausch	Große Stimmungsschwankungen Je nach individueller Reaktionsneigung und Dosierung angeregte oder eher gedämpfte Aktivität Bei größerer Alkoholmenge erhebliche Merkfähigkeitsstörungen, labile Stimmungslage, vermindert zurechnungsfähig, kaum gesprächsfähig Im Zusammenhang mit dem Konsum anderer Drogen (Benzodiazepine!) eventuell unberechenbares oder gar gefährlich-aggressives Verhalten Schwerer Rausch (2 ‰): über Nacht noch nicht ausgeschlafen!
Überdosis	Ab einem Blutalkoholgehalt von ca. 3 ‰ (große, individuelle Unterschiede der Alkoholverträglichkeit): Bewusstlosigkeit, Atemstörungen, gestörter Schluckreflex (Aspirationsgefahr von Erbrochenem!), Koma, Tod Achtung: Man denke an die gleichzeitige Vergiftung mit Opioiden, Barbituraten und Benzodiazepinen!
Chronische Vergiftung	Demenz mit eventuell bleibenden Persönlichkeitsveränderungen sowie weiteren körperlichen Folgeschäden (Zirrhose usw.)
Entzug	Meist unfreiwillig wegen körperlicher Erkrankung, Haft usw.: Einige Stunden nach starker Dosisverminderung Entzugssyndrom (Erbrechen, Zittern, Schwitzen und Schüttelfrost, Angst und Unruhe, Kopfschmerz, Schlaflosigkeit) Einige Tage nach dem Entzug eventuell lebensgefährliches Delirium (→ Seite 35) Eventuell zusätzliche Entzugskomplikationen (z.B. epileptische Anfälle)

Benzodiazepine, Barbiturate	Medikamente sind zum Teil nicht mehr im Handel
Szene-Jargon	„Rohips" (für Rohypnol), „Benzos" (Benzodiazepine), „Barbs" (Barbiturate)
Art der Drogeneinnahme	Schlucken, Injektion der aufgelösten Substanz
Rausch	Bewegungen tappig, deutliche Artikulationsprobleme Verminderte Aufmerksamkeit bis Schläfrigkeit, Verwirrtheit, starke Beeinträchtigung der Realitätswahrnehmung, unangenehm saloppe Haltung Manchmal paradoxe Reaktion, vor allem beim „Zurückkommen": bei starken Umgebungsreizen Aggressivität bis Erregung Handlungs- und Urteilsfähigkeit meist erheblich beeinträchtigt
Überdosis	Kollaps, Bewusstlosigkeit, Atemstörung, Koma, Tod (an die Vergiftung durch mehrere Substanzen denken!)
Entzug	Ähnlich wie Opioidentzug, jedoch auch epileptische Anfälle und Delir

Opioide	Heroin, Methadon, Codein, Morphin usw.
Szene-Jargon	Heroin = „Eitsch" (von engl. H), „Puder", „Pulver", „Schuger" (von engl. sugar) Morphium = „Morph" Methadon = „Methi"
Art der Drogen- einnahme	Schlucken, rauchen, Injektion (außer Opium), schnupfen (nur Heroin) Szene-Jargon für injizieren: „fixen", „knallen", „tschanken" (von engl. junk), „reinlassen" usw.
Rausch bei Fixern	Stecknadelkopfgroße Pupillen (Szene-Jargon: „Stecknadeln") Übermäßige Ausgeglichenheit bis Müdigkeit mit schleppender, eintöniger Sprechweise Gleichgültigkeit gegenüber sich selbst (gegenüber Schmerzen, Krankheiten, Kälte), wie auch gegenüber anderen (z. B. im Stich lassen von lebensgefährlich erkrankten Freunden) Wirkungsdauer der meisten Opioide ca. 2–4 Stunden (außer Methadon, das knapp 24 Stunden wirkt), Dauer des eigentlichen Rausches beim Fixen ca. 30 Minuten
Chronischer Missbrauch bei Fixern	Meist Folgen von wiederholter versehentlicher Überdosierung (Hirnschäden bis zu Demenz) und Stoff- und Spritzenverunreinigung (Abszesse an Einstichstellen, AIDS, schwere chronische Hepatitis, eventuell andere schwere Infektionskrankheiten innerer Organe, Vergiftung durch Streck- mittel)
Überdosis	Kollaps, Atemstörung, epileptische Anfälle, Koma, Tod
Entzug	Bei Heroin Entzug nach ein paar Stunden (akute Phase 3–5 Tage), Dauer ca. 1 Woche, bei Methadon erste Symptome nach ca. 20 Stunden und längere Dauer: Angst, Unruhe, Schlaflosigkeit, Schüttelfrost, kolikartige Schmerzen, Kollapsneigung (unkomplizierter Opioidentzug körperlich in der Regel nicht gefährlich)

Cannabis	Marihuana/Haschisch
Szene-Jargon	„Hanf" (Cannabis = Oberbegriff für Marihuanakraut und Haschisch-Harz), „Gras" (Marihuanablätter/-kraut), „Schitt" (von engl. shit, meint Haschischharz), „Tschoint" (von engl. joint, meint zur Zigarette gerolltes Cannabis)
Art der Drogen- einnahme	Essen, trinken, rauchen („kiffen", „dampfen", „paffen")
Rausch	Pupillen weit, die Augenbindehaut gerötet Betreffende meist ruhig, in sich gekehrt, zurückgezogen, „lieb" Realitätswahrnehmung vor allem in der Intensität verändert: Banales kann bedeutungsvoll oder außergewöhnlich erscheinen Disponierte Personen können im Cannabisrausch misstrauisch oder gar wahn- haft reagieren Besondere Vorsicht bei Menschen, die an einer psychotischen Erkrankung litten oder leiden
Chronischer Missbrauch	Gleichgültigkeit und Antriebslosigkeit, Leistungsabfall (z. B. in der Schule), kein Interesse an sozialem Kontakt
Überdosis	Panik, Wahnzustände, Atemstörungen (nicht lebensgefährlich)
Entzug	Nervosität, Reizbarkeit, Schlafstörungen, Zittern (diese Symptome gehen nicht auf eine körperliche Abhängigkeit zurück)

Stimulierende Drogen	z. B. Amphetamine, Kokain, Ecstasy (Designerdroge)
Szene-Jargon	Kokain = „Koks", „Kola" und „Koki" Amphetamine = „Spiid" (von engl. speed), Yabe, Shabu, Ice, Piko, Chrysal, Perlik etc.
Art der Drogen-einnahme	Injektion, schnupfen („Linie ziehen", „Faden") und rauchen (Kokain), schlucken (Amphetamin)
Rausch	Pupillen weit (Szene-Jargon: „Teller"), bei Kokain-Usern kann die Nasenscheidewand vom Schnupfen durchlöchert sein Patienten sind angetrieben oder gar euphorisch, brauchen kaum mehr Schlaf, trauen sich selbst fast alles zu, sind gedankenflüchtig-überschwänglich und zu mancherlei Versprechungen bereit Manchmal gerade umgekehrte Reaktionen: missmutig, eventuell unberechenbar, Horrorphantasien Rausch dauert einige Stunden
Chronischer Missbrauch	Gewichtsabnahme, Persönlichkeitsveränderung, eventuell Psychose
Überdosis	Schlaflosigkeit, Schwindel und Erbrechen, Verwirrung, Halluzinationen, Kreislaufkollaps, Koma, bei Ecstasy eventuell Multiorganversagen; Tod
Entzug	Großes Schlafbedürfnis, Depression, Angst und akute Suizidalität (diese Symptome gehen nicht auf eine körperliche Abhängigkeit zurück, sondern sind Ausdruck großer Erschöpfung)

Halluzinogene	z. B. LSD, Mescalin, GHB (Gamma-Hydroxy-Buttersäure), „Magic mushrooms" (auf Rave-Parties), Phencyclidin PCP
Szene-Jargon	„Trip"
Art der Drogen-einnahme	Schlucken, rauchen, Injektion (PCP), als Flüssigkeit mit Pipette (GHB)
Rausch	Verzerrung der Realitätswahrnehmung, stark beeinflussbar, jedoch gefährlich unberechenbar Manchmal schwer gestörter Wirklichkeitsbezug bis hin zu psychotischen Zuständen mit Panik oder Gewaltausbrüchen
Überdosis	Unruhe, delirante Bilder, Erregung, Psychose, Gewalttätigkeit, Muskelkrämpfe, Erbrechen, Herzrhythmusstörungen, eventuell Tod Magic Mushrooms mit cholinergen Delirien
Entzug	Keine körperlichen Entzugserscheinungen, jedoch gelegentlich „Flash-back" (wahnartiges Zustandsbild außerhalb der akuten Drogenwirkung)

Lösungsmittel	z. B. Äther, Leim-Lösungsmittel, Benzindämpfe
Szene-Jargon	„Sniffen" (schnüffeln)
Art der Drogen-einnahme	Schnüffeln
Rausch	Unruhe, Euphorie, Halluzination
Überdosis	Narkosezustände, Atemdepression, Herz-Kreislauf-Komplikationen
Kein Entzug	Keine körperliche Abhängigkeit

▪ Psychische, körperliche und soziale Dynamik der Abhängigkeit

Zweck des Abhängigkeitsverhaltens ist es, mit dem süchtigen Konsum unbehagliche Spannungserlebnisse zu vermindern, die bei inneren und äußeren Belastungen entstehen können. Damit werden eine gezielte Belastungsverminderung und Konfliktlösung vermieden, was erneut zu Spannungserlebnissen führt. Es entsteht ein Teufelskreis.

Psychisch abhängigkeitsbildende Substanzen

Zu jeder attraktiven Substanz kann Abhängigkeit entstehen (jedoch auch zu Personen oder stimulierenden Aktivitäten) (Tab. 1.**13**).
Relevanz für Notfallsituationen. Die psychische Abhängigkeit schränkt die Wahrscheinlichkeit einer tauglichen Problembewältigung ein. Der Notfallhelfer muss damit rechnen, dass trotz suchtbedingtem Notfallereignis keine Abstinenz eingehalten wird. Die unmittelbaren Gefahren von „nur" psychisch abhängigkeitsbildenden Drogen können erheblich sein: z.B. Psychosegefahr bei disponierten Individuen nach Cannabiskonsum.

Tabelle 1.**13**   Merkmale der psychischen Abhängigkeit.

- ▶ **Unwiderstehlicher Drang,** die Droge zu konsumieren
- ▶ **Ständige innere Beschäftigung mit dem Suchtmittel** und dessen Wirkung
- ▶ **Verleugnung der Suchtgefahr** oder bewusste Inkaufnahme dieser Risiken

---

Physisch abhängigkeitsbildende Substanzen

Zu körperlicher Abhängigkeit (Tab. 1.**14**) führt der übermäßige Gebrauch u.a. von:
- ▶ Nikotin und Alkohol,
- ▶ Benzodiazepinen,
- ▶ barbiturathaltigen Medikamenten,
- ▶ Opioiden (Codein, Heroin, Opium, Methadon usw.),
- ▶ berauschenden Lösungsmitteln.

Relevanz für Notfallsituationen. Entzugserscheinungen können gefährliche Komplikationen haben.

Tabelle 1.**14**   Merkmale der körperlichen Abhängigkeit.

- ▶ **Gewöhnung/Toleranzentwicklung:** Der Körper lernt, die Substanz schneller abzubauen, deshalb
- ▶ **Dosissteigerung,** um die gleiche Drogenwirkung erleben zu können und
- ▶ **Entzugserscheinung,** falls Substanz abgesetzt („entzogen") wird. Für die jeweilige Droge charakteristisches Erscheinungsbild, je nach entzogener Droge gefährlich (➜ Tab. 1.**12**)
- ▶ **Drogenhunger,** im Szenejargon „Reißen" etc. (sog. Craving)

Soziale Abhängigkeit

Der süchtige Konsum von Drogen, die entsprechend der Betäubungsmittelgesetzgebung nur illegal bezogen werden können, führt bei den Konsumenten zur sozialen Abhängigkeit vom Lieferanten (Tab. 1.**15**).
Relevanz für Notfallsituationen. Der Kontakt mit Patienten mit starker sozialer Abhängigkeit von der „Szene" ist beanspruchend, da der Helfer mit einem ihm möglicherweise völlig

unvertrauten Wertesystem und Kommunikationsverhalten konfrontiert wird. Er muss damit rechnen, getäuscht, manipuliert und belogen zu werden. Unerfahrene Helfer laufen Gefahr, sich übereifrig und naiv zu engagieren.

Tabelle 1.**15**   Merkmale der sozialen Abhängigkeit (vor allem bei Kriminalisierung des Drogen-konsums).

▶ **Abhängigkeit vom illegalen Drogenlieferanten** in der „Szene", deshalb
▶ **Suchtmittelbeschaffung wird Hauptbeschäftigung,** deshalb
▶ **Umwertung ethischer Normen:** reines Nützlichkeitsdenken, Kriminalität, deshalb
▶ **Veränderung des Kommunikationsstils:** manipulativ, opportunistisch, unloyal

---

■ Beziehungsdynamik

Beziehungen gegenüber nicht süchtigen Personen. Hier bestehen häufig Helfer-Patienten-Konstellationen: In Frühphasen solcher Beziehungen versuchen helfende Bekannte, Kollegen oder Angehörige (gelegentlich sind es Zufallsbekannte, die einen Süchtigen beherbergen) durch einen Sondereinsatz an Hilfe eine Wende zum Besseren herbeizuführen. Dies geschieht in der irrigen Meinung, dass den betreffenden Kranken viel Fürsorglichkeit aus dem Elend helfen würde. Professionelle Notfallhelfer können in einer Phase von akuter Überforderung und Verzweiflung dieser freiwilligen Betreuer gerufen werden. In späteren Phasen können wechselseitige Abhängigkeiten entstehen. Die helfenden Angehörigen haben häufig nicht nur Geld, sondern unendlich viel Geduld und Mühe in die Betreuung investiert und wagen sich nicht mehr einzugestehen, dass ihre Mühe die erhoffte Wirkung nicht nur nicht gebracht, sondern unbeabsichtigt zu einer Erschöpfung von Ressourcen (Energie, Geld, Wohlwollen, Beziehungen usw.) beigetragen hat. Immer wieder sind charakteristische Beziehungsmuster erkennbar: Die helfenden Angehörigen versuchen nicht nur durch Fürsorglichkeit, sondern schließlich durch Überwachung die Süchtigen unter Kontrolle zu bringen, was deren psychische Abhängigkeit zu einer sozialen Abhängigkeit erweitert und die Angehörigen in ihrer Betreuerrolle einbindet. So können nicht nur in einem besonders dramatischen Moment der Sucht, sondern auch in einer Phase von Erschöpfung und Ohnmacht der Angehörigen Helfer herbeigerufen werden. Hilfe brauchen deshalb die Angehörigen auch für sich selbst; und sei es auch nur, um beim Notfallhelfer erleben zu können, dass sogar der Fachmann/die Fachfrau nicht weiterhelfen kann. Der professionelle Notfallhelfer kann jedoch zu einem ersten Abgrenzungsschritt ermutigen.

Beziehungen zwischen berauschten Menschen. Zwischen berauschten Menschen und ihren berauschten Partnern können skurril wirkende Beziehungsmuster ablaufen, die sich einer äußeren Beeinflussung zu entziehen scheinen: In Frühphasen kann bei derartigen Beziehungen eine vorübergehende Besserung der Suchtproblematik, eine Aufbruchstimmung festgestellt werden. Meist treffen sich Menschen mit ähnlich schwierigen Schicksalen: seelische Schicksals-Zwillinge. Oder auch Retter-Gefallene-Konstellationen. So werden Notfallhelfer z.B. vom ex-süchtigen Retter-Partner gerufen, da der bisher geleistete Einsatz endgültig seine Kräfte zu übersteigen beginnt. Die eigene Erschöpfung wird von diesen „Rettern" häufig verleugnet; sie treten gerne in der Rolle von Co-Therapeuten auf. In späteren Phasen von lange dauernden Beziehungen von Süchtigen können Konflikte von archaischer Heftigkeit entstehen. Wechselseitig kann „der andere" in projektiver Weise für das eigene Versagen in der Lebensbewältigung verantwortlich gemacht werden. Die Partner, die in der Erregung alkohol- oder auch drogenbedingt rasch die Impulskontrolle verlieren, kränken sich heftig und verletzen sich manchmal auch körperlich. In einer Phase von Ernüchterung wird vom Unterlegenen die Trennung versucht. Der andere – überwältigt von Schuldgefühlen und Verlassenheitsangst – fleht um Vergebung, zeigt sich von rührender Versöhnlichkeit und Anhänglichkeit, was jedoch zugleich als Selbsterniedrigung erlebt wird und Rachegefühle gegenüber dem anderen fördert. Worauf das Drama bei geringem Anlass von Neuem beginnt. In dieser Spirale von Ohnmacht und Grenzüberschreitung entstehen Momente großer Nähe, die verhängnisvollerweise bindend wirken, auch wenn die Nähe mit Verletzung und Kränkung verbunden ist. Notfallhelfer sehen sich gegenüber solchen Konstellationen meist außerstande, ohne Klinikeinweisung des einen Partners den Teufelskreis zu unterbrechen.

Schlüsselsyndrom „Angst, Panik"

■ Laienschilderung einer Panikattacke

Im Vordergrund steht die Schilderung von großer Aufgeregtheit, die sich eventuell auf den Anrufer übertragen hat, der Hilfe für eine Drittperson sucht. Es werden unterschiedliche Körperbeschwerden geschildert, stets im Zusammenhang mit großer Beunruhigung des Patienten.

■ Erscheinungsbild von Angst

Angst ist eine psychisch-körperliche Reaktionsweise auf eine uns bedrohlich erscheinende Situation. Anlass ist eine tatsächliche oder vorgestellte Gefahr für unsere Gesundheit, unser Leben und unsere persönliche Integrität, jedoch auch die unerwartete Trennung oder Zurückweisung von einer Person, von der wir uns abhängig fühlen, wie auch ein schwerer, unentscheidbarer Konflikt. Eine Gefühlsreaktion (und damit auch Angst) ist erlernbar: Bestimmte äußere Auslöser, jedoch auch innere Vorstellungen, können diese unangenehme Empfindung in Gang setzen. Die Einwirkung gewisser Drogen und Medikamente sowie von Stoffwechselvorgängen auf das Gehirn können ebenfalls Angstgefühle zur Folge haben.
Die körperlichen Zeichen von Angst sind unterschiedlich ausgeprägt, je nachdem, wie weit das parasympathische oder mehr noch das sympathische Nervensystem reagieren. Meist herrschen körperliche Zeichen einer allgemeinen Alarmierung vor, die im Notfall beim Erstkontakt mit dem Patienten sofort auffallen: rötliche Flecken im Gesicht oder auffällige Ge-

sichtblässe, trockener Mund; kalte, feuchte, zitternde Hände; beschleunigte und oberfläch-
liche Atmung.

▪ Erscheinungsbild von Panik

Panik ist die Steigerungsform der Angst mit heftigen körperlichen Reaktionen und dramati-
schem Verhalten. Akut bricht ein inneres Gleichgewicht zusammen. Der betreffende Mensch
fühlt sich plötzlich außerstande, mit einer konflikthaften Belastung selber fertig zu werden,
und setzt nun alle seine körperlichen und psychischen Ausdrucksmittel ein, um Mitmenschen
zu alarmieren. Grundsätzlich ist Panik eine sinnvolle Reaktion eines Individuums, wenn es in
Lebensgefahr ist, damit sofort Hilfe von außen in Gang gesetzt wird. In unserem Alltag werden
wir wenig mit derartig körperlich bedrohlichen Situationen konfrontiert. Viele Mitmenschen
haben jedoch irgendwann tief verunsichernde Erfahrungen durch Liebesentzug, traumatische
Trennung, unerwartete schwere Bestrafung gemacht, Erlebnisse, die bei geringfügigem Anlass
aufbrechen können. Zudem begegnen wir in der urbanen Gesellschaft komplizierten Wertkon-
flikten und viele müssen sich mit der Gefährdung ihrer sozialen Existenz auseinandersetzen.
Diese Sinn- und Existenzbedrohungen lösen Angstreaktionen aus; sie behalten – z.B. in der
Panikattacke – ihren Ausdruckscharakter als körperlich lebensbedrohliche Situation.
Gefahr? Tatsächlich lebensbedrohlich werden Angstzustände bei schweren katatonen Psychosen; die Neigung zu Angstzuständen ist zudem ein Risikofaktor für Suizidalität.

▪ Krankheitsbilder und Fallbeispiele

Panikattacke: der Teufelskreis der unerklärlichen Angst. Beim wiederholten, plötzlichen
Angstanfall beginnen manche Patienten zu hyperventilieren, was wiederum die Angstbereitschaft steigert. Ein Teufelskreis entsteht. Dieser läuft häufig im Verborgenen ab. Erst die hoch-
geschaukelte Angst tritt ins Bewusstsein. Dies lässt sie als unerwartet, „wie angeworfen", als
Panikattacke erscheinen. Bei wiederholten derartigen Vorfällen tritt eine „Angst vor der Angst"
auf. Es hat sich eine Panikstörung gebildet. Typisch für diese dramatische, meist jedoch nicht
länger als 30 Minuten dauernde Panikstörung ist die unvermittelt auftretende, stark körperbe-
zogene Todesangst ohne körperliche Erkrankungsursache. Im Notfall wird wegen der panischen
Angst vor einer lebensgefährlichen, akuten Erkrankung ein Hausarzt, Internist oder eine medizinische Notfallstation konsultiert. Von früheren Kontakten mit Ärzten her sind die Patienten jedoch bereits mit der Ansicht konfrontiert, dass sie „nichts Körperliches" haben (was im strengen
Sinn des Ausdrucks nicht zutrifft). Psychiater werden aufgesucht, wenn die Angstpatienten von
ihren Ärzten erfahren haben, dass alles „von den Nerven" käme. Gelegentlich steht die Angst vor
dem Verrücktwerden im Vordergrund, so dass ebenfalls Psychiater aufgesucht werden.

> *Eine 32-jährige Laborantin verliebt sich in ihren Chef, der ihre Zuneigung erwidert. Der väterlich
> wirkende Mann erinnert sie an ihren Vater, dessen Zuneigung sie stets suchte, jedoch – so wie
> sie es sah – wegen ihrer depressiven Mutter nicht erreichen durfte. Sie genießt die Beziehung
> und verkennt dabei, dass ihr Freund und Chef sich nicht von seiner Familie löst. Sie fühlt sich
> durch die Zuneigung beflügelt und beginnt, sich beruflich neu zu orientieren und einen längeren
> Sprachaufenthalt in Übersee ins Auge zu fassen. Eines Nachts erwacht sie, weil ihr altersschwa-
> cher Hund, treuer Begleiter in ihrem bisherigen Leben, auf der Bettdecke zusammenzuckt und nur
> noch unregelmäßig atmet. Plötzliche Angst ergreift sie, da sie fürchtet, der Hund könnte sterben.
> Sie bemerkt, wie sie selber tief Luft holt, dass ihr Herz sehr kräftig und schnell schlägt. Aus einem
> Empfinden, Luftnot zu haben, entwickelt sie Erstickungsangst und die Befürchtung, ihr Herz kön-
> ne stehen bleiben. Schließlich ruft sie mitten in der Nacht ihren Hausarzt an, der sie am Telefon
> bald beruhigen kann. Am nächsten Tag entdeckt sie während eines Tagebucheintrags, dass sie.
> sich eingeredet hat, wegen des Hundes den Fremdsprachenaufenthalt vorerst nicht antreten zu*

> können. Mit dem Tod des Tieres würde dieser Grund wegfallen und sie müsste sich zu einer mutigen Entscheidung aufraffen, eine Entscheidung für mehr Unabhängigkeit – auch von ihrem väterlichen Freund. Sie entdeckt, dass ein Abschied von einer bisherigen Lebensphase bevorsteht

Phobie: die zwanghafte Vermeidung eines Angstauslösers. Es gibt Menschen, die – für sie selbst auf meist unerklärliche Weise – reflexartig mit heftiger Angst auf bestimmte Gegenstände, Tiere (einfache Phobie) oder Situationen (Platzangst, soziale Phobie) reagieren. Diese voraussehbaren Reaktionen führen zu einem Vermeidungsverhalten, das zu schweren Lebenseinschränkungen führen kann. Dies wiederum kann zu einer „Selbstbehandlung" mit Alkohol und Beruhigungsmitteln verleiten, wodurch zwar die Störung vorübergehend gemildert, an deren Stelle jedoch ein Suchtproblem treten kann.

> Eine 28-jährige Studentin aus behüteten Verhältnissen steht vor dem Abschlussexamen. Zur Überraschung ihrer Kolleginnen und Kollegen gerät sie, je näher das Ereignis kommt, in zunehmende Prüfungsangst, obschon sie als intelligent und arbeitsam bekannt ist. Sie beginnt Vorlesungen zu meiden, hält sich immer mehr von Studienkolleginnen fern, bis sie es im Gebäude der Universität nicht mehr aushält, weil sie in unerklärliche Panik gerät. Im Gespräch mit einer Freundin entdeckt sie, dass sie sich in einem inneren Konflikt befindet. Denn sie weiß, dass sie wegen ihrer zukünftigen Stelle nach bestandener Prüfung von zu Hause ausziehen und sich in der Arbeitswelt bewähren muss – ein großer Ablösungsschritt, von dem sie glaubt, dass sie selbst und auch ihre sehr auf sie bezogene verwitwete Mutter davon überfordert sind. Bislang haben sie und ihre Mutter vermieden, sich längere Zeit zu trennen. Die Studentin kann den Anspruch auf Examenserfolg und den Wunsch, zu Hause bleiben zu können, nicht mehr zusammenbringen, sie gerät in Angst.

Angst im Rahmen eines dissoziativen Zustands. Ängste können auch verbunden sein mit körperlichen Störungsbildern, die schwerwiegenden organischen Krankheiten ähneln, ohne dass dafür entsprechende Ursachen gefunden werden. Diese Störungen stellen stellvertreterartig verdrängte innere Konflikte dar. In der Kommunikation mit den Mitmenschen beginnen diese manchmal recht eindrücklichen Störungen eine unbewusste Funktion zu erfüllen; die Symptomatik verursacht Beschwerden und erfüllt zugleich einen Nutzen in der Gestaltung von Beziehungen, was diese Störungen stabilisiert oder gar verstärkt.

Angst im Rahmen eines posttraumatischen Syndroms. Opfer von Misshandlung, Missbrauch, schweren Unfällen, Katastrophen und Gewaltverbrechen haben häufig eine erhöhte Angstneigung. Sie können in Situationen, die entfernt dem traumatischen Geschehen ähnlich sind, erneut mit schwerer Angst reagieren, wenn sich das schlimme Ereignis in der Fantasie wiederholt.

Generalisierte Angst. Es gibt (nicht-psychotische) Menschen, die in vielen Lebenslagen eine große Angstneigung haben, für die sich kein verhältnismäßiger Anlass findet. Sie sind dadurch in ihrer Lebensbewältigung erheblich behindert. Häufig handelt es sich um Menschen mit einem Borderline-Syndrom.

Zwänge: die Angstbeschwörungsrituale. Von Zwängen geplagte Menschen vermeiden Angst, indem sie an deren Stelle Handlungsrituale (sich 50-mal vergewissern, ob die Haustüre verschlossen ist, und Ähnliches) oder Zwangsgedanken entwickelt haben. Diese Zwänge sind derart automatisierter Bestandteil der Lebenspraxis geworden, dass Zwangskranke einen Notfalldienst selten beanspruchen. In ihrer Lebensbewältigung können sie jedoch schwer behindert sein.

Angst als Begleitstörung psychischen Leidens. Wie Verzweiflung oder mutlose Stimmung ist Angst eine häufige Begleiterscheinung bei vielen psychischen Notfallsituationen. Wenn bei einem Menschen in seelischer Not Angst und Aufregung im Vordergrund stehen, spricht man im Volksmund häufig auch von Nervenzusammenbruch. Zur Vorgehensweise bei Menschen, bei denen die Angst in unmittelbarem Anschluss oder erkennbarem Zusammenhang an ein belastendes Ereignis auftritt, → Kap. 2.3.

Angst bei unruhig-komisch-wahnhaften Patienten. Schwerste, lebensgefährliche Formen schizophrener Erkrankungen können mit völliger Bewegungssteifigkeit (Katatonie) und völliger Reaktionslosigkeit bei erhaltenem Wachbewusstsein (Stupor) einhergehen. In Form einer erstarrten Panik erleben die Betroffenen schlimmste Angstzustände (→ Kap. 2.2).

Angst als Begleitstörung körperlicher Leiden, vor allem bei Brustschmerzsyndromen. Herz-Kreislauf-Störungen mit Brustschmerz von der Angina pectoris bis zum Herzinfarkt können mit Angstgefühlen verbunden sein. Auch bei Lungenkrankheiten (Asthma usw.), Magen-Darm-Erkrankungen, Stoffwechselstörungen (z. B. bei Überdosierung von Insulin bei Zuckerkranken, bei Unterfunktion der Schilddrüse) sowie neurologischen Erkrankungen sind Angstzustände zu beobachten. Diese Angstzustände können ihrerseits Panikattacken auslösen.

Ein 46-jähriger Patient aus Kalabrien erleidet einen heftigen Brustschmerz, verbunden mit Angst und Atemnot. Auf der Notfallstation wird der Mann – da die Angehörigen ihn als Hypochonder schildern – dem psychiatrischen Konsiliararzt vorgestellt. Weil die Atemnot auch nach einer halben Stunde noch anhält, vermutet dieser eine abklärungsbedürftige Herzerkrankung, was sich in der Folge bewahrheitet. Nach einer Herzkatheteruntersuchung wird eine Klappenprothese eingesetzt. Der an sich ängstliche Mann klagt bald darauf wieder über heftige Schmerzen, die vom Krankenpersonal als „hypochondrisch" interpretiert werden. Eine erneute Untersuchung zeigt jedoch tatsächlich eine Komplikation, die operativ behoben werden muss. Bereits kleine Missempfindungen deutet der Patient jetzt als Vorboten eines erneuten Zwischenfalls, bis er eine Panikstörung entwickelt. Die psychotherapeutische Nachbehandlung hilft ihm, diese Panik zu überwinden und zwischen Hyperventilationsbeschwerden und tatsächlichen Herzbeschwerden zu unterscheiden.

Angst als Symptom einer Vergiftung oder eines Drogen- oder Medikamentenentzugs. Als Ausdruck von Hirn-Vergiftungserscheinungen, z. B. bei Kokainkonsumenten, bei einem sogenannten Bad-Trip (verfolgungswahnartiger Zustand beim Konsum von Halluzinogenen) usw. können schwere Angstzustände auftreten, die eventuell einen Klinikaufenthalt notwendig machen.

▪ Die seelische Dynamik bei der Entstehung von Angst

Schwere psychische Traumatisierungen durch psychische oder physische Gewalterlebnisse. Betroffene Menschen erlitten Angst um ihr Leben und um ihre körperliche und psychische Integrität. Opfer von Gewaltverbrechen erlitten schwere seelische Missachtung und sexuellen Missbrauch. Menschen, die einen unerwarteten schlimmen Verlust erleiden, haben schwerste Infragestellungen ihrer Würde und sozialen Sicherheit, ihrer Zugehörigkeit zu andern Menschen oder ihres Rechtes auf Eigenständigkeit erleben müssen und sind besonders gefährdet, unter neuen Belastungen destruktiv zu reagieren.

Neurosen: meist jahrelange Einwirkungen „leiser Art". Neurosen gelten ebenfalls als Risikofaktor für eine Angstentwicklung. Kindheitserfahrungen versteckter Ablehnung und Kränkung durch erwachsene Bezugspersonen, bzw. fortlaufenden Scheiterns können erhebliche Verletzungen im Selbstgefühl hinterlassen. Ständige Entmutigung, unangemessene Leistungsansprüche sowie elterliche Tabuisierung wichtiger Wahrnehmungen und Gefühle, aber auch fehlende Grenzsetzung und verkennende Idealisierung erschweren oder verhindern die Entwicklung eines angemessenen Selbstbildes. Das Erleben fortlaufenden Ungenügens und der ständige Druck überfordernder Ansprüche verhindern die Entwicklung psychischer Kraft und Belastbarkeit. Fehlende Vorbilder, geringe Gelegenheit zur Einübung von Konfliktbewältigung usw. machen es unwahrscheinlich, dass heranwachsende Menschen lernen können, psychische Erschütterungen aus einem Grundgefühl von Sicherheit zu bewältigen. Die Selbsthilfekompetenz bleibt gering, so dass eine schwere Zusatzbelastung solche Menschen zerstörerisch treffen kann. Bei psychisch verletzten und dadurch verletzlichen oder in ihrer Konfliktbewältigung beeinträchtigten Menschen kann sich im Verlauf der weiteren Lebensgeschichte in Wechselwirkung mit wichtigen Bezugspersonen eine destruktive innere Dynamik einprägen. Die erlebte Traumatisierung wird verinnerlicht und hinterlässt Spuren in der Wahrnehmungsausrichtung, der Erwartungshaltung, der emotionellen Reaktionsweise und im Stil der Lebensbewältigung. Vermeintlich bedeutungslose Ereignisse können charakteristische Gedankenfolgen auslösen, die zu vorwiegend unangenehmen Emotionen führen, bis eigentliche Anpassungsstörungen entstehen. Allmählich entwickeln sich bevorzugte Muster, wie diese Individuen ihren Selbstwert begründen, vitale Bedürfnisse befriedigen, wichtige menschliche Beziehungen erleben und gesellschaftliche Normen verinnerlichen. Diese innere Entwicklung kann den Charakter einer Krankheit annehmen. Leise Verkennungen des Gegenübers in Interaktionen verfestigen über unglückliche Beziehungserlebnisse die pessimistischen inneren Bilder. Psychische und körperliche Leidenszeichen organisieren sich zu Funktionseinschränkungen mit zunehmendem Krankheitscharakter. Es entsteht ein erhöhtes Risiko, unter bereits geringfügiger Belastung Leidenszeichen – Symptome wie Angst und Panikneigung – zu entwickeln. Aus leidenden Menschen sind Patienten geworden. Eine neue Dynamik entfaltet sich: Das ursprüngliche Drama wird hinter der Kulisse einer Symptomatik versteckt und das neue Drama der Krankheit beginnt.

■ Beziehungsdynamik bei Panikpatienten

Trost wird zu Ärger und Wut. Die Angehörigen dieser Menschen sind – wenn sie die dramatischen Attacken zum ersten Mal miterleben – alarmiert; später beginnen sie sich von den Patienten zu distanzieren, empfinden sie als „hysterisch" oder „hypochondrisch". Während der Panikattacken versuchen die Angehörigen oft erfolglos zu beruhigen. Die Angstbereitschaft wird noch zusätzlich gesteigert, wenn die Beschwerden nicht ernst genommen werden, wenn die Angehörigen ebenfalls in Panik geraten, wenn die Katastrophenvorstellungen unbeabsichtigt geschürt werden (z.B. durch exzessive hausärztliche Abklärungen ohne klare Indikation), wenn die Patienten schließlich wegen ihrer „unbegründeten Angst" verachtet werden oder wenn man sie aus Hilflosigkeit und Ärger im Stich lässt.
Panik als Trennungsangst. Panikattacken können auch durch Schlüsselsituationen ausgelöst werden: Wenn wichtige Bezugspersonen abwesend sind oder sich vermehrt abgrenzen. Dabei werden häufig alte emotionelle Muster von Situationen mit Verlassenheit wach. Andererseits kann massive Angst auftreten bei Personen, die etwas Neues wagen, die aus einer gewohnten Art der Lebensbewältigung aussteigen: Wenn ein Muster von Abhängigkeit verlassen und mehr Eigenständigkeit gewagt wird. Diese Zusammenhänge sind den Verängstigten allerdings nicht bewusst. Zudem stehen körperliche Beschwerden im Vordergrund, worüber ein Patient dann auch am dringendsten sprechen möchte.

Schlüsselsyndrom „chronisch-akut"

▪ Laienschilderung eines Menschen mit auffälliger Persönlichkeit

Schwierige Patienten. Die Anrufer sind meist die Patienten selbst, häufig zu vorgerückter Nachtzeit. Sie haben viel Erfahrung im Umgang mit professionellen Helfern, über die sie bereits zu Beginn des Telefongesprächs wenig Schmeichelhaftes sagen. Sie lösen beim Krisendienstmitarbeiter gleichzeitig Alarm und Überdruss aus („schon wieder der!"). Gleichzeitig fühlt sich der Helfer in einer Bewährungssituation, er muss sich abgrenzen, muss manchmal um Respekt kämpfen, fühlt sich unter Druck.

▪ Erscheinungsbild des Schlüsselsyndroms

Dauerkrise – z. B. chronische Suizidalität. Es gibt Menschen, die sich über einen längeren Zeitraum in einer Notfallsituation fühlen. Viele davon alarmieren die Helfer wiederholt wegen ihrer Suizidabsichten: die „chronische Suizidalität". Meist handelt es sich um chronisch-akute Suizidalität, eine verwirrende, für Helfer anspruchsvolle Situation. Manchmal entsteht der Eindruck, dass es sich dabei um „Ambulantismus" (in Abwandlung des Wortes „Hospitalismus") handelt, bei welchem die Wechselbeziehung zwischen Betreuer und Patient in eine chronifizierte Abhängigkeit mündet und die Suiziddrohung das Pfand der Beziehung wird. Manche dieser Menschen ecken durch ihr unberechenbar und manipulierend wirkendes Verhalten derart an, dass sie schließlich von ihren Mitmenschen gemieden werden. Mit Suizidalität wird Zuwendung erzwungen.

Akut bedürftig. Diese Art, Notfallhilfe zu beanspruchen, überfordert die Helfer – wenn sie sich nicht abgrenzen. Das Angebot von Hilfe mit unrealistischer Zielsetzung lässt nicht nur die Betreuer, sondern auch die Patienten „ausbrennen".

▪ Krankheitsbilder und Fallbeispiele

Persönlichkeitsstörung. Menschen, die schon als Kind jahrelang psychische, körperliche oder sexuelle Grenzverletzungen erlitten, mussten sich an unsägliche Verhältnisse anpassen. Sie können daraus heraus ein Beziehungsverhalten entwickeln, das ein normales soziales Umfeld erheblich irritiert. Dies geschieht z. B. bei Menschen mit einer Borderline-Störung durch emotionale Unberechenbarkeit, Impulsdurchbrüche mit Selbstverletzungen, Selbstgefährdung durch gefährliches Verhalten oder das Spielen mit Suizid, wechselhafte Gefühlslagen sowie polarisierendes Sozialverhalten mit Schwarz-Weiß-Denken.

> *Eine 33-jährige Altenpflegerin sucht nach einem Klinikaufenthalt wegen einer unklaren Hautkrankheit (die sie sich – wie sich später herausstellt – mit Aufkratzen selbst zugefügt hat) eine Psychotherapeutin auf. Nach anfänglicher Besserung beginnt sich die Patientin, Opfer jahrelangen sexuellen Missbrauchs, zu verletzen, bis sie voller eiternder Wunden ist. Mit gefährlichen Suizidversuchen, die immer wieder zu Aufenthalten in der Kriseninterventionsstation führen, hält sie ihre Therapeutin in Atem. Nachdem diese erfährt, dass die Patientin über ihren Hausarzt Opioide bezieht, ohne dies mitzuteilen, fasst sich die Therapeutin ein Herz und konfrontiert die Patientin mit ihrem Ärger und zugleich ihrer therapeutischen Ohnmacht. Nach der Intervention eines hinzugezogenen Amtsarztes entschließt sich die Patientin zu einem freiwilligen stationären Entzug mit anschließender dreimonatiger Nachbehandlung in einer Spezialklinik für Borderline-Patientinnen. Dort schließt die Patientin einen Non-Suizid- und Non-Selbstverletzungs-Vertrag ab, den sie anschließend mit ihrer ambulanten Therapeutin weiterführt.*

Präpsychotische Patienten. Diese Menschen wirken „irgendwie eigenartig". Ihre Haltung ist versteckt misstrauisch oder gar feindselig. Ihr Gedankengang ist noch soweit geordnet, dass sie auf den ersten Blick psychopathologisch nicht auffällig wirken. Häufig werden sie als „hysterisch" verkannt. Als Ausdruck einer verminderten Feinabstimmung der verschie-

denen Äußerungsweisen im zwischenmenschlichen Kontakt erhalten die Kommunikations-
partner – auch die Helfer – vieldeutige, missverständliche, unberechenbar wirkende Signale.
Die Patienten achten nur noch wenig auf Körperpflege, verwenden verschroben wirkende
Formulierungen; das Interesse und die gefühlsmäßige Beteiligung am Geschehen flachen ab.
Je nach Reaktionsneigung der Mitmenschen antwortet das Umfeld mit Ärger, offenem Miss-
mut oder Rückzug.

> *Ein 45-jähriger Patient, bereits in der sechsten Psychotherapie, bezeichnet sich selbst als*
> *„phobisch". Seine Tendenz, auch bei kleinen Irritationen im zwischenmenschlichen Kontakt*
> *misstrauisch zu werden, sich gar verfolgt und beobachtet zu fühlen und andere Menschen in*
> *dieser Situation zu bedrohen, lässt seinen Therapeuten an ein präpsychotisches Zustandsbild*
> *denken. Der Patient reagiert auf entsprechende medikamentöse Therapievorschläge jedoch*
> *mit feindseliger Ablehnung. Er geht in eine Selbsthilfegruppe von phobischen Menschen, die*
> *ihn in seiner Krankheitsvorstellung bestärken und raten, den Therapeuten zu wechseln. Damit*
> *konfrontiert, bezeichnet der bisherige Therapeut das Ansinnen des Patienten als Chance zum*
> *Überdenken des Therapievertrages. Er stellt seinerseits Bedingungen für die weitere Therapie.*
> *Nach einem Abklärungsgespräch bei einem anderen Therapeuten meldet sich der Patient wie-*
> *der beim ursprünglichen Psychiater, da er die konfrontierende und Grenzen setzende Art als*
> *wichtige Hilfestellung für sich erkennen kann.*

Chronische Suizidalität plus Doppeldiagnosen bzw. Multiproblemsituation. Besonders
schwierig wird es, wenn chronisch suizidale Patienten suchtkrank sind. Ohne Suchtmittelentzug ist eine therapeutische Arbeit fruchtlos, eine Bewältigung der Suizidalität kaum möglich.
Gegebenenfalls ist die schwierige Entscheidung zu treffen, ob eine Zwangsmaßnahme zum
Suchtmittelentzug angezeigt ist. Es gibt jedoch viele schwer süchtige Menschen, die auch diesen Rest von Krankheitseinsicht und Behandlungshoffnung nicht mehr aufbringen. Hier begeben sich viele Kranke auf einen Weg ohne Umkehr, auf dem Helfer nicht mehr heilen, sondern
im besten Fall nur noch begleiten können. Dass Betreuer nicht zynisch werden, bedarf nicht
nur wacher Selbstkritik, sondern auch Mut zum immer wieder neu reflektierten Begrenzen
des eigenen Einsatzes.

> *Ein 25-jähriger Drogenabhängiger und phasenweise manisch Kranker aus einer vermögen-*
> *den Familie wird wegen schwindenden Geldmitteln und verschlechtertem Gesundheitszustand*
> *unter Vormundschaft gestellt. Immer wieder hält er seine zahlreichen professionellen und frei-*
> *willigen Helfer in Atem. Gleichzeitig nimmt er, wenn er in manisch-euphorischer Stimmung ist,*
> *Kontakt mit alleinstehenden Frauen mittleren Alters auf, die ihn auf geduldige Weise betreuen*
> *oder gar beherbergen, bis sie sich als Gastgeberinnen ausgenützt fühlen. Konfrontationen ver-*
> *meidet er durch Betreuerwechsel. Der Vormund organisiert daraufhin eine Helferkonferenz,*
> *in der sich die Betreuer über ihre Aufgabengebiete absprechen, mit der psychiatrischen Klinik*
> *die Kriterien für die Klinikaufnahme und die Entlassung vereinbaren und die Spielregeln des*
> *zukünftigen therapeutischen Kontaktes festlegen; dem Patienten werden die schriftlich festge-*
> *haltenen Beschlüsse erklärt. Mit diesem Rückhalt an Struktur kann sich der Patient zu einem*
> *niederschwelligen Methadonprogramm entschließen.*

▪ Die psychosoziale Dynamik: Helfer-Patient-Verstrickung

**Das Phänomen: Trotz zunehmenden Engagements des Therapeuten stellt sich keine Bes-
serung ein.** Es handelt sich um ein charakteristisches „Interaktionsspiel" zwischen Patient
und Betreuer. Weder Therapeut noch Patient überprüfen jedoch die Zusammenarbeit, obschon nicht auszuschließen ist, dass die Entwicklung beiden schadet. Der Patient erlebt eine
Bestätigung destruktiver Sichtweisen und bindet sich an den Therapeuten in einer zunehmend ambivalenten Beziehung. In dieser fühlt er sich abhängig. Zugleich scheint er sie durch
seine zu Destruktivität bereite Handlungsweise zu kontrollieren. Der Therapeut läuft Gefahr,
auszubrennen oder gar psychisch traumatisiert zu werden.

In länger dauernden therapeutischen Beziehungen besteht die Gefahr einer Verstrickung. Die Therapeuten drohen in die Helferfalle zu geraten, wenn sie den Beziehungs- und Selbstwertmangel dieser Patienten durch besonders intensives Engagement zu kompensieren versuchen und dabei die eigenen Kräfte überschätzen. Das Erzwingen der Zuwendung löst bei den meisten Helfern spontan Ohnmachtgefühle, Niedergeschlagenheit, Ärger, Wut, Verachtung und Selbstvorwürfe aus. Es entsteht bei ihnen der Eindruck, die Suizidalität sei nicht mehr ernst gemeint, was von den Betroffenen wiederum als Entwertung erlebt wird. So entsteht häufig nicht nur ein untergründiger Machtkampf, sondern auch eine allmähliche Aushöhlung der Verbindlichkeit von Mitteilungen. Die Wut wird von beiden, von den Therapeuten und den Patienten, geleugnet – die Suizidalität wandelt sich zu einer scheinbaren Normalsituation. Die seelische Not ist nicht mehr Anlass zu einer Notfallintervention, sondern Alltag gewordener Schrecken.

Die negative therapeutische Reaktion oder: Wenn das Mehr an Hilfe zu einem Weniger an Wohlbefinden führt – bei Patient und Therapeut. Der „schwierige" Patient wird durch das enorme Anfangs-Engagement des Therapeuten in seiner Tendenz verstärkt, Gutes ins Ideale zu überzeichnen und den Helfer zu idealisieren. Doch unvermeidbar frustrierendes Verhalten des Therapeuten (der nicht ständig erreichbar ist, ins Wochenende und in den Urlaub geht) und den Therapeuten enttäuschende Rückfälle des Patienten (der seine zu einer Persönlichkeitseigentümlichkeit gewordene Reaktionsneigung nicht sofort ablegen kann) beginnen einen Prozess wechselseitiger Enttäuschung in Gang zu setzen. Je nach individueller Reaktionsneigung des Therapeuten beginnt dieser nun eher vorwurfsvoll und schließlich aggressiv oder aber demutsvoll und schließlich selbstanklagend zu reagieren. Daraus kann sich eine verhängnisvolle Verstrickung im Sinne eines Teufelskreises von Ohnmacht ergeben, der in eine Depression des Therapeuten münden kann (der Kranke fühlt sich dann zusätzlich schuldig) oder sich in eine ablehnende oder gar feindselige Haltung steigert (der Kranke fühlt sich in seinem Verdacht, abgelehnt zu werden, bestätigt). Diese Dynamik fördert Suizidalität: Es entwickelt sich eine negative therapeutische Reaktion. Hinweise in diese Richtung sind Selbstanklagen des Therapeuten, Zeichen von Überdruss gegenüber dem Patienten oder Ratlosigkeit – oder der Helfer ist zunehmend überzeugt, dass das Leben des Patienten keinen Sinn mehr hat. Supervision ist hier dringend angesagt!

Die Sucht nach Betreuung. Wie bei einer richtigen Sucht braucht es nach derartigen Entwicklungen eine fortlaufende Dosissteigerung der „therapeutischen" Zuwendung, um vorübergehend seelische Stabilität zu bewahren.

Der Ausweg aus der Verstrickung. Eine regelmäßige Evaluation der Krisenbewältigung ist notwendig, um allenfalls destruktive therapeutische Interaktionen an einem Entwicklungsstillstand oder gar an der Verschlimmerung der Krise zu erkennen.

Unklare Syndrome: mehrdeutig, unvertraut

■ Mehrdeutige Syndrome

Mehrdeutige Formulierungen bei der Anmeldung. Begriffe wie „Nervenzusammenbruch", „Kollaps", „psychischer Schock" sollte man sich stets näher umschreiben lassen.

Mischbilder bei Alkohol-, Medikamenten- und Drogenmissbrauch. Unter Alkoholeinfluss (eventuell auch wegen atypischer Reaktion auf Medikamente) können Verhaltensweisen auftreten, die schwer einzuordnen sind. Auch von bereits gut bekannten Patienten kann der Alkohol- oder Tablettenmissbrauch geleugnet werden.

Menschen mit einer schweren Persönlichkeitsproblematik (z.B. bei Borderline-Syndrom) können eigenartige Zustandsbilder aufweisen, die ebenfalls schwer einzuordnen sind. Solche Patienten nehmen z.B. Medikamente ein, die bestimmte Krankheitsbilder auszulösen vermögen, oder sie fügen sich Hautschäden zu, die dann wie eine Hauterkrankung erscheinen (das sogenannte Münchhausen-Syndrom). Solche Symptome sind Ausdruck einer erheblichen psychischen Störung und brauchen fachärztliche Behandlung. Viele derartige Patienten sind jedoch nicht bereit oder in der Lage, die psychische Ursache dieser Störung anzuerkennen. **Patienten mit dissoziativer Problematik** können sich in einem Zustand befinden, der sich während des Beginns einer Abklärung nicht von einer Psychose oder einer körperlichen Erkrankung unterscheiden lässt. Eine zuverlässige Beurteilung ist in der Notfallsituation auch bei einem Verdacht auf eine solche Störung nicht anzustreben. Man hüte sich, solche Menschen nicht ernst zu nehmen, da hinter einer derartigen Symptomatik schwerwiegende innere Konflikte, unverarbeitete, erschütternde Erlebnisse oder überfordernde zwischenmenschliche Spannungen verborgen sind. Es empfiehlt sich, entsprechend der Schlüsselsyndrome vorzugehen.

■ Unvertraute Syndrome

Menschen aus uns wenig vertrautem Umfeld. Jede Kultur hat eigene Vorstellungen davon, wie Krankheit entsteht, was eine psychische Störung ist, wie man Gefühle mimisch, gestisch und verbal ausdrückt, wie man seelisch Leidenden begegnet, wie man psychische Beschwerden „behandelt" und in welchen Begriffen man darüber spricht. Die Psychotherapie, wie wir sie kennen, ist eine Dienstleistung unserer urbanen westlichen Kultur. Unsere Notfallinterventionen können von Menschen aus anderer Sozialisation deshalb anders begriffen werden, als sie gemeint sind.

Verwandtschaft und Vertraulichkeit. Besonders wichtig ist, die Vernetzung ländlicher Gesellschaften zu beachten, wo viele mit vielen verwandt und verbunden sind (häufig bei Emigrantengemeinschaften). Hier ein Beispiel aus der Schweiz:

> *Das Sozialamt eines Dorfes besteht aus einem Mitglied des Gemeinderates, ein Landwirt, der zugleich Vorsteher der Vormundschaftsbehörde und mit der Familie des Patienten verschwägert ist, zu der im Zusammenhang mit einem Erbstreit ein feindseliges Verhältnis besteht. Nebenberuflich ist dieser Mann Funktionär der örtlichen Krankenkasse.*

Patienten aus außereuropäischem Kulturkreis. Die Notfallhelfer können über die einflussreichste Person der Gruppe Zugang finden, indem sie die vorgefundenen Anstandsregeln respektieren und ihren Auftrag, die Problemstellung sowie die übliche Vorgehensweise genau erklären. Wenn über die Notwendigkeit einer Zwangseinweisung entschieden wird, ist es wichtig, dem Patienten übersetzen zu lassen, warum man die Fragen stellt und welche Konsequenzen der Notfallhelfer aus einer bestimmten Art der Beantwortung zieht.

1.3 Setting, Prinzipien, Selbsthilfe

Versorgungsnetz, Helfer und Patienten

▪ Versorgungsnetz und Helfer

Sozialpsychiatrie. Die interdisziplinäre Betreuung von psychisch leidenden Menschen unter Einbeziehung ihres Lebensumfeldes ist in den meisten größeren städtischen Agglomerationen Mitteleuropas ein fein verästeltes Netzwerk aus ambulanter, teilstationärer und stationärer Betreuung. Neben diesem meist staatlich organisierten Gebilde entstand ein Geflecht privater Trägerschaften im psychosozialen Bereich. Dazwischen wirken die traditionellen Dienste der Polizei, der Rettungsdienste, der kirchlichen Sozialarbeit, der Jugendämter, Fürsorgestellen/ Sozialämter. Dank der Verfeinerung der sozialtherapeutischen Behandlungsverfahren nach dem Zweiten Weltkrieg und parallel zur Einführung effizienterer medikamentöser Behandlungsmethoden (vor allem Antipsychotika zur Behandlung schizophrener Psychosen) wurde es möglich, die Klinikbehandlung vieler erheblich beeinträchtigter psychisch Kranker zu umgehen oder zu verkürzen. Gleichzeitig veränderte sich die Sozialstruktur unserer städtischen Gesellschaft. Die hohe – auch soziale – Mobilität brachte es mit sich, dass sich immer mehr Menschen von ihrer familiären Herkunft, ihrem angestammten Beziehungsnetz entfernten. Zusammen mit einem höheren Anspruch an Lebensqualität trug dies dazu bei, dass sich die Betreuung der psychosozial Bedürftigen professionalisieren musste. Die Sozialpsychiatrie entwickelte sich in der Lücke zwischen der herkömmlichen ambulanten Behandlung (die einen hohen Anspruch an die Vertragsfähigkeit des Patienten stellt) sowie der traditionellen Behandlung in der psychiatrischen Klinik (die einen Menschen sozusagen in soziale Quarantäne nimmt). Bei der sozialpsychiatrischen Vorgehensweise wird ein sozial eingeschränkt kompetenter Patient möglichst in seinem Lebensumfeld betreut. Die Sozialkompetenz wird nicht weggenommen, sondern unterstützt. Die Sozialarbeiter, das Krankenpflegepersonal und die Ärzte arbeiten mehr aufeinander bezogen als arbeitsteilig. Eigenständig betreuen sie die Patienten über eine lange Zeitspanne. Die qualitative Absicherung der Arbeit wird durch teaminterne Rücksprache und nicht durch Zuweisung zu Spezialisten erreicht. Dies gewährleistet die für psychisch Kranke so wichtige Beziehungskonstanz.

Sozialpsychiatrische Krisendienste. Die Notfallhilfe bei psychosozialen Problemen ist im Idealfall sozialpsychiatrisch ausgerichtet. Im deutschsprachigen Raum wird die seelische Erste Hilfe im psychosozialen Notfall zunehmend durch interdisziplinäre Teams geleistet, die je nach Region Patienten auch zuhause aufsuchen können. In einigen Regionen wird die aufsuchende Hilfe den frei praktizierenden Ärzten überlassen – oder die staatlichen Behandlungseinrichtungen kooperieren mit ihnen. Ein anderes Modell ist das des interdisziplinären Krisenteams – bestehend aus einem größeren Personenkreis von Mitarbeitern, die gleichzeitig an einer andern Institution angestellt sind – mit psychiatrischem Hintergrunddienst (z.B. in Berlin). Im Idealfall arbeiten teilstationäre und stationäre Dienste vernetzt zusammen (z.B. in München-Süd). Dennoch gibt es städtische Regionen, die die aufsuchende Hilfe nach wie vor der Feuerwehr oder Polizei überlassen.

Stationäre Angebote mit privater Trägerschaft. Sie spielen in der Notfallsituation eine weniger große Rolle, da viele Privatkliniken vor dem Klinikeintritt ein Abklärungsgespräch führen und entsprechend nur Patienten aufnehmen, die freiwillig eintreten.

Ämter. Jugend-, Familien-, Suchtkrankenhilfe usw., Polizei und Rettungsdienste, Justizbehörden usw. bemühen sich um verschiedene Bevölkerungsgruppen. In gewissen Regionen ist die Lage insofern kompliziert, als beispielsweise die Hilfe für Drogenabhängige an Justizbehörden, an andern Orten an psychiatrische Institutionen und wieder an andern Orten an private Organisationen delegiert ist. Durch das Hinzuziehen eines amtlichen Dienstes wird je nach Situation automatisch ein Meldevorgang ausgelöst.

Kirchen. Kirchliche Organisationen bieten ein differenziertes Angebot unterschiedlichster Hilfeleistungen an. Entsprechend sind ihre Mitarbeiter auch mit psychosozialen Notfällen konfrontiert. Notfallhelfer können vor allem in der Phase der Nachbetreuung (Sachhilfe, Werkstätten für Behinderte, Beratungsstellen) auf solche Institutionen zurückgreifen.

Hausärzte. In der Regel sind es nicht Psychiater, sondern Hausärzte, die einen Großteil der Psychosekranken und süchtigen Menschen betreuen. Diese Patientengruppen bedürfen einer langjährigen Begleitung, viele davon brauchen Medikamente. Da solche Menschen immer wieder krankheitsbedingt Mühe habe, eine genau vereinbarte Sprechstundenzeit einzuhalten, eignen sie sich eher für eine poliklinisch organisierte Betreuung, wie sie eine allgemeinärztliche Praxis anbietet.

Ärztliche und psychologische Psychotherapeuten. Sie behandeln Menschen mit neurotischen oder schweren Persönlichkeitsstörungen mit Psychotherapie, teilweise unterstützt durch Medikamente. Leider erlaubt die Tarifstruktur der Krankenkassen den niedergelassenen Psychiatern kaum, Sozialarbeiter und Pflegepersonal anzustellen. Damit ist es für sie nur eingeschränkt möglich, sozialpsychiatrisch zu arbeiten.

Private Stiftungen. Im Bereich der Notfallhilfe erfüllen auch private Stiftungen eine wichtige Funktion, beispielsweise bei der anonymen telefonischen Beratung von Menschen in schweren Lebenskrisen. Teilweise richten sich die Angebote an ganz bestimmte Benutzergruppen: Nottelefone für misshandelte Kinder oder für vergewaltigte Frauen, Kontaktstellen für einsame, psychisch kranke Menschen, Herbergen für misshandelte Frauen und ihre Kinder, Notunterkünfte für Drogenabhängige, freiwillige Betreuer für alte Menschen usw.

Wann muss eine psychiatrische Fachperson zugezogen werden?

Wann braucht es Ärzte? Viele seelische Notfallsituationen lassen sich auch durch psychosozial ausgebildete, jedoch nichtärztlich tätige Fachpersonen bewältigen. Im Allgemeinen ist es erst dann notwendig, eine medizinisch-psychiatrische Fachperson zuzuziehen, wenn spezielle psychiatrische Probleme auftreten, so z. B. bei:
▶ Bewusstseinsstörungen, die medizinische Sofortmaßnahmen erfordern,
▶ unruhig-komisch-wahnhaften Patienten, zu denen noch kein Betreuungsverhältnis besteht,
▶ Einleitung von Zwangsmaßnahmen, denn gesetzlich ist eine ärztliche Beurteilung vorgeschrieben.

Auch Erfahrene dürfen überfordert sein. Es kann für alle Notfallhelfer – auch für erfahrene Psychiater und Psychotherapeuten – gelegentlich sinnvoll sein, sich mit Kollegen zu besprechen oder die Intervention ganz zu delegieren (→ Seite 52, Tabelle **1.16**).

■ Auftraggeber und Patienten

Wer braucht Hilfe und wer fordert sie an? Im psychosozialen Notfall sind die Auftraggeber häufig nicht identisch mit den schließlich als „Patienten" definierten Menschen.

Angehörige, Nachbarn oder Behörden ersuchen um Hilfe. Dies ist im Notfall häufig und meist ein Zeichen für eine bereits weit eskalierte Situation. Die Patienten sind bereits wahnhaft, heftig erregt oder in hilflose Verzweiflung abgestürzt. Fast unvermeidlich ergeben sich daraus Auftragskonflikte. Angehörige sind dabei wichtige Mitarbeiter in der Notsituation. Auf deren Beobachtungen und Mithilfe bei Maßnahmen ist der Helfer angewiesen. Gelegentlich sind sie jedoch bereits „ausgebrannt", wenn professionelle Notfallhilfe angefordert wird. Eine Zusammenarbeit mit klar abgegrenzten Kompetenzen unter Berücksichtigung der Belastbarkeit und der verbliebenen Kompetenz der Beteiligten ist dann notwendig.

Patienten ersuchen selbst um Hilfe. Daraus lässt sich mindestens ein Rest von Wirklichkeitsbezug und eine minimale Motivation zum Geholfen-Werden ableiten (Ausnahmen sind Menschen, die einen Notfalldienst missbräuchlich als Kontaktangebot konsumieren). Das Hinzuziehen von vertrauten Angehörigen ist trotzdem empfehlenswert.

Patienten suchen Hilfe bei ihren Betreuern. Diese Helfer wissen um die vorangegangene Entwicklung, sie kennen das persönliche Umfeld, sie können die Psychopathologie und die Selbst- und Fremdgefährdung besser einschätzen. Die Interventionsweise braucht deswegen grundsätzlich nicht anders zu sein als bei unbekannten Patienten. Doch es lässt sich schneller das Wesentliche erkennen. Dies setzt voraus, dass die Therapeuten die akute Situation als Krise oder gar Notfall erkennen, was eine vorübergehende Änderung des Settings mit einer Modifikation der sonst üblichen therapeutischen Rahmenbedingungen notwendig macht: Die Therapeuten müssen von sich aus aktiv werden und vertraute Bezugspersonen des Patienten einbeziehen. Erfahrungsgemäß ist dies für die weitere Psychotherapie nicht störend – im Gegenteil. Falls die Therapeuten aus einer gut abgegrenzten, vertrauensvollen Haltung heraus handeln und dabei einem Patienten soweit wie im Moment möglich die Initiative überlassen, können sich daraus positive Schlüsselerlebnisse für eine weitere engagierte und entwicklungsorientierte Zusammenarbeit zwischen Patient und Therapeut ergeben.

Auch die kompetentesten Helfer können in Not geraten. Hilfe bei außenstehenden Drittpersonen zu suchen, kann auch für sie eine Chance sein, inneren Abstand zu gewinnen, einen neuen Realitätsbezug zu schaffen, das eingeengte Beziehungsnetz zu erweitern und frische Impulse „von außen" aufzunehmen (Tab. 1.16).

Tabelle **1.16**   Situationen, in denen Psychotherapeuten Hilfe anfordern sollten.

▶ **Negative therapeutische Reaktion**, bei welcher der Patient systematisch mit Verschlechterung auf therapeutische Interventionen reagiert.

▶ Der Therapeut wird in ein **Wahnsystem einbezogen.**

▶ Der Therapeut steht **in Konflikt mit dem Patienten**; das Vertrauen ist in Frage gestellt.

▶ Zwischen Therapeut und Patient entsteht ein **mit Professionalität unvereinbar nahes Verhältnis.**

> Es ist ein Zeichen von Professionalität, wenn Helfer die Grenzen
> ihrer Hilfemöglichkeiten erkennen und Hilfe anzufordern wagen.

Interventionsort – Hausbesuch?

▪ Intervention in der eigenen Institution

Intervention im Sprechzimmer oder Hausbesuch? Die Rahmenbedingungen – das Setting – beeinflussen das Verhalten der Patienten und die Wahrnehmung des Notfallhelfers. Die meisten Notfallinterventionen erfolgen am Telefon. Falls ein persönlicher Kontakt zustande kommt, findet dies häufig im Sprechzimmer statt. Falls es sich um eine Situation mit akuter Gefährdung von Patient und Umfeld handelt, ist die Intervention „vor Ort" einer anderen Vorgehensweise vorzuziehen. Gerade im Notfall lohnt es sich, die verfremdende Situation des Sprechzimmers zu verlassen.

Notfallintervention im Sprechzimmer. Die Behandlungsinfrastruktur in der Institution/ Praxis stellt eine Ressource dar, was bei weniger Berufserfahrung hilfreich sein kann. Die Tendenz der Patienten zu regredieren, sich gehen zu lassen, ist geringer. Andersits bleiben wichtige Elemente des sozialen Umfeldes, in dem die Patienten leben, unerkannt, was dazu verleiten kann, Angehörige nicht in die Intervention einzubeziehen.

Notfallintervention bei Klinikeintritt. Die Vorgehensweise bei Klinikeintritt hat gelegentlich den Charakter einer Notfallintervention. Die Klinikeinweisung verändert das Verhalten des Patienten und seiner Angehörigen deutlich, was gelegentlich erwünscht ist. Dies vergrößert andererseits die Schwierigkeit, authentische Informationen über das Umfeld des Kranken und seine soziale Kompetenz zu erhalten.

Notfallintervention bei Patienten in einer geschlossenen Behandlungseinheit. Bei Patienten in einer geschlossenen Behandlungseinheit kann davon ausgegangen werden, dass mit einer vorübergehenden Verschlechterung des Zustandes gerechnet werden muss. Das Behandlungsteam sollte dabei grundsätzlich in der Lage sein, diese Eskalationen aufzufangen. Es kann jedoch sinnvoll sein, einen entsprechenden Zwischenfall nicht einfach als psychopathologische Eigentümlichkeit vorbeigehen zu lassen, sondern aufmerksam darauf zu schauen, ob

▶ schwere Konflikte mit andern Patienten bestehen,

▶ unzutreffend beurteilt worden ist,

▶ der Patient überfordert ist durch die Zielsetzung im Behandlungsplan.

Notfallintervention bei Patienten in einer offenen Klinikabteilung. Liegt der Schwerpunkt der Störung mehr im sozialen Umfeld oder mehr auf individueller (Patienten-)Ebene?

▶ Falls die Regeln des Zusammenlebens missachtet werden (z. B. Drogenhandel, gewalttätige Ausschreitungen gegen Mitpatienten und Personal usw.), sind Konfrontation, grenzsetzende Maßnahmen bis zum Hinzuziehen der Polizei zu erwägen.

▶ Falls eine akute Verschlimmerung der psychischen Krankheit vorliegt, ist eine therapeutische Notfallintervention, wie sie in diesem Buch beschrieben wird, angezeigt.

▶ Falls eine Fachperson mit dem Patienten verstrickt ist, bewährt es sich, wenn ein anderes Teammitglied oder ein Oberarzt einer anderen Abteilung zugezogen wird. Die Belastbarkeit von Mitpatienten und Personal auf der Station ist zu berücksichtigen, damit sich nicht destruktive Entwicklungen durchsetzen (wie hoher Krankenstand des Personals, Intrigen, schwere berufliche Fehlleistungen usw.). Es ist Sache der Institutionsleitung, die psychische Traumatisierung des Klinikpersonals durch Bedrohung, tätlichen Angriff oder schlimme Missachtung der geschlechtlichen Würde zu beachten und sofort Entlastungsmaßnahmen zu ergreifen.

▶ In der therapeutischen Gemeinschaft können sich ähnliche Verstrickungen ergeben wie in einer Familie. Dies kann im Rahmen einer Teamsupervision aufgegriffen werden, so dass mehr Gelassenheit im Umgang mit diesen Kranken entstehen kann.

◾ Hausbesuch

Aufsuchende Hilfe, das Geh-hin-Angebot, hat große Vorteile: Das für den Patienten in der Krise besonders wichtige persönliche Umfeld kann sofort in die Intervention einbezogen werden. Die Indikationen für einen Hausbesuch sind in Tab. 1.**17** zusammengefasst.
Folgende Prinzipen haben sich bewährt:

▶ **Möglichst zu zweit** auf Hausbesuch gehen. Auf keinen Fall allein an einsame Orte gehen, wenn es sich um einen bisher unbekannten Patienten handelt.

▶ **Polizei bei Gewaltgefahr.** Bei Einsätzen im Zusammenhang mit erregten Patienten oder in diesbezüglich unklaren Fällen stets Polizei aufbieten.

Nie vergessen: auf eigene persönliche Sicherheit achten!

Hausbesuch

Bei einem Hausbesuch erkennt der Notfall-helfer in kurzer Zeit die aktuelle **Alltags-kompetenz** sowie wichtige **Belastungen** und **Ressourcen**.

Tabelle 1.**17**   Indikationen für einen Hausbesuch.

Ein Hausbesuch ist unumgänglich bei:
▶ **psychotischen** Menschen, die nicht mehr in der Lage sind zu kooperieren;
▶ **akut suizidalen** Menschen, die zu ambivalent sind;
▶ **akuten Familienproblemen**, vor allem wenn Säuglinge oder kleine Kinder mitbetroffen sind.

Ein Hausbesuch ist sinnvoll, jedoch nicht unumgänglich, bei:
▶ **Menschen, die in einem schweren Beziehungskonflikt verstrickt sind.**
▶ **unklaren Situationen oder wenn es um Kinder geht.** Das Beziehungsnetz der Hilfesuchen-den und die Sachzwänge ihrer Lebensführung werden meist sofort einsichtig. Die Wohnungen können ein Zeugnis davon geben, wieweit die Betreffenden noch in der Lage sind, sich selbst zu versorgen. Die Belastbarkeit der nahen Bezugspersonen ist meist schnell erkennbar.
▶ **verwahrlosten Patienten,** da der Augenschein vor Ort über den Schweregrad der psycho-sozialen Störung mehr aussagt als das psychopathologische Zustandsbild.

Ein Hausbesuch ist *nicht* notwendig bei:
▶ **Menschen, zu denen am Telefon bereits ein verlässlicher Kontakt entsteht.** Diese können in die Sprechstunde bestellt werden; in der Regel ist eine Vereinbarung noch am gleichen Tag sinnvoll, da in der akuten Krise wichtige Schlüsselstellen der Problematik zutage treten und die Betreffenden eher zugänglich für Veränderungen sind. Am Telefon kann der Schweregrad von seelischer Not häufig nicht hinlänglich beurteilt werden.

Ein Hausbesuch ist *nicht* sinnvoll bei:
▶ **Hilfesuchenden, die einen Notdienst in missbräuchlicher Art konsumieren** (→ Kap. 2.7). Hier ist es notwendig, den Betreffenden in sachlicher Weise die Alternative zwischen einem kürzeren Telefongespräch oder dem Aufsuchen einer regulären Sprechstunde anzubieten. Ein verwöhnen-des Helferverhalten – jedoch auch eine vorwurfsvoll strenge Verweigerung von Hilfe – können dazu beitragen, dass sich der Missbrauch von Hilfeleistungen steigert.

Datenschutz. Bei allen Hausbesuchen ist es angezeigt, genau zu ermitteln, wie vertraut die jeweiligen Kontaktpersonen mit dem Patienten sind, damit die Diskretion, also die gesetzlichen Datenschutzauflagen (z. B. Arztgeheimnis), gewährleistet bleibt. Hier ist stets eine sorgfältige Güterabwägung sinnvoll: Der Nutzen einer Information an Drittpersonen ist dem Schaden durch eine unterlassene Mitteilung gegenüberzustellen.

■ Intervention in einer fremden Institution

Besuch am Arbeitsort. Manchmal sind Arbeitskollegen (und Vorgesetzte) so etwas wie die nächsten Angehörigen der Patienten. Der Besuch am Arbeitsplatz kann deshalb sinnvoll sein. In der Regel haben Angestellte einer Personalabteilung Erfahrung im Umgang mit schwierigen Menschen. Die Besuche müssen mit dem Patienten klar abgesprochen sein. Es sollen keine diagnostischen Erwägungen oder Informationen aus der Krankengeschichte in Gespräche mit fremden Personen eingebracht werden. Für diese Diskretion besteht in der Regel Verständnis. So wird meist sofort ein separates Besprechungszimmer zur Verfügung gestellt.

Einsatz auf dem Polizeirevier. Polizisten werden zugezogen, wenn es im Leben zu ungemütlich, lästig, gefährlich, demütigend oder ekelerregend wird. Dafür verdienen die Beamten Respekt. Bei Menschen, bei denen die Polizeibeamten einen banalen Rausch vermuten, wird kaum ein medizinischer Notfallhelfer gerufen. Da zum Zeitpunkt des Einsatzes auf dem Polizeirevier nicht mehr die ganz akute Lage besteht, ist es wichtig, möglichst viele Informationen über die ursprünglich angetroffene Situation zu erhalten. Meist sind die Beamten nicht nur geduldig, sondern auch hilfsbereit. Das Gespräch mit dem Patienten kann entweder im Vernehmungsraum (ein einfach eingerichtetes Büro) oder in einer Zelle geführt werden. Falls ein Patient gewalttätig werden könnte, soll die Tür der Zelle offen bleiben oder das Gespräch in Anwesenheit eines Polizisten geführt werden. Der Selbstschutz der Helfer hat Vorrang. Die Würde des Patienten kann durch eine entsprechende Gesprächsführung gewahrt bleiben. Die meisten Menschen, die auf einem Polizeirevier psychisch auffällig werden, haben ein Alkohol- oder Drogenproblem und/oder sind psychotisch-verwirrt. Bei Alkohol- und Drogenabhängigen ist damit zu rechnen, dass sie plötzlich schläfrig oder gar komatös werden. Deshalb ist besondere Vorsicht am Platz, wenn man als Notfallhelfer gerufen wird. Falls nicht zuverlässige Angehörige aufgeboten werden können, gehören verwirrte Menschen ohnehin in eine stationäre Abklärung. Polizeibeamten soll keine Überwachungsaufgabe übertragen werden!

Besuch in einer Haftanstalt. Anlass ist häufig entweder eine Drogen-Entzugsproblematik oder eine Haftreaktion mit Suizidalität oder Erregung. Da in Haftanstalten sämtliche illegalen Drogen erhältlich sein können, kann es zudem um komplexe Interaktionen zwischen verschiedenen Drogen gehen. Haftanstalten stellen eine streng hierarchisch organisierte Welt dar, in der die Menschen – ähnlich wie auf einem Frachtschiff auf hoher See von der Umwelt abgeschnitten – in räumlicher Enge und großer Kargheit leben. Bei einer Anfrage auf Notfallhilfe ist dem Häftling in seiner Zelle ein Besuch abzustatten, um die Situation vor Ort zu beurteilen, denn vielen Häftlingen – vor allen den Erstmaligen – geht es ähnlich wie uns Besuchern: Sie sind erschüttert über die neuen Lebensumstände, leiden unter dem Entzug von menschlichem Kontakt, dem Verlust ihrer Entscheidungsfreiheit und dem Mangel an Sinneseindrücken. Die Zelle eines Untersuchungsgefängnisses ist in der Regel eng. Es gibt jedoch Platz für ein Gespräch zu zweit. Anschließend empfiehlt sich ein informatives Gespräch mit dem zuständigen Gefängnispersonal, um weitere Informationen über dessen Beobachtungen und Kontakt zum Häftling zu erhalten. Es versteht sich dabei von selbst, dass es nicht Aufgabe der Notfallhelfer ist, eine Meinung über den Sinn einer ausgesprochenen Strafmaßnahme zu äußern. Von einer Haftanstalt kann keine pflegerische Betreuung oder gar Überwachung geleistet werden. In der Regel können Medikamente abgegeben werden. Gewisse Haftanstalten haben videoüberwachte Zellen. Diese erhöhte Sicherheitsmaßnahme hat den Wegfall jeglicher Privatsphäre zur Folge. Bei psychisch kranken (z. B. akut suizidalen) Menschen ist der

Nutzen dieser Maßnahme aufgehoben durch die zusätzliche Kränkung, die der Verlust der Intimsphäre mit sich bringt. In Gemeinschaftszellen sind die Häftlinge dem Zufall einer eventuell unerbittlichen Gruppendynamik ausgeliefert.

Haftfähigkeit. Die Entscheidung bezüglich der Haftfähigkeit/Hafterstehungsunfähigkeit und andere medizinische Beurteilungen werden allein durch den fachlich qualifizierten Notfallhelfer getroffen und für den höchsten Vorgesetzten vor Ort schriftlich festgehalten und mündlich erläutert. Man achte darauf, keine heiklen Krankendaten mitzuteilen (Tab. 1.**18**).

Tabelle 1.**18**   Haftfähigkeit.

Eindeutigen Entscheid fällen: Der Notfallhelfer fällt einen fachlichen Entscheid hinsichtlich der ▶ **aktuellen Selbst- und Fremdgefährdung** und ▶ **medizinischen Behandlungsbedürftigkeit** eines Patienten. Bei dieser Entscheidung die örtlichen und personellen Gegebenheiten berücksichtigen!
Falls eine Behandlung notwendig ist (qualifizierte medikamentöse, pflegerische oder psychotherapeutische Behandlung und/oder es besteht akute Selbst- oder Fremdgefährdung): ▶ **Zeugnis** (es besteht keine Hafterstehungsfähigkeit mehr!), ▶ **Einweisung** in die zuständige psychiatrische Klinik auf eine geschlossene Station (oder in eine dafür speziell eingerichtete Klinik mit einer Spezialabteilung für Inhaftierte); ▶ **Transport** erfolgt durch die Haftanstalt.

Konsiliarischer Besuch in einem Krankenhaus. Vor allem kleine Krankenhäuser können sich keinen fest installierten psychiatrisch-psychosozialen Beratungsdienst leisten. Bei diagnostisch unklaren Situationen, bei Patienten, deren Verhalten verschroben wirkt oder für die Umgebung nervenaufreibend ist, sowie bei Patienten mit schweren psychosozialen Problemen (Menschen in einem schweren Partnerkonflikt, Menschen in finanzieller Not) wird ein Facharzt zugezogen. Wie bei Hausbesuchen, bei Besuchen am Arbeitsplatz oder bei der Polizei ist dabei auch die Belastbarkeit des Personals bei der Beurteilung der Situation zu berücksichtigen. Krankenhausärzte haben ein Grundwissen in Psychiatrie, hingegen fehlt ihnen die für eine sorgfältige Abklärung und Therapie notwendige Erfahrung – vor allem auch die Zeit dazu. Krankenschwestern und Pfleger haben teilweise praktische Erfahrung in Psychiatriepflege, stehen jedoch unter einem beträchtlichen Leistungsdruck. Die Zeit, die sie vermehrt einem psychisch Kranken widmen, fehlt ihnen bei der Pflege anderer Patienten. Psychotherapeutische Hilfe kann vom Personal nicht erwartet werden; entsprechende Dienstleistungen müssten durch den Notfallhelfer organisiert und mit der Klinikabteilung abgesprochen werden.

Besuch in einem Altenheim. Alte Menschen haben manchmal Mühe, ein- und durchzuschlafen; möglicherweise sind sie desorientiert und stören durch ängstliche Unruhe ihre Mitbewohner. Eine Laufwache, die die Bewohner nicht besonders gut kennt und als einzige Betreuungsperson in der Nacht schnell überfordert sein kann, wünscht eventuell eine Klinikeinweisung. Zuerst empfiehlt es sich, allfällige körperliche Leiden (Harnverhalt, Herzschwäche mit nächtlicher Atemnot usw.) zu behandeln sowie vorsichtig dosiert medikamentös zu beruhigen. Wenn immer möglich, sollte mit einer Klinikeinweisung zugewartet werden, bis mit dem Tagesdienst-Personal und der Heimleitung die Betreuungsproblematik besprochen werden kann. Denn ein Milieuwechsel bei alten Menschen verschlimmert die psychische Problematik meist zusätzlich.

Besuch in einer Institution für geistig Behinderte. Im Gegensatz zu alten Menschen kann hier bei akuten Erregungszuständen, Angst oder heftiger Unruhe eine kurzzeitige stationäre Krisenintervention hilfreich sein. Der Tapetenwechsel unterbricht die einsetzende Eskalation, ohne dass medikamentös eingegriffen werden muss. Für den Transport ins Krankenhaus muss häufig die Polizei zugezogen werden.

Interventionsprinzipien

Genügend Zeit für die Intervention reservieren! Der zeitliche Spielraum erlaubt Gelassenheit und damit erhöhte Achtsamkeit. Die Gelassenheit trägt dazu bei, den Krisenprozess zu verlangsamen, zu entdramatisieren. Dies ist entscheidend! Wenn ein Nothelfer überfordert, gehetzt oder gereizt ist, besteht die Gefahr, dass die meist sehr suggestiblen Notleidenden dies auf sich beziehen und sich abgelehnt vorkommen, womit das wiederholt werden könnte, was die Betreffenden schon in ihrer eigenen Umgebung zu erleben glauben. Dadurch könnte die Intervention mehr schaden als nützen.

> Genügend Zeit für die Notfallintervention zu haben,
> ist die hilfreiche Rahmenbedingung des gelassenen Notfallhelfers.

Ziel anstreben: Gefahr eingrenzen und Chance erkennen! Die Vorgehensweise und der Interventionsablauf bei der Notfall- und Krisenintervention unterscheiden sich je nach Dringlichkeit erheblich von der üblichen psychotherapeutischen Praxis.
Aktiv intervenieren! Der Notfallhelfer führt Regie, moderiert Gespräche, trifft Entscheidungen, strukturiert, setzt sich durch.
Auftragslage benennen! Auftragskonflikte sind eher die Regel als die Ausnahme.

> *Ein akut psychotischer Patient will nicht in die Klinik. Die Angehörigen ersuchen hinter vorgehaltener Hand um eine derartige Maßnahme; vor dem Patienten äußern sie sich jedoch unklar und sagen offen, dass sie die Polizei nicht im Haus wollen. Der Helfer seinerseits ist zur Einleitung von Zwangsmaßnahmen verpflichtet, wenn aus gesundheitlichen Gründen eine unmittelbare Gefahr besteht. Er kann die Zwangsmaßnahme hingegen nicht selbst durchführen, sondern ist auf Zusammenarbeit mit der Polizei und dem Amtsarzt angewiesen.*

Solche Konflikte sind häufig. Der Kooperationsbereich – und damit die lösbare Aufgabe – lässt sich benennen (Abb. 1.2):
- ▶ Was ist der **gesetzliche Auftrag** des Helfers?
- ▶ Was ist das **Anliegen des Patienten**?
- ▶ Was ist das **Anliegen der Angehörigen**?
- ▶ Welches **Angebot** kann der Helfer machen? Wo sind seine Kompetenz-Grenzen? Was sind seine Bedingungen?
- ▶ Wo liegt damit der **Bereich der freiwilligen Zusammenarbeit** (Kooperation): Dies entspricht der einvernehmlich lösbaren Aufgabe.

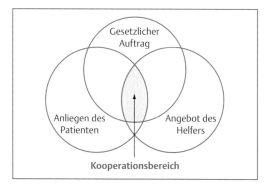

Abb. 1.2 Auftragslage und Bereich der Zusammenarbeit (Kooperation).

Von Schlüsselsyndromen ausgehen! Die syndromale Schilderung des Erscheinungsbildes – meist durch Laien – ist Ausgangspunkt für die Entscheidungen bei der Triage und während der Intervention (➔ Kap. 1.2).

Notfallaufgabe auf Lösbarkeit eingrenzen! Beschränkung auf das jetzt Wesentliche: Abwendung der Gefahr, Verminderung des Druckes, Erholung der Selbsthilfekräfte. Nur sofort lösbare Aufgaben anpacken! Andere Aufgaben ausdrücklich auf später verschieben oder delegieren.
Klare Prioritäten setzen, um die Kräfte zu schonen! Der Notfallhelfer definiert ausdrücklich die Reihenfolge der Maßnahmen aufgrund seiner Einschätzung von Zuständigkeit und Dringlichkeit.
Setting pragmatisch definieren! Es wird ein Handlungsrahmen definiert, der sich einzig nach den Erfordernissen der akuten Situation richtet.
Kommunikationskompetenz beachten! In ein eingehenderes Gespräch nur motivierte, belastbare und kommunikationsfähige Personen einbeziehen.
Vernetzen! Nahe Bezugspersonen der Patienten sofort einbeziehen. Entscheidungen in Zusammenarbeit mit den Anwesenden und im Respekt für die Belastbarkeit aller Beteiligten treffen.
Lösungsorientiert, regressionsvermindernd intervenieren! Belastung und Kompliziertheit reduzieren, Destruktivität eingrenzen, Selbsthilfekräfte fördern und konstruktive Lösungsansätze aufgreifen. Dies bedeutet: Respekt vor dem zerstörerischen Anteil im Patienten und Unterstützung für den konstruktiven Anteil, Einbringen neuer Wahrnehmungsweisen, Induktion von neuen Spielregeln der Problembewältigung.
Alle sofort verfügbaren Ressourcen einsetzen! Damit wird maximale Wirkung erzielt (Vermeidung des „permanenten Notfalls"). Dabei die Kräfte schonen (jedes Register – dafür nur kurz – ziehen!). Bei Bedarf nicht zögern, Unterstützung anzufordern.
Methodisch vorgehen! Um selbst die Übersicht zu bewahren, bewähren sich ein schrittweiser Ablauf der Intervention und eine stufenweise Beurteilung gemäß der Kunst des Handwerks: gezielt, umschrieben, auf sofortige Effizienz bedacht (→ Kap. 1.4).
Die erlebte Interaktion evaluieren. Der Notfallhelfer ist Teil eines handelnden Systems. Seine Beurteilung stützt sich wesentlich auf Beobachtungen der Interventionsresultate, bei denen nicht nur äußere Veränderungen, geschilderte Gefühle der Patienten und ihrer Bezugspersonen, sondern auch die inneren Wahrnehmungen der Helfer (z. B. die Veränderung der eigenen Besorgnis) ausgewertet werden (→ Kap. 2.1 bis 2.7: 9. Schritt: Evaluation).

Tabelle 1.**19**   Prinzipien der Notfallintervention.

- ▶ **Zeit** nehmen
- ▶ Ziel anstreben: **Gefahr eingrenzen** und Chance erkennen
- ▶ **Aktiv intervenieren** und Ablauf moderieren
- ▶ **Auftragslage klären** und benennen
- ▶ Von **Schlüsselsyndromen** ausgehen
- ▶ Aufgabe **auf Lösbarkeit eingrenzen** und Prioritäten setzen
- ▶ **Setting pragmatisch** definieren
- ▶ **Kommunikationskompetenz** beachten
- ▶ **Vernetzen**
- ▶ **Lösungsorientiert**, regressionsvermindernd intervenieren
- ▶ Alle sofort verfügbaren **Ressourcen** einsetzen
- ▶ **Methodisch** vorgehen
- ▶ Die erlebte Interaktion **evaluieren**

Zielsetzung

▪ Das vorrangige Ziel der Notfallintervention

Sicherheit durch Schutz. Ohne Gefühl der Sicherheit sind konstruktive Entwicklungen nicht möglich. Das vorrangige Ziel der Notfallintervention ist deshalb, dem Patienten und seinem Umfeld den notwendigen Schutz zu geben, damit die zerstörerischen Kräfte an einer Grenze aufgehalten werden und sich die Selbsthilfekräfte regenerieren können.
Es gibt keine absolute Sicherheit. Menschen haben auch in einer Krankheitsphase noch einen kleinen Entscheidungsspielraum und damit eine letzte, existenzielle Verantwortung für sich selbst. Mit dieser letzten Möglichkeit eines schlimmen Verlaufes müssen Notfallhel-

fer leben lernen. Viele durch Suizid gestorbene Menschen nehmen das Geheimnis, warum sie sich – trotz engagierter Hilfe – getötet haben, mit sich ins Grab.

Mittel des Schutzes. Akute seelische Not weist darauf hin, dass eine Belastungsgrenze überschritten worden ist: Die Belastung zu belassen oder gar zu erhöhen, ist gefährlich. Unter allen Umständen soll bei der Notfallintervention eine spürbare emotionale Entlastung angestrebt werden.

Belastbarkeit des sozialen Umfeldes. Der Schutz sollte möglichst aus dem persönlichen Umkreis des Patienten kommen, damit dieser allmählich wieder unabhängig von weiterer Krisenhilfe existieren kann. Wenn ein sorgfältig angelegter Schutzkreis einen akut notleidenden Menschen umgibt, hat dieser die Chance, im Augenblick existenzieller Erschütterung den geschützten Raum als Plattform für einen Lebensaufbruch nutzen zu können.

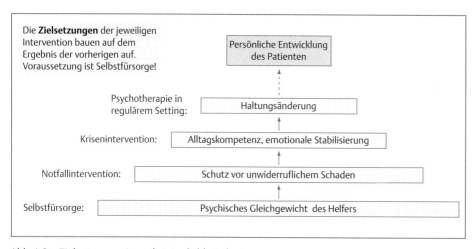

Abb. 1.3 Zielsetzungen je nach Dringlichkeit der Intervention.

■ Das längerfristige Ziel der Nachbetreuung und der Krisenintervention

Chance ergreifen. Das mittelfristige Ziel in einer nachfolgenden Intervention ist, die Chance zur Veränderung und Entwicklung zu ergreifen, die Selbsthilfekräfte zu fördern, soziale Ressourcen zu erschließen und Neues zu wagen.

Aufmerksamkeit auch auf Konstruktives richten. Die auch im Notfall vorhandenen konstruktiven Impulse der Patienten werden aufgegriffen. Nicht nur regressive, sondern auch vorwärtsgerichtete Anteile sind erkennbar:

▶ **Schlüsselsituation:** Der Moment des Notfalls signalisiert eine Schlüsselsituation, die auch das Potenzial für neue Lösungen in sich birgt. Eine kostbare Gelegenheit!

▶ **Aufbruch aus dem Gewohnten zu etwas Neuem:** Die dramatische Dekompensation entspricht innerlich einem Bemühen, sich neue Bedeutungszusammenhänge zu schaffen, sich das Unvorstellbare auszumalen, das Undenkbare zu denken. Dies kann allenfalls auch in eine konstruktive Bahn gelenkt werden.

▶ **Von der inneren Lähmung ein erster Schritt zur Handlung:** Bei nichtpsychotischen Patienten kann der starke Handlungsimpuls die Chance enthalten, mutig etwas Neues zu tun – und nicht bloß mehr vom Selben.

▶ **Vom scheuen Rückzug zum Mut, sich bemerkbar zu machen:** Der Hilferuf braucht Mut, um etwas in Bewegung zu setzen, das zum Stillstand gekommen ist – besonders bei Menschen, die sich vorher schamvoll zurückgezogen haben.

▶ **Das Streben nach einer Pause, einer Zäsur:** Häufig kann der Wunsch beobachtet werden, sich krank zurückziehen zu dürfen. Oder positiv formuliert: Es ist das Anliegen nach Denkpause, aktiver Erholung, Wechsel der Umgebung usw.

Neue Formen der Lebensbewältigung und Pflege der Ressourcen. Das langfristige Ziel besteht im Entwickeln neuer Wege und Mittel der Lebensführung. Diese Ressourcen stellen Schutzfaktoren bei erneuten Belastungen dar.

Selbsthilfe der Helfer

▪ Irrwege

Auch die Notfallintervention selbst kann zum Notfall werden. Es kann hilfreich sein, die Stolpersteine auf dem Weg zu einer kompetenten Notfallhilfe zu kennen. Das heißt nicht, dass man das Stolpern immer vermeiden kann. Nobody is perfect! Das Verhängnis kann einen regelhaften Ablauf nehmen. Helfer und Patient können sich verstricken, so dass eine weitere Eskalation folgt, womit die Notfallintervention selbst zum Notfall geworden wäre (Tab. 1.**20**).

Tabelle 1.**20**   Eine Notfallintervention wird selbst zum Notfall: die Stufen des Verhängnisses.

Eine Risiko-Konstellation
missbräuchliche Anfrage (z. B. bei Süchtigen)
ambivalenter Auftrag (z. B. bei Suizidalen)
widersprüchlicher Auftrag (z. B. bei Borderline-Patienten)
unlösbarer Auftrag (z. B. bei „chronisch-akuten" Patienten)
überfordernde Problemstellung (z. B. bei unklaren Syndromen)
Bedrohung (z. B. bei Gewalt in Beziehungskonflikten) usw.

... führt zu einer eskalierenden Kommunikationsdynamik von Helfer und Patient:
Eskalation von Hilflosigkeit und Hilfsanstrengung ohne Nutzeffekt (z. B. der Streit mit dem Patienten um die Art der richtigen Rettung)

Aus der Zunahme von Spannung entsteht eine Verstrickung zwischen Helfer und Patient
mit wechselseitig kleineren oder größeren Grenzverletzungen
mit Abspaltung wichtiger Wahrnehmungen und Verwirrung
mit Dramatisierung, Regression oder Aggression beim Patienten

... mit ungünstigen Folgen,
verminderte professionelle Distanz: Überengagement oder Fluchtverhalten des Helfers
Verletzlichkeit und Distanzlosigkeit beim Patienten: Verstärkung der Symptomatik (z. B. von Selbst- und Fremdgefährdung)

... womit die Notfallintervention zum Notfall geworden ist!

Selbstwahrnehmung des Helfers: Alarmzeichen für „gefühlsmäßige Verstrickung". Die vom Helfer bei sich selbst beobachteten emotionellen und verhaltensmäßigen Änderungen und die vom Patienten beim Helfer ausgelösten Gefühle und inneren Bilder werden aufmerksam wahrgenommen als Hinweis auf die Stimmigkeit der aktuellen psychologischen Distanz zum Patienten. Im Unterschied zu einer ambulanten Psychotherapie dienen diese Wahrnehmungen jedoch nicht als Grundlage für eine Interpretation der therapeutischen Beziehung. Denn in der Notfallsituation weisen die Gefühle von emotioneller Erschütterung beim Notfallhelfer in erster Linie auf zu große Nähe zum Kranken hin. Diese ungünstige Nähe kann entstehen, wenn in einem Gefühl von Unsicherheit und Verwirrung unbewusst beim Gegenüber – hier einem notleidenden Menschen – gutheißendes Einverständnis, Anlehnung, Hilfe oder gar Identifikation gesucht wird. Es entwickelt sich eine verstrickte Situation mit vertauschten, unrealistischen Rollen: Der Helfer möchte etwas Persönliches vom Patienten erhalten (Tab. 1.**21**).

Tabelle 1.**21**   Hinweise auf emotionale Verstrickung des Helfers mit dem Patienten.

▶ Überschreiten selbst gesetzter Zeitgrenzen
▶ Nichteinlösen von Ankündigungen
▶ Nichtbeachten des Settings
▶ Überschreiten der eigenen Zuständigkeit
▶ Beschuldigendes Verhalten, entwertende und stigmatisierende Äußerungen:
  – Wut, Hass, massiver Ärger auf den Patienten
  – Ohnmachtsgefühl, Versagensgefühl, innere Selbstbeschuldigung des Helfers
  – Massives Mitleid, Retter-Impulse

Überengagement ist ein Zeichen von Überforderung. Die akute Unsicherheit des Helfers kann in erster Linie als Ausdruck einer objektiven Überforderungssituation verstanden werden. In Überforderungssituationen neigen wir alle zu unangemessenen emotionalen (neurotischen) Reaktionen. Deshalb brauchen Helfer in derartiger Lage sofortige Entlastung durch innere Umstellung und äußere Hilfe.

> Professionell ist es, wenn wir uns heftige Gefühle eingestehen und wagen,
> Selbsthilfemaßnahmen zu treffen!

In verfahrener Lage: Lösung scheinbar unlösbarer Interventionsprobleme. Jeder Notfallhelfer kommt einmal in eine verzwickte Situation, bei der Geistesgegenwart, ein Notvorrat an guten Ideen und humorvolle Selbstkritik (Tab. 1.22) hilfreich sind. Auch überfordernde Situationen können bewältigt werden, wenn es gelingt, sich abzugrenzen, sich von der bisherigen Strategie zu lösen und mindestens einen Teil seiner Verantwortung an andere Helfer zu delegieren.

Tabelle 1.**22**   Der nicht ganz ernstgemeinte Exkurs: Wie man eine Eskalation provoziert!

Achtung: Erschrecken Sie nicht! Dies ist ironisch gemeint! Lassen Sie sich folgende paradoxe (das Gegenteil meinende) Anregungen geben:
▶ Wenn Ihnen jemand zu nahe getreten ist, begeben Sie sich auch nahe heran!
▶ Setzen Sie sich unter Leistungsdruck, auf einer bisher misslungenen Lösungsstrategie zu verharren, denn Sie werden sich ja wohl nicht täuschen!
▶ Lassen Sie sich nie durch kleine Besserungen Ihres Gegenübers von der Überzeugung abhalten, dass der andere ein aussichtsloser Fall ist.
▶ Schauen Sie streng darauf, dass Sie bei der Kritik all Ihrer Mitmenschen immer die Worte „immer" oder „nie" oder „alle" oder „keine" verwenden, damit alle merken, wie „typisch" (gemeint: entwicklungsunfähig) der Betreffende sich immer verhält.
▶ Falls Sie eine verbale Äußerung nicht verstehen, so beginnen Sie, die Gedanken der andern Person zu lesen – vermeiden Sie auf jeden Fall, zum besseren Verständnis nachzufragen!
▶ Setzen Sie beim anderen voraus, dass er Ihre wichtigsten Anliegen schon kennt. Denn schließlich haben Sie ja schon immer und immer wieder mit Ihrer Mimik und Gestik ausgedrückt, was Sie meinen.
▶ Geben Sie Ihrem Gegenüber keine Zeit zu überlegen! Sagen Sie alles auf einmal, wenn Sie schon dran sind. Keine Pausen! Keine Abschnitte!
▶ Vermeiden Sie es, Anerkennung oder Einverständnis auszudrücken, damit die Gegenpartei nicht meint, Sie seien ein weicher Kümmerling!
▶ Wichtig: Lachen Sie nie! Man könnte meinen, Sie nehmen sich nicht ernst genug!

■ Ausweg: Das Instrumentarium der Selbsthilfe

Klare Nennung der eigenen Grenzen

Definition von Auftragskonflikten und Nennung schwer lösbarer Aufgaben. Erwähnen Sie in solchen Fällen, dass deshalb am Schluss der Intervention alle ein bisschen unzufrieden sein werden.

Klare Erwähnung eigener Kompetenzgrenzen. Eingrenzen der Aufgabenstellung durch Eingrenzen des Auftrags: Reduktion des Leistungsauftrags. Dispensieren Sie sich von Leistungsdruck. Winken Sie bedauernd ab bei unlösbaren Aufgaben! Definieren Sie im Zweifelsfall Ihr eng umschriebenes Hilfsangebot. Noch einmal: Small is beautiful!

Wagen Sie es zuzugeben, wenn Sie etwas nicht genau verstehen. Wagen Sie, andere Fachleute zuzuziehen, wenn Sie fachlich/emotional überfordert sind!

Sich helfen lassen

Eigene Gefährdung unbedingt vermeiden. Wagen Sie, die Polizei hinzuzuziehen, wenn Sie sich gefährdet fühlen! Warten Sie solange, bis die Polizei vor Ort ist.

Das eigene Engagement von der Mitarbeit der Familie abhängig machen. Andernfalls den Hilfeeinsatz für den heutigen Tag beenden. (Wie der Kommissar im Krimi: „Danke, das reicht für heute. Und, wenn Ihnen dazu noch etwas einfällt: Rufen sie mich an!")

Zweite Meinung einholen. Einen erfahrenen Kollegen telefonisch um Rat fragen. Eher unbeteiligte, jedoch vertrauenswürdige Angehörige nach ihrer Meinung fragen usw.

Delegation einer Teilverantwortung. Bei gravierender psychischer Störung in einer Clinch-Situation mit Angehörigen einen Amtsarzt herbeirufen und die Aufgabe an diesen delegieren. Bei Spezialproblemen kompetente Fachleute anrufen. Belastbare Angehörige mit umschriebenen Aufgaben betrauen.

Ein Moratorium einlegen

Mal eine Pause einlegen, mal einfach zuhören und nichts sagen, vorübergehend mit jemand anderem sprechen, die Anwesenden warten lassen, bis ein weiterer Angehöriger gekommen ist, später noch mal vorbeischauen, später noch mal telefonieren.

Die aktuelle Lage als noch nicht entscheidbar erklären und die allervertrautesten Angehörigen aufbieten. Bis zum Zeitpunkt ihres Eintreffens Tee trinken, Small talk.

Kampfsituationen meiden bzw. verlassen, um sich nicht verstricken zu lassen:

▶ **Mit Gesten:** Machen Sie in beginnenden Kampfsituationen z.B. eine Handbewegung, als möchten Sie das Handtuch werfen.

▶ **Mit Worten:** Bei Meinungsunterschieden, die bestehen bleiben, können Sie nüchtern festhalten: „Hier haben Sie und ich verschiedene Meinungen." Vermeiden Sie, in einer solchen Situation überzeugen zu wollen. Akzeptieren Sie die andere Ansicht, indem Sie sie in Ihren eigenen Worten als die Ansicht des andern wiedergeben. Verwahren Sie sich gegenüber der Idee, Sie würden nicht verstehen wollen – das wäre dann eventuell ein neuer Meinungsunterschied …

Dritte einbeziehen. Pflegen Sie die Verbundenheit mit jemandem außerhalb eines Eskalationssystems (schauen Sie wieder einmal einen neutralen Angehörigen an, wenn Sie in einen Clinch mit einem anderen geraten; fragen Sie diese Person nach ihrer Meinung).

Räumliche Distanz schaffen

Anders Sitzen. Begeben Sie sich in eine distanzierte Sitzposition.

Anderer Raum. Gehen Sie vorübergehend in ein anderes Zimmer, um dort nur mit einem einzelnen Angehörigen zu sprechen.

Situationsänderung. Lassen Sie sich einen Tee machen; messen Sie dem Patienten den Blutdruck; lassen Sie sich seine Wohnung unter einem Vorwand zeigen.

Psychische Distanz herstellen

Nüchtern-beschreibendes statt einfühlsames Gesprächsverhalten.
Pflegen Sie genügend inneren Abstand. Nehmen Sie z.B. die Rolle eines anteilnehmenden, aber abgegrenzten Zeugen ein (wie würde die Szenerie aussehen, wenn Sie ein Vogel wären und Sie auf die Anwesenden herabschauen könnten?). Oder: Erinnern Sie sich an einen schönen Moment mit einer vertrauten Person. Was würde diese sagen, wenn Sie diese Situation gemeinsam erleben würden?
Fokussieren auf Veränderung. Konzentrieren Sie sich darauf, was aus der Sackgasse hinausführen könnte, und nicht auf das, was das Problem löst. Fragen Sie sich: Was ist das Unerwartete am gegenwärtigen Ablauf, wo gibt es eine verborgene Pointe?

Das Angenehme pflegen

Körperlich angenehm. Achten Sie darauf, dass es Ihnen behaglich ist, dass Sie gut sitzen, dass Sie sich im Stuhl zurücklehnen. Konzentrieren Sie sich darauf, wo es Ihnen in Ihrem Körper im Moment am wohlsten ist.
Das Angenehme am Gegenüber. Konzentrieren Sie sich auf das Liebenswürdige eines Patienten. Was mögen Sie an diesem Menschen? An welchen sympathischen Menschen erinnert Sie dieser Wesenszug?
Anerkennung pflegen. Seien Sie bereit, Anerkennung zu geben und positive Ansätze aufzunehmen, zu würdigen. Wo macht der Patient gerade einen vorsichtigen Neuanfang? Was läuft eigentlich besser als im schlimmstmöglichen Fall?
Freuen Sie sich über Humor und Kreativität.

Erkenntnisebene wechseln

Vom Detail zum Ganzen. Konzentrieren Sie sich auf das Gesamte, auf die „Gestalt", auf eine symbolisch-bildliche Darstellung dieser Szene (was für ein Bild kommt Ihnen zu dieser Situation in den Sinn; wie würden Sie den Patienten und sich selbst in einer Skulptur darstellen?). Oder: Wie würde es wohl tönen, wenn das alles in einer Oper gesungen würde? Wie würde ein Kind diese Situation im Sandkasten darstellen?
Imaginäre Dritte befragen. Stellen Sie sich eine Drittperson im Zimmer vor und fragen Sie den Patienten: „Was würde Ihr Freund zu all dem finden?" Wenn eine Patientin ein Haustier hat: „Was würde dieses wohl sagen, wenn es sprechen könnte?"
Das belanglos Unerwartete. Erweitern Sie Ihr Denken auf das Dritte, das Unpassende, Eigenartige, Nicht-Naheliegende. Werden Sie kreativ: Öffnen oder schließen Sie das Fenster; lassen Sie den Kugelschreiber fallen; falls Sie einen schrägen Gedanken haben, so sprechen Sie ihn mit dem gebotenen entschuldigenden Schulterzucken aus; husten Sie im falschen Moment; sprechen Sie den Patienten auf ein Accessoire an seiner Kleidung an.

Die 3 Säulen der Selbsthilfe bei Überforderungssituationen sind:
- ▶ die (innere und äußere) Distanznahme
- ▶ der Perspektivenwechsel
- ▶ das Einbeziehen von Dritten

1.4 Ablauf einer Notfallintervention

Der Ablauf in Phasen und Schritten

Die insgesamt **5 Phasen** der Notfallintervention dienen als modellhafter Ablauf, um in unvorhergesehener Lage nicht die Übersicht zu verlieren. **Die 3 wichtigsten Phasen sind zudem in 9 Schritte unterteilt.** Die Vorgehensweise (die Methodik) bei den Schlüsselsyndromen folgt diesem Handlungsablauf, was sich im Kapitelaufbau zu Teil 2 abbildet.

Phase Erstkontakt, Auftragsklärung → *Seite 65*

Meist unbekannte Menschen, häufig Angehörige von Kranken, nehmen telefonisch Kontakt auf. Der Auftrag wird geklärt. Nun beginnt die eigentliche Notfallintervention:

Vorbereitungsphase (1. bis 3. Schritt) → *Seite 67*

Nach der **Triage**, der unverzüglichen provisorischen Beurteilung der geschilderten Notlage, müssen zuerst **Vorbereitungen** getroffen werden, damit der Notfallhelfer und der Patient alle verfügbaren Ressourcen beiziehen können. Vor Ort wird in einer sogenannten **Begrüßungsintervention** ein neues Setting definiert.

Abklärungsphase (4. bis 6. Schritt) → *Seite 72*

In einer **Gesprächsführung**, der psychischen Verfassung des Patienten und dessen Angehörigen angemessen, wird Vertrauen aufgebaut. Durch Fragen, Beobachtungen und intuitive Wahrnehmung des Helfers erfolgt eine sorgfältige **Abklärung** der aktuellen Gefährdung. Dies dient der **Beurteilung und Definition der Hilfestrategie.**

Maßnahmephase (7. bis 9. Schritt) → *Seite 80*

Die Hilfe ist in Zusammenarbeit mit allen verfügbaren Kräften in der **Notfallkonferenz** auf sofortige Entlastung, Förderung von Selbsthilfe sowie Stützung und Schutz gerichtet. Der Helfer verlässt die übliche therapeutische Reserve und ergreift **ambulante Maßnahmen**: Er nimmt damit gezielt und zeitlich befristet Einfluss. Darauf wird die Notfallintervention **evaluiert und eventuell folgt eine Klinikeinweisung.**

Phase Nachbetreuung und Übergang zur Krisenintervention → *Seite 84*

Die Nachbetreuung geht in ein Setting nach Vereinbarung über und entspricht damit einer Krisenintervention: Der Patient trägt wieder ausdrücklich Mitverantwortung.
(→ Übersicht auf der 3. Umschlagseite, Details auf den folgenden Seiten)

Phase Erstkontakt, Auftragsklärung

Ziel: Am Telefon wird durch den Notfallhelfer Kontakt geknüpft und der Auftrag geklärt. Es stellt sich heraus, wer „Auftraggeber" und wer „Patient" ist. Der Helfer vernimmt, ob die akute Lage als „Notfall" oder als „Krise" definiert wird und an wen die nachfolgende Triage allenfalls delegiert werden muss. Das braucht manchmal Geduld.

Erstkontakt

Der Erstkontakt findet meist am Telefon statt. Die Anrufer sind ratlos, fühlen sich ohnmächtig und erhoffen sich Erlösung aus ihrer Not. **Aktives Zuhören** (in eigenen Worten wiederholen, wie man den Patienten verstanden hat) hilft, eine erste Verbindung herzustellen.

■ Telefonische Kontaktaufnahme

Unbekannte Anrufer. Viele Anrufer (Patienten oder Angehörige, Nachbarn usw.) sind froh, sich aussprechen zu können, womit der Kontakt sofort hergestellt ist. Bei misstrauischen oder ambivalenten Anrufern wird behutsam eine Gesprächsbasis aufgebaut.

Grundsätzliche Empfehlungen für die Gesprächsführung am Telefon

▶ **Vorstellen**: Stellen Sie sich mit Ihrem Namen und Ihrer beruflichen Funktion vor!
▶ **Sprechen Sie in Umgangssprache**! (Keinen Fachjargon benützen!)
▶ Zuerst dem Gesprächsfluss des Anrufers folgen. **Vorerst keine administrativen Fragen!**
▶ **Stellen Sie am Anfang offene W-Fragen** (und keine Antwortwahl-Fragen)!:
☺ *„Was ist Ihr Anliegen?""Was ist passiert?"* Bei Angehörigen: *„Was haben Sie beobachtet?"*
▶ **Gefühlslage, insbesondere Ambivalenz, ansprechen:**
☺ *„Ich höre, wie Sie sich Sorgen machen." Oder: „Mir kommt es vor, als würden Sie sich ärgern. Stimmt das?" Oder bei Ambivalenz (Suizidale!): „Ich höre, wie Sie unentschieden sind. Was spricht dafür? Was spricht dagegen?"*
▶ **Versuchen Sie genau zu verstehen!** Fragen Sie nach bei allgemeinen, vieldeutigen, psychologisierenden (inklusive Therapiejargon) oder unklar bildhaften Antworten (z. B. „Nervenzusammenbruch"):
☺ *„Was meinen Sie damit? Ich möchte Sie genau verstehen können." Oder: „Ich habe Sie (so und so) verstanden. Stimmt das?"*
▶ **Außer Anerkennung keine Bewertung vornehmen!** Feedback geben!
☺ *„Ich bin froh, dass Sie mir dies genau schildern, weil ich mir so ein besseres Bild über die Situation machen kann."*
▶ **Möglichst bald telefonischen Gesprächsrahmen definieren** und innerhalb dessen Spielraum geben. Zum Beispiel:

☺ „Es ist jetzt mitten in der Nacht und Sie und ich sind müde. Ich werde Ihnen jetzt eine Viertelstunde lang zuhören und anschließend mit Ihnen besprechen, welche Vorkehrungen bis morgen früh noch getroffen werden müssen."

▶ **Kurze Mitteilungen mit transparentem Handlungsziel machen:**

☺ „Ich werde jetzt (das und das) veranlassen, damit Sie …" Oder: „Ich bitte Sie unmittelbar nach dem Telefongespräch (das und das) zu tun, damit wir beim Hausbesuch …"

▶ **Am Schluss rückfragen,** ob alles verstanden wurde:

☺ „Es ist möglicherweise schwierig für Sie, wenn Sie derart aufgewühlt sind, all dies aufzunehmen, was wir besprochen haben. Deshalb fragen Sie mich bitte, wenn Sie etwas noch nicht verstanden haben."

■ Telefonische Klärung des Auftrags

Ist es ein Notfall? In der Regel ist dies erst im persönlichen Kontakt vor Ort schlüssig zu klären. Die Helfer sind deshalb nach den Informationen eines Telefonkontaktes auf vorsichtige Grundannahmen angewiesen. Meist wird die Situation von den Auftraggebern selbst als Notfall definiert.

Notfall bei unbekannten Patienten. Aufgrund eines kurzen Telefonates lässt sich zwar erkennen, um welches Schlüsselsyndrom es geht (z.B. Verzweiflung, Suchtproblem usw.). Das Ausmaß der Dringlichkeit ist hingegen nur grob abzuschätzen.

> Es ist solange davon auszugehen, dass ein Notfall vorliegt,
> bis der professionelle Helfer vor Ort allenfalls zu einer andern Beurteilung kommt!

Notfall bei bekannten Patienten. Der Betreuer kann sein Vorwissen heranziehen. Achtung: Depressive Patienten fühlen sich schuldig, ihrem Therapeuten durch den Anruf Unannehmlichkeiten zu verursachen, so dass sie durch eine Art vorauseilende Schonung des Helfers nur in knappen Andeutungen sprechen.

Psychosozial oder körperlich? Besonders bei *Kindern* und *alten Menschen*, jedoch auch bei plötzlichem, erstmaligem Auftreten einer erheblichen Störung bei Erwachsenen ist an eine verursachende oder begleitende körperliche Störung zu denken. Dies können nicht nur akute, sondern auch schon längere Zeit bestehende Erkrankungen oder auch Unfallfolgen (z.B. nach einem Sturz) sein. Entsprechend müssen medizinische Fachpersonen zur Triage zugezogen werden.

Empfehlungen zur Klärung der Auftragslage am Telefon

▶ **Welche Hilfestellung erwartet der Anrufer?** (Information? Telefonische Beratung? Konsultation während der Sprechstundenzeiten? Notfallkonsultation? Hausbesuch jetzt/heute/am nächsten Tag)?

▶ **Handelt es sich tatsächlich um einen psychosozialen Notfall?**

▶ **Wer** wird als hilfsbedürftig bezeichnet? Wer ist „Patient"? Name und Alter? Ist dieser über den Anruf informiert? Besteht eine vormundschaftliche Maßnahme?

▶ **Wer ist der Auftraggeber?** (meist der Anrufer) Wie gut kennt er den Patienten?

▶ **Woher** wird angerufen? Vom Aufenthaltsort des Patienten? Telefon-Nummer? Adresse? Welcher Name steht auf dem Klingelschild?

Falls Angehörige anrufen und den Notfalleinsatz wünschen, so ist ebenfalls die als Patient betrachtete Person ans Telefon zu bitten. Schwer psychisch Kranke werden nicht ans Telefon kommen, was dem Helfer eine weitere Information gibt.

Falls der Anrufer für sich selbst um Hilfe bittet, eine angehörige vertraute Person (man kann danach fragen, wer das wäre) ebenfalls ans Telefon bitten und sie zu einem anschließenden persönlichen Gespräch gemeinsam mit dem Patienten bitten. Dies gilt meiner Ansicht nach auch für akute Suizidalität im Rahmen einer laufenden Einzelpsychotherapie.

Falls ein Therapeut um Hilfe für einen Patienten bittet, kann man mit ihm einen gemeinsamen Einsatz planen, bei dem er eine vorher klar umschriebene Rolle übernimmt und die Leitung des Einsatzes dabei ausdrücklich dem Notfallhelfer überlässt.

> Wer ist Patient? Wer ist Auftraggeber? Wer hat welches Anliegen?
> Wer ist wie vom Problem betroffen?

Vorbereitungsphase

1. Schritt: Triage

Ziel der Triage ist, aufgrund des geschilderten Erscheinungsbildes provisorisch eine grobe syndromale Zuordnung vorzunehmen (sog. Schlüsselsyndrome → Kap. 1.2). Die Entscheidung über die Dringlichkeit der Intervention ist sofort zu treffen. Im weiteren Verlauf wird entschieden, wo und wann und mit wem die Intervention stattfindet.

Wichtige Vorentscheidungen müssen am Telefon getroffen werden. Diese üben auf die weitere Notfallintervention einen wichtigen Einfluss aus. Man scheue sich dabei nicht, im Verlauf des Telefongesprächs beim geringsten Verdacht direkt nach Drogen, Alkohol, Suizidgedanken, Waffenbesitz, Verletzungs- oder Tötungsabsichten, zu fragen.

> Je direkter man fragt, desto leichter fällt es dem Anrufer, zu antworten.

Empfehlungen für Fragen am Telefon:

Es empfiehlt sich, die gleichen Fragen sowohl dem Patienten als auch einem Angehörigen zu stellen (häufig erfolgt der Anruf über eine Drittperson):

▶ **Was löst am meisten Sorgen aus?** (Welchem Schlüsselsyndrom entspricht dies?)
▶ **Dringlichkeit in der Einschätzung des Anrufers?**
  ☺ *Der Helfer: „Was denken Sie, was geschehen würde, wenn jetzt keine Hilfe von außen kommt?"*
▶ **Fremd- oder Selbstgefährdung?** (Selbstmordgedanken? Gefährliche Handlungen? Grob anstößiges Verhalten? Sind schon in solchen Situationen Tätlichkeiten oder Waffengebrauch vorgekommen? Waffen am gegenwärtigen Aufenthaltsort? Fühlt sich der Anrufer bedroht? Fluchtgefahr des Patienten beim Eintreffen der herbeigerufenen Fachperson?) Eine Hilfestellung für den Anrufer kann sein:
  ☺ *„Sie haben mir von schweren Sorgen erzählt, die Sie seit Wochen kaum mehr schlafen lassen. Viele Menschen trinken in solcher Situation ein bis mehrere Gläser Wein oder Bier, um schlafen zu können. Wie ist das bei ihnen?" Oder: „Sie schildern mir, wie sie vor zwei Jahren in dieser Situation verzweifelten und an Suizid dachten. Wie ist es heute mit Suizidgedanken?"*
▶ **Zugänglichkeit und Bewusstseinstrübung?** (Wie ist die aktuelle psychische Verfassung des Kranken? Weiß er, wo er ist? Ist er ruhig oder erregt?)
▶ **Krankheiten?** (Körperlich? Psychisch? Hausarzt?)
▶ **Medikamente?** (Welche in welcher Dosierung? Von wem verschrieben? Seit wann nicht mehr genommen?)
▶ **Frühere Klinikeinweisungen?** (Wo? Wann? Wie lange ungefähr? Wegen welcher Diagnose?)
▶ **Aktueller Konsum von Alkohol oder Drogen?**

▶ **Wichtige Bezugspersonen?** (Wo sind die Angehörigen/Freunde? Kinder? Therapeut/ Hausarzt? Wer hat gegenwärtig den besten Zugang zum Patienten?)

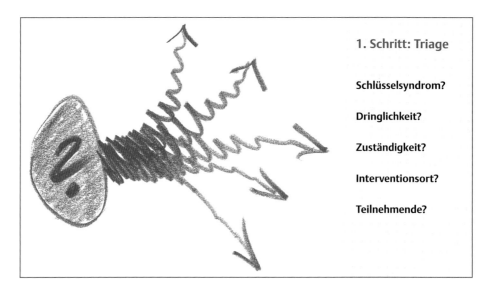

1. Schritt: Triage

Schlüsselsyndrom?

Dringlichkeit?

Zuständigkeit?

Interventionsort?

Teilnehmende?

◾ Erste Triage-Fragestellung: Welches Schlüsselsyndrom?

Bei mehreren Syndromen verdient grundsätzlich dasjenige Syndrom mehr Beachtung, das in der folgenden Reihenfolge (→ Reihenfolge der Kapitel in Teil 2) oben steht:
1. Benommen, verwirrt
2. Unruhig-komisch-wahnhaft
3. Verzweifelt, suizidal
4. Konflikt, Gewalt
5. Alkohol-, Drogenproblem
6. Angst, Panik
7. Chronisch-akut

> Das Syndrom der Bewusstseinsstörung („benommen, verwirrt") hat oberste Priorität!

◾ Zweite Triage-Fragestellung: Dringlichkeit?

Selbstbeurteilung. Wenn es sich um eine besonnene Person handelt, kann die Frage nach der Dringlichkeit an den Anrufer zurückgegeben werden.
Bei unklarer Dringlichkeit dem Anrufer realistische Entscheidungsalternative vorlegen. Beispiel:

☺ *„Mein Angebot ist, dass ich Ihnen jetzt eine Viertelstunde zuhören kann, oder Sie am nächsten Tag zu uns in die Sprechstunde kommen. Was hilft Ihnen mehr?"*

Anrufe von zermürbten Angehörigen sind ernst zu nehmen, auch wenn kein Anlass für einen sofortigen Notfalleinsatz besteht. Man kann sich als nicht direkt Betroffener schwer vorstellen, welchen Belastungen Familien mit Schwerstkranken ausgesetzt sind.

- ## Dritte Triage-Fragestellung: Zuständigkeit?

Es ist Aufgabe des Notfallhelfers, den entsprechenden Kontakt zu vermitteln (Tab. 1.23).

Tabelle 1.23 Zuständigkeit für erste Hilfe.

Bei akuter Lebensgefahr:	Ambulanz oder ärztlich begleiteter Rettungswagen
Bei möglichem Gesundheitsschaden:	psychiatrische oder medizinische Fachperson
Bei akuter Selbst- und Fremdgefährdung:	Polizei (der Krisenhelfer begleitet die Polizei)

- ## Vierte Triage-Fragestellung: Interventionsort?

Bei Dringlichkeit (→ oben) ist ein Besuch vor Ort empfehlenswert oder unabdingbar (→ „Hausbesuch", Seite 54).

- ## Fünfte Triage-Fragestellung: Teilnehmende?

Anwesende Personen, die nicht in einen Konflikt verstrickt sind, können in der Regel wichtige Informationen beitragen und Unterstützung anbieten. Deshalb ist es sinnvoll, diese unter respektvoller Berücksichtigung ihrer eigenen Belastbarkeit und der Vertrautheit mit den Patienten einzubeziehen. Das persönliche Umfeld, in dem die Intervention geschieht, ist häufig dafür maßgebend, was sich weiterentwickelt. Ein persönliches Kennenlernen der wichtigen unterstützenden Bezugspersonen ist sehr hilfreich. Der gegenseitige persönliche Kontakt schafft das im Kleinen, was viele Notleidende verloren haben: ein soziales Netz.

2. Schritt: Vorbereitung

Ziel ist, günstige Ausgangsbedingungen für die Intervention zu schaffen. Die Anmelder brauchen Informationen, um sich ein realistisches Bild der zu erwartenden Hilfestellung machen zu können. Da in der Regel einige Zeit bis zum Erstkontakt verstreicht, muss die Wartezeit besprochen werden (besonders wichtig bei Suizidalen). Doch auch die Helfer brauchen eine Vorbereitung: die Schaffung eines zeitlichen Spielraumes, eine innere Vorbereitung sowie das Hinzuziehen von zusätzlichen Helfern.

- ## Telefonische Kurzintervention

Kurzinformation über Rolle, Auftrag und Vorgehen, damit die weitere Handlungsweise des Helfers für die Beteiligten nachvollziehbar wird.
Empfehlungen für die Kurzinformation an den Patienten:
- ▶ **Sich vorstellen** (Name, Beruf, Institution)?
- ▶ **Funktion, Kompetenz** (Umfang, Zeitdauer, allfälliger öffentlicher Auftrag)?
- ▶ **Wann, wie lange ungefähr,** eventuell auch provisorischer Hinweis zur Vorgehensweise?
- ▶ **Grenzen der Dienstleistung** (z.B. nur Notfallhilfe zur Abwendung akuter Gefahr)?
Der vorläufige Interventionsplan, der dem Anrufer mitgeteilt wird (Tab. 1.24).

Tabelle 1.**24**   Kriterien für den vorläufigen Interventionsplan.

Triageentscheidungen:	insbesondere Schlüsselsyndrom und Dringlichkeit
Auftrag:	Dienstleistungspflicht (z. B. Sicherung bei Selbst- und Fremdgefährdung)
Angebot:	Möglichkeiten des Helfers
Anliegen:	Erwartungen des Anrufers (dessen Einschätzung von Dringlichkeit und Belastbarkeit)
Zugänglichkeit/Kooperationsbereitschaft des Patienten:	nach Einschätzung von Anrufer und Helfer

Am Schluss rückfragen, ob alles Gesagte verstanden wurde!

In der Wartezeit Handlungsaufträge erteilen! Es ist bei angstvollen Menschen wichtig, zur Überbrückung der Wartezeit bis zum Notfalleinsatz kleine Handlungsaufträge zu geben (aufstehen, sich anziehen, den Hund füttern, einen Tee machen). Diese klaren Aufträge lenken von den eingeengten Gedanken ab; körperliche Aktivität hellt die Stimmung auf. **Die Angehörigen werden ebenfalls informiert**. Sie werden eine wichtige Rolle spielen.

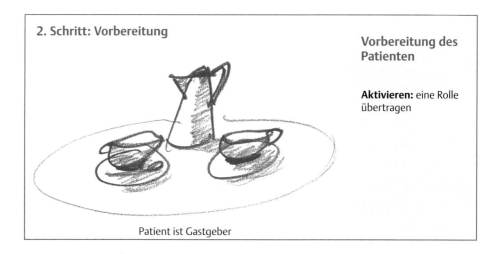

2. Schritt: Vorbereitung

Vorbereitung des Patienten

Aktivieren: eine Rolle übertragen

Patient ist Gastgeber

■ Persönliche Vorbereitung

Zeit ist das Gold des Notfallhelfers. Bei dringenden Fällen sind die anderen beruflichen Aufgaben nachrangig. Die Patienten der regulären Sprechstunde haben meist Verständnis dafür. Ein Notfalleinsatz dauert etwa eine Stunde, Hausbesuche ca. 2 Stunden.

Ein provisorischer Vorgehensplan, Alternativ- und „Worst-case-Szenario" bewähren sich: Mit diesen Szenarien kann man sich über den eigenen Entscheidungsspielraum *und* die gesetzten Grenzen (zeitlich, kompetenzmäßig) klar werden, damit man als hauptzuständiger Helfer schnell handeln kann und nicht selbst in die Sackgasse eigener Unentschiedenheit oder voreiliger Betriebsamkeit gerät. Im Zweifelsfalle lieber zu viele als zu wenige Sicherheiten einplanen!

Wer koordiniert? Es ist wichtig, dass von Anfang an klar wird, wer den Notfalleinsatz koordiniert: Am besten diejenige Person, die die größte Entscheidungsbefugnis hat.

3. Schritt: Begrüßungsintervention

Ziel ist, auch vor Ort therapeutische Rahmenbedingungen (das Setting) zu schaffen, damit die Helfer in einem auch für Außenstehende einsichtigen Handlungsrahmen wirken, den sie überblicken können und der ihnen Spielraum gibt.

▪ Setting schaffen

Vorstellen mit Namen, Auftrag und Rolle, auch wenn dies bereits am Telefon geschehen ist. Menschen vergessen schnell, wenn sie aufgeregt sind.
Ziel der Intervention erklären. Der Hinweis auf den eingegrenzten Charakter des Notfalleinsatzes trägt zur Vertrauensbildung bei: Die Grenzen der Hilfsmöglichkeiten werden zu Beginn transparent.
Informieren über den vorgesehenen Interventionsablauf:
▶ Zur Verfügung stehende Zeit
▶ Beizuziehende Hilfspersonen und gewünschte Gesprächspartner
▶ Benötigter Gesprächsraum
▶ Nächster Interventionsschritt (Ziel der Intervention)

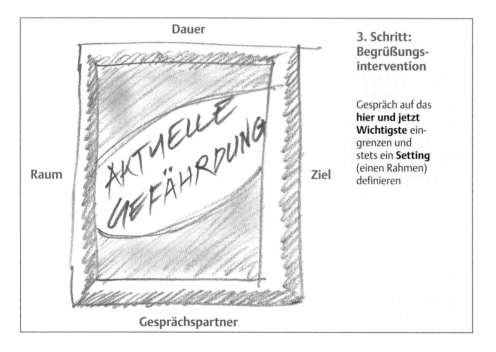

3. Schritt: Begrüßungsintervention

Gespräch auf das **hier und jetzt Wichtigste** eingrenzen und stets ein **Setting** (einen Rahmen) definieren

Gleich zu Anfang sichtbar die Initiative ergreifen. Damit macht der Helfer seine Rolle deutlich, den Notfalleinsatz auf professionelle Weise zu leiten. Dies schafft Klarheit.

▪ Patienten und Angehörige aktivieren

Möglichkeiten, um die Anwesenden zu aktivieren, sind:
▶ **Tee machen lassen** (bei einem Hausbesuch)
▶ **Anerkennende Bemerkung** zur Rolle des Gastgebers machen

▶ **Ein paar Fragen zur Person stellen** mit dem Hinweis, später darauf einzugehen
▶ **Nach dem Haustier fragen** (bei alleinstehenden Personen)
▶ **Falls Handarbeiten usw. herumliegen,** eine interessierte Bemerkung dazu machen

Diese Interventionen sind unerwartet und wirksam. Die direktive Haltung des Notfallhelfers könnte eine regressive oder opponierende Haltung auslösen. Der Wunsch des Helfers, dass der Patient und seine Angehörigen eine Gastgeber-Rolle einnehmen, mobilisiert
ein eingespieltes Rollenverhalten. Der Notfallhelfer gewinnt Zeit, sich in der neuen Situation
zurechtzufinden und sich diskret umzusehen, wie weit die Anwesenden in einem Alltagszu-
sammenhang noch situationsgerecht reagieren können.

▪ Triage überprüfen

Der erste Augenschein vor Ort. Wenn Kranke bei der Begrüßung nicht der Schilderung
der Angehörigen entsprechen, heißt dies nicht, dass die Angehörigen die Situation unrichtig
dargestellt haben. Es gibt Psychosekranke, die einen Rest an Selbstkontrolle mobilisieren
können, um keinen ungünstigen Eindruck zu machen (obschon sie an ihren Wahn glauben).
Alkohol und Drogen. Bei einem Hausbesuch lassen sich entsprechende Hinweise (Sicherheit
in der Wortaussprache, Bewegungskoordination, Geruch) unschwer erkennen.

Abklärungsphase

4. Schritt: Gesprächsführung

Ziel ist, Kontakt zu schaffen und eine möglichst vertrauensvolle Beziehung zum Patienten
und seinen Angehörigen aufzubauen, um Hilfreiches zu fördern und Destruktives einzugren-
zen. Die Patienten erfahren einfühlende Anteilnahme, verstehendes Zuhören, respektvolles
Klären sowie taktvolles Konfrontieren. Die Helfer erhalten dabei viele wichtige Informationen.

▪ Zu Beginn:
Zuhören

Zuhören und offene Fragen stellen. Die Helfer werden wichtige Informationen verpassen
oder sie übersehen Kompetenzen der Patienten, wenn sie zu früh eine aktive Gesprächshaltung einnehmen.
Gesprächsfähig? Ein Gespräch soll nur mit denjenigen Personen geführt werden, die sich
gesprächsfähig verhalten, sonst verliert der Notfallhelfer die Situationskontrolle oder stellt
sich unlösbare, zermürbende Aufgaben.

Empfehlungen zur Gesprächsführung bei Beginn:

▶ **Information über das Gesprächsverhalten des Helfers:** Zuerst sollten die Patienten dar-
   über informiert werden, dass die Helfer in erster Linie zuhören werden, um erst später ins
   Gespräch einzugreifen.
▶ **Vorerst keine Stellung beziehen**, sondern nachfragen, um genau zu verstehen.
Auf die Dimensionen der Mitteilungen achten (Tab. 1.**25**).

Tabelle 1.25 Dimensionen einer Botschaft (nach Schulz von Thun 2006).

▶ **Selbstoffenbarungen** des Patienten wie verbale Gefühlsäußerungen
▶ **Appelle** an das Gesprächsgegenüber wie Bedauern auslösende Mimik
▶ **Sachmitteilungen** wie Informationen zu Personen, Sachverhalten usw.
▶ **Beziehungsdefinitionen** wie Bemerkungen über den Partner des Patienten usw.

Feedback. Schließlich wird dem Patienten eine nicht interpretierende Rückmeldung gegeben, indem der Helfer in seinen eigenen Worten – jedoch dem Äußerungsstil des Patienten angemessen – die aufgenommenen Mitteilungen wiedergibt („spiegelt").
Offene Fragen ergeben wertvolle Informationen. Der Helfer erfährt u. a. Dinge, nach denen er gar nicht gefragt hat. Er wird zudem die Denkfunktion, die Art der Interaktion unter den Beteiligten und die Impulskontrolle beobachten können und erahnen, auf welche Grundannahmen der Patient sein Leid zurückführt und mit welchen Schlussfolgerungen er innere Aussichtslosigkeit konstruiert.

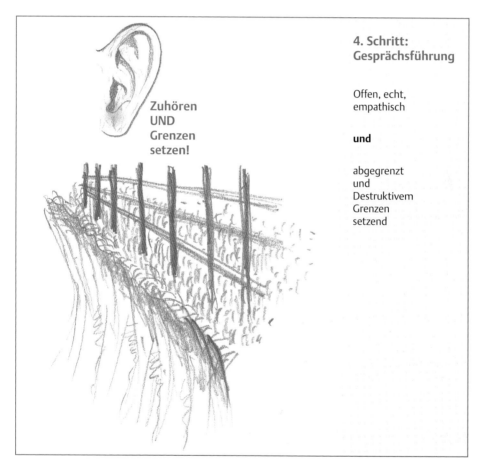

Zuhören
UND
Grenzen
setzen!

4. Schritt:
Gesprächsführung

Offen, echt,
empathisch

und

abgegrenzt
und
Destruktivem
Grenzen
setzend

■ Nach und nach: Stellung beziehen

Allmählich kann der Helfer Stellung zu den geäußerten Gefühlen nehmen, indem er Verständnis und Anerkennung zeigt, Selbstbeschuldigungen oder verletzende Äußerungen taktvoll eingrenzt, konstruktive Bemerkungen vorsichtig unterstützt und weniger Hilfreiches eher passiv zur Kenntnis nimmt. Dabei achtet er als Moderator darauf, dass das Gespräch den zu Beginn gesetzten Rahmen nicht ohne Grund verlässt.

5. Schritt: Abklärung

Ziel ist, die im vorherigen Interventionsschritt erhaltenen Informationen durch Befragen und Beobachten nach Bedarf zu ergänzen (die Abklärung bei einem Hausbesuch ist deshalb viel effizienter als bei einer Konsultation): Notfallanlass, Krankheiten, Beziehungsnetz, psychosoziale Kompetenz, selbstdestruktive und aggressive Muster, Belastungen und Ressourcen, Befürchtungen und Hoffnungen sowie die Kooperation mit dem Notfallhelfer. Damit entsteht ein provisorisches Bild der wichtigsten Elemente der akuten seelischen und sozialen Notlage. Zugleich wird „im Problem" nach dem versteckten Keim eines bisher vermiedenen Lösungswegs gesucht.

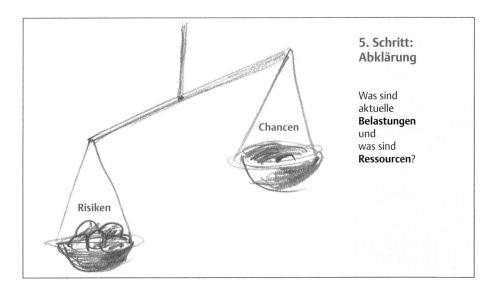

5. Schritt: Abklärung

Was sind aktuelle **Belastungen** und was sind **Ressourcen?**

Chancen

Risiken

Notfallabklärung. Wir müssen uns aufgrund unvollständiger Informationslage ein Bild darüber machen können, was *im Moment* Gefährdung bedingt, psychische Funktionen und insbesondere die emotionelle Belastbarkeit einschränkt. Damit uns dies gelingt, verwenden wir alle Informationsquellen, die uns zugänglich sind. Durch ganzheitlicher Wahrnehmung kann es uns in verhältnismäßig kurzer Zeit gelingen, ein provisorisches Bild der *unmittelbaren* Vorgeschichte (die Eskalation zum Notfall), der aktuellen Belastungssituation, der Ressourcen und der bisherigen Bewältigungsversuche zu zeichnen, das wir durch fortlaufende teilnehmende Beobachtung überprüfen und ergänzen.
Die Lösungsorientierung während der Abklärung hat einen Einfluss auf die Problemsicht des Patienten und seiner Angehörigen. Die Fragen nach bereits praktizierten Lösungsansätzen, nach noch nicht umgesetzten Lösungsideen, nach Momenten des Wohlbefindens, verschiebt den Fokus der Wahrnehmung von Patient und Angehörigen auf konstruktive Bereiche – falls keine tiefe Verzweiflung oder eine Verwirrung der Gedanken das Fühlen und Denken der Notleidenden lähmt.
Je nach Problemlage werden bei der Erkundung in der Notfallsituation Schwerpunkte gesetzt, damit die Belastbarkeit der Beteiligten nicht überstrapaziert wird.

■ Notfall-Anlass?

Veränderung? Ereignis? Zermürbung? Das Wissen um den Anlass gibt wichtige Hinweise für den Fokus, den Kernpunkt der anschließenden Notfallintervention. Häufig weist dieser auf die Achillesferse der betreffenden Person hin.

Sicht des Patienten erkunden: Was denkt der Patient, was seiner Ansicht nach der „eigentliche Grund" für seinen psychischen Gleichgewichtsverlust darstellt. Dies offenbart die persönliche Problem-Ideologie. In der Notfallsituation ist der geschilderte konkrete Anlass für die psychosoziale Destabilisierung wichtiger als der „dahinterliegende Grund". Es bewährt sich, in pragmatischem Vorgehen vorerst den auslösenden Anlass ins Auge zu fassen, ohne sich näher zum „eigentlichen Grund" zu äußern. Dies wird Thema der Nachbetreuung werden (→ Seite 84).

■ Gegenwart:
Lebenssituation?

Fragestellungen zu „Krankheit"

▶ Arbeitsunfähigkeit, Berentung?
▶ Verordnete und selbst beschaffte Medikamente?
▶ Klinik: frühere psychiatrische Klinikeinweisungen?
▶ Hausarzt, Therapeut?

Körperliche (Mit-)Erkrankungen und Medikamenten-Nebenwirkungen erwägen! Viele Menschen sind nicht in der Lage, ihr Leiden zu benennen; sie kennen jedoch meistens die Namen ihrer Medikamente.

Fragestellungen zu „soziales Netz"

▶ Wer wohnt im selben Haushalt? Mit wem verbringt der Patient den Alltag?
▶ Welche Verantwortlichkeiten hat der Patient? (Elternschaft, Beruf usw.)
▶ Fühlt sich jemand für den Patienten verantwortlich? (eventuell ein Elternteil?)
▶ Wie ist der Kontakt zu Nachbarn?
▶ Wo wohnen die nächsten Freunde und Verwandten?
▶ Bei Familien: Wie ist die Familienstruktur?
▶ Bei Alleinlebenden: Gibt es Hinweise auf vertraute Menschen? Oder Haustiere?
▶ Und als Anregung zur Beobachtung: Wer ist der Chef/die Chefin in der Familie? (Mit dieser Person muss sich der Notfallhelfer arrangieren!)

Vernetzt oder alleine? Man erkennt, ob jemand einsam ist; oder man kann vermuten, dass es sich um eine chronisch-akute Situation handelt, wenn bereits eine ganze Reihe von Betreuern engagiert ist.

Fragestellungen zu „psycho-soziale Kompetenz"

▶ Wie selbständig ist der Patient jetzt? Wie selbständig war er vor der akuten Situation? Ist er
 – angewiesen auf ambulante aufsuchende Hilfe?
 – angewiesen auf geschützte Arbeits-/Wohnsituation?
 – angewiesen auf vollstationäre Betreuung/dauernde Unterbringung?
▶ Ist der Patient von der Familie abgelöst? (Wo isst er, wer besorgt die Wäsche?)
▶ Welche Betreuer/Amtsstellen beschäftigen sich mit dem Patienten?

▶ Bezieht der Patient eine Rente? Worin besteht die Behinderung?
▶ Besteht Unmündigkeit (Jugendliche) oder eine vormundschaftliche Maßnahme?
▶ Ist der Patient im Straf- oder Maßnahmenvollzug?
▶ Und als Anregung zur Beobachtung der Handlungskompetenz:
  – Alltägliche Verrichtungen? Sauberkeit und Ordnung?
  – Was verrät der Zustand der Wohnung über die Gestaltung des Tagesablaufs?

Die aktuelle Notsituation ist immer in Relation zur Lebenslage zu sehen, in der sich der Patient „normalerweise" befindet. Jetzt soll eine momentane Dekompensation bewältigt werden um das Leben später in der gewohnten Art weiterführen zu können.

Fragestellungen zu „destruktive Muster"

Selbstschädigende Muster:
▶ Suizidgedanken, -absichten und -handlungen, Selbstverletzungen?
▶ Starker Suchtmittelkonsum?
Aggressiv-destruktive Muster in Familien:
▶ Einschüchterndes Familienmitglied?
▶ Betont brave, freudlos wirkende Kinder?
Destruktive Gewohnheit. Es ist wichtig abzuschätzen, wie sehr bereits destruktive Gewohnheiten bestehen, die auch nach der Notfallintervention wieder wirksam werden können, so dass die spätere Hilfe-Strategie Destruktives eingrenzen muss.

Fragestellungen zu „Belastungen und Ressourcen"

Fragestellungen zu Belastungen:
▶ Ist in der letzten Zeit etwas geschehen, das Ihnen schwer zu schaffen gemacht hat?
▶ Bezugspersonen: Wie versteht sich der Patient mit ihnen?
▶ Soziale Sorgen (Arbeit, Schulden, Gerichtsverfahren, Wohnung, Emigration)?
Fragestellungen zu Ressourcen:
▶ Was hat der Patient bisher unternommen, um sich selbst zu helfen?
▶ Bestanden schon früher ähnliche Probleme? Was hat damals geholfen?
▶ Zu wem besteht Vertrauen? Wer hat bisher in der Not geholfen?
▶ Wann ist es zum letzten Mal gut gegangen? Was hat damals gut getan?
▶ Wie ist die Belastbarkeit der Angehörigen? Kann man sie für Hilfe beiziehen?
▶ Was tut der Patient gerne allein, was mit anderen? Was entspannt ihn?
Belastbarkeit. Könnte der Patient jetzt schon auf eigene und fremde Kräfte zurückgreifen – oder müsste Sachhilfe geleistet werden?

■ Zukunft:
Befürchtungen, Hoffnungen?

Fragestellungen zu Befürchtungen:
▶ Menschen mit ähnlichen Schwierigkeiten: Wie gut kennt sie der Patient?
▶ Was ist die schlimmste Befürchtung bezüglich der nächsten 24 Stunden?
▶ Letzter Klinikaufenthalt: Welche Erfahrung hat der Patient gemacht?
Die versteckten Hoffnungen. Nachdem ein bisheriger Lösungsweg nichts brachte, wurde vermieden, einen anderen Weg zu beschreiten. Dieser bisher vermiedene Lösungsschritt, meist getarnt durch eine Krankheitssymptomatik, ist die „versteckte Hoffnung", auf die die Intervention Bezug nimmt.

■ Kooperation mit Notfallhelfer?

Beobachtungsempfehlungen:
▶ Gibt es eine psychisch belastbare, kooperationsbereite Bezugsperson?
▶ Wird diese von den anderen wichtigen Personen akzeptiert?
▶ Wird die Notfallhilfe vom Patienten und seinen Bezugspersonen akzeptiert**?**
Kooperation braucht Kraft und Kompetenz. Notfälle sind nicht nur Ausdruck eines individuellen Geschehens, sondern mindestens so stark Zeichen eines (teilweisen) Zusammenbruchs der Belastbarkeit des engsten Beziehungskreises eines Patienten.

> Die Veränderbarkeit durch die Intervention ist ein zentrales Beobachtungskriterium.

6. Schritt: Beurteilung und Hilfestrategie

Ziel ist, aufgrund der kurzen miterlebten Interaktion mit den Hilfesuchenden und ihren Angehörigen, sowie anhand der gewonnenen Informationen eine vorläufige Risikobeurteilung vorzunehmen, um daraus die Hilfestrategie für den weiteren Notfalleinsatz abzuleiten.

■ Erstes Beurteilungskriterium: Psychisch-körperliche Gefährdung

Aktuelle Gefährdung. Während des Notfalleinsatzes müssen lebensgefährliche somatische Komplikationen (z. B. bei Intoxikation, bei Delir, bei Angstsyndrom im Rahmen eines kardialen Ereignisses usw.) bzw. selbstgefährliche oder fremdgefährliche Impulse erkannt werden (Tab. 1.**26**). Je nachdem ist eine Klinikeinweisung vorzunehmen.

Tabelle 1.**26**   Psychiatrische Symptome mit notfallpsychiatrischer Relevanz.

Psychische Funktion	Psychopathologische Veränderung
Bewusstseinsstörung	wach – schläfrig/berauscht – schwer weckbar – unweckbar/komatös – wechselnde Bewusstseinslage (wichtig bei Delir)
Orientierung und Merkfähigkeit	voll orientiert – zeitlich desorientiert – zeitlich und örtlich desorientiert – zusätzlich auch desorientiert in Bezug auf die eigene Person
Psychomotorische Aktivität	bewegungsstarr – apathisch – ruhig – unruhig – erregt
Realitätsbezug	realitätsbezogen – verkennend – wahnhaft – halluzinierend

Wenn der Patient bezüglich dieser Symptome auffällig ist und einer Beeinflussung durch eine Intervention kaum mehr zugänglich erscheint, z. B. kaum bremsbar erregt oder verwirrt, wahnhaft, oder berauscht ist, dann liegt wahrscheinlich eine psychoseverdächtige Störung oder eine Störung des Bewusstseinszustandes am ehesten durch Alkohol- oder Drogenkonsum bis eventuell hin zur Intoxikation vor. Es kann jedoch auch ein hirnorganisches Leiden vorliegen! In solchen Fällen ist sofort eine Klinikeinweisung zu organisieren!
Dokumentation. Für die nachbehandelnden Personen ist die Beschreibung des medizinisch-psychosozialen Zustandsbildes, des Interventionsverlaufs und der Art der Gefährdung wichtiger als eine psychiatrische Verdachtsdiagnose:

> Falls kein schwerer, akuter Zustand bezüglich obiger Symptome vorliegt,
> ist weniger der Befund *zu Beginn* der Intervention entscheidend,
> als die Beeinflussbarkeit der Störung *während* der Intervention!

■ Zweites Beurteilungskriterium: Psychosoziale Gefährdung

Verschiedene Stadien der **Kommunikationsstörung** können unterschieden werden:
1. Nicht nur gesprächsfähig, sondern auch vertragsfähig und vertragsbereit
2. Gesprächsfähig und außerhalb akuter Belastung verlässlich
3. Nur in geschütztem Rahmen gesprächsfähig, kaum fähig zu verlässlicher Vereinbarung
4. Nur noch handlungsfähig und einfach reaktionsfähig
5. Nicht mehr kommunikationsfähig

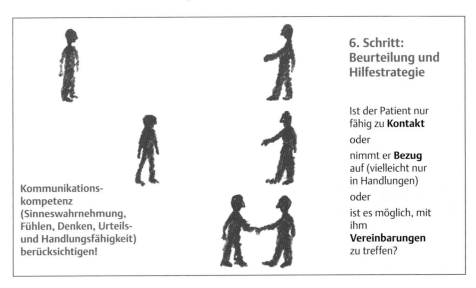

6. Schritt: Beurteilung und Hilfestrategie

Ist der Patient nur fähig zu **Kontakt**

oder

nimmt er **Bezug** auf (vielleicht nur in Handlungen)

oder

ist es möglich, mit ihm **Vereinbarungen** zu treffen?

Kommunikationskompetenz (Sinneswahrnehmung, Fühlen, Denken, Urteils- und Handlungsfähigkeit) berücksichtigen!

Die individuelle Störung im sozialen Kontext. Beachtung verdient nicht nur die individuelle Situation des Patienten, sondern ebenso die Belastbarkeit und Kooperationsbereitschaft seines Umfeldes, auf die bei ambulanter Weiterbetreuung abgestellt werden muss. Die Belastbarkeit und die Kooperation mit dem Notfallhelfer ist in Beziehung zu setzen zum Ausmaß der psychosozialen Gefährdung (Tab. 1.27). Bei der vorläufigen Beurteilung sich einzig auf die psychopathologische Störung des Patienten zu beziehen. verkennt die Bedeutung des sozialen Netzes bei psychischem Gleichgewichtsverlust. Am wichtigsten ist auch hier die Beurteilung der Gefährdung.

> Wenn es bei Selbst- oder Fremdgefährdung *nicht* zu einer übereinstimmenden Gefahreneinschätzung der Anwesenden kommt,
> besteht eine zusätzliche Gefahr, weil die konstruktive Zusammenarbeit im Bezugssystem des Patienten nicht mehr gewährleistet ist.

Tabelle 1.27   Beziehung zwischen Ausmaß der Gefährdung und der Hilfestrategie.

| **Psychisch-körperliche** Gefährdung | + | **psycho-soziale** Gefährdung / **Kooperation** von Patient + Umfeld | → | **Hilfestrategie:** Art und Ausmaß der einzuleitenden Hilfestellung |

▪ Schlussfolgerung: Hilfestrategie

Zuerst die Zwischenbeurteilung. Ein allfälliger Verdacht auf eine abklärungsbedürftige oder zu behandelnde körperliche oder psychische Störung wird festgehalten. Die Belastbarkeit und Kooperationsbereitschaft des Umfeldes vom Patienten wird abgeschätzt.

Dann der Entscheid für eine Hilfestrategie. Anhand der Zwischenbeurteilung wird entschieden, wie eingreifend die anschließend zu leistende Hilfe sein muss, um weiteren Schaden zu verhindern und wie viel Spielraum vorhanden ist, um einen ersten ambulanten Schritt in Richtung einer konstruktiven Entwicklung zu wagen (Tab. 1.**28**).

Tabelle 1.**28**   Die Stufen zunehmender Störung psychosozialer Funktionen und Hilfestrategie.

Stufe	Psychosoziale Funktionen	→	Hilfestrategie
A Labil	Die psychosozialen Funktionen sind **grundsätzlich intakt**, jedoch in **labilem** Gleichgewicht. Vereinbarungen mit dem Patienten sind in der Regel zuverlässig.	→	**Ambulante Hilfe mit Termin nach Vereinbarung.** Lösungs- und ressourcenorientierte Haltung. Arbeit im Hier und Jetzt. Keine Zusatzbelastung. Vereinbarungen werden direkt mit dem Patienten getroffen.
B Beeinträchtigt	Der Patient ist zusätzlich in einem umschriebenen Lebensgebiet **erkennbar beeinträchtigt**, weshalb länger dauernde Vereinbarungen nur bedingt realistisch sind.	→	**Ambulante Intervention innerhalb von 24 Stunden.** Der Patient braucht zusätzlichen Halt: Schutz, Entlastung, Tagesstruktur, Medikamente. Verlässliche Dritte werden einbezogen.
C Zeitweise knapp kontrolliert	Der Zustand **wirkt widersprüchlich**: Der Patient kann sich kurzzeitig gegenüber Autoritätspersonen beherrschen und Problemverhalten überspielen. Er ist jedoch nicht mehr in der Lage, wichtige Abmachungen einzuhalten.	→	**Aufsuchende Hilfe,** Einleitung einer intensiveren Betreuung. Die Angaben der Angehörigen sind besonders ernst zu nehmen. Mit ihnen werden Vereinbarungen getroffen, über die der Patient informiert wird.
D Krank	Der Zustand **löst erhebliche Sorge aus**; die Angehörigen sind mit der Betreuung überfordert. Der Patient nimmt Kontakt auf, kann sich jedoch nicht mehr „zusammennehmen". Bezüglich einfacher Routineverrichtungen ist er noch handlungsfähig.	→	Eine **Fremdunterbringung auf offener Behandlungseinrichtung** (z. B. Kriseninterventionsstation) ist angezeigt. Zur vorläufigen Beurteilung ist man auf Angaben von Drittpersonen angewiesen. Über Handlungsbezüge kann noch Kontakt zum Patienten aufgenommen werden.
E Schwer krank	Der soziale Kontakt ist unterbrochen; die Angehörigen sind in Angst oder Verzweiflung. Die Patienten sind **psychopathologisch sehr auffällig und schwer leidend**.	→	Es besteht sofortiger Handlungsbedarf: dauernde Überwachung, **per Ambulanz Unterbringung auf einer geschlossenen Klinikabteilung**, notfalls durchgesetzt mit rechtlichen Mitteln.

Ambulante Probeintervention. Erst wenn keine unmittelbare Gefährdung vorliegt, wird probeweise während des Notfalleinsatzes ein erster Schrittes in Richtung einer lösungsorientierten Veränderung eingeleitet.

Eine kurzzeitige Unterbringung kann bei Verwandten, Freunden, Nachbarn, oder in einer geschützten nichtpsychiatrischen Institution geschehen: Frauenhaus usw.

Eine stationäre Krisenintervention erfolgt in einem somatischen Krankenhaus, in einer psychiatrischen Klinik, jedoch auch in einer spezialisierten Kriseninterventionsstation.

Die Notwendigkeit einer Klinikeinweisung ergibt sich nicht nur aus der medizinischen Behandlungsbedürftigkeit, sondern aus dem Missverhältnis der notwendigen Betreuung einerseits und der aktuellen Belastbarkeit der Umgebung des Kranken andererseits. Angehörige können wegen der Belastung durch ein seelisch leidendes Familienmitglied ihrerseits krank werden. Man beachte auch die Gefahr psychischer Traumatisierung von Kindern durch psychisch schwer kranke Eltern. Die Einweisung in ein somatisches Krankenhaus kann auch bei psychosozial heiklen Notfällen sinnvoll sein: z. B. Verdacht auf sexuellen Missbrauch.

Stets einen Plan B vorsehen. Falls die vorgesehene Strategie (Plan A) nicht weiterführt, ist stets auch eine Alternative (Plan B) vorzusehen.

Maßnahmephase

7. Schritt: Notfallkonferenz

Ziel ist, gesprächsfähige Patienten und deren Angehörige am weiteren Interventionsprozess zu beteiligen, nachdem im vorangegangenen Interventionsschritt der Notfallhelfer die strategische Entscheidung getroffen hat. Nun wird versucht, den Akzent des Denkens entschlossen vom Scheitern auf den „Sinn der Krise" sowie auf die Lösung von Problemen zu verschieben. Die Maßnahmen sollen sofort realisierbar, wirksam, verhältnismäßig und für urteilsfähige Betroffene einsichtig sein. Damit kann ein Modell für die weitere Krisenbewältigung entstehen. Prioritäten, Zuständigkeiten und die verwendeten Mittel werden konkret durchgesprochen.

◼ Gemeinsame Problemdefinition: Der Fokus der Intervention

Motto: Alle Hilfsmittel und konstruktiven Kräfte sollen einbezogen werden.

7. Schritt: Notfallkonferenz

Vor Ort werden alle **unterstützenden, kommunikationsfähigen Personen** in den Interventionsplan einbezogen:

Sie erhalten eine Rolle zugewiesen.

Vereinbarungen nur mit kommunikationsfähigen Personen treffen!

Zum Patienten kann der Therapeut sagen:
> ☺ *„Sie sind in eine akute Krise geraten. Zum Glück haben Sie Hilfe gerufen. Nun ist es ist notwendig, dass alle Möglichkeiten genutzt werden, die heute zu einer Entlastung der Lage führen können. Es ist jetzt Ihre Aufgabe, Ihre Ideen und verbliebenen Kräfte ganz auf die Genesung auszurichten. Dazu gehören auch Personen, die für Sie jetzt unterstützend sein können. Alles Übrige ist heute zweitrangig!"*

Unterstützende Personen werden zum gemeinsamen Gespräch eingeladen:

▶ **Gesprächsfähige Patienten** sollen möglichst selbst den wichtigsten *und* vertrautesten Angehörigen/Freund mobilisieren. Dieser Interventionsschritt führt vielfach zu einer wichtigen Veränderung, da die Energie, mit einem dramatischen Symptom zu alarmieren, jetzt dazu verwendet werden kann, nahe Bezugspersonen zu motivieren, die Ernsthaftigkeit der seelischen Not zu erkennen und sich unmittelbar zu engagieren. Damit machen viele Patienten einen Schritt, vor dem sie sich vorher geschämt haben. Sie müssen ihre Not in Worte fassen, zu ihrer Schwäche stehen und Hilfe beanspruchen. Indem gesprächsfähige Patienten (und ihre Angehörigen) die Chance haben, Mitautoren der Veränderung zu werden, wird ihr Selbstgefühl gestärkt und sie werden nicht in eine neue Hilflosigkeit entlassen (in die Ohnmacht der gut verwalteten Patienten). Die Helfer machen mit dieser Intervention den Patienten und ihren Angehörigen klar, dass entscheidende Hilfe vom persönlichen Umkreis der Patienten kommen kann.

▶ **Nicht gesprächsfähige Patienten.** Hier sollen in erster Linie die Angehörigen und die bisherigen Betreuer aktiv werden und erst in Ergänzung dazu die Nothelfer. Betrunkene, störende oder nicht realitätsbezogene Personen werden in einem andern Raum zurückgelassen. Beispiel:

☺ *„Ich möchte Frau X und Herrn Y bitten, mit mir in einen Nebenraum zu kommen, damit wir das weitere Vorgehen gemeinsam besprechen können. Ich bitte Herrn Z, sich während dieser Zeit um den Patienten zu kümmern. Falls dringend nötig, bitte ich sie, beim Nebenraum anzuklopfen. Es wird sich umgehend jemand um das Problem kümmern. Ich danke Ihnen."*

Information analog zur Begrüßungsintervention. Damit führt sich der Notfallhelfer auch gegenüber neu zugezogenen Personen als Gesprächsleiter ein.

Der Notfallhelfer orientiert die Anwesenden im Sinne einer kurzen Rückschau, einer Standortbestimmung und eines kurzen Ausblicks: Er erläutert seine Sicht der Entwicklung zum Notfall, die Veränderungen während der Intervention, seine vorläufige Beurteilung der aktuellen Lage, den Brennpunkt (Fokus) der Intervention, die Art der notwendigen Hilfe (ambulante/stationäre Krisenintervention/Klinikeinweisung).

Der Notfallhelfer überprüft nun den Grad der Übereinstimmung:

▶ **Falls jemand nicht einverstanden ist** mit der Beurteilung und insbesondere mit der Art der vorgesehenen Hilfe, fragt der Notfallhelfer nach der abweichenden Vorstellung des Betreffenden und danach, ob die betreffende Person demnach bereit wäre, die weitere Verantwortung für die Betreuung des Patienten für die nächsten Tage (voraussichtliche Dauer der Krise) zu tragen, da der Notfallhelfer nur gerade für die Dauer des Notfalleinsatzes zuständig ist.

▶ **Falls sich keine Einigung erzielen lässt,** sondern sich die Fronten versteifen, empfiehlt es sich

– bei unmittelbarer Gefahr für den Patienten sofort eine Amtsperson mit Verfügungsgewalt hinzuzuziehen und dieser den Entscheid zu überlassen;

– falls keine unmittelbare Gefahr für den Patienten droht, das Gespräch mit dem Ausdruck des Bedauerns abzuschließen und sich unverrichteter Dinge zurückziehen, mit den Worten (z.B. zu einem Angehörigen, der sich gegen einen Klinikeintritt stellt):

☺ *„Ich sehe, dass wir hier beide unterschiedlicher Meinung bleiben. Sie sind für den Patienten die wichtige Person, er stellt auf Ihre Meinung ab. Sie brauchen sich nicht zu scheuen, mich wieder anzurufen, falls Sie auf mein Hilfsangebot zurückkommen möchten."*

Meist entsteht schnell eine Einigung. Unter der Voraussetzung, dass die Gesprächsteilnehmer kommunikationsfähig, vertragsfähig und vertragsbereit sind, kann man damit rechnen, dass es bei taktvollem und entschiedenem Vorgehen des Helfers zu einer schnellen Einigung kommt.

▪ Entlastende Veränderung planen

Konkret, realistisch und zeitlich auf 24 Stunden befristet. Die professionellen Helfer sind die Hüter der Realisierbarkeit. Falls Zweifel aufkommen, ist es manchmal notwendig, den Advocatus Diaboli zu spielen. Angehörige atmen erleichtert auf, wenn ihnen gestattet wird, sich deutlich zu den eigenen Grenzen der Belastbarkeit zu bekennen. Es ist wichtig, darauf zu achten, dass konkret formuliert und realistisch geplant wird: Was tun? Wer? Wie? Wozu? Bis wann?

Die Intervention im Notfall setzt bei äußeren Bedingungen an. Natürlich haben diese automatisch auch innere Konsequenzen.

Selbsthilfepotenzial ansprechen. Falls die Beteiligten tatsächlich gesprächs- und vereinbarungsfähig sind, ist es wichtig, den Patienten und ihrem Umfeld wenn irgend möglich nicht einfach Hilfe zu verordnen, sondern ihr Wissen und ihre Kompetenz anzusprechen, um sie den ersten kleinen Schritt in Richtung eines Auswegs aus der Sackgasse definieren zu lassen. Damit sind die Patienten und je nach dem auch ihre Angehörigen Mitautoren der Veränderung.

> In der Notfallkonferenz werden alle Kräfte zusammengeführt,
> um eine lösbare Aufgabe zu definieren.

8. Schritt: Ambulante Maßnahmen

Ziel ist, gemeinsam mit den Beteiligten den notwendigen Schutz, die erforderliche Entlastung unter Benützung der bestehenden Ressourcen umzusetzen und ein neues Beziehungsnetz zu schaffen. Eventuell werden Medikamente eingesetzt.

▪ Ambulante Probeintervention

Sofortige Entlastung. In erster Linie ist die Wiederherstellung einer stabilen psychophysischen Grundbefindlichkeit anzustreben: Zu beachten sind dabei: Tag-Nacht-Rhythmus, adäquate Reizmenge (Ruhe oder Grundaktivität), genügend essen und trinken, Zuzug von vertrauten Personen und Abstand von Konfliktpersonen, augenblickliche Entlastung von realem Druck durch Sachhilfe und eingreifende Maßnahmen. Alles Nötige und Machbare sofort veranlassen entsprechend der gemeinsam geplanten Veränderung im vorangegangenen Interventionsschritt. Beachten: Je konkreter desto besser. Und: Small is beautiful!

Selbsthilfeaktivitäten. In erster Linie soll auf Selbsthilfemöglichkeiten zurückgegriffen werden, u. a. um die Helfer vor übermäßiger Beanspruchung zu schützen:

▸ **Was die Patienten jetzt wieder selbst tun können:** z. B. die Wohnung aufräumen. Die Einnahme einer warmen Mahlzeit und genügend Flüssigkeit. Sich zum Schlafen bereitmachen.

▸ **Was die Angehörigen tun können:** z. B. kann ein Freund in derselben Wohnung übernachten. Begleitung auf einem Spaziergang.

Die Tagesstruktur bis zur nächsten Konsultation bei einem professionellen Helfer sollte konkret durchgesprochen werden. Wann Mahlzeiten? Mit wem? Wann welche Tätigkeiten (z. B. Hausarbeiten)? Mit dem Einleiten einer Tagesplanung wird die gedanklich eingeengte Perspektive verlassen, ohne dass dies ausdrücklich vermerkt werden muss. Handlungsstrukturen ermöglichen eine Orientierung auf das Naheliegende. Sie lenken auf konstruktive Weise vom Gedankenkreisen ab, grenzen damit Verzweiflung, Verwirrung, Gefühlslabilität und Panik ein.

Die Nachbetreuung soll innerhalb von 24 Stunden einsetzen. Sobald eine Nachbetreuung vom Notfallhelfer an eine andere Person delegiert wird, kann zu Beginn der Nachbetreuung ein Kontakt unter den Helfern notwendig sein. Dies sollte den Patienten angekündigt werden. Damit wird ausgedrückt, dass die Notfallsituation über den Augenblick hinaus ernst genommen wird. Zugleich wird damit bestätigt, dass der Notfalleinsatz demnächst beendet ist und eine neue Behandlungsphase mit neuen Rahmenbedingungen beginnt, die begonnene Veränderungsbewegung jedoch kontinuierlich weitergeführt werden kann.

Alarm-System. Eine Person bestimmen, die auch mitten in der Nacht angerufen werden kann. Alle Beteiligten instruieren über:
► die Zeichen erneuter seelischer Dekompensation,
► die Selbsthilfemöglichkeiten,
► die Möglichkeiten der Fremd-Hilfe (Drittpersonen inkl. professionelle Helfer).

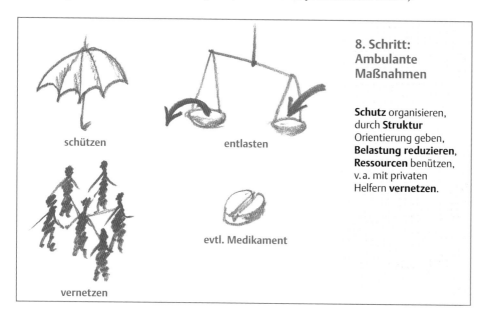

8. Schritt: Ambulante Maßnahmen

schützen — entlasten — evtl. Medikament — vernetzen

Schutz organisieren, durch **Struktur** Orientierung geben, **Belastung reduzieren**, **Ressourcen** benützen, v. a. mit privaten Helfern **vernetzen**.

■ Medikamentöse Notfalltherapie

Grundsätze der medikamentösen Therapie → Seite 91 ff, Details → einzelne Kapitel von Teil 2 (jeweils bei Maßnahmephase).

9. Schritt: Evaluation – Klinikeinweisung?

Ziel: Die ambulante Hilfe im Rahmen des Notfalleinsatzes ist ein Experiment im Sinne einer umschriebenen Probeintervention, die evaluiert wird. Falls trotz kompetenter Notfallintervention Selbst- und Fremdgefährdung bestehen bleiben, müssen teilstationäre oder stationäre Maßnahmen eingeleitet werden.

Behandlungsbündnis abschließen. Den Patienten das ausdrückliche Versprechen abnehmen, nichts zu unternehmen, was die aktuelle Problematik erneut verschlimmern könnte (z. B. Selbstgefährdung oder Aggressivität); deshalb absolutes Alkoholverbot, keine unverordneten Medikamente (eventuell von Gewährspersonen beschlagnahmen lassen), keine durchwachten Nächte, keine Kontaktaufnahme mit einem zerstrittenen Partner usw.! Das Versprechen bis zum nächsten Konsultationstermin befristen.

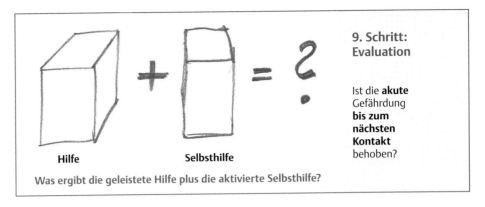

9. Schritt: Evaluation

Ist die **akute** Gefährdung **bis zum nächsten Kontakt** behoben?

Hilfe   Selbsthilfe

Was ergibt die geleistete Hilfe plus die aktivierte Selbsthilfe?

Verbindliche Vereinbarungen sollen dazu beitragen, dass die Patienten „vertragsbereit" werden als Voraussetzung für eine anschließende ambulante Betreuung. Damit Vereinbarungen verbindlich sind, müssen sie realistisch sein. Deshalb sind die abgegebenen Versprechen zeitlich klar zu befristen. Ein Klima der Verbindlichkeit entsteht, wenn die Helfer durch Engagement ihr Interesse am Wohlergehen der Patienten dokumentieren *und* zugleich klarmachen, dass sie dabei auf eine minimale Mitarbeit der Betroffenen angewiesen sind. Die Betonung der Verbindlichkeit stellt in der Kommunikation zwischen Helfer und Patient Spielregeln auf, an die sich beide Seiten halten. Damit zeigt der Helfer, dass er Konsequenzen ziehen wird, wenn wichtige Vereinbarungen nicht eingehalten werden. Es ist sinnvoll, grundsätzlich guten Willen anzunehmen. Eine nicht eingehaltene Abmachung bedeutet momentanes Unvermögen, was weitergehendere Schutzmaßnahmen bis hin zur Klinikeinweisung zur Folge haben wird.

Evaluation: Besteht keine akute Gefahr mehr? Die Wirkung der Intervention wird nach Abschluss des Behandlungsbündnisses überprüft. Dabei werden nicht nur äußere Veränderungen, sondern auch die Gefühlslage des Patienten und seiner Bezugspersonen beurteilt. Häufig ist die Veränderbarkeit eines vorgefundenen Zustandsbildes aussagekräftiger hinsichtlich des Schweregrades einer Störung als das Zustandsbild bei Beginn der Intervention.

Interventionsdauer eingrenzen. Die Abklärungszeit weiter zu verlängern, empfiehlt sich nicht. Die Kräfte der Beteiligten erschöpfen sich sonst, was zu Fehlbeurteilungen führen kann und die Helfer ausbrennen lässt.

Es ist Aufgabe des Patienten, den Notfallhelfer davon zu überzeugen, dass keine akute Gefährdung mehr besteht. Diese Überzeugung muss der Notfallhelfer spüren, so dass er sich nach dem Notfall innerlich vom Einsatz ablösen und gut schlafen kann.

> Der Notfallhelfer muss am Schluss der Intervention auch *spüren*,
> dass bis zur nächsten Konsultation keine akute Gefahr mehr besteht.

Es ist eine ausgesprochene Ausnahme, wenn nach einer gemäß Schritt 6 indizierten, sorgfältig durchgeführten ambulanten Probeintervention doch noch eine Zwangsmaßnahme getroffen werden muss.

Einweisung in eine psychiatrische Behandlungseinrichtung? Falls diese notwendig ist, so schreite man unverzüglich zur Tat. → Seite 94.

Phase Nachbetreuung und Übergang zu Krisenintervention

Ziel: Nach dem Notfalleinsatz ist eine Normalisierung der therapeutischen Rahmenbedingungen anzustreben, damit kein „chronischer Notfall" entsteht. Dieser wichtige Übergang bietet Gelegenheit für einen weiteren Evaluationsschritt und für ausdrücklichen Abschied.

Die Nachbetreuung wird häufig an andere Personen delegiert, die nun im Setting einer Krisenintervention weiter wirken können.

▪ Abschied

Ein Abschlusskontakt am nächsten Tag entspricht der Verbindlichkeit des Notfalleinsatzes, drückt dadurch Ernstnehmen aus, ermöglicht eine Erfolgskontrolle, markiert das Ende des Engagements und würdigt den existenziellen Moment, in welchem Menschen in schwerer Seelennot waren. Damit haben die Helfer die Gelegenheit, sich zusammen mit den Patienten an der meist verbesserten oder mindestens entspannteren Situation zu freuen und deren Dankbarkeit entgegenzunehmen. Nach einer manchmal aufwühlenden Begegnung können sich sowohl die Helfer wie die Patienten nicht nur offiziell verabschieden, sondern sich auch innerlich wieder ablösen.

Gesprächsfähige Patienten sollen innerhalb von spätestens 24 Stunden telefonieren. Der Notfallhelfer erkundigt sich: „Wie hat sich Ihr Befinden geändert? Was haben Sie dafür unternommen? Was hat dies gebracht? Wann haben Sie bei der nachbetreuenden Stelle den nächsten Termin? Was gedenken Sie bis dahin zu tun?"

Falls eine Fremdunterbringung notwendig war, sollte sich der Notfallhelfer nach ca. einem Tag auf der Station telefonisch melden. Häufig kann es vorkommen, dass inzwischen eine andere Betreuerequipe tätig wurde, die (noch) nicht im Besitz der wichtigen Informationen im Zusammenhang mit der Einweisungssituation ist.

Angehörige nicht vergessen! Ein vorher angekündigter Kontakt zu Angehörigen kann ebenfalls sinnvoll sein, insbesondere wenn Kinder mitbetroffen sind!

Nachgespräch:

Nach einem dramatischen Notfalleinsatz kann das Nachgespräch **mit Angehörigen** sehr hilfreich sein.

▪ Nachbetreuung

Die Nachbetreuung durch den Notfallhelfer kann sehr sinnvoll sein. In der Notfallsituation brechen verkrustete Seelen- und Sozialstrukturen auf, so dass es zu Klärung, Neuorientierung und konstruktiver Entwicklung kommen kann. Leider sind die wenigsten Helfer zu einer Nachbetreuung organisatorisch in der Lage. Dadurch wird in der psychosozialen Nothilfe eine Chance vergeben. Der Erfolg eines im Notfall und unmittelbar daran zu leistenden Hilfeeinsatzes wird durch weitergeführte Betreuung durch konstante Bezugspersonen verfestigt. Leider entstehen durch häufig kaum zu vermeidende Betreuerwechsel unnötige Hin- und Her-Überweisungen, Doppelspurigkeiten und Betreuungsabbrüche – die später zu unnötigen Klinikaufenthalten führen.

> Viele Patienten befinden sich nach einem Notfall immer noch in einer labilen psychosozialen Verfassung. Nachbetreuung geht somit häufig in Krisenintervention über.

■ Übergang zu Krisenintervention

Aufgabe des Therapeuten bei der Krisenintervention ist nicht die Heilung des Grundleidens, sondern die Unterstützung zur Bewältigung der anstehenden Lebensaufgaben ohne erneute Gefährdung des psychischen Gleichgewichts, so dass nach Abschluss der Intervention der Patient – gegenüber dem Zeitraum vor der Krise – ohne zusätzliche professionelle Hilfe auskommt.

Zielsetzung der Krisenintervention. Während es das kurzfristige Ziel der Krisenintervention ist, den Patienten psychosozial zu stabilisieren, wird mittelfristig angestrebt, die Selbsthilfekräfte zu fördern, soziale Ressourcen zu erschließen und mit neuen Bewältigungstechniken zu experimentieren. Das längerfristige Ziel einer Krisenintervention – schließlich erfüllt in der Kurztherapie – besteht in der Entwicklung neuer Wege und Mittel der Lebensbewältigung, so dass eine erneute akute Dekompensation unwahrscheinlich wird. Das Therapieziel wird auf Krisenbewältigung eingegrenzt: Es werden realistische Zeithorizonte definiert, um die ersten Veränderungsschritte einleiten zu können. Notfälle und Krisen können wichtige Entwicklungsanreize für eine langfristig konstruktive Lebensentwicklung geben.

Rolle des Therapeuten und des Patienten in der Krisenintervention. Während der Therapeut im Rahmen der Notfallintervention eher die Rolle des Worst-case-Managers erfüllt, kann in der Krisenintervention eine auf Zusammenarbeit mit dem Patienten gegründete therapeutische Arbeit geleistet werden. Die Verantwortlichkeiten von Patient und Therapeut werden

Krisenintervention

setzt einen vertragsfähigen Patienten voraus. Das **Setting** wird flexibel auf die **aktuelle Belastbarkeit des Patienten** abgestimmt.

konkret umschrieben. Nach wie vor ist eine eher engagierte therapeutische Haltung sinnvoll. Diese soll – ähnlich wie in der Notfallintervention – unmittelbare Entlastung bringen. Angesichts der nach wie vor angespannten Kräfte und strapazierten Ressourcen ist eine besonders sorgfältige und reflektierte Interventionsweise notwendig, um Zusatzbelastungen zu vermeiden, ohne regressives Verhalten zu fördern.

Therapeutische Methode in der Krisenintervention:

▶ **Im Unterschied zur Notfallintervention** besteht kein unmittelbarer Entscheidungsdruck mehr, weshalb sich ein bestimmter drehbuchartiger zeitlicher Ablauf erübrigt. Zudem kann von Kooperationsfähigkeit und -bereitschaft ausgegangen werden.

▶ **Im Unterschied zu einer Psychotherapie in regulärem Setting** muss das Setting jederzeit auf die eingeschränkte Belastbarkeit des Patienten abgestimmt werden können.

Fokussierung und Unterstützung: Die Methoden der Krisenintervention folgen den Prinzipien fokussierter und lösungsorientierter therapeutischer Arbeit (Tab. 1.**29**):

– Das aktuelle Problem, die wichtigsten seelischen und sozialen Belastungsgrößen und die bisherige Art der Problembewältigung mit angemessenen (bewährten) und unangemessenen (problemverschärfenden) Bewältigungsmustern werden in taktvoller, gut verstehbarer Weise benannt. Davon werden therapeutische Überlegungen (Behandlungsstrategie, Medikation) abgeleitet.

– Wirklichkeitsnahe, aufs Hier und Jetzt bezogene (sog. angemessene) Kognitionen werden gefördert.

– Der Therapeut anerkennt die Bewältigungsleistungen des Patienten und unterstützt konstruktive Ansätze ausdrücklich.

(→ psychotherapeutische Interventionsvorschläge in Kap. 2.3 Seite 128 ff)

Tabelle 1.**29**   Richtlinien mit Leitfragen zur Krisenintervention.

Aktuelles Problem konkret umschreiben und verstehen:
▶ Wichtigste psychische und soziale Belastungsgrößen (Krisen-Anlass, Hintergrundbelastung)?
▶ Psychiatrische Beurteilung?
▶ Problem- und Lösungsdynamik (was trägt zu Verschlimmerung, was zu Verbesserung bei)?
▶ Ausdrückliches Anliegen des Patienten? Angebot des Therapeuten?

Therapieziel auf Krisenbewältigung eingrenzen:
▶ Was kann bis wann verändert werden?
▶ Was ist der erste kleine Schritt in diese Richtung?
▶ Erfolgs- und Misserfolgskriterien?
▶ Behandlungsalternativen?

Setting pragmatisch festlegen:
▶ Was ist Thema der Krisenintervention?
▶ Wie viele Konsultationen sind dieser Fragestellung angemessen?
▶ Selbstverantwortung des Patienten? Rolle der Angehörigen, (wie) sollen sie einbezogen werden?

Realitätsbezogene, ressourcen- und lösungsorientierte Haltung einnehmen:
▶ Fördere ich wirklichkeitsnahe, aufs Hier und Jetzt bezogene Wahrnehmungen?
▶ Setze ich bei Entwertung und Gefährdung Grenzen?
▶ Unterstütze ich den Patienten dabei, die Belastungen zu vermindern?
▶ Anerkenne ich die konstruktiven Bemühungen des Patienten?
▶ Beziehe ich die bedeutungsvollen Angehörigen usw. angemessen in die Intervention ein?
▶ Ermuntere ich dazu, neue Lebensbewältigungsmöglichkeiten zu erproben?
▶ Gibt es eine Möglichkeit, mit Medikamenten vorübergehend zu unterstützen?
▶ Habe ich mögliche Rückschläge und deren Bewältigung vorbesprochen?

Veränderung evaluieren:
▶ Evaluiere ich den Behandlungserfolg fortlaufend – gemeinsam mit dem Patienten?
▶ Gebe ich dem Patienten zu erkennen, welchen Beitrag er als Autor der Veränderung leistet?
▶ Übertrage ich dem Patienten entsprechend seiner Fortschritte mehr Verantwortung?

Wie geht der Weg weiter? Nach einer Notfallsituation, die eine ungelöste Problematik offen gelegt hat, kann eine Therapie über verschiedene Stadien bis zu einer Neuorientierung im Leben führen (Tab. 1.30).

Tabelle 1.30   Stadien der Psychotherapie (schematisch).

Therapiestadium	Therapieziel	Wichtigste Interventionen
Notfallintervention	Gefährdung beheben Ressourcen bewahren Perspektiven erweitern Mit Helfernetz verknüpfen	Schützen Entlasten Stützen Lösungsorientierte Ansätze einführen Kultur von Respekt und Verbindlichkeit
Nachbetreuung entspricht Krisenintervention	Dekompensation verstehen Psychisch stabilisieren Rückfälle bewältigen Sozial vernetzen	Belastungsgrenzen erkennen Kritische Belastungen identifizieren Wichtige Teufelskreise kennen Bestehende Ressourcen nutzen Psychosoziale Kompetenz fördern
Kurztherapie	Typische Problematik verstehen Psychischen Spielraum erweitern Eigenständige Problemlösung Beziehungsgestaltung	Selbstwahrnehmung entwickeln Emotionen und Kognitionen benennen Psychologische Abläufe verstehen Selbstbild differenzieren Problemlösungskompetenz erweitern Konstruktive Beziehungen pflegen
Langzeittherapie	Strategische Um- bzw. Neuorientierung der Lebensführung (vor allem bei psychischen Störungen, die sich wegen einer dysfunktionalen Lebenshaltung in vielen Lebensbereichen abzuzeichnen begannen)	Arbeit an Sinnfindung, Wertgebung, angestrebter Rollenerfüllung, Lebens-Zielsetzung

Ein Beispiel: Bei einer Psychotherapeutin meldet sich notfallmäßig eine unbekannte 26-jährige Frau, die unter schweren, wahnartigen Angstzuständen leidet. Vor 2 Tagen hat sich ihr Freund von ihr getrennt. Seither ist sie nicht mehr arbeiten gegangen. **Notfallmäßig** *kann die Patientin bei einer Freundin wohnen, womit ein Klinikaufenthalt vermieden werden kann; zudem bedarf sie einer neuroleptischen Behandlung. Vorübergehend ist sie nicht arbeitsfähig. In einer Phase von* **Krisenintervention** *beginnt sich die Patientin vermehrt um ihr Wohlbefinden zu kümmern, sucht wieder Kontakt zu früheren Freundinnen, nimmt Gesangsunterricht, der ihr viel bringt. Allmählich verschwinden die Angstzustände und das Medikament kann abgesetzt werden. In einer nächsten Therapiephase von ca. 12 Sitzungen (was einer* **Kurztherapie** *entspricht) beginnt die Patientin die Bedingtheit ihrer Erlebnis- und Verhaltensmuster zu erkennen und verstehen; und es gelingt ihr mit viel Engagement, diese allmählich zu verändern. Sie wird fähig, auch Beziehungskonflikte positiv zu bewältigen, hat keine Symptome mehr und fühlt sich besser erlebnis- und beziehungsfähig. In der anschließenden Behandlungsphase (inzwischen ist die Therapie zur* **Langzeittherapie** *geworden) erkennt die Patientin den ihr durch die frühere Störung eingeschränkten Handlungs- und Erlebnisspielraum. Sie entdeckt bei sich musische Neigungen und beginnt, sich beruflich neu zu orientieren.*

1.5 Kommunikation, Medikation, Klinikeinweisung

Kommunikation und therapeutische Haltung

■ Kommunikation

Psychotherapie in der Notfallsituation? In der Notfallsituation ist Psychotherapie kaum in methodisch reiner Form anwendbar. Das soll Notfallhelfer jedoch nicht davon abhalten, die Art ihrer Beziehungsaufnahme zum akut notleidenden Patienten sorgfältig zu reflektieren. Lösungsorientierte methodische Ansätze scheinen sich für die Arbeit in der akuten Notlage am ehesten zu eignen.

Psychotherapie ist freiwillig. Es geht um Zusammenarbeit in einem freiwilligen Behandlungsbündnis mit dem Patienten. Ohne einen motivierten, aktiven Beitrag des Patienten findet keine wirksame und konstruktive Psychotherapie statt. In der Notfallsituation bewegt man sich demnach nur zum Teil innerhalb eines Feldes möglichen psychotherapeutischen Zugangs – diese Gelegenheiten sind kostbar! Zum Teil bewegt man sich klar außerhalb dieses Feldes. Die Menschen verinnerlichen im Verlauf ihrer Biografie Erlebnismuster ihrer wichtigen Beziehungen, die zukünftige Erwartungen an die Mitmenschen einfärben. Diese Muster als Therapeut zu erkennen, indem man die vom Patienten bei sich selbst ausgelösten Gefühle lesen lernt, ist ein wichtiges Mittel psychotherapeutischen Verstehens. Die Patienten entdecken damit einen Zugang zu den verborgenen Beweggründen abwegig erscheinenden Verhaltens und der Art ihrer bisher unglücklichen Lebensgestaltung. Dazu braucht es zuerst eine gemeinsame Vertrauensbasis mit einer sorgfältig entwickelten Gesprächskultur. Einleuchtenderweise kann dies in einer Notfallsituation nicht geleistet werden. Man hüte sich deshalb vor Interpretationen oder gar Deutungen. Die systematische Aufarbeitung fehllaufender Erlebnisverarbeitung als „innerer Fokus" der Psychotherapie ist der Nachbehandlung vorbehalten. In der Notfallsituation wird im „äußeren Fokus" interveniert. Dort geht es darum, unter Einbezug bestehender Ressourcen umschriebene konkrete Veränderungen im Sinne eines ersten Schrittes sofort einzuleiten. Leider wird diese Chance auch von Psychotherapeuten häufig unterschätzt.

Zwangsmaßnahmen stellen deshalb stets die letzte Option dar, denn es ist selten, dass Menschen – meist litten sie unter einer akuten Schizophrenie – nachträglich eine solche Maßnahme billigen können. Sie lehnen die Zwangsmaßnahme als tief kränkenden Eingriff in ihre Persönlichkeitssphäre ab, wodurch sich eine feindselige Haltung gegenüber der therapeutischen Nachbehandlung einstellen kann. Besonders kompliziert wird es bei Zwangseingriffen in ein Familiengefüge: Wenn der Notfallhelfer zu einer Familie mit misshandelten Kindern gerufen wird, ist es wichtig, zuerst eine Kooperationsebene mit den Eltern zu suchen, damit die Kinder durch einen Zwangseingriff nicht in einen verheerenden Loyalitätskonflikt geraten.

Die Beziehungsaufnahme – die Kommunikation –
ist das wichtigste Mittel der Notfall- und Krisenintervention.

Tabelle 1.**31**   Unterschiedliche therapeutische Rollen bei der Kommunikation im Notfall.

Empathisch

▶ **Zuhören (Begleiter sein):** Der Patient benötigt ein Gegenüber, um emotionalen Druck loszuwerden.

▶ **Kommentarlos wahrnehmen (Zeuge sein):** Der Patient benötigt eine wahrnehmend-erkennende Haltung, die sich ohne Worte vermitteln kann.

▶ **Zuhören und Rückmeldung geben (aktiver Zuhörer sein):** Der Patient braucht Anteilnahme und Respekt für seine Art der Lebensbewältigung.

▶ **Ereignis-Zusammenhänge aufgreifen (nüchterner Beobachter sein):** Der Patient braucht den Wechsel von übermäßiger Betroffenheit zur Übersicht.

▶ **Die Absicht, die Zielsetzung aufgreifen (Coach sein):** Der Patient braucht Unterstützung seiner Bedürfnisorientierung („Ich").

Gegenüberstellend

▶ **Unterbrechen, Spielregeln definieren und konfrontieren (Schiedsrichter sein):** Der Patient braucht Positionsbezug des Gegenübers und den klaren Hinweis auf drohende destruktive Impulse.

▶ **Aufmerksamkeit verschieben (Forscher sein):** Der Patient braucht neue, inspirierende Gesichtspunkte.

Entlastend

▶ **Anregen (Berater sein):** Der Patient braucht Inspiration im Sinne der Erweiterung seiner sozialen Kompetenz.

▶ **Bestätigen und bekräftigen (Supporter sein):** Der Patient braucht Ermutigung.

▶ **Entlasten und unterstützen (Helfer sein):** Der Patient braucht Befreiung von Teilüberforderung und konkrete Hilfe.

▶ **Trösten (Seelsorger sein):** Der Patient braucht Sicherheit und Begleitung bei einem Verlust.

▶ **Verordnen (Hausarzt sein):** Der Patient braucht Gewissheit und Handlungsanweisung.

Schützend

▶ **Entscheiden (Beistand sein):** Der Patient und seine Umgebung brauchen die Entlastung von der Entscheidungsverantwortung.

▶ **Überwachen (Hüter sein):** Der Patient und seine Umgebung brauchen Schutz vor destruktiven Impulsen.

▶ **Handelnd Grenzen setzen (Wächter sein):** Der Patient und seine Umgebung brauchen sofortige Eindämmung eines durchgebrochenen destruktiven Impulses.

▪ **Therapeutische Haltung**

Intervention ist nicht Manipulation. Eine Intervention darf nicht einfach als Operation begriffen werden, die automatisch voraussagbare Konsequenzen auslöst. Intervention aus einer psychotherapeutischen Haltung heraus bedeutet, ein Aktionsbündnis mit dem Patienten und seinen Angehörigen anzustreben, so dass diese wieder belastbar und damit eigenständig entscheidungs- und handlungsfähig werden. Der Krise wird dabei grundsätzlich ein Sinn unterstellt, der gemeinsam erkundet wird. Diese Sichtweise kann nicht zuletzt durch die intensive Auseinandersetzung des Therapeuten mit sich und eigenen Krisen entstehen.

Akute Seelennot kann bei Helfern emotionell vieles auslösen, beispielsweise Wut und Ärger darüber, unter Handlungszwang gesetzt zu werden; oder Kränkung darüber, bisher nicht als wirksamer Therapeut wahrgenommen worden zu sein; oder Angst vor eigenen Verzweiflungstendenzen, was dazu führen kann, Zeichen von psychischem Gleichgewichtsverlust bei anderen zu heftig oder nicht sensibel genug wahrzunehmen.

Empathie und Abgrenzung. Soll eine Intervention hilfreich sein, muss sie deshalb getragen sein von einer psychischen Haltung des Ernst-, aber nicht Tragischnehmens. Es ist wichtig, dass wir selbst Gelegenheit hatten, uns mit eigenen Erlebnissen von Verlust und Kränkung und den daraus entstandenen Werthaltungen, Sinngebungen und Konfliktbewältigungsmustern auseinanderzusetzen, um diese Kräfte und Vorgänge zu erkennen, zu reflektieren und ins eigene Leben integrieren zu können. Damit gelingt es, eine Brücke des Verstehens zu den Patienten zu schlagen.

Therapeutische Chance nutzen. Wohl geht es im Notfalldienst in erster Linie darum, den Absturz ins Unwiderrufliche zu vermeiden. Die Notsituation enthält die Gelegenheit zur raschen und konstruktiven Veränderung, weshalb diese therapeutischen Chancen nicht preisgegeben werden sollten.

Vorsicht vor den ungünstigen Auswirkungen aktiver Einflussnahme! Angesichts der initiativen Haltung des Therapeuten in der Notfall- und Krisenintervention sind potenziell negative Effekte dieser engagierten therapeutischen Vorgehensweise im Auge zu behalten. Gewisse Menschen reagieren auf die aktive Hilfe mit Idealisierung des Helfers und beginnen zunehmend eigene Verantwortung an diesen zu delegieren. Damit gleiten solche Patienten in hilfloses Verhalten, was den Therapeuten zu einer Eskalation seiner Bemühungen verleiten könnte. Aus ethischen und therapeutischen Überlegungen ist ein wichtiges Prinzip bei der Betreuung von seelisch akut notleidenden Menschen, dass diese nach der akuten Phase wieder Verantwortung für ihr Leben übernehmen. Sonst beginnen wir zu kontrollieren und Krankheit zu verwalten, womit wir einen Beitrag zur Entwicklung von Abhängigkeit leisten würden.

Humor bedeutet Fähigkeit zu Perspektivenwechsel und innerer Distanznahme. Die Möglichkeit, in schwierigen Situationen den Humor zu bewahren und Hoffnung zu entwickeln, ist eine wichtige Voraussetzung, um in der dramatischen Situation das eigene Gleichgewicht zu bewahren und den Patienten ein nüchtern-zuversichtliches und gut abgegrenztes Gegenüber sein zu können. Was tun, um den Humor zu behalten? Immer wieder gibt es Notfallsituationen, in denen sich die eigenen Gedanken auf eine Sackgasse zu bewegen können. Humor, das liebevolle Lächeln auf den Stockzähnen, darf durchaus auch im Ernst des Lebens gepflegt werden. Menschen, die lange verzweifelt waren, sind froh, wenn einmal etwas anderes gedacht – und mal gelacht – werden darf!

Medikation und Notfallkoffer

■ Grundsätze der medikamentösen Therapie im Notfall

Bedeutung der Medikation. Die meisten seelischen Notfallsituationen können ohne sofortige Medikation angegangen werden. Bei sehr akuten Situationen ist ohnehin eine Klinikeinweisung unabdingbar. Damit der Transport dorthin durchgeführt werden kann, sind selten Medikamente nötig. Diese tragen die Intervention nicht, sondern bieten eine zusätzliche Entlastung (Tab. 1.**32**). Wenn angezeigt, ist die medikamentöse Therapie ohne Verzug durchzuführen.

Tabelle 1.**32**   Ziel einer medikamentösen Therapie in der ambulanten Notfallsituation.

Behandlung akut bedrohlicher Zustände durch Intoxikation und/oder Erregung
Beseitigung oder Linderung medikamentöser Nebenwirkungen
Linderung quälender psychischer Beschwerdebilder (falls die Patienten mit der Medikamenteneinnahme einverstanden sind), wie Angst und ängstliche Unruhe
Verbesserung der Zugänglichkeit des Patienten (z. B. für den Transport)
Förderung des Schlafes (Schlaf als eine wichtige Ressource zur Selbstheilung)

Pragmatische Vorgehensweise. Die Einleitung einer gezielten, differenzierten und längerfristigen Pharmakotherapie ist Sache der nachbehandelnden Institution. Durch zu frühen Behandlungsbeginn geht durch Diskussionen mit dem häufig gegen Medikamente eingestellten Patienten Zeit verloren, das Beschwerdebild wird verändert, womit eine differenzierte Beurteilung durch die nachbehandelnde Instanz nur mit zeitlicher Verzögerung möglich wird.

Die Grundsätze der medikamentösen Therapie in Notfallsituationen sind in Tab. 1.33 zusammengefasst.

Tabelle 1.**33** Grundsätze der medikamentösen Therapie in der Notfallsituation.

Bekannte Medikamente	Sich auf kleines, gut erprobtes Medikamentensortiment beschränken
Nebenwirkungen	Präparate verwenden, die sich beim betreffenden Patienten bewährt haben
Gut informieren	Die Patienten vor ihren Angehörigen über Nebenwirkungen verständlich orientieren; dies in den Aufzeichnungen dokumentieren
Syndrom-orientiert	Behandlung nach Syndrom hat Priorität
Ohne Verzug	Indizierte Medikamente sofort verabreichen; lange Diskussionen verschlimmern die Situation
Zum Schlucken	Prinzipiell ist die orale Verabreichung zu bevorzugen.
Kurze Halbwertszeit	Kurz wirksame Medikamente verabreichen, um bei nachfolgender Klinikeinweisung die Beurteilung zu vereinfachen. Keine Langzeitmedikamente (sog. Depotpräparate) spritzen!
Niedrig dosiert	Insbesondere bei unbekannten Patienten nur kleine Dosen verabreichen, notfalls wiederholen (individuelle Reaktion, Interaktionen, Nebenwirkungen)
Überwachen	Dauernde Überwachung, besonders bei intoxikierten Menschen und alten Patienten
Protokollieren	Medikamentenprotokoll anfertigen (das dem Patienten ins Krankenhaus mitgegeben wird)
Nur Kleinmengen	Nur kleine Mengen an Tabletten beim Patienten lassen, um Missbrauch vorzubeugen
Zurückhaltend rezeptieren	Bei unbekannten Patienten in der Notfallsituation Rezepte sehr zurückhaltend ausstellen

Somatisch-medizinische Abklärung. Jedes Zustandsbild, das neu medikamentös behandelt werden muss, soll anschließend sorgfältig körperlich abgeklärt werden.

Zwangsmedikation. Man soll sich in sehr eskalierten Situationen nicht auf heroische Vorgehensweisen einlassen. In solcher Lage ist eine medikamentöse Beruhigung humaner als die schwere Gefährdung des Patienten und seiner Betreuer bei einem Transport. Hier sind stets auch die körperlichen Kräfte sowie die psychische Belastbarkeit der Hilfspersonen zu berücksichtigen. Brutalität und Grausamkeit gegenüber Patienten ergeben sich häufig aus Angst oder Wut des Personals – letztlich auf die Ärzte, die zwar den Widerstand des Patienten gegen die Medikation berücksichtigen, jedoch die Überforderung oder gar Hilflosigkeit der nichtärztlichen Betreuer zu wenig ernst nehmen.

■ Psychiatrischer Notfallkoffer

Tab. 1.34 enthält Vorschläge für ein Minimum an Notfallmedikamenten. Je nach Aufgabenbereich wäre ein Sortiment für allgemeinmedizinische Notfälle (Opiat- und Benzodiazepin-Antagonisten, Infusionsbesteck usw.) zu ergänzen.

Tabelle 1.**34** Medikamente für den Notfallkoffer.

Indikation	Internationale Freinamen	Galenische Form
Ein **Schmerzmittel**, Mittel gegen Fieber bei Entzugsbeschwerden usw.	z. B. Paracetamol	Tbl./Supp.
Ein **Tranquilizer** mit eher **kurzer** Halbwertzeit bei Ängstlichkeit, leichter Unruhe bei Erregung	Lorazepam Lorazepam	Expidet-Tbl. Injektions- ampullen
Ein **Tranquilizer** mit **langer** Halbwertzeit bei epileptischen Anfällen	Diazepam	Mikroklisma
Ein **mildes Antipsychotikum** bei ängstlichem Misstrauen, bei leichten Wahnzuständen	z. B. Chlorprothixen	Tbl.
Ein **stark wirksames Antipsychotikum** bei Wahnzuständen, Erregung, psychotischer Unruhe	Haloperidol	Tbl./Amp./ Tropfen
Ein **Antiparkinsonikum** bei Antipsychotika-Nebenwirkungen	z. B. Biperiden	Tbl./Amp.

Sonstiges Material:
▶ Blutdruckapparat, Stethoskop, Reflexhammer, Fieberthermometer, kleine Taschenlampe (Pupillenreaktion)
▶ Injektionsmaterial (Stauschlauch, Wegwerfspritzen, -Kanülen, Fertigtupfer, Heftpflaster)
▶ Verbandmaterial (Gazebinden etc., kleine Schere, Plastikwegwerfhandschuhe, Desinfektionsmittel)
▶ Mobiltelefon
▶ Starke Taschenlampe (um Hauseingänge finden zu können)
▶ Medikamentenbeipackzettel, Medikamententütchen (um Kleinmengen abgeben zu können)
▶ Visitenkarten
▶ Kugelschreiber, Notizblock, Briefumschläge, Papier mit Praxis-/Institutions-Briefkopf
▶ Formulare (für Rezepte, Arbeitsunfähigkeitszeugnis usw.)
▶ Telefonnummern-Liste, Stadtplan bzw. GPS
▶ … und das Buch „Notfall Seele"

■ Medikamentöse Behandlung der wichtigsten Syndrome

Syndromale Behandlung. Es ist im ambulanten Notfall sinnvoll, sich auf ganz einfache Vorgehensweisen einzustellen. Die psychiatrische Notfallmedikation bei nicht schwangeren Erwachsenen ist demzufolge rasch umschrieben (in den Unterkapiteln zu Kapitel 2 wird auf spezifische Fragestellungen näher eingegangen).
▶ **Medikamentöse Behandlung unklarer Zustände mit leichter bis mittlerer Unruhe**
Beispielsweise bei Einschlafschwierigkeiten, unruhig-verzweifelten Zuständen etc.: kurzwirksames Benzodiazepin wie z. B. Lorazepam per os.

Medikamente und Maßnahmen	Verabreichung	Bemerkung
Lorazepam Expidet	1–2,5 mg p. o.	Dosis bei Bedarf schrittweise erhöhen

▶ **Medikamentöse Behandlung unklarer Zustände mit schwerer Unruhe**

Medikament und Maßnahme	Verabreichung	Bemerkung
Lorazepam	2–4 mg p. o.	i. v. nur bei Reanimationsbereitschaft!
Plus eventuell Haloperidol	2,5–5 mg p. o., i. m. oder langsam i. v.	
Klinikeinweisung		Ständige Überwachung!
Toxikologisches Screening veranlassen		

Einweisung in die Psychiatrie

Bedeutung. Die Klinikeinweisung ist nicht bloß das Mittel der letzten Wahl und die Zuweisung in eine Kriseninterventionsstation ist nicht einfach eine Verlegenheitslösung. Manchmal ist der sofortige Szenenwechsel die Voraussetzung dafür, dass sich wieder neue konstruktive Kräfte sammeln können. Das hängt jedoch nicht zuletzt davon ab, auf welche Weise dieser Übergang vollzogen wird. Es lohnt sich, eine Klinikeinweisung sorgfältig vorzubereiten. Die Art des stationären Behandlungsbeginns hat einen wichtigen Einfluss auf die Prognose einer entstehenden therapeutischen Beziehung. Die Krankenhausbehandlung hilft nicht nur dem Patienten, sondern auch dessen sozialem Umfeld, das meist erschöpft, depressiv oder aus Überforderung gar feindselig geworden ist.

■ Empfehlungen für die Einweisung ambivalenter Patienten

Die Angehörigen sind mit einer unausweichlichen Klinikeinweisung einverstanden, wenn sie vorher Gelegenheit hatten, vor den Patienten und den Notfallhelfern auszudrücken, dass sie überfordert sind, die volle Verantwortung für den betreffenden notleidenden Menschen weiter zu übernehmen.

> *Die Mutter zu ihrem 35-jährigen Sohn, der Stimmen hört, sich in seinem Zimmer einsperrt und seit Tagen nichts mehr isst: „Ich bin ratlos, verzweifelt, weil dein Zustand mir große Sorgen macht. Ich kann seit Tagen nicht mehr schlafen; ich brauche inzwischen selbst hausärztliche Hilfe. Ich kann dich in deinem Zustand nicht weiter in meiner Wohnung beherbergen. Ich bin am Ende."*

Ohne Hast, jedoch sofort die Klinikeinweisung einleiten und diese im Indikativ als beschlossene Sache ankünden:

> *Der Arzt zum 35-jährigen Patienten: „Sie sind im Moment in einem gesundheitlichen Zustand, der uns allen große Sorgen macht. Ihre Angehörigen haben nicht mehr die Kraft, Sie weiter zu betreuen und für Sie die Verantwortung zu übernehmen. Die Angehörigen sind selbst am Ende. Deshalb melde ich Sie jetzt telefonisch in der Klinik an. Anschließend kommt die Ambulanz, um Sie in die Klinik zu bringen. Was wollen Sie heute noch ins Krankenhaus mitnehmen? Ich empfehle ihnen Schlafanzug, Morgenrock, Toilettensachen, Zigaretten, Radio mit Kopfhörer und etwas Geld. Das Übrige werden Ihnen Ihre Angehörigen morgen bringen."*

Die Notwendigkeit einer stationären Unterbringung ergibt sich nicht nur aus der medizinischen Behandlungsbedürftigkeit, sondern auch aus dem Missverhältnis zwischen der notwendigen Betreuung einerseits und der aktuellen Belastbarkeit der Umgebung des Kranken andererseits. Wenn ein schwer seelisch leidender Mensch unzugänglich wird und sein Umfeld nicht mehr belastbar ist, so ist auch bei kompetenter aufsuchender Hilfe eine Klinikeinweisung nicht mehr zu umgehen. Diese hinauszuzögern, würde zusätzlichen Schaden für den Patienten und seine Angehörigen bedeuten. Man beachte auch die Gefahr psychischer Traumatisierung von Kindern durch psychisch schwer kranke Eltern.

■ Kurzzeitige Unterbringung/stationäre Krisenintervention

Unterbringung bei Privatpersonen. Diese müssen sofort und in Gegenwart des Patienten über ihre Verantwortung (Gefahren, Hilfsmöglichkeiten) informiert werden und ausdrücklich mit dieser Aufgabe einverstanden sein! Das Wichtigste aufschreiben.
Unterbringung in Kriseninterventionsstation. Die Betreuer der Station müssen Gewissheit haben, dass der Patient mit einem offenen Behandlungsrahmen zurechtkommt.

■ Einweisung auf eine offene Station einer psychiatrischen Klinik

Stets ist eine körperliche Begleitstörung im Auge zu behalten. Wenn eine somatische Intensivbetreuung notwendig ist, hat die somatische Betreuung gegenüber der psychiatrischen prinzipiell Vorrang, da man unruhig-komisch-wahnhafte Patienten im Krankenhaus medikamentös ruhigstellen kann! In solchen Fällen ist eine psychiatrische Liaisonbetreuung (fachärztliche Beratung in der Klinikabteilung) zu organisieren. Man sei vor allem bei Süchtigen sehr aufmerksam (z. B. ein dekompensierter jugendlicher Zuckerkranker im Opiatentzug und wahnhafter psychischer Störung).

■ Zwangseinweisung

Interessenkonflikte. Schwer Kranke sind in der Notfallsituation häufig nicht mehr urteils- und wirklichkeitsgerecht handlungsfähig. Entweder sind sie innerlich blockiert, trotz dringenden Handlungsbedarfs unentschieden oder verkennen die Gefahr und täuschen sich in Bezug auf die Auswirkung ihres Sozialverhaltens auf ihre Umgebung. Die daraus entstehenden Konflikte sind unvermeidlich. In einer Güterabwägung muss der Helfer eine klare Entscheidung fällen (Tab. 1.35 → Seite 96). Die zu schützenden Werte sind Leib, Leben und seelische Unversehrtheit der Patienten wie auch die Unversehrtheit der Angehörigen oder der weiteren sozialen Umgebung. Gelegentlich muss auch Materielles geschützt werden, von dem die soziale Lage der Betroffenen unmittelbar abhängt, z. B. das Familienvermögen eines manischen Familienvaters.
Stets muss ein vorgeschriebener Instanzenweg beschritten werden. Nur gewisse ärztliche Fachpersonen sind befugt, entsprechende Entscheidungen zu treffen. Es müssen aufgrund eines persönlichen Augenscheins des Arztes zum Zeitpunkt der vorgesehenen Spitaleinweisung schriftliche Zeugnisse ausgestellt werden, die bestimmten formalen Kriterien genügen müssen (Tab. 1.36). Diese werden von juristischen oder medizinischen Amtspersonen überprüft. Gegen diese Entscheidungen können Patienten und ihre Angehörige rekurrieren. (Man beachte die örtlichen Vorschriften.)
Kann die Anwendung von Zwang ethisch verantwortet werden? Es ist unumgänglich, verzweifelte und zum Letzten entschlossene Menschen unter Anwendung von Zwang einzuweisen; die meisten Patienten sind später dafür dankbar. Bei akut wahnkranken Menschen drängt sich häufig eine Klinikeinweisung auch zum Schutz der meist schwer geprüften Angehörigen auf. Noch nie habe ich erlebt, dass Angehörige ein missliebiges Familienmitglied einfach in die Klinik abschieben wollen: Das Umfeld ist erschöpft, depressiv oder – meist aus Überforderung – feindselig geworden.

Tabelle 1.**35**   Kriterien für die Zwangseinweisung in eine Klinik.

Eine Einweisung ist erforderlich, wenn wegen eines medizinischen (psychiatrischen) Leidens
▶ **eine erhebliche Selbstgefährdung und/oder Fremdgefährdung vorliegt** (Gefahr von unwiderruflichem Schaden für den betreffenden Patienten und/oder sein Umfeld),
▶ **die mangels einer anderen geeigneten Betreuungsmöglichkeit** die Unterbringung auf einer geschlossenen Behandlungsstation (Fluchtgefahr, Notwendigkeit zur intensiven Überwachung und Behandlung) erfordert
▶ **und die jeweiligen Gesetzesbestimmungen beachtet sind.**

Einweisungszeugnis

Nachvollziehbar und Zuweisung rechtlich begründend. Das Zeugnis soll in erster Linie in knappen Worten die Situation beschreiben, damit die Nachbehandelnden die Zuweisung nachvollziehen und den damaligen psycho-psycho-sozialen Kontext verstehen können. Gerade dieser soziale Kontext ist wichtig, weil in der Klinik häufig nicht darauf geachtet werden kann. Diagnosen sind nicht notwendig; besser sind präzise Beschreibungen von Beobachtungen und anamnestische Hinweise (→ Formular für die Klinikeinweisung, Seite 197, und Tab. 1.**36**).

Tabelle 1.**36**   Das Zuweisungszeugnis für die Zwangseinweisung.

Das Einweisungszeugnis sollte zusätzlich zum üblichen Inhalt eines Überweisungsschreibens Folgendes enthalten:
▶ **Umschreibung der Fremd- oder Selbst-Gefährdung**
▶ **Bestätigung der anderweitig nicht leistbaren persönliche Fürsorge** (eventuell kurze Schilderung der aktuellen Situation im Umfeld der Kranken)
▶ **Einverständnis/fehlendes Einverständnis der Angehörigen** mit der Zwangsmaßnahme
▶ **Datum, Uhrzeit, Namen und Funktion** der hinzugezogenen Amtsperson

Die unlösbare Situation

Psychosozial notwendige, jedoch rechtlich nicht durchsetzbare Klinikeinweisung.
Bei krankheitsbedingter Bedrohung, Belästigung, psychischer Grenzverletzung durch Patienten kann eine Klinikeinweisung u. U. juristisch nicht durchgesetzt werden. In solchen Fällen muss die Betreuung aufgeteilt werden: Die Kranken werden ohne Kontakt zu den Angehörigen betreut, die sich ihrerseits durch Abgrenzung vor weiterem Schaden zu schützen versuchen und andernorts ebenfalls eine Beratung aufsuchen. Ein gelegentlicher Kontakt unter den Helfern kann hilfreich sein, damit kein Misstrauen entsteht. Manchmal sind gerichtliche Schritte für die Angehörigen notwendig.

2 Praxis der Notfall- und Krisenintervention

2.1 Benommen, verwirrt

Bewusstseinsstörung: Wichtiger Hinweis auf eine möglicherweise lebensgefährliche Lage. Der Notfallhelfer muss am Telefon die Entscheidung über lebensrettende Soforthilfe (Notarztwagen mit Reanimationsmaterial, Ambulanzfahrzeug) unverzüglich treffen. Diese Spezialdienste werden von ihm telefonisch direkt an den Ort des Geschehens gewiesen. Lieber einmal zu oft als zu wenig! Die Vielfalt der Ursachen, die zur Bewusstseinstrübung führen können, zwingt dazu, stets an die Notwendigkeit einer sofortigen, genauen körperlich-medizinischen Abklärung zu denken.

Erstkontakt, Auftragsklärung

Anmeldung. Häufig geht es um Intoxikationen (Drogen, Medikamente, Gas). Es kann sich bei den zu Grunde liegenden Störungen jedoch auch um Folgen von Stürzen, Infektions- und Stoffwechselkrankheiten usw. handeln. Die Anrufer können Familienangehörige sein; oder es sind Passanten, Polizeibeamte, Zufallsbekannte aus der Drogenszene: Ein aufgeregter, häufig berauschter Anrufer gibt in Szene-Sprache einen Hinweis auf einen Kollegen, der kaum mehr ansprechbar ist.

Bewusstseinsstörung: quantitativ oder qualitativ? Die *quantitative* Bewusstseinsstörung mit Benommenheit über Schläfrigkeit bis zum Koma ist das wichtigste Leitzeichen einer akuten Beeinträchtigung der Hirnfunktion, häufig wegen einer Drogen-, Medikamenten- oder Alkoholvergiftung. Von *qualitativer* Bewusstseinsstörung spricht man bei (zeitlicher, örtlicher, situativer) Desorientierung (bis zu Verwirrtheitszuständen, z. B. beim Delir!). Eine Störung des Realitätsbezuges, der Psychomotorik und der Gefühlslage sind in diesem Zusammenhang für die Triage weniger bedeutend.

Bewusstseinsstörung → Gefährdung? Bei geringer Schläfrigkeit, die an Intensität nicht zunimmt, besteht in der Regel keine akute Lebensgefahr. Falls es sich dabei um berauschte Patienten handelt → Kap. 2.5. Starke, zunehmende oder wechselnd intensive Schläfrigkeit ist hingegen Anlass für eine sofortige Überwachung, Abklärung und Behandlung. Die Eintrübung eines anfänglich wachen Patienten gilt als Hinweis für eine sekundäre Hirnschädigung; diese ist häufig durch eine Hirnblutung bedingt.

Stupor? Stuporöse, d. h. reglose, anhaltend schweigende (sog. mutistische), jedoch wache Patienten haben keine Bewusstseinsstörung. Zum Vorgehen → Kap. 2.2.

Vorbereitungsphase

Prinzip: Triage am Telefon statt Diagnose vor Ort! Helfer bei lebensbedrohlichen Notfällen müssen aufgrund spärlichster telefonischer Angaben zur Vorgeschichte und einer laienhaften Beschreibung des akuten Zustandsbildes sofort handeln, bevor sie genau wissen, mit welcher dahinterliegenden Störung sie es zu tun haben. Deshalb wird im Zweifelsfall die schlimmstmögliche Situation angenommen. Eine ursachenorientierte Behandlung lässt sich erst nach einer sorgfältigen Abklärung (meist im Krankenhaus) durchführen.

> Die Bewusstseinstörung ist das wichtigste Zeichen
> einer beeinträchtigten Hirnfunktion!

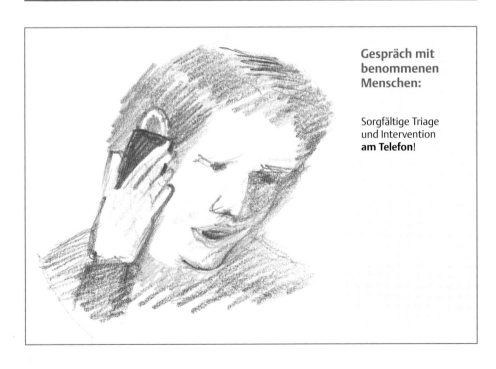

Gespräch mit benommenen Menschen:

Sorgfältige Triage und Intervention **am Telefon**!

1. Schritt: Telefonische Triage

Das Vorgehen am Telefon bei Verdacht auf akute Lebensgefahr

1. Anfangsmitteilung des Helfers an den Anrufer

☺ *„Ich höre, wie Sie sich Sorgen um XY machen. Ich werde Ihnen jetzt kurze Fragen stellen, damit sofort geeignete Hilfe veranlasst wird. Ich begleite Sie am Telefon.“* **„Welche Telefon-Nummer hat Ihr Apparat**? *Von welcher Adresse rufen Sie an?“*

▶ **Alle Angaben und Uhrzeit des Anrufs sofort notieren!** Adresse erfragen, da gelegentlich Telefonnummern in der Aufregung falsch mitgeteilt werden oder das Mobiltelefon nicht funktioniert. Jedoch nicht darauf bestehen, dass der Anrufer seinen Namen angibt!

▶ **Gesprächsverhalten.** Man setze die Anrufer nicht durch drängendes Fragen unter Druck, da der Anrufer dadurch in noch größere Angst gerät. Hilfreich sind ein ruhiger Gesprächston und konkrete Handlungsanweisungen, um die Panikneigung des Anrufers nicht zu verstärken. Es lohnt sich deshalb, selbst einmal kurz durchzuatmen und sich zu vergegenwärtigen, dass es nun im schlimmsten Fall darum gehen wird, ein gut eingespieltes Rettungsteam an den richtigen Ort zu leiten und in der Zwischenzeit den Anrufer zu betreuen, damit dieser nicht etwas tut, was dem Patienten noch schaden könnte (z.B. einen Bewusstlosen aufzusetzen und ihm Flüssigkeit einzuflößen oder ihn zu verlassen).

2. Anschließend genauere Befragung

▶ Falls deutliche oder zunehmende Bewusstseinsstörung → *sofort* nächste Seite Tab. 2.1!

▶ Falls *keine* starke oder zunehmende Bewusstseinsstörung → ausführliches telefonisches Interview nach folgendem Muster:

☺ *„Auf was reagiert der Patient?“*
(Auf Ansprechen? Oder erst Anfluchen? Oder erst Schmerz auslösendes Kneifen?)
„Wie hat sich das Bewusstsein in den letzten Minuten verändert?“
(Gebessert? Oder bleibt es eher unverändert? Oder schwer bestimmbar, da wechselnd? Oder verschlechtert?)
„Bestehen Alkohol- oder Drogenprobleme? Medikamente?“
(Was? Wie viel? Wie häufig? Wann zum letzten Mal?)
„Krankheit? Unfall?“
(Wann/seit wann? Was? Bei wem in Behandlung? Wer ist Hausarzt?)
„Ähnliche Vorfälle früher?“
(Wann zuletzt? Was ist damals geschehen?)
„Personalien des Patienten: Name, Vorname, Geschlecht, (ungefähres) Alter?“
„Wo ist der Patient jetzt? Genaue Adresse? Welcher Name steht auf dem Klingelschild? Ist der Hauseingang / das Treppenhaus beleuchtet?“

3. Weitere Triage gemäß Schema auf den nächsten Seiten!

Medizinische Laien ziehen sofort einen Arzt zur Triage hinzu!

Wichtigstes Kriterium:
Quantitative Bewusstseinsstörung (Benommenheit bis Koma)?

Tabelle 2.**1**   Stufen zunehmender Bewusstseinsstörung und empfohlenes Vorgehen.

Stufe	Reaktion des Patienten	→	Telefonisch einzuleitende Maßnahmen
A Benommen	**Patient ist verlangsamt, gibt auf Fragen noch Antwort**	→	**Ausführliches telefonisches Interview** (→ Seite 101). Bei körperlicher/psychosozialer Komplikation → eventuell Hausbesuch (→ Seite 104 unten) **Falls gewöhnlicher Rausch** → beobachten lassen! Bei Verschlechterung → sofort berichten lassen. **Falls kein gewöhnlicher Rausch** → sofort Triage durch Arzt (→ Seite 103)
B Schläfrig	**Gibt erst auf lautes Ansprechen Antwort, schläft sofort wieder ein** (mit dem Vornamen anrufen oder gar anschreien!)	→	**Frage:** „Wie hat sich das Bewusstsein in den letzten Minuten **verändert?**" **Falls gebessert** → ausführliches Interview (→ Seite 101). Alkohol-, Drogen-, Tablettenkonsum? Falls **ja** → weiter beobachten lassen! Bei Verschlechterung → sofort erneuter Anruf! Falls **kein derartiger Konsum** → hohe Dringlichkeit wegen Verdacht auf körperliches Leiden → sofort Triage an **Arzt** (→ Seite 103) **Falls verschlechtert** → Seite 104! Sofort Kurzbefragung, Notarztwagen, stabile Seitenlage
C Nicht ansprechbar	**Reagiert nur auf Schmerzreiz** (heftig in den Oberarm oder die Nase kneifen!)	→	**Aspirationsgefahr:** Ersticken an Erbrochenem → Seite 104! Sofort Kurzbefragung, Notarztwagen, stabile Seitenlage
D Bewusstlos	**Keine Reaktionen auf Anrufen und Schmerzreiz** (Atmung oberflächlich, Puls tastbar)	→	**Aspirationsgefahr:** Ersticken an Erbrochenem, Gefahr der zu geringen Atmung → Seite 104! Sofort Kurzbefragung, Notarztwagen, stabile Seitenlage, vorsorgliche Reanimationsanleitung
E Keine Atmung mehr	**Keine Reaktionen auf Anrufen und Schmerzreiz, Patient atmet nicht mehr** (Bewegungen von Brustkorb / Bauch beobachten!)	→	**Aspirationsgefahr:** Ersticken an Erbrochenem, eventuell Atemstillstand → Seite 104! Sofort Kurzbefragung, Notarztwagen, stabile Seitenlage, Reanimationsanleitung

---

Falls Störung mehr als Stufe B bzw. Störung zunehmend → 2. Schritt, Seite 104 oben.
Falls Bewusstseinsstörung wechselnd (Delir!) oder unklar → Seite 103 oben.

Zweitwichtigstes Kriterium:
Qualitative Bewusstseinsstörung (Verwirrung, Verworrenheit)?

Erscheinungsbilder bei Bewusstseinstrübungen und weiteres Vorgehen:

Delirium tremens: wechselnd intensiv verwirrt und verworren, Halluzinationen (sieht etwas Kleines, Bewegliches, in Vielzahl), große Bewegungsunruhe, Zittern, Rastlosigkeit, Störung des Schlaf-Wach-Rhythmus, starkes Schwitzen, schneller Puls, eventuell Fieber und Schüttelfrost → *Seite 107*

Intoxikationen und Interaktionen mit Alkohol, Medikamenten, Drogen: Unklare, überraschende Zustandsbilder (z. B. Korsakow-Syndrom) → *Vorgeschichte erfragen! Eventuell Rückfrage bei Toxikologischem Informationsdienst, vor allem bei alten Menschen auch beim Hausarzt* → *Seite 104*

Schädel-Hirn-Trauma: Vorangegangener Unfall, Verletzungszeichen im Kopfbereich, auffälliger Bewegungsablauf, Lähmungen → *Notarztwagen und geeignete somatische Klinik!*

Stoffwechselstörung:
z. B. Zuckerkranke mit einer Insulintherapie-bedingten Blutunterzuckerung, schwere Leber- oder Nierenerkrankungen mit Hirnbeteiligung) → *somatische Klinik!*

Infektiöse Hirnerkrankung: Fieber, evtl. gestörtes Bewegungsmuster → *somatische Klinik!*

Epileptischer Dämmerzustand: Angehörige befragen! Kein Fieber → *Seite 108*

Demenzielle Syndrome: Vergesslichkeit, Desorientierung, Denkstörung → *Hausarzt!*

Drittwichtigstes Kriterium:
Weiteres bedrohliches Symptom zur sofortigen Abklärung?

Geschilderte Beobachtungen, die eine *sofortige körperliche* Triage (Arzt!) erfordern:

Hautverfärbung: „Der Patient ist ganz blau/ganz blass im Gesicht."

Atemstörung/Aspirationsgefahr: „Der Patient atmet kaum mehr/schnappt nur noch/atmet schnell und oberflächlich". „Der benommene/schläfrige Patient hat erbrochen" usw.

Pulsstörung: „Ich fühle beim Patienten keinen Puls mehr". „Der Herzschlag ist langsamer als 50 pro Minute/ist stark unregelmäßig" (aktuelle Beobachtung präzise schildern lassen).

Verdacht auf größere (eventuell innere) Verletzung: „Blutiges/schwarzes Erbrechen", „blutiger/schwarzer Stuhlgang" „Blutaustritt aus Nasen/Ohren/Mund", „Kopfverletzungen", „Sturz auf Kopf".

Körpertemperatur-Störung: „Die Hände und Füße sind kalt."/"Die Haut fühlt sich heiß an."

Lähmungsverdacht: „Bewegt nur eine Gesichtshälfte/Arm und Bein der einen Körperhälfte".

Krampfanfälle: „Heftige Zuckungen auf einer Körperseite", „Anfall mit Schütteln und Zucken" → Seite 108.

Urin- oder Stuhlabgang: „Der Patient hat nasse Hosen, es stinkt nach Fäkalien."

Asymmetrie der Pupillen: „Die Pupillen sind unterschiedlich groß oder entrundet."

Unklare Schmerzbilder: „Neuerdings ungewohnte Kopfschmerzen, Brustschmerzen, Bauchschmerzen usw."

2. Schritt: Telefonische Intervention bei bedrohlicher Bewusstseinsstörung

1. Kurz-Interview

> ☺ „Ungefähres Alter? Frau oder Mann?"
> „Wo befindet sich der Patient gerade jetzt? Welche genaue Adresse? Stockwerk?"
> „Welcher Name steht auf dem Klingelschild? Ist der Hauseingang/das Treppenhaus beleuchtet?"
> „Ich rufe jetzt die Ambulanz und rufe Sie anschließend sofort zurück. Bitte halten Sie Ihren Telefonanschluss frei, damit ich Sie erreichen kann. Bleiben Sie vor Ort!"

2. Rettungsdienst (Ambulanz) organisieren

▶ Notarztwagen mit Reanimationsgeräten anfordern
▶ Präzise Beschreibung der Adresse und des Hauszuganges
▶ Telefonnummer für eigene Erreichbarkeit angeben
▶ Knappe Problembeschreibung

3. Anrufer zurückrufen

Zur Verminderung der Panikneigung des Anrufers sind praktische Instruktionen hilfreich:
▶ Stabile Seitenlagerung des Patienten mit Freihalten der Atemwege:
> ☺ „Nehmen Sie ein Kissen und pressen Sie es zu einem Halt im Rücken des Patienten, damit er nicht auf den Rücken zurückfällt. Den Mund des Patienten gegen schräg unten orientieren, genügend Raum zum Atmen lassen. Gebiss und Erbrochenes aus dem Mundbereich entfernen."
▶ Falls notwendig: Anleitung zur Reanimation! Dies erfordert genaue Kenntnisse. Wenn Sie darüber verfügen, leiten Sie Ihre Instruktion mit folgenden Worten ein:
> ☺ „Ich erkläre Ihnen, was Sie bis zum Eintreffen des Notarztwagens für Ihren Kollegen tun können. Während Sie Schritt für Schritt tun, was ich sage, bleibe ich am Telefon."
▶ Es empfiehlt sich auch, Beobachtungsaufgaben zu geben:
> ☺ „Sprechen Sie den Patienten im Abstand von ein paar Sekunden erneut an." Oder: „Vergewissern Sie sich, dass die Haustür beleuchtet ist, für den Notarzt geöffnet werden kann und jemand als Lotse den Helfern dabei hilft, den richtigen Ort im Haus zu finden."

4. Klinik vorinformieren, in die der Patient eingeliefert wird

5. Nächste Angehörige des Patienten informieren

Bei unklaren Fällen erfolgt ein Hausbesuch durch Arzt.

---

3. Schritt: Begrüßungsintervention

Indikation. Falls keine notfallmäßige Einweisung am Telefon eingeleitet wird, folgt in der Regel ein Notfallbesuch, um die Situation vor Ort besser abschätzen zu können.
Setting. Bitten Sie mitanwesende Personen als Helfer für Botendienste und Ähnliches zu bleiben.
Triage überprüfen. Ein lebensbedrohlicher Zustand wird vielleicht erst während eines Hausbesuchs erkannt, wenn z. B. Vermisste hinter verschlossenen Türen aufgefunden werden, nachdem man von aufmerksamen Nachbarn alarmiert wurde.

Gewaltsame Türöffnung bei Verdacht auf Gefährdung. Die meisten verschlossenen Türen lassen sich mit einem energischen Fußtritt auf Höhe und in der Nähe der Türfalle öffnen (Fußsohle auf die Tür *flach* aufsetzen!). Der Sachschaden ist meist gering. In unklaren Fällen empfiehlt es sich, die Polizei hinzuzuziehen, die die Tür dann fachmännisch öffnen lässt.

Abklärungs- und Maßnahmephase vor Ort, Medikation

1. Akute Lebensgefahr bei quantitativer Bewusstseinsstörung abschätzen

Hinweise auf akute Lebensgefahr (Patient ist kaum oder gar nicht mehr ansprechbar):
▶ Durch starken **Schmerzreiz** nicht mehr weckbar?
▶ **Atmung** fehlend, oder nur noch Schnappatmung?
▶ **Puls an der Halsschlagader** nicht mehr (richtig) fühlbar?
▶ **Hauttemperatur** kühl (vor allem Hände und Füße)?
▶ **Pupillen** asymmetrisch und/oder weit, ohne Lichtreaktion?
▶ **Zusätzliche Auffälligkeit** (Krämpfe, Zuckungen, Erbrochenes, Blutung usw.)?

2. Bei akuter Lebensgefahr: Sofort Notarztwagen mit Reanimationsmaterial! (Falls keine unmittelbare Lebensgefahr besteht → Seite 106.)

Personen für Lotsendienste bestimmen, um die Ambulanz vor und in das Haus zu führen.

3. Bei Bedarf: Reanimation

Vorgehensweise (nur für Personen mit Schulung in Reanimation):
▶ **Beatmen**:
  – Atemwege offenhalten, evtl. mit Handschuhen Mund ausräumen, Gebiss entfernen
  – Beatmen mit Beatmungsmaske, Ambubeutel (oder Mund zu Nase bzw. Mund zu Mund)
▶ **Herzmassage**:
  – Patient auf feste Unterlage legen
  – Faustschlag in Herzgegend bei beobachtetem Herzstillstand
  – Herzmassage **und** Beatmung (30:2)
▶ **Lückenlose Überwachung,** Wärme
▶ **Lagerung**: Lagerung zur Reanimation/stabile Seitenlagerung/Schocklagerung/Lagerung bei Lungenödem (Oberkörper hoch)
▶ **Überwachung der Vitalfunktionen** bis zum Eintreffen des Notarztwagens:
  – Bewusstsein (Orientierung)
  – Atemfrequenz, Puls, Blutdruck
  – Eventuell Lungenauskultation
▶ **Einweisung in somatische Klinik**

4. Schriftliches Kurzprotokoll der Befunde und Maßnahmen mit präziser Uhrzeit

5. Telefonische Information des Klinikaufnahmearztes und der Angehörigen

■ Falls keine akute Lebensgefahr

1. Genauere Evaluation der aktuellen Gefährdung (falls Delir → Seite 107)

▶ **Ansprechbarkeit:**
- Kriterien → Tab. 2.1, Seite 102. Bleiben Sie mit dem Patienten in Sprechkontakt!
- falls Orientierung (örtlich, zeitlich, situativ) neuerdings beeinträchtigt (Angehörige befragen), besteht eine bedrohliche Lage (→ Delir Seite 107, Dämmerzustand S. 108)

▶ **Pupillenreaktion:**
- lichtstarr, weit (= mehrdeutig)
- eng („Stecknadeln": oft bei Opiatüberdosierung, jedoch Gefährlichkeit nicht genau definierbar)
- asymmetrisch (= Verdacht auf Hirnblutung/Schlaganfall!)
- symmetrisch und prompt auf Licht reagierend (= beruhigendes Zeichen)

▶ **Puls am Hals (A. carotis):**
- nicht fühlbar → Puls in Leistengegend prüfen!
- falls Puls in Leistengegend auch nicht fühlbar (= bedrohlich) → Herzmassage (→ S. 105)
- falls Puls am Hals schwach = unsicheres Zeichen
- falls Puls kräftig und regelmäßig = beruhigendes Zeichen

▶ **Atmung beurteilen, auskultieren:**
- keine Atmung mehr → Beatmen (→ unten)
- brodelnde Geräusche oder Lungenteile ohne Atemgeräusch = Verdacht auf Lungenödem (eventuell bei Opiatüberdosis)
- falls Atmung seufzend/sehr unregelmäßig mit langen Intervallen = bedrohlich
- falls Atmung regelmäßig = beruhigendes Zeichen

▶ **Besteht ein Brustschmerz?**
- falls abklärungsbedürftig → Kap. 2.6 → Triage Tab. 2.12, Seite 175

▶ **Besteht ein Meningismus?**
- falls ja = bedrohlich

▶ **Blutdruck:**
- systolischer Blutdruck unter 90 mmHg? falls ja = bedrohlich

▶ **Körpertemperatur:** Fieber? (diagnostisch wichtig für Nachbehandelnde)

▶ **Inspektion des gesamten Körpers:**
- Zungenbiss? Erbrochenes (Tabletten u. a.?)
- (Sturz-) Verletzungen (Kopf!)?
- Injektionsstellen, -narben? Hautinfekte?
- Blutabgang? Urin-/Stuhlabgang?
- Art der Spontanbewegungen? Lähmungszeichen?

▶ **Inspektion von Schlafzimmer, Bad/WC und Küche (Schränke!):**
- Medikamente, Spritzen etc.?

2. Transport in Klinik organisieren

3. Schriftliches Kurzprotokoll der Befunde und Maßnahmen mit präziser Uhrzeit

4. Telefonische Information des Klinikaufnahmearztes und der Angehörigen

> Im Zweifelsfalle sofort Notarztwagen anfordern!

Vorgehen bei Delir (wechselnd verwirrt-verworren-halluzinatorischer Zustand)

Erscheinungsbild des Delirs unterschiedlicher Ursache.
Im Zeitverlauf *wechselnde, instabile* Symptomatik, verstärkt zur Nacht hin:
▶ Störung des Schlaf-Wach-Rhythmus: schlaflos, Alpträume
▶ Psychomotorische Störungen: zitternd, rastlos, nestelnd, schreckhaft – oder apathisch
▶ Bewusstseinstrübung: unkonzentriert, verwirrt, verworren, desorientiert, vergesslich
▶ Illusionen, Halluzinationen (sieht etwas Kleines, Bewegliches, in Vielzahl: Mäuse, Käfer usw.)
▶ Vegetative Störung: stark schwitzend, inkontinent (Alkoholdelir: Fieber, Schüttelfrost)
Vorkommen. In der Regel nach Entzug bei jahrelangem Alkoholmissbrauch. Auch bei:
▶ Intoxikation: z. B. Alkohol, Kokain, Halluzinogene, Medikamente (z. B. Anticholinergika, Antidepressiva, Antipsychotika: → unten unter „Ausnahmen")
▶ Entzug: Hypnotika, Sedativa
▶ Infektionskrankheiten (z. B. Enzephalitis)
▶ Schädel-Hirn-Verletzung (z. B. subdurales Hämatom)
▶ Stoffwechselstörung
▶ Austrocknung (alte Menschen)
Andere auszuschließende Leiden:
▶ Schädel-Hirn-Trauma (Intoxikierte stürzen oft!) → somatische Klinik!
▶ Ungewöhnliche (pathologische) Rauschreaktion (bei nur geringem Alkoholgenuss): Aggressivität bis völliger Kontrollverlust → sofort in psychiatrische Klinik!
▶ Akute Psychose: Angst, Unruhe, Halluzinationen: → Kap. 2.2, in psychiatrische Klinik!
▶ Alkoholhalluzinose bei langjährigem Alkoholmissbrauch (Sprechen in Rede und Gegenrede): → sofort in psychiatrische Klinik!
▶ Verwirrungszustand bei Demenzsyndrom: → je nach Situation in psychiatrische, somatische oder geriatrische Klinik!
Maßnahmen vor der Klinikeinweisung (Ausnahmen → unten). Beruhigend zureden. Sofort in somatische Klinik einweisen wegen akuter Lebensgefahr. Bei Intoxikationsdelir mit Beeinträchtigung von Atmung und Kreislauf könnte die Betreuung auf der Intensivpflegestation notwendig sein! Medikation nur, wenn dies für den Transport zur Klinik unausweichlich ist! Ständige Überwachung bis zum Klinikeintritt (Herz-Kreislauf, Temperatur)!

Medikament und Maßnahme	Verabreichung	Bemerkung
Haloperidol	0,5–5 mg p.o., i.m. oder langsam i.v.	Bei über 65-Jährigen: 0,5 mg Haloperidol
Eventuell: Lorazepam Expidet	1–2,5 mg p.o.	Achtung Atemdepression!
Viel trinken lassen!	Eventuell Infusion	Flüssigkeitsbilanz
Klinikeinweisung, bei Vorherrschen der körperlichen Symptome in somatisches Krankenhaus		Ständige Überwachung Eventuell Sauerstoff Eventuell toxikologisches Screening

Ausnahmen:
▶ **Anticholinergika-Vergiftung** (Trizyklika- oder Biperiden-Vergiftung):
  – Eventuell delirant, weite, träge Pupillen, trockene Schleimhäute, Gesichtsröte, Fieber
  – → Flüssigkeit, überwachen, sofort in somatische Klinik!
▶ **Malignes neuroleptisches Syndrom (selten):**
  – Delir, Fieber, steif (Rigor)
  – → Keine Antipsychotika mehr! Kühlung, Flüssigkeit, sofort in somatische Klinik!

Vorgehen bei Krampfanfall mit Bewusstseinsverlust bzw. bei epileptischem Dämmerzustand

Vorkommen. Grand-mal-Epilepsie oder bei Alkohol-, Barbiturat-, Benzodiazepinentzug usw. In der Regel ist die Beurteilung und Überwachung in einer somatischen Klinik angezeigt.

Maßnahmen. Der unkomplizierte Anfall dauert etwa 2 Minuten und bedarf in der Regel keiner medikamentösen Akuttherapie, da er selbstlimitierend und selten gefährlich ist sowie durch die Gabe von Medikamenten nicht verkürzt wird.

Gefährlich ist der Sturz, daher den **Sturz-Verletzungen** mit Schutz und Polsterung **vorbeugen!**

Eine **spezifische antiepileptische Therapie** durch den Notarzt ist beim länger als 5 Minuten dauernden Anfall nötig, außerdem bei wiederholtem Anfall oder bei epileptischem Dämmerzustand.

Medikament und Maßnahme	Verabreichung
Diazepam	5 – 10 mg Mikroklisma
Alarmierung Notarztwagen	
Ständige Überwachung! Beißschutz	
Bei andauerndem Anfall: Intubation, Beatmung	

2.2 Unruhig-komisch-wahnhaft

Wenn unruhig-komisch-wahnhafte Patienten Notfallhilfe beanspruchen, ist nicht auf Anhieb zu entscheiden, welche seelische oder gar körperliche Krankheit oder abnorme seelische Reaktion dieses Zustandsbild verursacht hat. Die Vorgehensweise bei Beginn der Notfallintervention wird auch bei dieser Patientengruppe in erster Linie durch die Eigentümlichkeit der Kommunikationsstörung bedingt, die bei unterschiedlichen seelischen Krankheiten zu beobachten ist. Auch bei der – meist später als psychotische Störung diagnostizierten – akuten Auffälligkeit sind wichtige Belastungen im äußeren Kontext zu beachten, die den unmittelbaren Anlass für das akute Leiden bilden. Die Auswirkungen solcher Krankheiten stellen für das familiäre Umfeld eine schwere Belastung dar, weshalb bei Notfalleinsätzen häufig eine Klinikeinweisung unter eventueller Anwendung von Zwang vorgenommen werden muss.

Erstkontakt, Auftragsklärung

Anmeldung. Angehörige, Mitarbeiter von betreuten Wohnheimen suchen Hilfe, da sie sich wegen des Verhaltens eines meist psychosekranken Menschen Sorgen machen. Manchmal erfolgt der Anruf aus einer Nachbarwohnung und die Angerufenen werden gebeten, dem Patienten nichts darüber mitzuteilen. Gelegentlich stammt die telefonische Meldung von der Polizei, da ein Mensch öffentliches Ärgernis erregt oder eine Person angehalten wurde, deren Benehmen befremdlich erscheint. Selten stammen die Hilfegesuche von den direkt Betroffenen selbst; häufig sind es vereinsamte Langzeitpatienten.

Auftragskonflikte. Typischerweise verweigern Patienten mit derartigen Beschwerdebildern ein Gespräch über die Notwendigkeit einer intensiven Behandlung. Deshalb dringen Angehörige ab und zu darauf, dass der Helfer überraschend in einer Wohnung erscheinen solle, da befürchtet wird, dass die Kranken sonst weglaufen. Dies ist in der Regel keine Intrige, sondern Ausdruck verzweifelter Ohnmacht. Solchen Hilferufen geht meist eine lange Leidenszeit voraus. Laien machen sich keine Vorstellung von der seelischen Last, die nicht nur die psychosekranken Patienten, sondern auch die Angehörige von wahnkranken Menschen tragen. Der Diagnose einer schizophrenen Störung geht in der Regel eine mehrjährige Phase von zunehmenden familiären Spannungen, völliger Ratlosigkeit und unklaren ärztlichen Beurteilungen, von den Patienten – aus krankheitsbedingt fehlender Einsicht – verweigerter Behandlung und quälenden Versagensgefühlen der Eltern voraus. Im Allgemeinen bewältigen diejenigen Eltern die Belastung am ehesten, die sich auf die Krankheit als ein Schicksalsereignis einstellen und sich weder selbst noch dem Kranken deswegen ein Versagen zuweisen.

> Eine akute psychotische Erkrankung bedeutet meist auch
> eine schwere Beeinträchtigung des Umfeldes!

Vorbereitungsphase

1. Schritt: Triage

Empfehlungen für Fragen am Telefon

☺„Handelt es sich um eine bekannte Krankheit?" (Arzt/andere Betreuer? Diagnose?)
„Medikamente?" (Welche? Regelmäßige Einnahme? Verordnete Dosierung?)
„Klagt der Patient über Nebenwirkungen?" (Gewichtszunahme!)
„Wann war der letzte Klinikaufenthalt?" (Ähnliche Situation? Mit Zwang?)
„Fühlt sich jemand gefährdet?" (in ein Wahnsystem einbezogen? früher gewalttätig? Weglauf-Gefahr?)
„Welches ist die dem Patienten vertrauteste, jetzt erreichbare Person?"
„Besteht eine gesetzliche Betreuung" (Schweiz: vormundschaftliche Maßnahme)?
„Wurden Alkohol, nicht verordnete Medikamente oder Drogen eingenommen?"
„Was hat sich in früheren Situationen bewährt?" (Behandlungsvereinbarung?)

Beachten Sie:
▶ **Antipsychotikum/Neuroleptikum bedeutet nicht automatisch Schizophrenie!**
▶ **Multiproblemsituation:** Viele Langzeitkranke haben zugleich ein Alkohol-, Tabletten-missbrauchs- oder Drogenproblem (sog. Doppeldiagnose). Viele Langzeitkranke können nicht mehr richtig auf Ernährung, Hygiene usw. achten, was zur Dekompensation wesentlich beiträgt.
▶ **Bei erstmalig aufgetretenen Störungen:** Auch somatische Abklärung!

☺„Gab es Vorzeichen einer körperlichen Erkrankung oder gibt es ein behandlungsbedürftiges körperliches Leiden?"
„Erlitt der Patient in der letzten Zeit einen Unfall?"

Triageentscheidung am Telefon

Bekannte Schizophreniekranke: Bisherige Betreuer kontaktieren!
Auszuschließen ist eine Bewusstseinstrübung (z.B. ein Delir) → Kap. 2.1, Seite 103 oben.
Bei unklaren Fällen ist eine sofortige Abklärung vor Ort sinnvoll.

Akute Störungen sind immer dringlich: Aufsuchende Hilfe!

Zuständigkeit. Man denke daran, dass viele Langzeitkranke ein großes Helfernetz haben. Man vergesse nicht, sich mit vormundschaftlichen Betreuern abzusprechen.

Polizei. Zu einem unbekannten Patienten gehe man stets in Begleitung, am besten mit der vertrautesten Person des Kranken, bei akuter Gefährdung gemeinsam mit uniformierter Polizei. Dies wirkt auch bei schwer Wahnkranken meist sofort deeskalierend.

2. Schritt: Vorbereitung

Telefonische Kurzinformation. Falls ein Telefongespräch mit dem Patienten möglich ist, so kündige man ruhig und taktvoll, jedoch ohne weitere Erörterung einen Besuch an. Falls Angehörige ohne Wissen des Patienten anrufen, kann man sie in einer Nachbarwohnung treffen, um dort das Weitere zu besprechen. Man hüte sich jedoch vor übereilter Beurteilung der Lage, bevor ein persönlicher Augenschein stattfinden konnte.

Persönliche Vorbereitung. Eine Rücksprache mit anderen Betreuern, die den Patienten kennen, kann sinnvoll sein. Was bewährte sich in früheren ähnlichen Situationen? Polizisten sollten in allgemeiner Form über die Problematik informiert werden:

> ☺ *„Der Schilderung nach könnte es sich um eine erhebliche seelische Krankheit handeln. Ich bitte Sie, mich zum Schutz zu begleiten und vor der Nachbarliegenschaft zu warten. Ich kann Sie dort in 15 Minuten treffen."*

3. Schritt: Begrüßungsintervention

Erster Augenschein. Meist lässt sich innerhalb von Sekunden erkennen, ob eine schwere psychoseartige Störung vorliegt: Die Angehörigen begrüßen den Helfer und seine Begleiter eingeschüchtert, voller schlechten Gewissens, da sie den Notfallanruf dem Kranken verheimlicht haben. Man wird zum Patienten geführt, der sich abwendet oder beschimpfend reagiert. In der Regel ist das Kontaktverhalten völlig unangemessen, da Hilfe erst in vorgerückten Stadien der (Wieder-)Erkrankung angefordert wird. Manchmal wirken die Patienten rätselhaft und bleiben stumm (mutistisch).

Räumliche und seelische Distanz! Man gehe vorsichtig ans Werk. Erregt-verwirrt-wahnhafte Menschen empfinden im akuten Stadium häufig Gefühle von Angst oder Wut, jedoch manchmal auch von großer Leere, gelegentlich von größenwahnartigem Übermut und Überheblichkeit. Viele dieser intensiven Gefühle werden auf nahe Angehörige gerichtet. Wenn Helfer zu nahe kommen, können auch sie zu Objekten wahnhafter Verkennung werden. Bei unbekannten Patienten ist deshalb genügend seelische und räumliche Distanz sinnvoll, bis man sich selbst sicher und gelassen fühlt. Körperliche Berührung ist zu vermeiden, in der Regel auch ein anfänglicher Händedruck zur Begrüßung. Es ist für die Kranken weniger bedrohlich, wenn man ihnen nicht frontal, sondern seitlich begegnet und dabei sitzt. Wenn man mit unberechenbaren Handlungen rechnen muss, ist es angezeigt, in der Nähe einer offenen Tür zu bleiben. Die Kranken sollen ihrerseits nicht in eine Ecke gedrängt werden. Es bewährt sich, einen weiteren Helfer bei der Ausgangstür zu postieren. Persönliches Notfallmaterial (Arztkoffer, Mobiltelefon usw.) soll stets in sicherer Entfernung vom Kranken hingestellt werden.

Einfacher Gesprächsrahmen. Erregung oder chaotisches Handeln der Patienten sollen nicht als Unbotmäßigkeit, sondern als Krankheitszeichen, als objektive Überforderung durch zuviel Komplexität und Stimulation verstanden werden! Der Gesprächsrahmen wird deshalb vereinfacht: Unruhige Drittpersonen sollen höflich aus dem Raum hinauskomplimentiert werden, indem man ihnen einen einfachen Handlungsauftrag gibt (z. B. eine anstehende Hausar-

beit machen). Aufgeregte Kranke lässt man – betreut durch eine verlässliche und vertraute Person – im Raum bleiben. Der Helfer entfernt sich in der Zwischenzeit mit einer anderen angehörigen Person, um Auskünfte einzuholen.

Kurze Gesprächsdauer. In der akuten Situation ist die Gesprächsdauer so kurz wie möglich zu halten, damit die Belastbarkeit des Patienten und der übrigen anwesenden Personen nicht strapaziert wird. Nur kurz reden, beobachten, eine schnelle Entscheidung treffen und handeln.

☺ *„Guten Tag, ich heiße Müller, bin Notfallarzt und habe den besorgten Anruf Ihrer Mutter erhalten. Sie hat Angst, weil sie seit Tagen kaum mehr aus dem Zimmer kommen und die Medikamente nicht mehr nehmen. Ich habe zwei Polizisten gebeten, zu meinem Schutz mit-zukommen. Das ist Herr Huber und Herr Meier."* (Wieder zum Patienten gewendet) *„Wie geht es Ihnen? … Möchten Sie dazu etwas sagen?"* (Der Patient macht eine rätselhafte Bemerkung gegen die Wand) *„Ich kann Sie nicht genau verstehen. Ich nehme deshalb an, dass es Ihnen im Moment nicht gut geht und es schwierig für Sie ist, mit mir zu sprechen. Ich werde mich des-halb jetzt kurz an Ihre Mutter wenden. Herr Huber und Herr Meier bleiben im Korridor stehen. Ich bin in 5 Minuten zurück."*

Abklärungsphase

4. Schritt: Gesprächsführung

„Verrückte" Kommunikation. Die folgenden Leitlinien können die persönliche Erfahrung im Umgang mit schwer seelisch Kranken nicht ersetzen. Der Kommunikationsstil mit solchen Kranken unterscheidet sich stark vom üblichen Umgang, wie wir ihn aus unserem Alltag kennen. Unerfahrene ziehen mit Vorteil eine Fachperson hinzu.

Empfehlungen zu Kontaktaufnahme und Gesprächsrahmen (Setting)

Taktvolles Vorgehen. Wenn der wahnhafte Zustand Folge einer Geisteskrankheit und nicht Folge von Drogen- oder Alkoholwirkung ist, erinnern sich die Kranken später genau, wie taktvoll oder geringschätzig man sich mit ihnen abgegeben hat. Die meisten Patienten schämen sich später, in der akuten Erkrankung das Gesicht verloren zu haben. Manche Kranke bleiben wütend auf die Personen und Institutionen, die im Notfall mit Zwang eingeschritten sind. Vor allem dann, wenn sie bei der Notfallintervention durch respektloses Helferverhalten gekränkt wurden. Es braucht Feingefühl, im Vorgehen verhältnismäßig zu bleiben.

Initiative ergreifen und roten Faden behalten. Durch ruhiges und entschlossenes Auftreten behält der Notfallhelfer die Initiative. Ambivalenz beim Helfer führt bei verwirrten, wahnhaften Menschen, die ihrerseits krankheitsbedingt ambivalent sind, zu einer Dramatisierung der Situation. Sorgfältig ist darauf zu achten, beim Thema zu bleiben, da solche Kranke durch ihren sprunghaften oder konfusen Gedankengang den Helfer verwirren können.

Gesprächsstil: Direktiv, einfach, im Klartext. Der Umgangston ist knapp und bestimmt, sachlich-freundlich, jedoch nicht einfühlend, erwägend oder fragend. Die Aussagen des Helfers sind vorher genau überdacht. Im Aufforderungston werden kurze, einfache Sätze geäußert. Scherze, Ironie, Anspielungen, komplizierte Erörterungen sollten unbedingt vermieden werden. Solche Äußerungen würden zusätzlich verwirren und Angst oder Wut verursachen. Aus dem gleichen Grund wird Diskussionen mit dem Patienten ausgewichen. Die Meinungen eines Patienten, der den Realitätsbezug verloren hat, werden als Ausdruck seiner Stimmungslage taktvoll entgegengenommen. Inhaltlich wird nicht näher darauf eingegangen. Für bereits vom Notfallhelfer Entschiedenes wird vom Kranken keine Zustimmung mehr eingeholt.

Gesprächsinhalt sind vor allem Mitteilungen. Der Gesprächsinhalt bezieht sich auf das, was im Moment gerade geschieht: Mitteilungen an den Patienten, wie beschreibende Beobachtungen, getroffene Entscheidungen, einzuleitende Maßnahmen. Begründendes Argumentieren wird möglichst vermieden, da die Schlussfolgerungen in der akuten Erkrankungsphase nicht nachvollzogen werden können. Entsprechend werden einmal getroffene Beschlüsse sofort durchgeführt und nicht neu erwogen.

Kommunikation durch Handeln. Psychotische Menschen sind manchmal nicht mehr über das Gespräch, sondern nur noch über gemeinsames Handeln zugänglich:

> Eine psychotisch-erregte Patientin kommentiert einen vorgesehenen Klinikaufenthalt mit den Worten: „Das kommt überhaupt nicht in Frage!" Sie bedenkt alle Anwesenden mit Schimpfworten, läuft wie ein Tiger im Zimmer hin und her, bis ein Krankenwagenfahrer den Mantel der Patientin vom Garderobenständer nimmt und ihn der Frau mit höflicher Bewegung hinhält. Zur Verblüffung der Umstehenden schlüpft sie hinein und folgt schimpfend dem Beamten zum Krankenwagen, wo sie ohne Zögern einsteigt.

Eingehen auf den Wahn? Der Wahn ist die ganz private Welt des Kranken. Ohne genaue Kenntnis dieser Wahnwelt kann man den Patienten darin nicht authentisch begleiten. So zu tun, als ob man alles verstehen würde, gibt der Situation etwas Unwürdiges, Kumpelhaftes. Man nimmt damit den Kranken mit seiner eigenen Realitätsgewissheit nicht mehr ernst. Hingegen kann das im Wahn zum Ausdruck gebrachte Gefühl vorsichtig benannt, jedoch nicht verstärkt werden; man vermeide Interpretationen. Ein Beispiel:

> ☺ „Ich merke, wie Sie Angst haben, belauscht zu werden."
> Ein Patient blickt mysteriös in eine Zimmerecke (vielleicht lauscht er einer Stimme). Auf ein Gespräch steigt er nicht ein. Der Helfer: „Aus irgend einem Grund reagieren Sie auf meine Frage nicht. Ich respektiere dies. Ich wende mich an Ihre Angehörigen."

Sich in den Wahn hineinzudenken, sich in Stimmung einzufühlen oder den Wahn gar zu interpretieren, kann gefährlich sein. Man rede bei erregten Kranken ausschließlich zu Drittpersonen und halte einen Sicherheitsabstand.

Umgang mit psychotischer Ambivalenz. Diese Form der Unentschiedenheit unterscheidet sich von der „gewöhnlichen" Unschlüssigkeit durch das gleichwertige und unveränderliche

Nebeneinander zweier gefühlsbeladener Handlungsalternativen, worüber nicht näher verhandelt werden kann. Zum einen werden durch den Helfer nach Möglichkeit keine offenen Fragen gestellt. Zum anderen wird die notwendige Entscheidung vorweggenommen und die Entscheidungsfrage auf einen gefühlsmäßig unbelasteten Bereich verschoben. So kann über die Ablenkbarkeit dieser Kranken gelegentlich ein Zugang gefunden werden. Ein Beispiel dazu:

> *Die Sozialarbeiterin sagt zu der ihr bereits lange bekannten schizophreniekranken 58-jährigen Frau, nachdem sich diese laut schimpfend gegen eine dringend notwendige Krankenhauseinweisung wendet: „Wer pflegt während Ihrer Abwesenheit Ihre Topfpflanzen: Die Nachbarin oder Ihre Mutter?" Die Patientin entscheidet sich brummend für ihre in der Nähe wohnende Mutter, womit sie durch die Art der Antwort indirekt in den Klinikaufenthalt „einwilligt".*

Umgang mit chaotisch-wirren Patienten. Bei chaotischem, eskalierend ausfälligem oder ausuferndem Gesprächsinhalt sofort den Dialog taktvoll, aber bestimmt eingrenzen oder gar abschließen und zum nächsten Interventionsschritt übergehen. Auf keinen Fall sich in verbale Auseinandersetzungen einlassen. Bei psychotischen Patienten keine konfrontierende Vorgehensweise!

Umgang mit schimpfenden Patienten. Als Notfallhelfer muss man sich auf Verunglimpfungen gefasst machen. Da viele psychosekranke Menschen unter starker innerer Spannung stehen, sind verbale Ausbrüche – wenn sie sich nicht zu Tätlichkeiten steigern – eine wichtige Möglichkeit, Dampf abzulassen. Deshalb Vorsicht bei „ruhigen" (innerlich jedoch meist erregten), unergründlich stummen Patienten.

Umgang mit gefährlichen Patienten. In offensichtlich gefährlichen Situationen (psychotischer Erregungszustand, oder Gefahr einer Attacke auf den Notfallhelfer oder andere anwesende Personen) sind sofort schützende Handlungen (Ambulanz, Polizei, Wegbringen von Kindern, Herbeirufen von Nachbarn usw.) einzuleiten und nicht lange Abklärungen durchzuführen. Das „Gespräch" besteht darin, dass der Notfallhelfer fortlaufend erklärt, was er gerade tut oder unmittelbar zu tun gedenkt:

> ☺ *„Ich rufe die Klinik an. Die Polizeibeamten bleiben mit Ihnen im Zimmer. Ihre Mutter stellt Ihre Toilettensachen zusammen."*

Bei plötzlichen tätlichen Angriffen sofort Distanz einnehmen, Blickkontakt unterbrechen und sich selbst schützen. Nicht-polizeiliche Helfer sollen keine physische Gewalt anwenden, um nicht zu verletzen oder selbst verletzt zu werden.

5. Schritt: Abklärung

Befragung der Angehörigen. Die Befragung von Drittpersonen ist unumgänglich (→ Fragen beim ersten Schritt, Seite 110).
Teilnehmende Beobachtung. Im Verlauf des Notfallkontaktes kann miterlebt werden, wie sich das Verhalten der Beteiligten verändert. Dies erlaubt Rückschlüsse, wie sehr eine Situation festgefahren ist, oder aber wie weit ein soziales System (z.B. die Familie, ein Heim, eine Krankenhausstation oder eine Firma) und der Patient einer äußeren Hilfebeeinflussung zugänglich sind. Wie viel Selbstverantwortung können die Patienten übernehmen? Wie belastbar sind ihre Angehörigen?

> Ersterkrankungen: Sorgfältige Abklärung durch eine medizinische Fachperson!

6. Schritt: Beurteilung und Hilfestrategie

Bewusstseinstrübung? Eine Bewusstseinstrübung liegt vor, wenn die Kranken eigenartig schläfrig, eventuell auch wechselnd wach und schläfrig sind: Eine Störung der Orientierung in Bezug auf Zeit, Ort, eigener Person oder Situation soll den Helfer immer auch an die Möglichkeit einer Bewusstseinstrübung denken lassen. Man denke insbesondere auch an ein Delir (→ Seite 103). Falls eine dieser Vermutungen auch nur unklar bleibt, ist unabhängig von weiteren Befunden ohne Behandlungsversuche eine sofortige körperliche Abklärung mit der Möglichkeit zur stationären Aufnahme vorzusehen!

> **Alle unruhig-komischen Patienten mit Bewusstseinstrübungen müssen sofort im somatischen Krankenhaus abgeklärt werden!**

Stupor? Bei wachen, reglosen Patienten (Stupor), die sich überhaupt nicht äußern (Mutismus) und wie abwesend erscheinen, kann es sich um viele Störungsbilder handeln. Mögliche Grunderkrankungen bei stupurösen Zustandsbildern sind:

▶ **Schizophrene Psychose:** z. B. Katatonie (Achtung vor plötzlicher Erregung!)
▶ **Seelischer Schock** (nach einem traumatisierenden Erlebnis)
▶ **Hirnorganische Störung:** z. B. epileptischer Dämmerzustand, Demenz
▶ **Andere:** Drogen, Medikamente, Stoffwechselstörung (z. B. Hypoglykämie) usw.

In solchen Fällen Angehörige sorgfältig befragen und Patienten ruhig, vorsichtig und taktvoll beobachten. Häufig ist ein Klinikaufenthalt zur Abklärung notwendig.

Die seelische Störung. Eine schlüssige diagnostische Beurteilung von Menschen mit gestörtem Realitätsbezug ist in der Notfallsituation bei einem Hausbesuch kaum leistbar.

Belastbarkeit des Umfeldes. Die notwendige Hilfe lässt sich im Notfalleinsatz am ehesten aus dem Verhältnis zwischen dem beobachteten Ausmaß der psychosozialen Störung und der erlebten Belastbarkeit von Angehörigen und Helfern ermitteln.

Zwangsmaßnahme erwägen. Bei fehlendem Einverständnis ist bei unmittelbarer Gefahr für die Gesundheit der Betroffenen (Patient und Umwelt) eine Zwangseinweisung durchzuführen (Rechtsvorschriften beachten!).

Hilfestrategie

Tabelle 2.**2** Stufen zunehmender Störung des Realitätsbezuges und Hilfestrategie.

Stufe	Gestörter Realitätsbezug	→	Hilfestrategie
A Labil	**Der Realitätsbezug scheint intakt.** Unter größerer emotioneller Belastung, Reizüberflutung oder zu hoher Komplexität jedoch Störung der adäquaten Wahrnehmung. Der Patient wirkt komisch.	→	Ambulante stützende und Außenreize/ emotionelle Ansprüche reduzierende Hilfe mit **Termin nach Vereinbarung.** Schutz vor Zusatzbelastung. Abmachungen werden direkt mit dem Patienten getroffen.
B Situative Störung	**Der Realitätsbezug ist gestört in einem umschriebenen Lebensbereich**, dort jedoch systematisch (Beeinträchtigungswahn alter Leute, paranoide Persönlichkeit).	→	**Ambulante Intervention innerhalb von 24 Stunden.** Der Patient braucht Entlastung, Tagesstruktur, Medikamente. Verlässliche Dritte werden zugezogen.
C Knapp kompensiert, systematisch gestört	**Der Patient kann sich kurzzeitig und gegenüber Autoritätspersonen beherrschen und die Wahnwahrnehmungen verbergen.** Er wirkt unzugänglich, abweisend, undurchsichtig, eventuell schroff und feindselig. Die Angehörigen sind zunehmend überfordert.	→	Meist ist sofortige **aufsuchende Hilfe** (Medikamente unter Aufsicht) oder **Kriseninterventionsstation** notwendig. Die Angaben der Angehörigen und ihre Bedürfnisse nach Unterstützung sind besonders ernst zu nehmen. Mit ihnen werden Vereinbarungen getroffen. Der Patient braucht tägliche Betreuung mit klaren Direktiven und regelmäßiger Medikation.

Tabelle 2.**2**   (Fortsetzung).

Stufe	Gestörter Realitätsbezug	→ Hilfestrategie
D Wahnkrank	**Offensichtliche Störung des Realitätsbezugs**. Die Angehörigen sind durch die Betreuung offensichtlich ausgebrannt. Auf der Ebene des Routineverhaltens ist der Patient noch knapp funktionstüchtig, wirkt im Übrigen schwer einfühlbar. Er hört Stimmen und berichtet über Wahninhalte.	→ Eine kurzzeitige **Unterbringung in einer offenen psychiatrischen Station zur Krisenintervention** mit Medikation und soziotherapeutischen Maßnahmen ist angezeigt. Zur vorläufigen Beurteilung ist man auf Angaben von Drittpersonen angewiesen. Über Handlungsbezüge gelingt eventuell der Kontakt zum Patienten.
E Schwer krank	**Die Patienten sind psychopathologisch sehr auffällig und schwer leidend:** Der Realitätsbezug ist schwer gestört. Die Äußerungsweise in Wort, Mimik und Gestik ist nicht mehr nachvollziehbar. Die Handlungsweisen sind unberechenbar und wirken bedrohlich. Der soziale Kontakt ist unterbrochen. Die Angehörigen sind erschöpft und verzweifelt.	→ Es besteht sofortiger Handlungsbedarf: Per Ambulanz **Unterbringung in einer geschlossenen psychiatrischen Station**, notfalls durchgesetzt mit rechtlichen Mitteln, eventuell unter Hinzuziehen der Polizei. Besondere Vorsicht ist am Platz. Die Notfallintervention erlangt für den Patienten eine krankhafte Bedeutung (z. B. durch den Einbezug in ein Wahnsystem).

Maßnahmephase *(Medikation → Seite 118 ff)*

7. Schritt: Notfallkonferenz

Gemeinsame Problemdefinition und Aufgabenteilung. Unter Einbezug des Patienten und der bisherigen ambulanten Betreuer werden drehbuchartig die nächsten Tage durchgesprochen (Wer tut was wie wozu?). Erst wenn ein gemeinsam besprochenes konkretes ambulantes Behandlungskonzept realistisch erscheint und alle die ihnen übertragene Verantwortung kennen und bereit sind, diese ausdrücklich zu tragen, ist es sinnvoll, Maßnahmen in diese Richtung zu treffen. Dabei ist zu berücksichtigen, dass die ambulante Betreuung von akut psychotischen Menschen außerordentlich aufwändig ist. Während der akuten Phase dürfen solche Kranke nie aus den Augen gelassen werden.

8. Schritt: Ambulante Maßnahmen

Ambulante Probeintervention: Sofort entlasten durch „Regieanweisungen". Vertraute Personen sollen sich möglichst ruhig in der Nähe aufhalten. Aufgeregte oder verärgerte Personen sollen in ein entferntes Zimmer gehen oder den Schauplatz ganz verlassen. Denn die Äußerung von Feindseligkeit, großem Ärger, von Wut oder Niedergeschlagenheit wird als Zeichen einer Überforderung verstanden. Dabei verteilt der Notfallhelfer klare Rollen und Handlungsaufträge.

Empfehlungen für Regieanweisungen für einen ambulanten Behandlungsversuch

▶ **Regieanweisung an den Patienten (Medikamentenverabreichung):**
☺ *„Ich sehe, dass Sie sich in einer Krise Ihrer Krankheit befinden. Ich werde diese jetzt behandeln, um eine Klinikeinweisung zu vermeiden." (Der Notfallhelfer bereitet nun ein Medikament zur sofortigen Gabe vor.)*
„Ich gebe Ihnen jetzt ein Medikament. Es heißt XY und vermindert Angst und Unruhe. Mit diesem Glas Wasser können Sie es hinunterspülen."
Nachdem das Medikament geschluckt ist: „Ich spreche jetzt mit Ihren Angehörigen. Sobald Sie mit dem Medikament Ruhe gefunden haben, werde ich mit Ihnen sprechen."
▶ **Regieanweisung an überforderte Angehörige:**
☺ *„Sie haben sich verausgabt. Sie brauchen jetzt dringend Ruhe. Ich empfehle Ihnen, ins Bett zu gehen. Morgen wird Ihnen (eine Angehörige) mitteilen, was sie von mir erfahren hat, wie es weitergeht. Ich danke Ihnen und wünsche Ihnen eine gute Nacht."*
▶ **Regieanweisung an die belastbarste, vertrauteste Angehörige:**
☺ *„Bitte setzen Sie sich zum Patienten, bis er einschläft. Später werde ich Ihnen die weitere Behandlung erklären, damit Sie die jetzt notwendigen Medikamente verwalten können."*

Weitere Maßnahmen

▶ **Körperliche Stärkung:** Einnahme von genügend Flüssigkeit, eventuell einer kleinen Mahlzeit. (Viele akut Kranke haben schon lange nichts mehr gegessen. Zudem haben sie häufig zuwenig getrunken, was beides ihren Zustand ungünstig beeinflusst.)
▶ **Sofortige Entlastung:** Krankschreiben. Momentane Entlastung von jeglichen Arbeiten.

Der „Job" des Patienten ist die Genesung!

▶ **Reizreduktion:** Radio/TV ausschalten, Telefon in anderes Zimmer stellen. Vermeiden von verschiebbaren Aktivitäten (keine Probleme lösen, keine Konflikte austragen). Ein eventuelles Chaos durch Angehörige aufräumen lassen.
▶ **Strikte Alkohol- und Drogenabstinenz.**
▶ **Tagesstruktur:** Wiederherstellen eines geregelten Tag-Nacht-Rhythmus mit Tagesstruktur sowie rhythmischem Wechsel von Ruhe und einfacher Grundaktivität (z. B. spazieren gehen oder Ähnliches) für den gesamten Zeitraum bis zur nächsten Konsultation.
▶ **Nachbetreuung:** Innerhalb von 24 Stunden sollte ein erneuter Hausbesuch stattfinden. Das Ziel dieser Besprechung wird sein, die notwendige Dosierung und Verträglichkeit der medikamentösen Therapie zu überprüfen sowie die aktuelle Selbst- und Fremdgefährdung wie auch die Belastbarkeit der Angehörigen abzuschätzen. Es sollten bis zur emotionellen Stabilisierung aller Beteiligten keine zusätzlichen Themen aufgegriffen werden.
▶ **Alarm-System einrichten:** In Abwesenheit des Patienten ein Szenario einer möglichen „gewöhnlichen" und einer „schlimmstmöglichen" Verschlechterung besprechen, da sich alle Beteiligten entsprechende Sorgen machen werden:
☺ *„Was kann passieren? Was wäre das Frühzeichen einer erneuten Verschlechterung der Psychose?"*
„Wer ist für was zuständig? Was kann diese Person tun?"
„Wie und wann wird die Medikamentenreserve eingesetzt?"
„Welche außenstehende Person kann auch mitten in der Nacht zu Hilfe gerufen werden?"
▶ **Behandlungsbündnis abschließen:** Sobald der Patient medikamentös und durch die strukturierende, reizreduzierende Intervention ruhiger geworden ist, kann der Notfallhelfer sich noch einmal vergewissern, dass alle ihre Aufgaben verstanden haben:

☺ *Die hauptverantwortlichen Angehörigen versprechen, bei einer erneuten Verschlimmerung Hilfe von außen anzufordern. Der Patient verspricht, den Anordnungen der jetzt zuständigen Angehörigen nachzukommen (vor allem bei der Medikamenteneinnahme).*

Allgemeine Empfehlungen für die Medikation

▶ **Bereits verordnete Medikamente** weiter verabreichen (Rücksprache mit Arzt).
▶ **Medikamentenwechsel?** Falls Nebenwirkungen (Gewichtszunahme!) dazu beigetragen haben, dass der Patient das Medikament abgesetzt hat, ist ein Präparat-Wechsel zu erwägen.
▶ **Keine Langzeitmedikamente** (Depotpräparate) spritzen!
▶ **Ambivalenten Patienten** muss das Medikament (am besten rasch lösliche Tabletten usw.) ohne zu zögern verabreicht werden.
▶ **Alle Medikamente durch die Angehörigen verwalten lassen.**
Achtung Nebenwirkungen! Neu behandelte, bisher unbekannte Patienten (vor allem alte Menschen) müssen in den ersten Tagen durch zuverlässige Personen betreut werden, die über die Nebenwirkungen (Tab. 2.3) in verständlicher Sprache orientiert werden müssen!

Tabelle 2.3 Häufige Nebenwirkungen von Antipsychotika/Neuroleptika.

▶ **Benommenheit und Müdigkeit** (vor allem in den ersten Tagen)
▶ **Blutdruckabfall, Herzklopfen** mit Schwindel (Sturzgefahr!)
▶ **Parkinsonartige Nebenwirkungen** treten (vor allem bei typischen Antipsychotika wie Haloperidol) im Verlauf des ersten Tages nach Behandlungsbeginn auf: Bewegungssteifigkeit, Zittern
▶ **Bewegungsunruhe** (sog. Akathisie) vor allem in den Beinen (Therapie: Dosisreduktion; Betablocker wie z. B. Propranolol; Benzodiazepine)
▶ **Gewichtszunahme** (bei atypischen Antipsychotika)

Die folgenden Empfehlungen für die Notfallbehandlung
sind für medizinisch Ausgebildete gedacht;
präzisere Informationen entnehme man der aktuellen ärztlichen Fachinformation.

Notfalltherapie von unklarer Unruhe

Wenn möglich keine Medikamente geben! Falls für Transport trotzdem notwendig:

Medikament und Maßnahme	Verabreichung	Bemerkung
Lorazepam Expidet	1–2,5 mg p.o.	Achtung Atemdepression!
Klinikeinweisung		Ständige Überwachung!
Toxikologisches Screening veranlassen		

Bei deliranten Zustandsbildern zusätzlich: Viel Mineralwasser trinken lassen, möglichst in somatische Klinik einweisen.

Bedrohliche oder unklare Zustände
müssen stets im Krankenhaus abgeklärt und behandelt werden!

Vorgehen bei starker Erregung (auch unklaren Ursprungs)

Es ist das vorrangige Ziel, den Patienten medikamentös rasch in einen entspannten (sedierten) Zustand zu versetzen, der für die Dauer eines Transportes in die Klinik anhält.

▶ **Überwältigen des Patienten**

Maßnahmen	Erläuterung
Vorbereitung	Es sind mindestens 5 Personen zu organisieren. Brillen wegnehmen. Helfer ziehen ihre Armbanduhren aus.
Anfassen	Zwei Helfer halten den Patienten an den Armen fest. Zwei Helfer halten den Patienten an den Beinen fest. Ein Helfer hält den Patienten an Kopf und Schulter fest.
Ablegen	Patienten auf feste, flache Unterlage legen.

Damit können auch wild um sich schlagende Kranke ohne Anwendung von brutaler Gewalt unter Kontrolle gehalten werden, bis das Medikament injiziert ist. Achtung bei Antikoagulation!

▶ **Medikation aller schweren Erregungszustände** (außer bei Verdacht auf malignes neuroleptisches Syndrom: dort keine Antipsychotika mehr! → Seite 120)

Medikament und Maßnahme	Verabreichung	Bemerkung
Lorazepam	2–4 mg p.o.	i.v. nur bei Reanimationsbereitschaft!
Plus eventuell Haloperidol	2,5–5 mg p.o., i.m. oder langsam i.v.	
Klinikeinweisung		Ständige Überwachung!
Toxikologisches Screening veranlassen		

Antiparkinsonikum: wird erst in der Klinik gegeben (z.B. Biperiden 2–4 mg), es sei denn, es bestehen bereits extrapyramidale Nebenwirkungen (dann nur Einzeldosis abgeben).

Medikamentöse Behandlung genauer definierter Formen von Unruhe oder Erregung

▶ **Bei bereits bekannter schizophrener Psychose** (nicht durch Intoxikation kompliziert!): Bisheriges Medikament (eventuell kombiniert mit Lorazepam in Expidet-Form) verabreichen; es sei denn, es kam früher zu einer bedrohlichen Nebenwirkung. Deshalb allenfalls Wechsel auf ein anderes Präparat (z.B. auf Olanzapin). Vor einer Klinikeinweisung keine Depot-Medikamente spritzen!

▶ **Bei Verdacht auf drogeninduzierte Unruhe oder Erregung**

Medikament und Maßnahme	Verabreichung	Bemerkung
Haloperidol	Bis 5 mg p.o., i.m. oder langsam i.v.	
Eventuell Lorazepam	2–4 mg p.o.	i.v. nur bei Reanimationsbereitschaft!
Klinikeinweisung		Ständige Überwachung!
Toxikologisches Screening veranlassen		

▶ **Bei Wahn im Vordergrund und leichterer Unruhe**

Medikament	Verabreichung	Bemerkung
Haloperidol	1–5 mg p.o. Tagesdosis bis 10 mg	Nach einer Std. evtl. wieder- holen (als Reserve auf die Nacht 2–4 mg Biperiden)
Alternative: Olanzapin	Tagesdosis 5–10 mg p.o.	steigern bis eventuell 20 mg

▶ **Bei akuter Antipsychotika-Nebenwirkung mit Frühdyskinesie oder Schlundkrampf**

Medikament und Maßnahme	Verabreichung	Bemerkung
Biperiden	2,5–5 mg sehr langsam i.v.	Plus evtl. Biperiden Retard 4 mg p.o.
Klinikeinweisung		Ständige Überwachung!

▶ **Bei malignem neuroleptischem Syndrom,** einer seltenen Vergiftung durch Neuroleptika, einhergehend mit Delir, Fieber, Bewegungssteifigkeit (Rigor):
→ Keine Antipsychotika mehr, Kühlung, Flüssigkeit, sofort einweisen in somatische Klinik!

▶ **Bei Anticholinergika-Vergiftung** (Trizyklika oder Biperiden-Vergiftung): Patient ist eventuell delirant → sofort in somatische Klinik einweisen (Weiteres → Kap. 2.1, Seite 106).

▶ **Bei depressiv-wahnhafter Störung**: Im Notfall empfiehlt sich eine Behandlung der psychotischen Symptome. Steht Unruhe im Vordergrund: Lorazepam (→ oben). Steht Wahn im Vordergrund: Beginn mit Olanzapin 5 mg pro Tag p.o. oder Risperidon 2 mg pro Tag p.o. Erst nach einer genaueren Abklärung ist eine antidepressive Therapie einzuleiten; dies geschieht nicht in der Notfallsituation.

Empfehlungen für die Notfallmedikation bei speziellen Altersgruppen

▶ **Bei Kindern ab 12 Jahren und Jugendlichen**

Medikament	Verabreichung	Bemerkung
Lorazepam Expidet	0,5–1 mg p.o.	Keine Antipsychotika!

Einweisung in die Kinderpsychiatrie. Bei erstmaligem Auftreten der Störung ist stets eine sorgfältige, auch körperliche Abklärung wichtig.

▶ **Psychoseartiges Syndrom bei unruhigen, alten Menschen**

Medikament	Verabreichung	Bemerkung
Haloperidol Tropfen	0,3–0,5 (max. 5–8) mg/Tag	Problem: Hypotonie Stets 1:1-Betreuung!

Bei alten Leuten können ungenügend behandelte körperliche Leiden mit wahnhaften Verwirrtheitszuständen verbunden sein, die nicht im engeren Sinne psychotisch sind, sondern einem Delir entsprechen (häufig!). Man denke auch an Austrocknung (Exsikkose)! Unklare psychoseartige Zustände deshalb auf einer geschlossenen Abteilung einer psychiatrischen Klinik abklären lassen. Medikamente in solchen Fällen nur, wenn die Transportfähigkeit in Frage gestellt ist; sehr vorsichtig dosieren. Auch hier: Stets Ambulanz und nie Taxi!

> **Bei alten Menschen Medikamente abends geben, wenn sie im Bett sind!**

Empfehlungen für Schwangere und Wöchnerinnen

▶ **Bei Schwangeren und stillenden Müttern:** Eine neuroleptische Behandlung sollte nur nach sorgfältiger Abwägung der Risiken für die Mutter und das Ungeborene durchgeführt werden (dies gilt auch für Benzodiazepine). Entsprechend ist die Schwelle für eine Klinikeinweisung niedriger anzusetzen. Damit die Behandlungsdauer möglichst kurz gehalten werden kann, ist ein gut wirksames, gut dokumentiertes Medikament, wie Haloperidol, zu verwenden. Diese Behandlung muss selten bereits in der ambulanten Notfallsituation eingeleitet werden.
Lithium und auch Antiepileptika weisen ein erhebliches Schädigungspotenzial für das ungeborene Kind auf.

▶ **Psychosen im Wochenbett bzw. in den ersten Monaten nach der Geburt:** Häufig manische oder bipolare Psychosen. Behandlung mit Haloperidol. Bei psychopharmakologischer Behandlung darf die Mutter nicht stillen.

Medikament und Maßnahme	Verabreichung	Bemerkung
Haloperidol	p.o.	strenge Nutzen-Risiko-Abwägung! (im 1. Trimenon und ab 2 Wochen vor Geburtstermin meiden)
Klinikeinweisung erwägen		evtl. auf Gynäkologie/Geburtshilfe

> Bei Psychosen im Wochenbett besteht die Gefahr von Suizid und Säuglingstötung!

9. Schritt: Evaluation – Klinikeinweisung?

Empfehlungen für die Evaluation

Patient. Ist er ruhiger oder zugänglicher geworden, so dass er einfachen Aufforderungen nachkommt (Medikamente einnehmen, essen, trinken, ins Bett gehen)?
Angehörige. Haben sich die Angehörigen in der ihnen zugewiesenen Rolle zurechtgefunden? Ist bei ihnen Entlastung spürbar: Sind Zeichen von Panik, Desorganisation, Feindseligkeit, Überengagement und Ratlosigkeit (weitgehend) verschwunden? Haben sie die Anordnungen des Helfers verstanden und sind sie bereit/in der Lage, mit ihm zusammenzuarbeiten?
Notfallhelfer selbst. Fühlt er sich auch besser? Hat er den Eindruck, mit gutem Gewissen weggehen oder die Konsultation beenden zu können: Ist bis zum Zeitpunkt des nächsten vereinbarten Kontaktes nach menschlichem Ermessen keine akute Verschlimmerung zu erwarten (Selbst- und Fremdgefährdung!)? Erscheinen ihm die angeordneten Maßnahmen realistisch (Entlastung aller Beteiligten spürbar)?
Falls diese Fragen nicht bejaht werden können, ist es angezeigt, doch noch eine Klinikeinweisung (oder anderweitige Unterbringung) zu veranlassen. Die vorangegangenen Versuche, die Notfallsituation ambulant aufzufangen, können wichtige Erfahrungen auch für die Angehörigen und den Patienten sein, dass trotz der Mobilisation allen guten Willens eine Einweisung unabwendbar ist.
Falls Zwangsmaßnahmen notwendig werden (nach einem derartigen Verlauf unwahrscheinlich), sind die Patienten und die Angehörigen fast immer damit einverstanden, weil sie selbst erfahren konnten, dass es keine Alternative mehr gibt. Eine weitere Verlängerung der Abklärungszeit kann gefährlich sein, da zum Schluss auch der Notfallhelfer selbst erschöpft sein wird, was sich z.B. in Entschlusslosigkeit, Verleugnung der Gefahr mit gefährlichen Fehlbeurteilungen oder Missmut gegenüber den Hilfesuchenden äußern könnte. Dann würde die Notfallintervention selbst zum Notfall.

Empfehlungen zur Vorgehensweise bei der Klinikeinweisung

Gemeinsame Problemdefinition. Es ist empfehlenswert, sich in der folgenden gemeinsamen Planung nur auf die realistischen Alternativen zu konzentrieren. Erregte, stark wahnhafte, unberechenbare Patienten bedürfen einer Einweisung ohne weiteres Abwägen. Eine ruhige und zielgerichtete Vorgehensweise ist für alle Beteiligten eine große Erleichterung. Diskussionen mit dem Kranken führen zu weiteren Eskalationen. Ein Ende mit Schrecken ist besser als ein Schrecken ohne Ende.

Die Mitteilung an den Patienten obliegt dem Notfallhelfer. Es ist verständlich, dass Angehörige sich davor scheuen, offen eine Einweisung zu erwägen. Dem Notfallhelfer obliegt es deshalb, die unangenehme Botschaft zu formulieren und das Faktum der Notwendigkeit in das Gespräch zu bringen: Der Notfallhelfer beginnt das Gespräch mit seiner vorläufigen Beurteilung und fragt die anderen Anwesenden, ob sie eine Alternative zum Klinikaufenthalt wissen, für die sie eine Verantwortung übernehmen könnten. Damit sind die Angehörigen von der schwierigen Aufgabe entlastet, den meist vorhandenen Gedanken an eine Einweisung aussprechen zu müssen. Keine Versprechungen machen!

Die Mitteilung der Angehörigen. Jetzt ergänzen sie gegenüber dem Patienten in klaren kurzen Worten, dass sie selber keine Kraft mehr haben, ambulant weiterzumachen, dass sie ratlos sind, dass auch sie nun von außen Hilfe brauchen.

Anmeldung in der Klinik: → Seite 94 ff.

Notfallmedikation erregter Patienten vor dem Transport in die Klinik:

Medikation statt Fesselung? In der Notfallsituation sind Medikamente bei ruhigen Kranken vorerst unnötig. Bei erregten Kranken ist eine Medikation ohne die Hilfestellung durch ca. 5 Personen (→ Seite 119) mit einem erheblichen Verletzungsrisiko behaftet. Der Versuch, Medikamente in ein Trinkgefäß zu schmuggeln, ist nicht nur ethisch fragwürdig, sondern misslingt in der Regel, da die krankenhauserfahrenen Patienten Tricks durchschauen und sich mit Wut daran erinnern werden. Bei langen Transportzeiten ist eine Medikation einer Fesselung (Kränkung, Verletzungsgefahr) vorzuziehen.

Der Transport zur Klinik. Empfehlenswert ist im Normalfall der Transport mit dem Krankenwagen. Bei sehr unruhigen Patienten ist der Transport mit der Polizei notwendig. Häufig genügt die bloße Anwesenheit von zwei kräftigen uniformierten Beamten, damit auch akut psychotische Menschen die Eindeutigkeit des Entscheides erkennen und sich beruhigen. Abzuraten ist vom Transport unbekannter Patienten mit dem Privatfahrzeug des Helfers.

> *Ein adoleszenter, akut Schizophreniekranker wird vom Notfallarzt im Dienstfahrzeug durch den dichten Feierabendverkehr zur Klinik chauffiert. Vor einem Rotlicht reißt der bisher zusammengekauerte Mann die Autotür auf, rennt durchs Verkehrsgewühl in den nahen Fluss, wo er von einer zufällig vorbeigehenden Polizeistreife wieder herausgefischt wird.*

Gelegentlich ist es nützlich, wenn der Helfer mitfährt, damit wichtige psychosoziale Informationen nicht verloren gehen. Viele Angehörige möchten den Patienten nicht in die Klinik begleiten, um nicht mit dieser verpönten Maßnahme identifiziert zu werden. Dies ist zu respektieren.

Nachbetreuung und Übergang zu Krisenintervention

Empfehlungen für Abschlusskontakte

Angehörige. Viele Angehörige machen sich Selbstvorwürfe: Sie können dahingehend beruhigt werden, dass sie in einem Dilemma das Notwendige veranlassten und so Verantwortung gegenüber dem Kranken wahrnehmen haben. Gelegentlich stehen Angehörige (vor allem Kinder) unter Schock, weil sie einen persönlichkeitsverändernden psychotischen Zustand miterlebt haben. Deshalb sind Aussprache, Anteilnahme und Information angezeigt: Über das Wesen der Psychose, die stationäre Behandlung, die Besuchsregelung der Kliniken, die Art und Weise der Kontaktaufnahme zum Klinikpersonal, den üblichen Verlauf einer akuten psychotischen Störung. Auch der Hinweis auf Angehörigengruppen von seelisch Kranken kann sinnvoll sein.

Bei alleinstehenden Patienten. Nach dem Notfalleinsatz müssen organisatorische Vorkehrungen getroffen werden: Aufräumen einer chaotisch verwahrlosten Wohnung (wichtig, damit die Kranken nach der Genesung nicht in ein Desaster entlassen werden), Betreuung der Haustiere und Pflanzen, Leerung des Briefkastens, Benachrichtigung des Arbeitgebers und der zuständigen Ämter.

Bei alleinerziehenden Patienten. Mit zuverlässigen Vertrauenspersonen aus dem Umkreis der Kranken wird Kontakt aufgenommen. Gelegentlich muss auf staatliche Stellen zurückgegriffen werden: Informieren des Jugendamtes und der Schule, Unterbringung von Kindern in Heimen (Adressen bei den Kinder- und Jugendpsychiatrischen Instituten), der örtlichen Kinderklinik usw. Die Kinder brauchen Gespräch und Information zur Verarbeitung der Erlebnisse.

Ambulante sozialpsychiatrische Nachbetreuung

Aufwand. Die ausschließlich ambulante Bewältigung einer schweren akuten psychotischen Episode kann außerordentlich aufwändig sein. Bei genügend belastbaren und verlässlichen Hilfskräften ist dies jedoch nicht von vornherein ausgeschlossen. Während der Krisenphase – bis die Kranken wieder stundenweise allein gelassen werden können – sind in der Regel zweimal täglich Hausbesuche und später tägliche telefonische Konsultationen wichtig, um den Zustand der Kranken, jedoch auch ihrer Angehörigen und freiwilligen Betreuer zu erfahren.

Die Beurteilung am Tag danach. Nun sollte eine differenzierte, mehrdimensionale Beurteilung angestrebt werden, auf die die weiteren Maßnahmen (Tab. 2.4) abgestellt werden können:

► Somatische Begleitstörung (Kontakt zu Hausarzt)?
► Beziehungsnetz (Rollen, Kompetenzen und Belastbarkeit)?
► Kriterien für Erfolgskontrolle der Behandlung?
► Perspektive für die nächste Behandlungsphase nach Ablauf der Krise?

Medikamentöse Therapie. Nun steht meist nicht mehr die Beruhigung, sondern der störungsorientierte Behandlungsansatz im Vordergrund, der sich von einer genaueren Diagnos-

Tabelle 2.4   Elemente der stützenden Therapie nach dem Notfalleinsatz.

Die sozialtherapeutische Kommunikation: Vulnerabilität respektieren
► Entlastung hat Vorrang vor Veränderung
► Ruhige Grenzsetzung, abgegrenzter Kontakt hat Vorrang vor emotionaler Nähe
► Einfache, konkrete Botschaften haben Vorrang vor komplexen Erörterungen
► Aktuell relevante Sachverhalte haben Vorrang vor zurückliegenden Konflikten
► Lösungsorientierte Arbeit hat Vorrang gegenüber Assoziation und Interpretation
Die Themen: Über die Psychose sprechen
► Rückfallprophylaxe (Kenntnis der Belastungsgrenzen, Risikosituationen, Frühzeichen beginnender Dekompensation)
► Kriseninterventionskonzept
► Handhabung der Medikation (Dosierung, Wirkung, Nebenwirkung, Vorsichtsmaßnahmen)
Rehabilitationsschwerpunkte: Mit der Vulnerabilität leben lernen
► Selbstpflege
► Tagesrhythmus
► Alltagsbewältigung
► Tätigkeit (jedoch noch keine Berufsausübung)
► Pflege von stabilen sozialen Kontakten (inklusive Betreuungskontakt)

tik herleiten lässt. Bei Nebenwirkungen muss das Medikament gewechselt werden, damit die Behandlung weiterhin akzeptiert wird.

Empfehlungen für die Angehörigenarbeit

- ▶ **Anerkennung** geben für den Mut, dass sich die Angehörigen auf Hilfe von außen einlassen.
- ▶ **Information** über Krankheit, Verlauf, Medikamente, Behandlungsplan.
- ▶ **Dispensation** überforderter Angehöriger von der Betreuungsarbeit, um sich Zeit für die eigene Erholung zu nehmen (eventuell mit Arbeitsdispens).
- ▶ **Arbeit an der Selbstwahrnehmung der Angehörigen**: Feindseligkeit, Überengagement usw. werden als Zeichen drohender eigener Erschöpfung definiert. Überforderung darf und soll dem Notfallhelfer direkt mitgeteilt werden – und nicht auf dem Umweg über Feindseligkeit gegenüber dem Patienten.

> **Die psychotische Krise ist ein Warnsignal und damit eine Chance,**
> **das Leben bewusster und sorgfältiger zu gestalten.**

2.3 Verzweifelt, suizidal

Verzweiflung tritt vielgestaltig auf, manchmal versteckt. Fast bei allen seelischen Leidenssituationen, auch bei Aggressivität, bei Sucht und bei schizophrener Psychose ist die Verzweiflung ein wesentliches Begleitgefühl. Suizidale bedürfen unter Einbezug der wichtigsten vertrauten Bezugspersonen sofortiger und intensiver Hilfe. Es kann dabei nicht Aufgabe der Notfallhelfer sein, letzte Instanz für eine grundlegende existenzielle Entscheidung über Leben und Tod zu sein.

Erstkontakt, Auftragsklärung

Suizidal ist, wer von Selbsttötung spricht, entsprechende Andeutungen macht oder Besorgnis auslöst. Auch bei kleinstem Verdacht ist nach Suizidgedanken und -plänen zu fragen. Professionelle Helfer sind verpflichtet, bei akuter Gefährdung Hilfe zu leisten. Spezialfälle sind „chronisch-suizidale" Menschen, die Notfalldienste mehrmals täglich beanspruchen, um Soforthilfe zu erzwingen (→ Kap. 2.7).
Ambivalenz ansprechen:
> ☺ *„Mir geht es sehr schlecht, aber ich möchte nicht in eine Konsultation kommen."*
> *Der Helfer: „Ich höre, wie Sie unentschieden sind; was spricht dafür, was spricht dagegen?"*

Suizidale Anrufer sind ambivalent, sonst würden sie sich nicht melden. Der Hilferuf stellt eine Brücke zur Außenwelt dar, die zuerst stabil werden muss.
Verwirrende oder unklare nonverbale Äußerungen durch behutsames Nachfragen näher erkunden (→ Seite 65).

Vorbereitungsphase

1. Schritt: Triage

Die Maßnahmen richten sich nach der Dringlichkeit (Tab. 2.**5**).

Tabelle 2.**5**   Dringlichkeit.

Dringlichkeitsstufe	Vorkommen	Maßnahme am Telefon
Höchste Dringlichkeit	Akut Suizidale, die allein sind Suizidale zu Beginn des Suizidversuchs	Sofortiges Hinzuziehen von Drittpersonen, der Polizei oder der Feuerwehr
Hohe Dringlichkeit	Alle übrigen Suizidalen Opfer von Verbrechen, Unfällen Alleinstehende/allein Erziehende Multiproblemsituationen	Sofortiger Notfalleinsatz
Bedingt dringlich	Alle übrigen verzweifelten Menschen	Eventuell reicht eine telefonische Beratung aus

2. Schritt: Vorbereitung

Empfehlung für den Fall, dass der Patient allein ist

Handlungsaufträge geben. Falls die anrufende Person z. B. im Bett ist:

> ☺ *„Jetzt stehen Sie auf, ziehen sich an. Bis ich komme, machen Sie bitte einen Tee! Rufen Sie anschließend Ihren Freund oder Ihre Freundin an, damit diese zum Gespräch kommen!"*

Durch die auferlegte Aktivität dürfen sich Anspannung und Verzweiflung in zielgerichtete Handlung umsetzen. Die Banalität dieser Handlungsebene erfüllt eine Art „Gegenzauber" zum Drängen eines Handlungsimpulses (z. B. Suizidhandlung). Zugleich wird unausweichlich eine Beziehung mit dem Helfer und über den Patienten zu dessen Umgebung eingeleitet. Der Erfolg dieser kleinen Intervention gibt bereits ein wichtiges Indiz für die Beurteilung der aktuellen Handlungskompetenz oder Regressionstendenz der Patienten und ihrer Angehörigen ab.
Bei einem Hausbesuch den voraussichtlichen, spätesten Zeitpunkt ankündigen, wann die Notfallhelfer eintreffen werden. Auf Verzögerungsmöglichkeiten hinweisen und deren Bedeutung erklären, weil viele verzweifelte Patienten und deren Angehörige bei akuter seelischer Not unrealistische Zeitvorstellungen entwickeln.
Eine Vereinbarung treffen, dass sich die Anrufenden nichts antun:

> ☺ *„Damit ich Ihnen helfen kann, bin ich darauf angewiesen, dass Sie sich ausschließlich auf das konzentrieren, was wir miteinander vereinbart haben, bis ich in 30 Minuten bei Ihnen bin – und dass Sie all das unterlassen, was die Situation verschlimmern könnte. Dazu gehört auch, dass Sie keinen Alkohol trinken."*

Empfehlung für den Fall, dass auch Drittpersonen anwesend sind

Andere anwesende Personen ans Telefon holen lassen und diese ebenfalls über die Abmachung informieren!
Mit diesen Personen vereinbaren, dass sie den Patienten bis zum Eintreffen der Nothelfer betreuen, um anschließend beim Gespräch bei Bedarf anwesend zu sein.

> Der Notfalleinsatz bei Verzweifelten dauert in der Regel 1 bis 1 ½ Stunden.

3. Schritt: Begrüßungsintervention

Beim ersten Augenschein: Besser als erwartet. Recht häufig bringt der Umstand, dass jetzt endlich Hilfe kommt, eine augenblickliche Entlastung; denn viele Verzweifelte leiden in erster Linie an der Einsamkeit – weshalb eine Differenz zur Beurteilung am Telefon nicht bedeutet, dass der Patient oder die Angehörigen bewusst übertrieben haben. Die Verbesserung wäre bereits ein prognostisch günstiges Zeichen.

Schlimmer als erwartet. Gelegentlich ist die Lage ernster, als am Telefon vermutet. Nun sind sofort und energisch alle Maßnahmen zu treffen, die eine unmittelbar drohende Gefahr abwenden, damit die Betreffenden daran gehindert werden können, sich in einem unbedachten Impuls das Leben zu nehmen. Zwangsmaßnahmen erst aus einer Situation eindeutiger Übermacht (Polizei) anwenden, damit die Anwendung von Zwang verhältnismäßig bleibt!

Abklärungsphase

4. Schritt: Gesprächsführung

Gesprächsintervention. Verzweiflung und Suizidalität sind häufig Ausdruck von Beziehungs- und Sinnkrisen. Der Aspekt der Krankheit ist eher nachrangig. Deshalb gebührt der Gesprächsintervention eine besondere Bedeutung. Behutsam soll ein neuer Stil im Umgang mit Trauma, Kränkung und Verlust praktiziert werden, um den Patienten vorsichtig eine andere, neue Perspektive zu eröffnen. Wenn in einer akuten seelischen Notsituation unbekannte Helfer ausschließlich zuhören, ohne im Verlauf des weiteren Kontaktes eigene Anteilnahme zu zeigen, kann dies schaden. Eine solche Verhaltensweise wird verständlicherweise als zusätzliches Im-Stich-gelassen-Werden empfunden.

Gesprächsfokus im Hier und Jetzt. Die Intervention im Notfall setzt bei äußeren Bedingungen an, was auch innere Konsequenzen zur Folge hat. Es ist sinnvoll, in der Notfallsituation nicht als erstes an inneren Veränderungen zu arbeiten, denn dieser Fokus verstärkt die Einengung des Denkens auf Schuldhaftigkeit und Gestörtheit der eigenen Person. Psychologisierende Äußerungen sind deshalb zu unterlassen. Patienten mit Psychotherapieerfahrung verwenden ihr psychologisches Wissen in solchen Momenten manchmal für pathologisierende Selbstbeschuldigungen, die kontraproduktiv sind und tendenziell von einer konkreten Lösung im Hier und Jetzt wegführen können.

Der Appellcharakter des Hilferufs. Die Zuspitzung zur Notfallsituation kann dem unbewussten Versuch entsprechen, gekränktes Selbstgefühl durch eine dramatische Inszenierung wieder zu reparieren. Dieser Aspekt des Hilferufs ist unbedingt zu respektieren und nicht zu verharmlosen oder gar als „dramatisierend", „agierend" oder „hysterisch" zu entwerten. Viele Verzweifelte wagen erst im Moment eines Emotionsausbruchs, sich das ganze Ausmaß einer Krise einzugestehen. Dies ist anzuerkennen, indem bestätigt wird, dass die empfundene Not tatsächlich schwer zu ertragen ist. Andrerseits ist es sinnvoll, wenn die Helfer für sich selbst eine unabhängige Situationsbeurteilung vornehmen, ohne sich von der Verzweiflung der Suizidalen anstecken zu lassen. Damit sind sie bereit, in einer späteren Phase lösungsorientierte Gesichtspunkte aufzugreifen. Dies soll vorerst nicht verbal geäußert werden.

Durch diese Form des Zuhörens erfahren die Patienten unmittelbare Wertschätzung, dass sie so wahrgenommen werden, wie *sie* sich fühlen. Damit sind die Patienten mit ihren Gefühlen nicht mehr einsam; sie haben gewagt, Persönliches einem unbekannten Menschen anzuvertrauen. Diese Verhaltensänderung ist eine wichtige Brücke für anschließende Aussprachen im näheren Bekanntenkreis. Das Gespräch grenzt durch den Vorgang des Benennens ein sich selbst ausdehnendes Problem ein. Je eingegrenzter ein Problem ist, desto besser ist es lösbar.

Allgemeine Empfehlungen für die Gesprächsführung zu Beginn

Orientierung über die therapeutische Gesprächshaltung. Die Patienten können darüber informiert werden, dass der Helfer zuerst vor allem zuhören werde; dabei wird gleichzeitig ein Zeitrahmen abgesteckt. Möglichst keine Kommentare oder Beschwichtigungen abgeben. Die Patienten vorerst einmal sprechen lassen, ohne zu unterbrechen oder den Gedankengang mit präzisen Fragen zu kanalisieren. Manchmal braucht es auch einen Moment der Stille, damit mutlose Menschen den Faden wieder finden.

Schweigende Patienten. Behutsam offene Fragen stellen, den mimischen Ausdruck ansprechen, Äußerungen beim vorangegangenen Telefongespräch aufgreifen. Manchmal löst eine respektvolle Berührung am Arm oder an der Schulter die Gefühlsblockade.

Gefühlen Raum geben. Falls diese heftig sind, sie nicht verstärken! Bei Opfern von Verbrechen, schweren Unfällen und bei Menschen, die soeben eine schlimme Nachricht erhalten haben, soll die vertrauteste Bezugsperson vor Ort mit möglichst wenig Worten und mit einer behutsamen Berührung an der Schulter oder am Arm unmittelbar Anteil nehmen, damit die Patienten zuerst einmal Gelegenheit haben, das ganze Ausmaß des Schmerzes zu vermitteln. Hierbei ist wichtig, sofort mit einer festen und ruhig-grenzsetzenden, jedoch nicht vorwurfsvollen Stellungnahme einzugreifen, wenn ein Patient anfängt, sich selbst zu beschuldigen, sich zu entwürdigen oder gar sich zu verletzen. In dieser Grenzsetzung kann der Patient nachträglich etwas erleben, was viele Opfer schlimmer Ereignisse im Moment des Traumas vermisst haben.

Empfehlungen für erste vorsichtige Interventionen

Behutsam nachfragen und Feedback geben. Genau zu verstehen versuchen, wie etwas gemeint ist. Es geht dabei nicht um Vollständigkeit – auch nicht darum, eine Seele zu öffnen, sondern um das Verstehen der wichtigsten Dimensionen einer Mitteilung, indem man die verstandene Mitteilung in eigenen Worten wiederholt. Dabei die verschiedenen Dimensionen der Mitteilungen beachten (Gefühle besonders aufmerksam wahrnehmen, weil sie häufig aus Scheu zurückgehalten wurden):

> ☺ *Zu Gefühlen: „Was geht dabei in Ihnen vor?"*
> *Zu Appellen: „Ich erlebe Sie, als würden Sie sich Ihrer inneren Not schämen. Könnte es zutreffen, dass Sie Hemmungen haben, zu Ihrer Verzweiflung zu stehen?"*
> *Zu Sachverhalten: „Wodurch wurde dieses Gefühl ausgelöst?"*
> *Zu Beziehungsdefinitionen: „Wie sehr fühlen Sie sich von dieser Person verstanden?"*

Anteilnahme soll empfundene Not würdigen, ohne die Empfindung mit zuviel Nachdruck in der geäußerten Emotion zu verstärken.

Anerkennen, dass der Patient oder dessen Angehörige gewagt haben, Hilfe zu holen:

> ☺*„Ich finde es ein Zeichen von Mut und Entschlossenheit, dass Sie die Notlage erkannt und gewagt haben, Hilfe zu holen. Damit machen Sie einen wertvollen Schritt auf der Suche nach einer neuen, Ihnen noch unbekannten Lösung."*

Empfehlungen für psychotherapeutische Interventionen

Prozess verlangsamen durch Fokussieren! Eingrenzen aufs aktuell Lösbare:

> ☺ *„Sie haben mir eine ganze Reihe von Sorgen geschildert, die Sie quälen. Welches von diesen Problemen hat – bis wir uns in 3 Tagen wieder sehen – am meisten Einfluss auf Ihren Alltag und Ihre Befindlichkeit?"*

Banalisieren und konkretisieren! Das Problem anhand eines aktuellen Beispiels konkret formulieren lassen. Ein Beispiel:

☺ *„Sie wachen in der Nacht wegen großer Sorgen auf und denken, dass Ihnen gekündigt werde. Aufgrund welcher Indizien erwägen Sie diese Möglichkeit? Was denken dabei die anderen Arbeitskollegen?" Und: „Aufgrund welcher Äußerungen schließen sie darauf?"*

Eingrenzen von Verallgemeinerung, Kategorisierung, Selbstentwertung! Depressive neigen zu diesen Denkgewohnheiten, die sie zusätzlich entmutigen. Ein Beispiel für eine Intervention:

☺ *„Ich höre, wie Sie die Rüge Ihres Chefs als Zeichen Ihres generellen Versagens auffassen. Wie erklären Sie sich dann, dass Sie sonst ein allseits geschätzter Mitarbeiter sind?"*

Generalisierende Schlussfolgerungen sind von den Helfern behutsam zu unterbrechen, damit die Patienten angeregt werden, den realen Stellenwert einer seelischen Verletzung wahrzunehmen. Häufig sind in solchen Situationen probeweise Infragestellungen der meist überhöhten Selbstansprüche für die Patienten erlösend.

Katastrophenfantasien ansprechen! Ein Beispiel:

☺ *„Was ist das Schlimmste, was Sie sich vorstellen, und – was ist das Schlimmste, was tatsächlich jetzt geschehen könnte?"*

Meist vermindern sich die Befürchtungen und Besorgnisse spontan, wenn sie konkret angesprochen werden. Andererseits Patienten nicht beschwichtigen, wenn man dazu von der Wirklichkeit her keinen Anlass hat. Je nachdem ist es angezeigt, sie klar mit der Realität (dass die Helfer z.B. getrennte Partner nicht zurückholen werden oder dass die verlorene Arbeitsstelle nicht wieder zur Verfügung steht) taktvoll zu konfrontieren. Die Besserung des seelischen Zustandes soll nicht auf brüchigen Illusionen aufgebaut sein, die jederzeit einbrechen können.

Aus einer einfühlenden, jedoch nicht bewertenden Position Stellung beziehen! Allmählich kann der Helfer nun vermehrt Stellung zu den geäußerten Gefühlen nehmen, indem er ausdrücklich Verständnis zeigt, dass jemand angesichts des geschilderten Erlebnisses z.B. aufgewühlt/erregt/verängstigt/misstrauisch ist, ohne dabei zu Inhalten oder Ursache-Wirkungs-Vorstellungen der Patienten einen wertenden Kommentar abzugeben. Ein Beispiel:

☺ *„Ich verstehe jetzt, dass Sie dieses Erlebnis aufgewühlt hat und Sie verzweifelt sind."*

Bei sehr heftigen Traumatisierungen (Opfer von Verbrechen, schweren Unfällen) ist unmittelbare Anteilnahme angezeigt. Beachten: Traumatisierte können sehr verletzlich sein, wenn der notwendige zwischenmenschliche Abstand unterschritten wird.

Konstruktive Lösungsansätze aufgreifen! Neue Ideen, fantasierte Änderungen von bisher beachteten Spielregeln, mutige Tabu-Verstöße, Verlassen von Denkgewohnheiten sofort anerkennend aufgreifen, um zu zeigen, in welcher Denkrichtung ein Ausweg gesucht werden könnte. Diese können als Entwurf zu einer neuen Perspektive später aufgegriffen werden. Zum Beispiel können folgende Fragen gestellt werden:

☺ *„Was wäre ihre größte Hoffnung, was Ihnen in den nächsten 24 Stunden widerfahren könnte?"*

„Was wäre der wichtigste, konkrete, erste kleine Schritt, den Sie selbst dazu beitragen könnten?"

„Was wäre die allerwichtigste konkrete Unterstützung durch Drittpersonen, damit Sie selbst diesen ersten Schritt tun könnten?"

An der positiven Selbstwahrnehmung arbeiten! Dies ist notwendig, damit die Patienten den Erfolg ihrer durch sie eingeleiteten Veränderung selbst erkennen und emotionell nutzen können. Ein Beispiel:

☺ *Der Therapeut: „Was tut Ihnen gut? Woran erkennen Sie dies?"*

Analoge Fragen können auch an die Angehörigen gestellt werden:

☺ *„Was glauben Sie, was würde dem Patienten heute am meisten helfen? Ich frage nach etwas, das der Patient zusammen mit Ihnen tun kann?"*

Wunderfrage stellen! Häufig gehen die Patienten davon aus, dass sie keine Möglichkeiten haben, ihr Hauptproblem zu lösen. Deshalb empfiehlt sich auch zu fragen:

> ☺ *„Angenommen, es würde eines Nachts, während Sie schlafen, ein Wunder geschehen und Ihr Problem wäre gelöst: Was hat sich über Nacht in Ihren Lebensumständen verändert, dass es Ihnen besser geht? An welcher konkreten Veränderung merken Sie das morgens bei Erwachen? Wie wird Ihr Partner von diesem Umschwung von Ihnen erfahren, ohne dass Sie ein Wort darüber zu ihm sagen?"*

Die Frage nach dem „Wunder, das geschehen müsste" deckt eine verborgene konkrete Veränderungs-Hoffnung manchmal auf. Meist erkennen die Verzweifelten dabei verblüfft, dass es eigentlich gar nicht verrückte, märchenhafte Veränderungen brauchen würde, um wieder zuversichtlich zu werden.

Spezielle Empfehlungen bei Suizidalen

Heikles benennen. Sich nicht scheuen, mit Tabus behaftete Gefühle und insbesondere die Suizidalität direkt beim Namen zu nennen. Ganz besonders wichtig ist es, direkte und indirekte Hinweise sofort aufzugreifen und nachzufragen, wie sich der Patient es sich vorgestellt hat, sich das Leben zu nehmen? Was würde darauf geschehen? Wie würden seine Angehörigen reagieren?

Die Ambivalenz ansprechen. Fast alle suizidalen Menschen sind ambivalent. Dieses innerliche Hin-und-her-Gerissen-Sein überträgt sich auch auf den Helfer. Seine Hilfe wird gesucht und zugleich gibt es ein Sträuben gegen seine Unterstützung (der Notfallhelfer kann dies an seinen eigenen Gefühlsreaktionen ablesen – z. B. zugleich Fürsorglichkeit und Ärger). Dies soll benannt und besprochen werden, damit nicht ein wichtiger selbstzerstörerischer Anteil ohne bewusste Kontrolle überraschende Impulse auslösen kann und nicht die hinter dem Hilferuf versteckte Hoffnung beiseite geschoben wird.

Verborgenen Appell beachten. Der sich in der Suizidalität manifestierende Appell ist aufzunehmen, indem den Patienten gezeigt wird, dass man die seelische Not versteht (ohne dass man damit die Suizidabsicht gutheißt!) und akzeptiert.

Wut und Ärger zulassen. Da Suizidale ihre Aggressionen, die bei einem Beziehungskonflikt eigentlich Drittpersonen gelten würden, auf sich selbst richten, ist es sinnvoll, Äußerungen von Wut oder Ärger gegenüber anderen ohne Parteinahme verständnisvoll aufzunehmen – diese Gefühle jedoch nicht zu verstärken – und Selbstbeschuldigungen taktvoll zu unterbrechen.

Würdigung von Schuld, Verlust und Kränkung. Wenn derartige Gefühle erwähnt werden, sollen diese jedoch grundsätzlich gewürdigt werden, da sich darin das Bemühen um Loyalität, Beziehung, Selbstwert und Sinn zeigt.

Würdigung von Beziehungsverantwortung. Besonders wichtig ist es, Bezugnahme auf die eigenen Kinder, Partner, Freunde und sonstige Vertraute aufzugreifen. Suizidale Menschen verkennen häufig die wichtige Bedeutung, die sie für ihre Angehörigen haben.

Würdigung des verborgenen Problemlösungsversuches. Da der Suizidgedanke einen Lösungsansatz enthält – nämlich eine unheilvolle Entwicklung zu unterbrechen, eine Pause zu machen –, ist auch dieser Aspekt ausdrücklich zu würdigen.

5. Schritt: Abklärung

Suizidideen sind immer ernst zu nehmen und direkt anzusprechen! Damit entsteht wieder ein Zugang zu einem Verzweiflungsbereich, von welchem – würde er unerkannt bleiben oder nicht ernst genommen werden – eine zerstörerische Kraft ausgehen könnte. Auf diese Weise dokumentieren die Helfer ihre Bereitschaft, unangenehme, schambehaftete Dinge entgegen zu nehmen. Gleichzeitig werden Suizidgedanken entmystifiziert.

Suizidpläne? Die meisten Suizide wurden vorher angekündigt. Vorhaben präzis schildern lassen! Dies konfrontiert die Patienten mit Konsequenzen, die sonst ausgeblendet werden. Auf jeden Fall sollen die Konsequenzen für die nähere soziale Umgebung, vor allem für die Kinder, erörtert werden. Falls notwendig, kann man hier vorsichtig Beispiele aus der eigenen beruflichen Erfahrung ergänzen, die dies zeigen.

Konkrete Suizidvorbereitungen? Suizidpläne sind ein wichtiger Hinweis auf die Ernsthaftigkeit der Selbsttötungsabsicht und drängen es auf, Suizidinstrumente (Medikamente, Waffen usw.) sofort durch verlässliche Drittpersonen in Gewahrsam zu nehmen. Das Wissen um den Anlass gibt wichtige Hinweise für den Schwerpunkt der anschließenden Krisenintervention. Nach bisherigen Lösungsversuchen (Suchtmittel!) zu fragen, gibt Anhaltspunkte, welcher gescheiterte Lösungsansatz nicht erneut praktiziert werden sollte.

Empfehlungen für Fragen zu Suizidgedanken

☺ *„Was war der **Anlass** Ihrer Verzweiflung?" (Verlust, Kränkung, Dauerbelastung)*
*„**Seit wann** denken Sie daran, sich das Leben nehmen zu wollen"*
*„**Wie** haben Sie es sich vorgestellt, diese Idee durchzuführen?"*
*„**Welche konkreten Vorbereitungen** haben Sie getroffen?"*
*„Hatten Sie **schon früher Suizidgedanken** oder haben Sie gar einen Suizidversuch unternommen?"*
„Kennen sie Menschen, die sich das Leben genommen haben?"
*„Wie stellten Sie sich vor, was die **Auswirkungen der Selbsttötung** gewesen wären? Wie hätten Ihre Angehörigen, Freunde und wie hätten Ihre Kinder/Enkel reagiert?" (Falls schon früher ein Suizidversuch durchgeführt wurde: „Was ist geschehen, nachdem Sie sich das letzte Mal das Leben zu nehmen versuchten?")*
*„Was hat Sie **bisher davon abgehalten**, Selbstmord zu begehen?"*
*„Wie haben Sie bisher versucht, **mit der Verzweiflung fertig zu werden**?"(Alkohol?)*

Nach Suizidplänen ist offen und direkt zu fragen!

Ambivalente Aussagen und Intuition des Helfers. Patienten, die düstere Andeutungen machen, oder deren Worte etwas anderes mitteilen als die Mimik und die Verhaltensweisen, soll man darauf hinweisen, dass dies Sorge auslöst:

☺ *Der Notfallhelfer zum Patienten: „Vorhin haben Sie mir versichert, dass Sie sich vermutlich nicht das Leben nehmen würden. Sie haben dies in einem Ton gesagt, als wollten Sie mich beruhigen, ohne dass Sie selbst wirklich überzeugt sind. Sie haben mich um Hilfe gebeten. Ob Sie nun weiterleben oder sterben, ist mir zu wichtig, als dass ich hier einen Zweifel in Kauf nehmen will und darf."*

Gewöhnlich bringen die Patienten daraufhin die zurückgehaltene Verzweiflung ein; oder sie versichern jetzt glaubhaft, dass man sich auf ihre Zusage verlassen kann, dass sie sich bis zum nächsten Therapeutenkontakt (innerhalb von 24 Stunden) nichts antun werden.

**Die Besorgnis, die die Patienten bei uns auslösen,
ist wichtigstes Warnzeichen!**

---

6. Schritt: Beurteilung und Hilfestrategie

Risikofaktoren berücksichtigen (Tab. 2.**6**)

Tabelle 2.**6**   Risikofaktoren bei Suizidalität.

- ▶ **Frühere Suizidversuche**
- ▶ **Einsamkeit**, Beziehungsverlust (Trennung, Tod), plötzlicher Vertrauensverlust
- ▶ **Tiefe Kränkung**, Angst vor Gesichtsverlust
- ▶ **Soziale Not**, Gefühl der objektiven Aussichtslosigkeit
- ▶ **Überfordernder Lebens-Wechsel**, Umsturz der Lebensbedingungen
- ▶ **Schwere Krankheit**, seelisch kranke Familienmitglieder
- ▶ **Vorbilder**: Suizid(versuche) in der Umgebung
- ▶ **Destruktive Erlebnis- und Verhaltensmuster** (Neigung zu Unfällen, zu Selbstverletzung)
- ▶ **Seelische Störungsbilder**:
  - – Alkohol-, Drogen-, Medikamentenabhängigkeit
  - – Persönlichkeitsstörung (z. B. Borderline)
  - – Essstörungen wie Magersucht (Anorexie) und Ess-Brech-Sucht (Bulimie)
  - – Akute Belastungsreaktion
  - – Posttraumatische Belastungsstörung
  - – Folgende Formen der Depression:
    - ▷ Depression mit Angst- und Panikstörungen
    - ▷ Unruhig-depressive Zustände
    - ▷ Schwere, eventuell psychotische Depression
    - ▷ Zustand mit überraschenden, depressiven Stimmungswechseln
- ▶ **Multiproblemssituationen**

> **Frühere Suizidversuche sind ein zentraler Risikofaktor!**

Alkohol- und Drogen, Medikamente. Grundsätzlich ist bei allen von Suchtmitteln abhängigen Menschen bei Suizidalität besondere Vorsicht angezeigt. Eine Non-Suizid-Vereinbarung wird anders verstanden, als sie gemeint war, oder sie wird gleich wieder vergessen.

Überraschende depressive Stimmungswechsel. Beispielsweise bei Frauen vor der Monatsblutung, bei Alkoholkranken im und nach dem Rausch, bei Schizophreniekranken nach Behandlungsbeginn mit Antipsychotika.

Persönlichkeitsstörung. Solche Menschen haben meist kaum stabile Beziehungen zu vertrauten Menschen. Die entstehende Einsamkeit, die störungsbedingte elementare Wut und geringe Selbstkontrolle erhöhen die Suizidgefahr bei scheinbar kleinen Belastungen (wie z. B. einer kurzen Ferienabwesenheit des Therapeuten).

Schamhaft versteckte Verzweiflung. Gefühle von offener Wut, Enttäuschung oder Niedergeschlagenheit werden aus Scham und Stolz zunehmend verschwiegen. Schließlich können Zufälle oder Kleinigkeiten zu Auslösern einer Suizidhandlung werden.

Magersucht (Anorexie). Eine notfallmäßige medizinische Abklärung im Hinblick auf eine sofortige Klinikeinweisung ist zu veranlassen, wenn eine Komplikation eintritt:

- ▶ Massiver und rascher Gewichtsverlust
- ▶ Pulsverlangsamung
- ▶ Körperuntertemperatur
- ▶ Erhöhte Ohnmachtsneigung, Schwäche oder Apathie
- ▶ Zusätzliche körperliche (massive Bauchbeschwerden) oder seelische Störung

Hilfestrategie

Tabelle 2.**7** Die Stufen zunehmender Verzweiflung und empfohlene Hilfestrategie.

Stufe	Verzweiflung	→	Hilfestrategie
A Labil	Der Patient fühlt sich in wichtigen Belangen allein. Er wirkt **mutlos und erschöpft**, im Gespräch jedoch zugänglich.	→	Schutz vor Zusatzbelastung. Ambulante, lösungs- und ressourcenorientierte Hilfe mit **Termin nach Vereinbarung**.
B Von der Verzweiflung noch ablenkbar	Sobald sich selbst überlassen, nimmt die **Verzweiflung** schnell wieder zu (z. B. nach einem unmittelbar vorangegangenen Suizidversuch, bei Ferienabwesenheit des Therapeuten!)	→	Der Patient braucht zusätzlichen Halt: Schutz, Entlastung, Tagesstruktur, Medikamente. Betreuung durch ein Netz von zuverlässigen Drittpersonen. **Ambulante Intervention am gleichen Tag.**
C Verzweiflung versteckt	Gegenüber anderen und sich selbst **tarnt** der Patient seine suizidale Stimmungslage. Gelegentlich werden aufmerksam gewordene Angehörige bewusst abgelenkt und durch Ausreden beruhigt. Ein Hinweis darauf kann eine auffällige Gelassenheit sein oder eine tapfere Beschwichtigung der Angehörigen.	→	Die Angaben der Angehörigen sind besonders ernst zu nehmen. Manchmal gelingt es, den Patienten auf versteckte Gefühle anzusprechen. Beim Andauern dieser besorgniserregenden Situation braucht der Patient eine **hütende Betreuung** mit klaren Direktiven, organisiert im Rahmen aufsuchender Hilfe.
D Zum Suizid entschlossen	**a) Aufgeben jeder Zukunftsplanung:** Laufende Tätigkeiten werden beendet, Kontakte abgebrochen, vereinbarte Termine nicht mehr wahrgenommen. Wichtige Dokumente werden vernichtet. **b) Gedankliche Einengung auf Suizidfantasien**; die Realisierung wird konkret durchdacht. Andere Lösungsmöglichkeiten werden nicht mehr erwogen. Die Angehörigen erleben, wie die angebotene Hilfe nichts mehr nützt. **c) Suizidankündigungen oder gar konkrete Suizidvorbereitungen** wie Abschiedsbriefe und -telefonate. Je konkreter der Suizidplan, desto gefährlicher die Situation.	→	In der Regel kann man zwar mit dem Verzweifelten noch Kontakt aufnehmen. Hingegen ist er nicht mehr richtig in der Lage, sich aus seinen um Suizid kreisenden Gedanken zu lösen. Die Angehörigen sind alarmiert, von der Betreuung überfordert und wünschen jetzt eine Fremdunterbringung des Kranken. Eine lückenlose Überwachung dieser Menschen ist zu deren Schutz notwendig. Eine Fremdunterbringung in einer Behandlungseinrichtung wie z. B. einer **Kriseninterventionsstation** ist angezeigt, um unter geschützten Bedingungen wieder eine Beziehung zu knüpfen.
E Schwer depressionskrank	Der soziale Kontakt ist unterbrochen; die Angehörigen sind in Angst oder Verzweiflung. Der Patient ist **psychopathologisch sehr auffällig** (eventuell Wahnvorstellungen) und schwer leidend.	→	Es besteht sofortiger Handlungsbedarf: Dauernde Überwachung, **per Ambulanz Unterbringung in einer geschlossenen Station**, notfalls durchgesetzt mit rechtlichen Mitteln.

> Ein „Verdacht auf Suizidalität" ist gegeben,
> wenn uns im Kontakt mit einem hilfesuchenden Menschen die Frage auftaucht,
> ob der betreffende „vielleicht suizidal" ist.

Maßnahmephase *(Medikation → Seite 135)*

7. Schritt: Notfallkonferenz

Die Verzweiflung ist ein Hilferuf an die Umwelt! Diesen nicht aufzunehmen, kann Menschen nachhaltig seelisch verletzen (besonders wichtig bei seelisch Traumatisierten). Hier ist Nähe zu vertrauten Menschen wichtig. Dieses Erlebnis ist eine konstruktive Schlüsselerfahrung. In der Notfallkonferenz wird gemeinsam Anteil am Schmerz genommen, dem seelischen Leiden ein Sinn unterstellt (z.B. achtsam auf seine Gefühle sein zu dürfen) und es werden verbindliche Maßnahmen beschlossen.

Die gemeinsame Problemtrance aufbrechen. Seelisch akut Leidende und häufig auch deren mitleidende Angehörige sind in ihrem Denken zugleich eingeengt *und* beeinflussbar. Dies kann als Chance für ein Umdenken genutzt werden. Viele Patienten sind froh, dass die Gesprächspartner die Verzweiflung zwar ernst nehmen, selbst in ihrem Denken jedoch nicht eingeengt sind und nicht in Panik geraten. Diese Helfer-Haltung wird präzise beobachtet und später zunehmend übernommen.

Sofortig realisierbare Entlastung planen. Essen, Trinken, Schlafen (Schlafhygiene, Beruhigungstee, eventuell einzelne Schlafmitteldosis). Es ist darauf zu achten, dass konkret formuliert und realistisch geplant wird. Falls Zweifel aufkommen, ist es manchmal notwendig, den Advocatus Diaboli zu spielen. Angehörige atmen erleichtert auf, wenn ihnen „gestattet" wird, sich deutlich zu den eigenen Grenzen der Belastbarkeit zu bekennen. Ratschläge sind kränkend; es sei denn, es werde danach gefragt. Anregungen („wie wäre es z.B., wenn Sie vielleicht …") werden meist als Unterstützung erlebt. Überfordernde Aufgaben sind zu delegieren, dabei sollte nach Möglichkeit die Entscheidungsfähigkeit des Patienten angesprochen werden. Sofortige Kontakte zu vertrauten Personen schaffen, die unterstützend und empathisch, sowie genügend abgegrenzt sind. Tagesstruktur besprechen. Lückenlose Betreuung für die nächsten Tage einrichten.

Empfehlungen für konkrete Zielsetzungen für die nächsten Tage

▶ **Was tun?**
☺ *„Was müsste konkret geschehen, damit sich der emotionale Druck sofort und bezogen auf eine überblickbare kurze Zeitspanne (24 Stunden) reduziert?"*
„Was hat bisher dagegen gestanden, dies auch wirklich zu tun?"
▶ **Wer?**
☺ *„Was kann der Patient hier und jetzt für das eigene Wohl tun?"*
„Welche anderen vertrauten Personen können angegangen werden?"
„Was können Betreuer dazu beitragen?"
▶ **Wie?**
☺ *„Was wäre der erste kleine, bisher noch nicht gewagte konstruktive Schritt?"*
„Wie kann dies jetzt und hier und konkret angepackt werden?"
▶ **Wozu?**
☺ *„Was ist der Nutzen dieses Schrittes? Wie erkennen Sie diesen?"*
„Was ist der dabei zu erbringende Preis?"

8. Schritt: Ambulante Maßnahmen

Sofortige Entlastung nach den Plänen der Notfallkonferenz. Diese werden unmittelbar umgesetzt. Der Notfallhelfer fungiert dabei wie ein Regisseur. Aktuelle Zielsetzungen für die nächsten Tage konkret eingrenzen. Überfordernde Aufgaben delegieren, dabei jedoch die noch vorhandene Entscheidungsfähigkeit des Patienten ansprechen.

Sofortige Kontakte zu vertrauten Personen schaffen, die unterstützend und empathisch, sowie genügend abgegrenzt wirken.

Gespräch mit Verzweifelten:

Vernetzung mit dem Umfeld des Patienten!

Der Notfallhelfer vermittelt Kontakt und **spricht das Problem an.**

Tagesstruktur besprechen. Essen, Trinken, Schlafen (Schlafhygiene, Beruhigungstee, eventuell einzelne Schlafmitteldosis).

Lückenlose Betreuung für die nächsten Tage einrichten. Dabei Frühzeichen erneuter Dekompensation im Sinne eines Rückfallszenarios definieren, notwendige Hilfsmaßnahmen vorbesprechen, dabei Selbsthilfemöglichkeiten unter Berücksichtigung der Belastbarkeit einbeziehen.

Medikamente stützen die Interventionsmaßnahmen – tragen sie jedoch nicht. Die Beziehungsaufnahme ist wirksamstes Mittel bei der Behandlung von Verzweifelten, die im Gespräch noch erreichbar sind. Die Überwindung der akuten Suizidalität soll nie einem Medikament allein überlassen bleiben. Stets ist zu beachten, dass durch die Medikamentenabgabe keine zusätzliche Gefährdung entsteht. Deshalb bei unbekannten Patienten nur Tagesdosis abgeben und zur Vorsicht davon ausgehen, dass noch Alkohol konsumiert wurde/wird.

▶ **Beruhigungsmittel, Schlafmittel.** Meist erfüllt ein Beruhigungstee oder ein bewährtes pflanzliches Hausmittel den Zweck. Wichtig ist die Behandlung von aufgeregten, zu Impulsdurchbrüchen neigenden Menschen (plötzliche Suizidhandlung aus kleinem Anlass!). Es eignen sich in erster Linie Benzodiazepine (z. B. Lorazepam oder Oxazepam, jeweils in Expidet-Form, die als Schlafmittel eingesetzt werden können). Man beachte, dass sich der sedierende Effekt dämpfender Antidepressiva und derjenige der Benzodiazepine wechselseitig verstärken.

▶ **Antidepressiva bei Suizidalität** sollten bei akut verzweifelten Patienten, die man noch *nicht* richtig kennt, in der Notfallsituation eher nicht eingesetzt werden (Interaktion mit Suchtmitteln, z.T. gefährlich bei Überdosierung). Allenfalls empfiehlt sich z. B. Mianserin (Alternativen: Mirtazapin, Trazodon), das leicht sediert und bei dem kaum eine akute Intoxikationsgefahr besteht.

▶ **SSRI:** Die Antidepressiva vom Typ der Serotonin-Wiederaufnahmehemmer (SSRI) sind in der Notfallbehandlung nicht geeignet, da sie Schlafstörungen verursachen können.

▶ **Akute Belastungsreaktion, PTBS:** Medikamentös auch mittelfristig behandelt werden müssen traumatisierte Menschen, die ohne diese Unterstützung wegen ihrer Alpträume seelisch re-traumatisiert werden (z.B. Lorazepam oder Oxazepam, jeweils in Expidet-Form, plus ein Antidepressivum, z.B. Paroxetin morgens, unter der Voraussetzung, dass die Betreffenden nicht unruhig sind).

▶ **Mit Antipsychotika/Neuroleptika** sollte man wegen der Wechselwirkung mit sonstigen missbräuchlich eingenommenen Stoffen vorsichtig sein.

9. Schritt: Evaluation – Klinikeinweisung?

Am Schluss folgt die Vereinbarung, sich nichts anzutun. Damit wird ausgedrückt, dass die Selbsttötungsabsicht unter allen Umständen ernst genommen wird, und derartige Botschaften in keinem Fall als bloß „demonstrative Absicht" verstanden werden. Sonst begeben sich die Helfer aufs Glatteis der Interpretationen. Es ist in Notsituationen gefährlich, Suizidäußerungen nicht wörtlich zu nehmen, da damit Worte als wichtigste Informationsträger entwertet würden. Psychologisch vorgebildete Personen laufen Gefahr, die Notwendigkeit dieser strengen Verknüpfungen durch das Wissen um die Komplexität von Bedeutungen in Frage zu stellen, was außerhalb lebensbedrohlicher Notfallsituationen angezeigt, in einer derartigen Lage jedoch verheerend sein könnte. Beispiel für eine (zeitlich stets befristete) Vereinbarung:

> ☺ „*Mir ist es nun wichtig, dass ich mich darauf verlassen kann, dass Sie nichts unternehmen, das zu einer erneuten Verschlimmerung der Situation führt, bis wir uns am nächsten Morgen in der Sprechstunde wieder sehen. Insbesondere, dass Sie keinen Alkohol trinken. Im Weiteren bin ich darauf angewiesen, dass Sie mir versprechen, sofort Hilfe zu rufen, wie wir es besprochen haben. Dass Sie im Weiteren mich jeder Zeit anrufen können, wenn QY (verlässliche Person aus dem Umkreis des Patienten) nicht erreichbar sein sollte oder sie trotz dieses Kontaktes wieder zu verzweifeln beginnen. Versprechen Sie mir das in die Hand?"*

> **Wichtig ist, dass die Vereinbarung in einer Atmosphäre von fast feierlicher Verbindlichkeit abgeschlossen wird – allenfalls auch schriftlich!**

Man bedenke, dass ein Vertrag an sich nicht automatisch „wirkt". Vielmehr ist es das entstandene Klima von Bezug und Verbindlichkeit, das einen suizidalen Menschen wieder in die Gemeinschaft einbezieht.

Evaluation der ambulanten Probeintervention. Hat sich die Suizidalität spürbar vermindert? Es ist grundsätzlich sinnvoll, bei einem Notfalleinsatz eine abschließende Beurteilung der Suizidalität erst *nach* einem Interventionsversuch vorzunehmen. Während der Interaktion mit den Patienten und ihrem Umfeld können nicht nur der Realitätsbezug, sondern auch das Ausmaß der inneren Not, die Verlässlichkeit, die Belastbarkeit und vor allem die Veränderbarkeit der Notlage erlebt und erkannt werden. Körperliche und – außerhalb der jetzigen akuten Situation – seelische Gesundheit, ein belastbares familiäres Umfeld, eine spürbare Verbesserung der Stimmungslage während der Intervention, neue Hoffnung und Zuversicht sind günstige Zeichen. Andernfalls muss eine stationäre Krisenintervention oder eine Klinikeinweisung durchgesetzt werden. Ein Beispiel für eine Evaluation:

> ☺ „*Wir kommen ans Ende meines Besuches. Gibt es nun noch etwas Wichtiges, das wir nicht angesprochen haben?" „Wie hat sich Ihre Befindlichkeit verändert?" „Was könnte jetzt noch schief laufen, so dass es Ihnen wieder schlechter ginge?"*

> **Es ist letztlich Aufgabe des Patienten, den Notfallhelfer davon zu überzeugen, dass nach der ambulanten Probeintervention *keine akute* Suizidalität mehr besteht!**

Klinikeinweisung? Eine stationäre Krisenintervention oder eine Klinikeinweisung ist zielstrebig einzuleiten oder entsprechende Fachpersonen (Ärzte, juristische Instanzen usw.) sind aufzubieten, die eine solche Maßnahme durchführen können. Dies ist jedoch selten notwendig, da meist im Notfallgespräch ein neuer Bezug geknüpft werden kann.

Spezialproblem: Akut traumatisierte Menschen

Grundsätze bei der Betreuung von Opfern

Sofortige, lückenlose Betreuung durch eine zugewandte, integre und verlässliche Person, die ständig beim Opfer bleibt. Dabei Hilfe durch die vertrautesten Personen aus dem persönlichen Umkreis des Opfers organisieren. Bis diese vor Ort sind, sollen diejenigen Helfer dem Opfer beistehen, die von ihm spontan am ehesten akzeptiert werden.

Im Gespräch ist unmittelbare Anteilnahme angezeigt, damit die Patienten das ganze Ausmaß ihres Schmerzes mitteilen können. Gefühle der Betroffenen zulassen, aushalten.

Selbstschutz der Helfer. Die Betreuung von Opfern stellt eine erhebliche Belastung dar, weshalb die Helfer ihrerseits betreut werden müssen. Bei Menschen, die einen nahen Angehörigen durch plötzlichen Tod verloren haben, kann es zu heftigen Gefühlsdurchbrüchen (eventuell Wut) kommen: Deshalb Überbringen einer Todesnachricht zu zweit!

Opfer nicht dazu drängen, die traumatisierenden Szenen mitzuteilen. Die Schilderungen des Opfers werden respektvoll angehört. Auf keinen Fall sollen die traumatisierten Menschen dazu gedrängt werden, ihre Erlebnisse mitzuteilen (Achtung auch vor indiskreten dolmetschenden Personen! Frauen in gewissen Kulturen hüten sich, ihren Männern von Vergewaltigungen zu berichten, da sie sonst geächtet werden können). Bisherige Ergebnisse zeigen, dass bei *forciertem* darüber Reden die Wahrscheinlichkeit von späteren posttraumatischen Belastungsstörungen steigt.

Information und Würdigung. Die Trauma-Reaktion stellt eine nachvollziehbare seelische Erschütterung dar und sollte von den Helfern als verstehbar, als Zeichen einer allgemein bekannten und nicht kranken Reaktion benannt werden. Viele traumatisierte Menschen zweifeln an der Heftigkeit der seelischen Verletzung und beginnen stattdessen, sich als krankhaft reagierend zu betrachten, was das Selbstgefühl zusätzlich schädigt und beginnende, an sich gesunde Wutreaktionen unterdrückt. Die traumatisierten Menschen sachlich über Mitbetroffene informieren, wenn sie danach fragen.

Grenzsetzung. Wenn Patienten anfangen, sich selbst zu beschuldigen, sich zu entwürdigen oder gar zu verletzen, ist mit einer ruhig-respektvollen und grenzsetzenden Stellungnahme einzuschreiten. Das Opfer kann damit etwas erleben, was es im Moment des Traumas vermisst hat.

Distanzierung. In einem weiteren Schritt ist die Tendenz der Patienten, sich innerlich vom erlebten Trauma wegbewegen zu wollen, zu folgen. Mit Nachdruck und allfälliger Sachhilfe werden Selbstschutzbemühungen gefördert, damit eine neue Traumatisierung vermieden wird. Unterstützendes wird in den Vordergrund gerückt. Konsequent wird auf das fokussiert, was den Opfern Unterstützung, Mut und Kraft vermittelt.

Medikamente. Medikamentöse Beruhigung auf die Nacht hin (→ Seite 135 unten).

Integrität der Helfer. Sehr wichtig ist, dass die Hilfe durch taktvolle Persönlichkeiten geleistet wird, die die akute seelische Schwäche, die Beeinflussbarkeit und das Schutzsuchen des Opfers nicht erneut missbrauchen.

Kriminaltechnische Befragungen, sowie medizinische Untersuchungen der Opfer sind erst verantwortbar, wenn den Betreffenden eine vertraute Person beisteht. Es bewährt sich die Befragung durch geschulte, taktvoll vorgehende Interviewer, die die Zeichen einer Überforderung des Opfers erkennen und respektieren.

> Nie ein Opfer in ungeschützter Umgebung oder ohne eingehende
> seelische Vorbereitung näher befragen oder körperlich untersuchen!

Nachbetreuung und Übergang zu Krisenintervention
(Medikation ➜ Seite 140)

(Medikation ➜ Seite 140)

Der Sinn der psychotherapeutischen Nachbetreuung. In der Suizidalität offenbart sich unter anderem auch eine destruktive Lebensorientierung, die über den Moment hinaus Modellcharakter für die Verhaltensweise in neuen Lebenskrisen haben kann; dies nicht nur für die betreffende Person selbst, sondern auch für die Bezugspersonen in deren Umfeld. Die Psychotherapie unmittelbar nach einer schweren existenziellen Krise hat spezielle Merkmale, die sie vom geläufigen psychotherapeutischen Vorgehen teilweise unterscheidet. Denn eine Notfallsituation ist Ausdruck der Erschöpfung seelischer und manchmal auch sozialer Ressourcen, so dass das therapeutische Vorgehen in der Anfangsphase zu keiner zusätzlichen seelischen Belastung werden darf. Deshalb ist eine lösungsorientierte, Selbsthilfekräfte fördernde und zur Selbstwahrnehmung anregende Methode sinnvoll.

Kontinuität der Beziehung. Speziell bei dieser Patientengruppe ist die Kontinuität der Beziehung über den Zeitpunkt des Notfalls hinaus wichtig. Die gemeinsam erlebte Bewältigung der akuten Verzweiflung stellt ein Schlüsselerlebnis dar, das das Vertrauen zum Therapeuten festigt. Dieser gefestigte Bezug stellt bereits eine zentrale Voraussetzung für eine günstige Prognose dar.

Veränderung der Haltung des Therapeuten von der Situationskontrolle zur schrittweisen Übergabe der Verantwortung an den Patienten. Dieser übernimmt zunehmend Verfügungsmacht über sein Leben. Der Therapeut geht dabei auch ein gemeinsam mit dem Patienten formuliertes Risiko ein, bis der Patient schließlich wieder in einem regulären therapeutischen Setting die ganze Verantwortung für sein Weiterleben übernimmt. Wenn der Therapeut entdeckt, dass er versucht, mit einer Haltung dauernden Alarms jegliche Suizidgefahr zu verhindern, beginnt sich eine Chronifizierung der akuten Problematik abzuzeichnen. In derartigen Situationen ist eine Klinikeinweisung angezeigt. Der Patient muss lernen, mit suizidalen Impulsen umzugehen.

Psychotherapie mit aufdeckenden Verfahren. Erst wenn auf diese Weise eine neue Basis von Selbstvertrauen und Belastbarkeit entwickelt wurde, so dass keine Suizidgefahr mehr besteht, ist eine aufdeckende Vorgehensweise konstruktiv. In dieser werden die zugrunde liegenden seelischen Konflikte in abgeschwächter Form in der Fantasie wiedererlebt, aufgezeigt und schließlich verstanden, wobei dieses Bewusstwerden vorübergehend als angstvolle Belastung erlebt werden kann.

Stützende Therapie. Die Fokussierung auf tatsächliche Ressourcen und die Ermutigung sind sinnvoll. Bloß zureden und Ratschläge geben würde hingegen die Sichtweise des Beraters dem Patienten überstülpen. Womit die Patienten sich unter Druck fühlen, wieder Leistungsanforderungen erfüllen zu müssen, um akzeptiert zu werden. Dies erhöht die Suizidalität.

Lösungsorientierte Therapie. Heilverfahren mit einer zukunftsgerichteten und nicht in erster Linie problemorientierten Zielrichtung scheinen für die unmittelbare Nachbetreuung nach schwerer suizidaler Krise besonders geeignet zu sein. Sie versuchen die inneren Ressourcen des Patienten erweitern zu helfen und eine konstruktive seelische Bewegung anzuregen, damit auch äußere Ressourcen besser erschlossen werden können. Gleichzeitig sollen Sinnfragen in der Lebensgestaltung vorsichtig aufgegriffen werden, um dem suizidalen Menschen, die sich auf sich selbst zurückgeworfen erleben, zu helfen, neue Verknüpfungen mit anderen Menschen und übergeordneten Werten zu entwickeln. Ziel dieser Therapiephase ist es, dass die Patienten in zentralen Lebenssituationen den unmittelbaren Zusammenhang zwischen bestimmten Problembewältigungsstrategien und ihrem Wohlbefinden erkennen und dabei die Signale ihrer eigenen Befindlichkeit lesen lernen. Sie entwickeln unter Begleitung des Therapeuten Verständnis für ihre seelischen Abwehr- oder Vermeidungsmanöver, an deren Stelle sie alternative Vorgehensweisen einüben. Besonders heikle Situationen lernen sie auf bewusste Weise vermeiden, um bevorzugt jene Lebensbereiche zu entwickeln, wo sie Wohlbefinden, Klärung und in kleinen Schritten Erfolge erleben können.

Aufbau eines Beziehungsnetzes. Beziehungen, die auf partnerschaftlichem Respekt und kritisch-engagierter Anteilnahme beruhen, bieten am ehesten Gewähr für eine konstruktive seelische Verarbeitung von Infragestellungen der eigenen Person, für die Überwindung schmerzhaften Verlustes und die Bewältigung von großen äußeren Belastungen. Ein ganz wichtiger Schutzfaktor ist die vertraute Beziehung zu einem Mitmenschen, z.B. zum Therapeuten oder der Therapeutin.

Definition eines transparenten Behandlungsvertrags. Wie ist der Therapeut außerhalb der Sprechstundenzeit erreichbar? Welche Spielregeln gelten? Was liegt in der Selbstverantwortung des Patienten?

Notfallintervention als Schlüsselerlebnis nutzen. Die im Moment der Suizidalität erlebte Hilfe aus dem persönlichen Umkreis kann als wichtige Ressource erkannt werden. Der Kontrast zwischen vorgestellter Einsamkeit und der dann meist stattfindenden tatsächlichen Anteilnahme verdient, nach dem Ereignis noch einmal herausgearbeitet zu werden, um die Art der Verkennung der Realität zu untersuchen. Es gibt natürlich Suizidüberlebende, die tatsächlich einsam sind. Hier erfüllen die professionellen Betreuer eine wichtige Überbrückungsfunktion. In einem beschützenden Rahmen können solche Patienten mit der Notwendigkeit konfrontiert werden, sich aus dieser gefährlichen Isolation hinauszuwagen.

Entlastung durch neue Prioritäten und Delegation von überfordernden Aufgaben.

Wirklichkeitsnahe Selbst- und Situationswahrnehmung im Hier und Jetzt. Sorgfältige, aufs Konkrete ausgerichtete Problemdefinition. Vorsichtiges Infragestellen von misstrauischen Beziehungsinterpretationen mit gleichzeitiger Anerkennung und Förderung schützender Abgrenzung. Arbeit an einem realistischen Selbstbild mit differenzierter Selbst-Anerkennung durch das Einholen von Feedbacks bei vertrauten Bezugspersonen.

Pflege von Anerkennung. Durchgemachte Leiden und erfahrene bzw. praktizierte Loyalität werden gewürdigt. Zur Geltung gebrachte Bedürfnisse sowie kompetente Bewältigungsschritte werden anerkannt. Die wichtigen Beziehungen (Partner!) und das unterstützende soziale Netz der Patienten werden mit Respekt beachtet.

Alternativer Umgang mit Kränkung, Verlust und großen äußeren Belastungen. Lösungsorientiertes Vorgehen bei existenziell belastenden konkreten Lebensproblemen, Entwicklung einer Belastungsroutine, um normale Belastungen von außergewöhnlichen Beanspruchungen unterscheiden zu lernen, Einüben der seelischen und körperlichen Wahrnehmung von seelischen Belastungsgrenzen, Ermutigung zum Aufsuchen von Unterstützung auch außerhalb der Therapie, Begrenzung quälender Selbstansprüche, kritische Infragestellung von Fremdansprüchen, Organisation einer Auszeit, sorgfältige Vorbereitung von vorübergehenden Trennungen – all dies trägt zu neuen Perspektiven bei.

Konfrontative Grenzsetzung. Bei allen Arten von Selbstentwertung und Selbstschädigung oder selbstschädigenden Beziehungsmustern wird sofort eingrenzender Feedback gegeben, dabei der Selbstschädigungsimpuls als Alarmsignal gewürdigt.

Suizidimpuls verstehen. Die im ursprünglichen Suizidszenario verfolgten Ziele und bisher vermiedenen Lösungswege sind herauszuarbeiten. Die Auslöser für akute Verzweiflung und Suizidalität werden ermittelt. Dies bietet die Gelegenheit für eine taktvoll nüchterne Betrachtungsweise der voraussehbaren Effekte einer Suizidhandlung und eine Besprechung möglicher Alternativen, um die hinter den angestrebten Zielen verborgenen Bedürfnisse und Anliegen verwirklichen zu können. Wichtig ist hier eine Arbeit an den Tabus und am inneren Widerstand gegenüber lebensbejahenden Problemlösungen. Wenn sich z.B. jemand aus großer Einsamkeit umbringen wollte: Was hat er oder sie bereits versucht, um in Kontakt zu anderen Menschen zu kommen? Und wovor hat er oder sie sich bisher gescheut? In rekonstruierender therapeutischer Arbeit können die Patienten verstehend erleben, dass diese destruktiven Impulse nicht einfach Ausdruck eines kranken Gehirns, sondern gelernte Muster alter Erlebnis- und Verhaltensweisen sind, die meist in Phasen von Einsamkeit angeeignet wurden, um in Momenten von Aussichtslosigkeit die eigene Autonomie oder die Selbstachtung in einem Verzweiflungsopfer zu bewahren.

Sinn-Orientierung und religiöser Glaube. Die Sinn-Orientierung zu einem dem Individuellen übergeordneten Dritten, einem personifizierten Wert, der unsere Existenz überdauert („die Kinder", „die Familie", „die Gemeinschaft", „Gott"), scheint eine ganz wichtige suizidprophylaktische Bedeutung zu haben. Doch widerspricht diese Haltung unserem aktuellen, eher individualistischen Weltverständnis in der urbanen europäischen Kultur. Die Menschen, die einen Suizid versuchen oder ihn zu Ende führen, weisen uns schmerzhaft darauf hin, dass diese individualistische Wertorientierung – wenn sie oberstes Prinzip bleibt – eine lebensfeindliche, eine tödliche Dimension erhält, die letztendlich auch uns nicht aktuell Gefährdete bedrohen kann.

Rückfall-Szenario. Was sind die Frühzeichen erneuter Dekompensation? Was gibt es für Alternativen zu selbstentwertenden und katastrophal pessimistischen Gedankengängen, welche Alternativen gibt es zu selbstschädigendem Verhalten? Wann ist es sinnvoll, fremde Hilfe aufzusuchen? Wann ist eine Klinikeinweisung angezeigt? Es ist wichtig, bei suizidalen Patienten die Möglichkeit einer Klinikeinweisung nicht zu tabuisieren!

Evaluation des Behandlungserfolges. Woran wird eine Besserung erkannt?

Behandlungsstrategie bei seelischen Krankheiten. Spezielle Ausbildung und Erfahrung brauchen Therapeuten, die mit schwer depressiven Menschen, Borderline-Patienten, Psychosekranken und Süchtigen arbeiten.

Medikamente. Mittelschwer oder schwer Depressive können kaum mehr Energie aufwenden, um im bezogenen Kontakt mit dem Therapeuten zu bleiben, um andere wichtige Ressourcen zu nutzen oder um wichtige Entscheidungen zu treffen. Hier ist die medikamentöse Behandlung mit Antidepressiva Voraussetzung für den psychotherapeutischen Zugang. Eine schwere depressive Krise ist deshalb Anlass, um sofort mit einer medikamentösen Behandlung zu beginnen. Bei Patienten mit erschöpfungsbedingten depressiven Zuständen ist es dabei wichtig, dass diese ihre Leistungsansprüche wesentlich reduzieren, damit die Medikamente nicht dazu dienen, sich krankmachender Überforderung anzupassen – hier setzt die Psychotherapie ein.

▶ **SSRI**? Man denke daran, dass Medikamente aus der Gruppe der Serotonin-Wiederaufnahmehemmer (SSRI) zu Schlafstörungen führen können.

▶ **Trizyklika oder Mirtazapin**? Bei weniger ausgeprägter Depression können auch Kleinmengen Trimipramin in Tropfenform als Beruhigungsmittel hilfreich sein (3–10 Tropfen = 3–10 mg), die gut schlafanstoßend wirken; dieser Effekt tritt sofort ein, die antidepressive Wirkung tritt erst nach ca. 2 Wochen auf; man beachte die Gefahr von Intoxikation! Von den modernen Antidepressiva eignet sich am ehesten das sedierende Mirtazapin.

▶ **Eventuell weiterhin suizidal**? Bei möglicherweise Suizidalen (frühere Suizidversuche!) empfiehlt sich Mianserin oder Paroxetin.

2.4 Konflikt, Gewalt

Wie bedrohlich ist Aggressivität? Entscheidend ist, wie weit Menschen geschützt oder ungeschützt seelischen Verletzungen, Drohungen und physischer Gewalt ausgesetzt sind. Auch der Notfallhelfer soll nicht gefährdet werden. Der Einsatz unter Polizeischutz bewährt sich. Meist vor Ort wird abgeklärt, ob seelische Störungen die Impulskontrolle vermindern. Durch methodische Gesprächsführung werden wieder einfache Spielregeln eingeführt. Für direkt Bedrohte werden Schutzmaßnahmen durchgesetzt.

Erstkontakt, Auftragsklärung

Anmeldung. Meist sind es Angehörige oder Nachbarn, die Schutz vor Gewalttätigen und Beistand in einem Konflikt erwarten. Falls es um einen gewöhnlichen Rausch mit Ruhestörung oder öffentlichem Ärgernis geht, so ist die Polizei zuständig. Je nach Einsatzkonzept wird sie sich um weitere psychosoziale oder psychiatrische Hilfe bemühen.

Vorbereitungsphase

1. Schritt: Triage

Triage am Telefon. Vorrangig ist, das Sicherheitsrisiko für die Notfallhelfer, die Patienten und deren Angehörige (Kinder!) abzuschätzen. Bei konfliktbeteiligten Menschen, die noch ansprechbar sind, können die Informationen direkt eingeholt werden. Sonst sollen die untenstehenden Fragen durch die ruhigste vor Ort anwesende Person beantwortet werden. Falls sich die Streiterei direkt in das Telefongespräch fortsetzt, muss das Kurzinterview abgebrochen werden und ein Besuch in Begleitung der Polizei angekündigt werden. Die Triage findet in solchen Fällen vor Ort statt.

Empfehlungen für Fragen am Telefon

> ☺ *„Wer ist am Konflikt beteiligt? Weitere Konfliktbetroffene? Belästigte?"*
> *„Was ist der Konfliktanlass?"*
> *„Was ist Ihre Hauptbefürchtung?"*
> *„Gibt es Hinweise auf Kontrollverlust? Alkohol? Drogen? Erschöpfung? Psychische Krankheiten?"*
> *„Gibt es Waffen im Haushalt?"*
> *„Gab es schon ähnliche Vorfälle? Was hat man damals unternommen?"*
> *„Wurden Sicherheitsmaßnahmen getroffen?" (Kinder bei Nachbarn untergebracht? Entfernung von Waffen? Beseitigung von Alkohol? Wurde die Polizei schon zugezogen?)*

Alkohol. Häufig ist Alkohol (eventuell in Verbindung mit sonstigen Suchtmitteln) im Spiel. Hier ist zu erfragen, wie die typische Reaktionsweise des Patienten ist, wann der Patient getrunken hat und ob der Alkohol jetzt außer Reichweite ist? Es ist zu berücksichtigen, dass es Menschen gibt, die unter Alkoholeinfluss in abnormer Weise reagieren.

Organische Störungen. Schädel-Hirn-Verletzte, jedoch auch Epilepsiekranke und Minderintelligente können – verstärkt unter emotioneller Belastung oder Alkoholeinfluss – unberechenbar aggressiv werden. Psychosekranke (z. B. Schizophreniekranke, jedoch auch Menschen in einer manischen Phase) sind imstande, aus einem Wahnzusammenhang Unerwartetes zu tun, ohne in ihrer Handlung durch Wirklichkeitsbezug gebremst zu werden. Insulinbehandelte Zuckerkranke können bei einer Blutunterzuckerung (Hypoglykämie) in einen Erregungszustand geraten (hier ist die sofortige Gabe von Zucker hilfreich).

Dringlichkeit. Die Notfallhelfer können in zugespitzten Situationen anbieten, die Polizei selbst zu alarmieren und diese anschließend zu begleiten. Auf keinen Fall soll man das Telefon unter Hinweis auf fehlende Zuständigkeit einfach einhängen.

Bei Drohung und Gewalt: Sofort Hausbesuch in Polizeibegleitung!

Bei Anrufern, die bereits am Telefon zugänglich werden (die z. B. nach taktvoller Konfrontation durch den Notfallhelfer ihre Beschimpfungen stoppen), kann eine Konsultation im Rahmen einer Sprechstunde vereinbart werden. Es ist sinnvoll, dies im Zweifelsfall die Anrufer selbst entscheiden zu lassen, wobei beide Streitparteien persönlich befragt werden müssen. Wenn der Zweifel bleibt, einen Hausbesuch „zur näheren Abklärung der Anliegen" ankündigen!

2. Schritt: Vorbereitung

Die angstfreie Ausgangssituation. Helfer haben gelegentlich den normalen Bezug zum Angstgefühl verloren. Bei seelisch Leidenden erleben sie diesen Affekt häufig als neurotisch oder psychotisch verändert. Das überlebensnotwendige Angstgefühl warnt uns aufgrund verborgener Indizien (z. B. der Tonfall eines uns unbekannten Anrufers am Telefon), die einer bewussten und in unserer Kultur eher auf Gesprächsinhalte ausgerichteten Wahrnehmung entgehen können. Gerade in Notfallsituationen muss man lernen, auf dieses eigene Angstgefühl zu achten und es ernst zu nehmen. Angst oder ein der Angst ähnliches Alarmsignal kann sich auch auf indirekte Weise melden:

▶ **Der Helfer als Held:** Wenn ich mich dabei ertappe, ähnlich dem Kommissar im Krimi heldenhafte, tollkühne Vorgehensweisen zu überlegen, ist vermutlich Angst im Spiel.

▶ **Der Helfer als Retter:** Wenn ich bei mir Impulse feststelle wie „diesem missbrauchenden Vater werde ich es zeigen!" so ist vermutlich unter anderem Angst im Spiel.

▶ **Der Helfer als Opfer:** Falls ich merke, dass mir ein Patient sehr unsympathisch ist und ich daraufhin versuche, einen Notfalleinsatz zu vermeiden, so ist vermutlich (berechtigte) Angst vor einer Grenzüberschreitung im Spiel.

> Sicherheit durch sichtbare, eindeutige physische Übermacht!

Man soll sich so viel Hilfe organisieren, bis die Angst verschwindet: Polizei zuziehen, allenfalls in Begleitung mit einem anderen Mitarbeiter ausrücken. Oder schlimmstenfalls die Aufgabe ausdrücklich an eine andere Person übergeben (und nicht abschieben).

Gewaltbereitschaft und Grenzsetzung. Bei Menschen mit erheblicher Gewaltbereitschaft braucht es physische Übermacht durch das gemeinsame Auftreten mit der Polizei, damit ein Schutzeinsatz wirksam, ohne Trick und ohne verletzende Wucht erfolgen kann. In der Regel unterbleibt durch das bloße Erscheinen von Uniformierten mutwillige Gewalttätigkeit. Der Gewaltbereitschaft ohne Schutzmaßnahmen zu begegnen, wirkt auf potenzielle Täter (auch wenn sie psychosekrank sind), als würde man sie nicht ernst nehmen. Diese Kränkung kann eine weitere Eskalation begünstigen.

Empfehlungen zur technischen Zusammenarbeit mit der Polizei

Vor dem Einsatz. Polizei und psychosozialer Helfer treffen sich am Einsatzort vor dem Haus und warten aufeinander; sie sprechen sich dort ab. Man erkundige sich, ob die Polizei den Patienten schon von anderen Einsätzen her kennt.

Rollenverteilung. Im Allgemeinen gilt folgende Rollenverteilung:

▶ **Die Polizei** ist hauptzuständig bei Tätlichkeit und Waffengebrauch, bei der Abklärung der Sicherheit sowie der Durchführung notwendiger Schutzmaßnahmen.

▶ **Der psychosoziale Notfallhelfer** ist zuständig für die psychiatrische Abklärung und dafür, ob Polizeipräsenz außerhalb von akuter Tätlichkeit notwendig ist.

Szenarien. „Was ist zu tun wenn"-Szenario", „Polizeischutz ist nach einem ersten Augenschein doch nicht nötig"-Szenario sowie ein realistisches „Worst-case-Szenario".

Einsatztaktik. Bei akuter Gefahr geht die Polizei voran, der Helfer folgt mit Abstand und tritt erst auf, sobald von den Polizeibeamten in einem persönlichen Augenschein erkannt wird, dass keine akute Gefahr besteht. Falls die Polizei nur vorsorglich mitkommt, geht der Notfallhelfer zur Wohnungstür, umgeben von den Polizisten.

> Zeitaufwand: Bis maximal 2 Stunden, damit die Beteiligten nicht ausbrennen.

Empfehlungen an die Anrufer zur Überbrückung der Wartezeit

Schutz hat Vorrang. Bis zum Eintreffen der Helfer (inklusive Polizei) sicheren Aufenthaltsort für Gefährdete anordnen (z. B. zu Nachbarn). Konfliktpartner haben bis zum Eintreffen des Notfallhelfers absolutes Kontaktverbot (Aufenthaltsort an unterschiedlichen Orten, z. B. in getrennten Zimmern, bei Nachbarn, auf einem Spaziergang – mit Handy erreichbar).

Waffen durch eine neutrale Person entfernen lassen.

Alkohol wegschließen lassen.

3. Schritt: Begrüßungsintervention

Vorstellen und Setting festlegen. Die Begrüßungsintervention entscheidet über das weitere Gelingen. Schon zu Beginn mit entschiedenem und ruhigem (jedoch nicht in lautem oder gar erregtem oder aufgeblasenem) Tonfall in kurzen, eher langsam formulierten Sätzen, taktvoller und direkter Ausdrucksweise sowie knapp beschriebenen Handlungen klarmachen, dass der Helfer den Einsatz leiten wird. Dieser kann auch durch eine Helferin mit eher zierlicher

Konstitution geleistet werden, da es dabei nicht auf Körperkraft, sondern auf nüchterne Distanz, Ruhe und Klarheit ankommt.

> ☺ *„Guten Tag, ich bin Frau Müller, Mitarbeiterin des städtischen Notfallhilfezentrums. Ich möchte Ihnen die beiden Polizisten, die mich zu meiner Sicherheit begleiten, vorstellen: Herr Meier und Herr Huber. – Wir haben einen Anruf von besorgten Mitbewohnern erhalten. Können wir uns in den Eingangsraum begeben, damit wir nicht im Treppenhaus vor den Nachbarn sprechen müssen? Danke. – Ich habe mir eine gute Stunde Zeit reserviert, um mit Ihnen zusammen zu besprechen, was los ist, was zu tun ist, und wie wir heute am besten gemeinsam vorgehen können, damit sich die Lage entspannt."*

Empfehlungen für die Gestaltung des Settings

Bei Konflikt *ohne* Drohung und Gewalttätigkeit. Mit den Anwesenden besprechen, wer mit wem das aktuell wichtigste Problem hat. Anschließend Eingrenzung der Gesprächsrunde auf die Hauptbeteiligten. Dabei Generationengrenzen respektieren! Einen Ehestreit nicht vor den Kindern austragen. Andererseits: Ein Konflikt zwischen einem Elternteil und einem Jugendlichen betrifft stets auch den anderen Elternteil. Wenn sich die Eltern nicht einig sind, muss zuerst das Gespräch zwischen den Eltern stattfinden.

Bei Konflikt *mit* Drohung oder Gewalt. Es finden sofort getrennte Gespräche mit den Konfliktbeteiligten statt. Bei einem schweren Ehekrach werden die Partner in verschiedene Zimmer geleitet, wo je ein separates Gespräch stattfindet. Angehörige nach Waffen oder gefährlichen Gegenständen fragen! Waffen sofort von der Polizei in Gewahrsam nehmen lassen. Vor dieser Sicherheitsmaßnahme findet keine psychosoziale Dienstleistung statt. Falls einem selbst eine Waffe abgegeben wird, so lasse man die Waffe vorher auf ein Möbelstück ablegen. Nie eine Waffe persönlich entgegennehmen!

Gespräch mit Konfliktparteien:

bei Gewalttätigkeit:
In Anwesenheit der **Polizei**

Beteiligte in **getrennten Räumen** befragen

▶ **Bei unberechenbaren und gewaltbereiten Patienten:** Für weitere Auskünfte wende man sich in solchen Fällen an ruhigere Drittpersonen (auch wenn es Nachbarn oder gar Passanten sind). Die gewaltbereite Person bleibt in der Zwischenzeit unter Beobachtung der Polizei. Falls Gewalttäter erregt sind, so dass sie aus Sicherheitsgründen noch gar nicht in Gewahrsam genommen werden können, so versuche man sofort per Taxi oder Polizei die vertrauteste Person des Patienten an den Ort des Geschehens zu bringen. Diese nimmt mit dem Gewalttätigen Kontakt auf und versucht ihn in ruhigem Gespräch aus seiner Erregungstrance heraus zu holen. Das braucht oft viel Zeit. Dieser Zeitaufwand lohnt sich.

▶ **Bei Beschimpfungen und Beleidigungen:** Man steige inhaltlich nicht auf grenzüberschreitende oder anzügliche Äußerungen eines Patienten ein. Der Notfallhelfer macht den

Betreffenden seine Vorgehensweise deutlich, unter der Voraussetzung, dass die Angesprochenen klar bei Bewusstsein, realitätsbezogen, berechenbar und nicht tätlich erscheinen. Falls notwendig, erklärt man, dass Gewaltäußerungen nicht akzeptiert werden, dass man jede weitere Hilfeleistung von weiterer Zusammenarbeit abhängig machen wird. (Sonst ist die Polizei zuständig.)

▶ **Bei Patienten im Rausch:** Es werden sofort die notwendigen Schutzmaßnahmen getroffen (sinnvollerweise durch die Polizei, da diese Berufsleute in der Regel bei solchen Patienten am meisten Erfahrung haben; → auch Kap. 2.5). Ein eingehenderes Gespräch macht kaum Sinn, da die Patienten nicht in der Lage sind, ihre Situation selbstkritisch einzuschätzen, ihre Impulse zu kontrollieren und qualifizierte Interventionen des Helfers umzusetzen, die sie im übrigen meist sofort wieder vergessen.

▶ **Bei verwirrt-wahnhaften Kranken:** Es wird kein richtiges Gespräch geführt, da dies die Verwirrung verstärkt oder der Eindruck entsteht, als ob über die zu treffenden Maßnahmen verhandelt würde. Da solche Menschen krankheitsbedingt unberechenbar und gefährlich sein können, ist es sinnvoll, sich auf eine Klinikeinweisung einzustellen, die mit Zwangsmitteln durchgesetzt werden muss. Die Polizei also nicht entlassen! Je deutlicher die physische Übermacht ist – repräsentiert durch die Beamten – desto ruhiger und damit schonungsvoller wird der weitere Verlauf sein. Alle Hinweise der Kranken (im Stimmklang, durch die Worte, den Wahninhalt, die Mimik und Gesten), Distanz zu nehmen, sind schon zum Selbstschutz unbedingt zu befolgen. Wenn man selbst Angst bekommt oder in angriffslustige Wutangst gerät, soll man genügend Abstand nehmen, bis dieses wichtige Alarmgefühl zurückgeht.

> Gespräche werden nur mit Gesprächsfähigen und Gesprächsbereiten geführt!

Regieanweisungen geben. Sobald ein gewaltbereiter Mensch wieder zugänglich ist, gibt der Notfallhelfer wie ein Regisseur ruhige, klare und definitive Anweisungen:

☺ *„Herr Meier (der eine Polizist) wird Sie nun in den Nebenraum begleiten, in dem Sie auf mich warten. Nehmen Sie ein Glas Mineralwasser für beide mit. In der Zwischenzeit spreche ich mit Ihrer Frau. Dies dauert ungefähr 10 Minuten. Wenn irgendetwas Besonderes wäre, können Sie es Herrn Meier ausrichten, der es an mich weiterleiten wird."*

Nach Gewalttätigkeit mit Opfer und Täter. Täter und Opfer werden sofort getrennt. Eine Gegenüberstellung von Täter und Opfer in der Notfallsituation ist in jedem Falle zu vermeiden. Bis zum Beweis des Gegenteils stützt sich der Notfallhelfer – ohne den Täter zu verurteilen – vorerst auf die Angaben des Opfers.

„Tapetenwechsel". Mit den gesprächsfähigen Personen an einen anderen, ruhigen, möglichst aufgeräumten und neutralen Ort im gleichen Haus zu gehen, erhöht die Bereitschaft zur Selbstkontrolle der Patienten. Eventuell kann auch zu Nachbarn ausgewichen werden, denn diese sind meist hilfsbereit.

Aufmerksamkeit verschieben. Der Gesprächsleiter bittet um ein Glas Mineralwasser, um gleich zu Beginn die Aufmerksamkeit vom vorherigen Drama, vom Erstaunen über das Erscheinen der Polizei abzulenken. Er fragt beiläufig, ob die übrigen Anwesenden etwas mittrinken möchten (alkoholfrei!). Dadurch entsteht der Kontext von Gast und Gastgeber, was sich in der Regel sofort konstruktiv auswirkt.

Bei akuter Bedrohung des Helfers. Man betrete nie allein einen abschließbaren Raum! Falls man wegen einer vorangegangenen Fehleinschätzung der Situation allein in Kontakt mit einem bedrohlichen Menschen kommt, so konzentriere man sich auf die eigene Sicherheit: Im Gespräch mit dem Patienten bleibend nimmt man die größtmögliche Distanz oder bleibt mindestens in der Nähe zur offenen Tür oder im Treppenhaus; oder man entferne sich unter einem Vorwand („ich habe etwas in meinem Auto vergessen"), um später in Begleitung wieder zu erscheinen. Der Versuch, der Berufsaufgabe in einer solchen Situation nachzukommen, ist nicht sinnvoll! Falls man unversehens doch allein in einer Wohnung mit einem solchen Patienten ist, so äußere man die eigene Angst:

☺ *„Sie machen mir Angst. Ich sehe, wie viel Kraft Sie haben. Ich fühle mich deshalb nicht in der Lage, Ihnen hier zu helfen. Bitte bleiben Sie in der Nähe des Telefons. Ich verabschiede mich von Ihnen und rufe Sie in etwa 30 Minuten an, um das Weitere zu besprechen."*

Empfehlungen zur Einschätzung des Kommunikationsstils beim ersten Augenschein

Wie sind in der Familie die Rollen verteilt? Wer betrachtet sich als Oberhaupt der Familie und wer wird als Familiensprecher respektiert? Wer zeigt sich vom aktuellen Problem betroffen? (Wer ist überhaupt anwesend? Wer bleibt in seinem Zimmer?) Wie stehen die Familienmitglieder zueinander? (Wer ist zu wem in räumlicher Nähe? Wer sucht bei wem Schutz? Wer meidet sich?) Wird aufeinander Bezug genommen oder gibt es Fraktionen, versteckte Koalitionen, „Patienten", „Helfer", „Vermittler", „Außenseiter", „Sündenböcke", „Unterdrücker", „Opfer", „Täter"?

Impulskontrolle. Wie sehr haben sich die Familienmitglieder auch ohne unmittelbares Eingreifen des Gesprächsleiters unter Kontrolle? Ein Minimum an Impulskontrolle und seelischer Beweglichkeit ist Voraussetzung für eine ambulante Probeintervention.

Ausmaß der Zermürbung. Sind die Familienmitglieder fähig, das Thema in konstruktiver Weise anzupacken? Oder verlieren sie sich sofort in Beschuldigungen?

Kommunikationskultur. Wie weit wurden die Gesprächsinterventionen bisher aufgenommen? Wie starr oder veränderungsfähig ist die Kommunikationsweise der Familienmitglieder? Wie straff muss demnach die Moderation sein?

Abklärungsphase

4. Schritt: Gesprächsführung

Vorkenntnisse in Gesprächsführung mit Paaren und Familien. Je mehr Personen einer Familie in einer Notfallsituation an einem gemeinsamen Gespräch teilnehmen, desto anspruchsvoller ist die Aufgabe der Gesprächsleitung. Unerfahrene tun deshalb gut daran, das Gespräch mit wenigen oder einzelnen Personen zu führen und sich darauf zu beschränken, direktive Maßnahmen zu treffen.

Den „Chef" ansprechen. Unter der Voraussetzung, dass die dominante Person gegenüber den Helfern Respekt zeigt und die grundlegenden Kommunikationsspielregeln einhält, wird dieses Familienmitglied am Anfang des Kontaktes die Hauptansprechperson sein, mit welcher man die ersten Interventionsschritte bespricht. Ausgenommen von dieser Art der Zusammenarbeit sind latent oder tatsächlich gewalttätige Menschen! Hier ist innerhalb der Familie etwas zerbrochen. Ein einzelnes Familienmitglied kann nicht mehr für alle sprechen. Deshalb wird eine solche „führungslose" Familie als Ganzes angesprochen. Es werden eine äußere Leitung und eine äußere Norm eingeführt.

Zu Beginn zuhören. Es wird darauf geachtet, sofort zu intervenieren, wenn Beteiligte Spielregeln und Grenzen verletzen (➜ unten).

Konfrontation. Analog zum Vorgehen mit Einzelpatienten wird allmählich Position bezogen, konfrontiert. Es werden Grenzen gesetzt, um beobachten zu können, wie groß die Wucht und das Beharrungsvermögen der destruktiven Kommunikationsabläufe sind respektive wie groß die Selbstorganisationskompetenz der Familie ist, wenn minimale äußere Verhaltensregeln eingeführt werden.

Empfehlungen zur Durchsetzung von Rahmenbedingungen bei der Moderation

Keine Gewalt, sonst gibt es die „rote Karte" (das Gespräch wird vertagt).

Durchsetzen der Gesprächsleitungsfunktion. Der Moderator darf Voten unterbrechen und kann das Wort erteilen. Darauf ist hinzuweisen. Er fasst zusammen und folgt dem besprochenen Thema („roter Faden"). Falls dies nicht akzeptiert wird, gibt es die „gelbe Karte" (der Gesprächsleiter behält sich vor, das Gespräch abzubrechen): Die Situation wird als zentraler Konflikt zwischen der Handlung des Therapeuten und den Ansichten des Patienten begriffen und in direkter Auseinandersetzung geklärt (→ Beispiele unten bei „Empfehlungen"). Man vermeide psychologische Interpretationen/Deutungen!

Durchsetzen der eingeführten Gesprächsspielregeln. Bei Verstößen sofort intervenieren („Foul-Pfiff"; → Beispiele unten).

Grundlegende Gesprächsspielregeln:

- ▶ Die Patienten sprechen **für sich persönlich** (sie interpretieren das Gegenüber nicht).
- ▶ Alle sprechen in **angemessenem Tonfall** (sie unterlassen zynische Bemerkungen, beschimpfen nicht).
- ▶ Sie lassen den anderen **ausreden** (sie unterbrechen nicht)
- ▶ Sie fassen sich **angemessen kurz** (sie sprechen nicht gleichzeitig mehrere Themen an)
- ▶ **Sie beziehen sich** in ihren Äußerungen auf die vorangegangene Äußerung ihres Gegenübers (sie wechseln nicht zu einem anderen Thema).

Konkretes Thema. Veränderungen werden im Bereich von Handlungen und Sachverhalten angestrebt, da hier in der Regel mehr Verbindlichkeit mit weniger Missverständnissen erreicht werden kann. Diese kleinen Veränderungen der Alltagsbewältigung werden ermutigen und sich emotionell auswirken.

Empfehlungen bei „schwierigem" Gesprächsverhalten

- ▶ **Bei monologisierendem Gesprächsverhalten:** Alle Gesprächspartner einbeziehen:
  ☺ *Der Gesprächsleiter zum Vater: „Ich möchte Sie hier kurz unterbrechen, da ich sehe, dass Ihre Tochter nach Ihrer vorherigen Äußerung zu schluchzen begonnen hat. Ich würde die Tochter jetzt fragen, was sie so erschüttert hat. Ich gehe davon aus, dass sie Ihnen damit etwas mitteilen möchte. Oder möchten Sie sie selbst fragen?"*
- ▶ **Bei abschweifendem Gesprächsverhalten:** Neues Thema auf später verschieben:
  ☺ *Der Gesprächsleiter zum Sohn im Familiengespräch: „Ich möchte Dich hier kurz unterbrechen. Du bringst hier ein neues Anliegen, auf das wir anschließend zurückkommen werden." Der Sohn: „Ich möchte es nur kurz zu Ende führen, da ich es sonst wieder vergesse". Der Gesprächsleiter: „Ich gebe Dir Papier und Bleistift, damit Du den Gedanken aufschreiben kannst."*
- ▶ **Bei vieldeutigen oder manipulativen Äußerungen** (andauernd schweigen, ohne erkennbaren Anlass lachen oder weinen, zum Fenster hinausgucken, mysteriös lächeln, plötzlich im Zimmer herumgehen) direkt ansprechen:
  ☺ *Der Gesprächsleiter: „Es ist mir aufgefallen, dass Sie häufig in die rechte obere Ecke gucken, wenn Ihr Partner etwas zu Ihnen sagt. Dies irritiert mich. Was möchten Sie damit ausdrücken? Da ich Sie nicht kenne, bin ich froh, wenn Sie mir das kurz erklären. Dies hat zudem den Vorteil, dass Ihr Partner sich dann dazu äußern kann."*
- ▶ **Bei unterbrechendem Gesprächsverhalten:** Der Moderator als „Vermittler":
  ☺ *Der Gesprächsleiter zum „Unterbrecher": „Wenn ich in einer spannungsgeladenen Situation Fragen stelle, führt dies normalerweise dazu, dass der zuhörende Partner mit der Sichtweise des anderen nicht einig geht. Ich empfehle Ihnen, dass Sie sich zurückzuhalten versuchen. Das ist vielleicht jetzt schwierig. Wenn Sie es nicht mehr aushalten, bitte ich Sie deshalb, sich direkt an mich zu wenden – und nicht an Ihre Partnerin. Sie können mir dann z.B. sagen, dass Sie es nicht mehr aushalten. Wenn diese Spielregel in der Hitze der Gefühle vergessen wird, werde ich Sie daran erinnern. Sobald Ihre Partnerin ausgeredet hat, werde ich Ihnen die gleichen Fragen stellen. Sind sie damit einverstanden?"*

▶ **Bei Beschimpfung des Partners:** Konfrontation:

☺ *„Ich respektiere Ihr Gefühl, Ihre Wut – hingegen nicht, wie Sie diese ausdrücken. Ich bin nicht bereit, auf dieser Ebene mit Ihnen weiter zu sprechen. Denn ich traue Ihnen zu, dass Sie Ihren Ärger auf andere Weise äußern können, ohne zu beleidigen oder zu provozieren. Genauso wenig werde ich akzeptieren, wenn Ihr Partner so über Sie spricht. Ich werde Sie sofort wieder unterbrechen und darauf aufmerksam machen, wenn Sie sich wieder derart äußern. Verstehen Sie, wie ich es meine?"*

▶ **Bei kämpferischen Patienten** Meinungsdifferenz benennen:

☺ *„Sie äußern hier eine andere Ansicht. Wir haben hier unterschiedliche Meinungen."*
Bei grundlegenden Differenzen: „Da mir dies wichtig ist, möchte ich das klären!"

▶ **Bei verletzendem Verhalten** mit fester Stimme Grenzen setzen:

☺ *„Diese entwertende Äußerung nehme ich nicht entgegen! Es gehört nicht zu meinen Aufgaben, mich beschimpfen zu lassen. Es ist mir wichtig, dass Sie sich entschuldigen und in anderem Ton weiter reden!"*

5. Schritt: Abklärung

Anmerkungen zur Wohnungseinrichtung. In der Zwischenzeit sind ein paar diskrete Anmerkungen zur Wohnungseinrichtung sinnvoll. Dadurch können beiläufig Informationen über die Personen des Haushalts, die Rollenverteilung der Familienmitglieder sowie über Beruf und Freizeit erhalten werden, ohne in ein Kreuzverhör einsteigen zu müssen. Grundsätzlich geben die Menschen trotz vorangegangenem Drama gerne Auskunft. Sie atmen vielfach auf, dass man jetzt endlich wieder über etwas „Normales" sprechen kann. In dieser Phase werden denn auch noch keine Konfliktthemen erörtert. Falls man trotzdem eines streift, verschiebt man die Erörterung sofort „auf später".

Ergänzende sachbezogene Fragen. Ausgehend von kleinen Beobachtungen seit den ersten paar Minuten Hausbesuch, stellt der Helfer z. B. folgende Fragen mit der Bemerkung, die Familienmitglieder damit etwas besser kennen lernen zu können:

▶ **Beziehungsnetz:** Über den Nachnamen erfährt der Helfer manchmal, ob die Partner verheiratet sind, was weitere entsprechende Fragen anschließen lässt. Wie lange schon verheiratet? Kinder? Wie alt? Wie geht es ihnen? Wo sind sie jetzt? Beziehung zu Angehörigen? Zu Nachbarn?

▶ **Aufgabenteilung in der Familie:** Aus einer Bemerkung zur Küche oder einer herumliegenden Strickarbeit lässt sich ableiten: Rechte und Pflichten? Tagesstruktur der Familie? Berufsarbeit der Partner? Arbeitszufriedenheit? Behinderungen? Krankheiten? Therapeuten? Persönliches Wohlbefinden?

▶ **Soziale Situation:** Aus einer Bemerkung zur Wohnung und zu den Mieten lässt sich ableiten: Mietkosten? Auto? Abzahlung? Finanzielle Sorgen? Kontakt zu Ämtern?

▶ **Notfallereignis:** Herumliegende zerbrochene Gegenstände, blaue Augen, die Haltung der Familienmitglieder zueinander usw. lassen Vermutungen zu, wer wie mit wem in einer Auseinandersetzung war.

▶ **Alkohol und Drogen:** Wenn man die (meist erstaunlich große) Spirituosenbar entdeckt: „Wie ist der Alkoholkonsum heute gewesen? Und in der letzten Woche?"

Länger dauernde, heftige Konflikte sind häufig Ausdruck einer Erschöpfung der Beteiligten.

Nach Gewaltabsichten ist wie bei der Suizidalität offen zu fragen!

☺ *„Wenn Sie so wütend auf Ihre Partnerin sind: Wie häufig haben Sie sich schon vorgestellt, sie zu schlagen oder sie gar umzubringen?" „Wie würden Sie es tun?"*

Nachfragen! Auch hier werden düstere und undeutliche Aussagen bis zur Klärung hinterfragt (Mordgedanken, -pläne, -vorbereitungen; Achtung bei Waffenbesitzern!). Die eigene Intuition des Helfers ist unbedingt ernst zu nehmen.

Kinder? Der Notfallhelfer achtet auf die Äußerungen von möglicherweise bedrohten oder misshandelten Kindern. Befragung in separatem Zimmer!

Beiläufige Information. Wenn das Paar etwas Vertrauen zum Gesprächsleiter gefunden hat (auch er soll Fragen beantworten!), erfährt er viele Hintergrundsinformationen, ohne weiter danach fragen zu müssen. Es ist wichtig, dies respektvoll entgegenzunehmen, ohne sich dazu verleiten zu lassen, plötzlich in ein Paartherapiegespräch einzusteigen (was nicht des vereinbart befristeten Notfalleinsatzes entspräche).

> Die Notfallsituation: eine Chance, den Ernst der Lage zu erkennen,
> Abgrenzung zu respektieren und die Beziehung umzugestalten.

6. Schritt: Beurteilung und Hilfestrategie

Risikofaktoren für Gewaltgefahr

▶ **Vorangegangener Gewaltausbruch** (Achtung: akute Gefahr, falls Gewaltausbruch weniger als eine Stunde zurückliegt, da die Patienten meist immer noch erregt sind), frühere Gewalttaten, Häufung schwerer Verkehrsunfälle.

▶ **Schwere soziale Kränkung**, massive äußere Belastung (z.B. wenn Angehörige vom Tod eines Nächsten erfahren). Achtung bei unwirklich ruhiger Reaktion auf schwere seelische Verletzung.

▶ **Verstrickte Beziehungen** (trotz fehlendem Vertrauen viel räumliche Nähe) mit emotionellen Verkennungen des Gegenübers, Entwertung und Verachtung des Kontrahenten.

▶ **Alkohol-, Tabletten oder Drogenmissbrauch**, insbesondere Missbrauch mehrerer Substanzen (Polytoxikomanie). Achtung: Haschischkonsum bei Schizophreniekranken, Horror-Trip bei Halluzinogenen!

▶ **Chronische oder akute hirnorganische Beeinträchtigung:** konstitutionell (Intelligenzminderung), Schädel-Hirn-Verletzungen, Stoffwechselstörungen (Hypoglykämie bei Zuckerkranken), Intoxikationen, jedoch auch banal bei Hunger und Durst! Es zeigen sich plötzliche Stimmungswechsel, Reizbarkeit, ungebremste Impulsivität, explosives Verhalten, Erregung.

▶ **Biografische Risikofaktoren:** Opfer von Misshandlung/sexuellem Missbrauch in der Jugend, Vorgeschichte von Gewaltkriminalität.

▶ **Persönlichkeitseigentümlichkeiten** mit starker Kränkbarkeit und geringem Selbstvertrauen, Feindseligkeit, Unfähigkeit sich Autoritäten unterzuordnen, fehlender Selbstkritik, krass egozentrischem Verhalten, sozialer Gewissenlosigkeit, fehlender Beziehungskonstanz mit beliebigen und flüchtigen Kontakten, gewalttätigem Verhaltensmuster (man achte auf Blick, Gesten und Wortwahl), fehlende Frustrationstoleranz, starke sexuelle Triebhaftigkeit.

▶ **Krankheit und konstitutionelle Beeinträchtigung:** Hirnverletzung oder Hirnerkrankung, akute Schizophrenie (besondere Vorsicht, wenn Bezugspersonen in Wahnsystem einbezogen sind).

▶ **Fehlende soziale Kontrolle**, unklare ethische Normen, fehlende Sanktionen nach früheren Grenzverletzungen, unverbindliche Spielregeln, gewalttätiges Milieu, soziale Nähe zum Kontrahenten (deshalb sind Mitarbeiter mehr gefährdet als Vorgesetzte!).

Verdacht auf Misshandlung von Kindern

▶ **Körperliche Verdachtsmomente:** Ungewöhnliche körperliche Verletzungsspuren (viele Blutergüsse, Riemenzeichen, Zigaretten-Brandmarken, flächenweiser Haarverlust); bei Säuglingen und Kleinkindern: schwerer Entwicklungsrückstand, eventuell mit schweren chronischen Infekten (Verdacht auf Mangelernährung bei Verwahrlosung), deformierte Körperteile (unbehandelte Knochenbrüche).

▶ **Verhaltens-Verdachtsmomente bei Kindern:** Apathisch-zurückgezogenes Verhalten, auffällig gestörtes Distanz-Nähe-Verhalten, massive Aggressionsdurchbrüche, sexuelle oder massiv tätliche Grenzüberschreitung gegenüber Geschwistern, Misshandlung von deutlich unterlegenen fremden Kindern oder von Tieren, auffällig sexualisiertes Verhalten.

▶ **Verhaltens-Verdachtsmomente bei erziehungsverantwortlichen Erwachsenen:** Trotz Verletzungen der Kinder wird für sie keine ärztliche Hilfe aufgesucht.

Hilfestrategie

Tabelle 2.**8**   Stufen eines eskalierenden Beziehungskonfliktes und entsprechende Hilfestrategie.

Stufe	Beziehungskonflikt	→	Hilfestrategie
A Labil	**Spannungen durch latente Konflikte** beeinträchtigen die Befindlichkeit der Familienmitglieder. Die Bewältigung anstehender Probleme ist erschwert.	→	Ressourcenorientierte Arbeit mit Rücksicht auf die bestehenden Belastungen im Rahmen von **Paar- und Familientherapie im Rahmen eines regulären Settings.**
B Erschütterung	Bereits kleine Zusatzbelastungen führen zu **heftigen Eskalationen.** Familienmitglieder zeigen erste Symptome oder beginnen sich nach außen (starke berufliche Beanspruchung, Außenbeziehung, vorzeitige Ablösung von Jugendlichen) oder nach innen (z. B. Bindung der Mutter an ein Problemkind) zu orientieren.	→	Die Familie braucht einen konstruktiven äußeren Impuls, der alle Familienmitglieder mit einschließt, sowie zusätzlichen Halt, z. B. Paar- oder Familientherapie. Wichtige Regeln des Zusammenlebens können allenfalls nur unter **kurzfristigem Einbezug von außenstehenden Bezugspersonen** (z. B. Therapeuten) eingehalten werden.
C Innerliche Trennung	Es kommt innerhalb der Familie zu **Grenzüberschreitungen und Liebesentzug** (Drohungen, Sachbeschädigungen, sexuelle Verweigerung). In der Dauerbelastung bilden sich generationenüberschreitende Koalitionen. Einzelne Familienmitglieder verlieren den Schutz der Familie: Misshandlung, sexueller Übergriff kann vorkommen. Nach außen wird versucht, eine „intakte Familie" zu sein.	→	Die Familie ist nicht mehr in der Lage, Vereinbarungen ohne zusätzlich entlastende oder stützende Maßnahmen zu treffen. Beim Andauern des zermürbenden Zustandes braucht die Familie in akuten Situationen **aufsuchende Hilfe**: vorübergehende Trennung einzelner Familienmitglieder (meist eines Elternteiles), Einleitung längerfristiger therapeutischer oder sozialpädagogischer Betreuung mit Hausbesuchen.
D Offene Zerrüttung	Es entsteht ein Klima von **Feindseligkeit und aggressiver Grenzüberschreitung.** Probleme werden nicht mehr gelöst. Die Familie und das Umfeld spalten sich in Fraktionen. Es entstehen Entwicklungsstörungen bei Kindern, Krankheit, Suizidalität, Schul- und Arbeitsstörungen, bzw. Störungen des Sozialverhaltens bis zu Delinquenz. Die Umwelt ist beunruhigt, alarmiert Polizei oder Behörden.	→	Die Familie als Ganzes ist nicht mehr gesprächsfähig. Zur Abschätzung der Gefahr ist man deshalb ganz auf Beobachtungen und die Angaben von Drittpersonen angewiesen. Die Familienmitglieder sind von der Problemlage überfordert, Einzelne hoffen darauf, die Familie verlassen zu können, um **geschützt vor Übergriffen außerhalb der Familie untergebracht zu sein (z. B. Frauenhaus)**. Zusammenarbeit mit Behörden.

Stufe	Beziehungskonflikt	→	Hilfestrategie
E Gewalt und Chaos	**Hass und nahezu tägliche Gewalttätigkeit**, zum Teil im Alkoholrausch, bestimmen das familiäre Klima. Die Angehörigen sind teils völlig uneinsichtig, teils völlig ausgebrannt, in Angst und Verzweiflung. Es entstehen bedrohliche Symptome, Verwahrlosung, Kriminalität, Missbrauch. Die Umwelt zieht sich zurück. Behördliche Interventionen wirken nicht (mehr).	→	Eine Verständigung mit der Familie gelingt nicht mehr. Es besteht akute Gefahr für Leben, Gesundheit und persönliche Integrität. Sofortiger Handlungsbedarf: **Unterbringung von gefährlichen/gefährdeten Familienmitgliedern in einer geschützten Institution** (psychiatrische oder somatische Klinik/Kinderklinik), durchgesetzt mit rechtlichen Mitteln.

> In gewissen Regionen können (und sollen) Gewaltbereite
> von zuhause polizeilich weggewiesen werden!

Maßnahmephase
(Medikation → Seite 153 und 155)

7. Schritt: Notfallkonferenz

Empfehlung zur Problem- und Auftragsdefinition

Als Beispiel dient der Gesprächsbeginn mit einer Familie (41-jährige Mutter Frau Körner, 40-jähriger Vater, 17-jährige Tochter Lisa, 15-jähriger Sohn Toni):
▶ **Definition der aktuellen Problemstellung:**
☺ *„Frau Körner, Sie haben erwähnt, wie wichtig es Ihnen ist, dass endlich etwas geschieht."*
„Herr Körner, Sie sind offenbar seit 18 Monaten arbeitslos, so dass Sie sich als Familie kaum mehr etwas leisten können. Sie haben sich von Ihren Bekannten zurückgezogen und haben offenbar begonnen, viel Alkohol zu trinken. Seitdem Sie viel zu Hause bleiben und die Kinder auch nicht mehr die Jüngsten sind, wird es eng in ihrer Dreizimmerwohnung. Manchmal gehen sich die Familienmitglieder auf die Nerven. So ist es heute offenbar nicht zum ersten Mal zu einem heftigen Streit zwischen Ihnen, Herr Körner, und Ihrer 17-jährigen Tochter gekommen. Sie haben ihr vorgeworfen, mit einem drogenabhängigen Freund herumzuziehen. Dabei haben Sie offenbar Worte gebraucht, die Ihre Tochter verletzt haben."
„Lisa, Sie wollten sich nichts mehr vorschreiben lassen. Sie haben eine Tasche mit Ihren wichtigsten Kleidern gepackt, um zu Ihrem Freund zu ziehen. Aus einem heftigen Wortwechsel kam es zu Tätlichkeiten zwischen Vater und Tochter."
„Toni, da hast Du dich eingeschaltet. Es ist zum Tumult gekommen."
Zu allen: *„Frau Körner hat zum Glück bei Nachbarn Hilfe geholt. Ich sehe, im Moment herrscht Erschöpfung, Verzweiflung und Ratlosigkeit in der Familie. Ich spüre jedoch auch eine Bewegung zur Veränderung, dass jetzt etwas geschehen muss. Damit stellt sich die Frage, was Sie tun können, damit sich etwas Konstruktives entwickeln kann."*
▶ **Definition des Interventionszieles für heute:**
☺ *„Welche Vorkehrungen möchten Sie heute Abend treffen, damit Sie diese Nacht schlafen können, um morgen in Ruhe – und mit Hilfe von außen – einen nächsten Schritt zur Lösung der allerwichtigsten Frage zu tun?"*

▶ **Definition des Gesprächsangebotes und der Rolle des Gesprächsleiters:**

☺ *„Ich selbst kann Sie heute Abend während einer guten Stunde als Gesprächsleiter begleiten. Dabei bin ich nicht der Richter, der entscheidet, wer Recht oder Unrecht hat. Ich bin eine neutrale außenstehende Person, die allen von Ihnen Platz einräumt, die eigene Sichtweise den anderen mitzuteilen. Vorausgesetzt, Sie sind einverstanden, würde ich Sie jetzt zuerst alle einzeln sprechen lassen, um Ihre persönliche Sichtweise zu hören. Ich würde dabei unterbrechen, wenn ich das Gefühl hätte, dass sich zwei in die Quere kommen und nichts dabei herauskommt – dies aus technischen Gründen."*

Realistisches Interventionsziel. Der Notfallhelfer kann die Gesprächswilligen dabei begleiten, was diese tun können, um sich selber zu schützen, oder was veranlasst werden muss, damit Kinder und Jugendliche in Sicherheit gebracht werden können.

8. Schritt: Ambulante Maßnahmen bei aggressivem Konflikt ohne offene Gewalt

Abgrenzung und Nähe, konkret Wichtiges und die verschiebbaren Grundsatzfragen. Ziel ist, Spielregeln in Richtung einer Kultur von Distanz und Nähe, von Abgrenzung und aktueller Rollenverteilung (wer tut jetzt was) zu erarbeiten. Dabei geht es in erster Linie um Belastungsverminderung durch konkrete Aktionen (einzeln und vielleicht auch gemeinsam) und weniger um psychologische Bemühungen zur besseren Einfühlung.

Hilfreiche Leitsätze zur Begründung einer Kultur von Abgrenzung und Nähe

▶ Das Bestreben nach **Abgrenzung hat Vorrang** vor Kontaktbedürfnis – Nähe lässt sich nicht erzwingen.
▶ Angst und Feindseligkeit sind Zeichen von **zuviel Nähe.**
▶ Bei schwerem Streit kann man **nicht diskutieren:** Schwierige Themen auf später verschieben.
▶ Eine Wiederannäherung ist erst sinnvoll, wenn **Spielregeln verlässlich eingehalten** werden.
▶ Streitende, sich seelisch verletzende Menschen, können sich **nicht zugleich helfen.**
▶ Jede erwachsene Person ist grundsätzlich **selbst zuständig** für ihr eigenes Wohlergehen.
▶ Irgendjemand muss den ersten Schritt zur **Veränderung einseitig** tun – wer das ist, spielt keine Rolle.

Empfehlungen zur Deeskalation zwischen Partnern

▶ **Nur das heute Wichtige** ansprechen. Heiße Themen (konkret benennen!) auf die nächste Konsultation verschieben. Dies gilt als verantwortungsbewusst.
▶ **Zwischenfällen vorbeugen.** Alkohol- und Drogenverbot bis zum nächsten Kontakt zum Therapeuten verordnen.
▶ **Persönliche Entlastung** von überfordernden Aufgaben: Arbeitsunfähigkeitszeugnis ausstellen!
▶ **Tagesstruktur** besprechen. Für die Patienten wird unabhängig voneinander bis zum Zeitpunkt des nächsten Beratungstermins eine Tagesstruktur abgesprochen.
▶ **Nachbetreuung** organisieren. Notfalleinsätze können den dringend notwendigen Einbezug einer neutralen Person zu einer Familie ermöglichen.

Medikation

Medikamente und Maßnahmen	Verabreichung
Lorazepam Expidet	1–2,5 mg p.o.

9. Schritt: Evaluation: Zusätzliche Maßnahmen mit Drohung, Gewalt oder Missbrauch

> Bei akuter Gewalt:
> 1. Gesprächsweise zugängliche Personen vom Ort der Gewalt entfernen.
> 2. Polizei zuziehen
> 3. Warten bis Polizei vor Ort ist!

Dinge beim Namen nennen. Falls man sich als Gesprächsleiter durch drohendes Verhalten weiterhin unter Druck fühlt, ist es angezeigt, dies gegenüber den Patienten in klarer Sprache offen zu äußern, verbunden mit der Mitteilung, dass unter Angstbedingungen eine weitere therapeutische Arbeit unmöglich ist. Deshalb müssen andere Lösungsvarianten erwogen werden. Falls damit nicht alle Beteiligten einverstanden sind, werden diejenigen Personen energisch unterstützt, die bereit sind, sich helfen zu lassen.

Konkret und verbindlich. Regelung jeglichen Kontaktes (Besuch, Telefon, Brief) zwischen den Konfliktparteien bis zur nächsten Konsultation.

Nur organisatorische Absprachen unter Auslassung heißer Themen.

„Kontaktpause". Zwischen den Kontakten besteht „Pause" und nicht „Trennung". Für viele ist der Trennungsbegriff mit dramatischer Bedeutung verknüpft, so dass eine Regelung unter diesem Vorzeichen schwierig durchzusetzen wäre.

Bewährung. Eine Intensivierung des Kontaktes ist erst dann spruchreif, wenn die bisherige Kontaktregelung eingehalten wurde, der damit ermöglichte minimale Kontakt sich bewährt hat und beide Konfliktparteien in Anwesenheit des Therapeuten glaubhaft machen können, dass ein *beidseitiges* Bedürfnis nach Kontaktintensivierung vorhanden ist.

Notwendige Außenkontakte. Es wird vereinbart, dass sich die Konfliktpartner nicht gegenseitig trösten. Deshalb suchen sie eine außenstehende, möglichst unabhängige Person auf (z.B. einen guten Freund oder einen Psychotherapeuten).

Neutrale Person. Für neue Notfallsituationen wird eine unabhängige und belastbare Person bestimmt (nicht der Helfer!). Sie übernimmt es, unaufschiebbare Mitteilungen an den anderen Partner noch vor dem ersten Konsultationstermin zu überbringen oder Botengänge zwischen den Wohnungen zu machen. Jeder Besuch der neutralen Person wird vorher telefonisch angekündigt.

Themen der folgenden therapeutischen Familien- und Paargespräche. Das vorrangige Thema ist die Kontaktregelung; solange, bis sie durch die Konfliktparteien mit konstruktivem Resultat selbständig verändert werden kann. Erst anschließend an diese Distanzierungsphase kann Dahinterliegendes aufgearbeitet werden, sofern zu diesem Zeitpunkt noch beide Partner an einer Fortsetzung der Beziehung interessiert sind.

Waffen? Drohende Menschen haben gelegentlich zu Hause gefährliche Kampfgeräte aufbewahrt. Diese sollen der Polizei oder verlässlichen Freunden abgegeben werden (gegen Vorlage der Quittung an den Therapeuten).

Empfehlung zur Einleitung einer Kontaktpause bei Konflikt mit Gewalt

Der Gesprächsleiter bespricht sich bei immer noch streitenden Familien mit Untergruppen, eventuell sogar nur mit einzelnen Personen.

▶ **Zu Beginn dieser Gesprächsphase an alle:**

☺ *„Wenn Sie mitarbeiten, kann ich versuchen, Sie zu begleiten, Regeln für den Kontakt untereinander in den nächsten 24 Stunden zu erarbeiten. Wir können Ihr Problem heute nicht klären. Dazu wären mehrere Gespräche notwendig. Ich schlage aus Erfahrung vor, jetzt nicht länger als 30 Minuten zusammenzusitzen. Sind Sie alle mit diesem Vorgehen einverstanden?"*

▶ **An die am Konflikt beteiligten Anwesenden:**

☺ *„Ich sehe, dass Ihre Lage weiterhin bedrohlich ist. Die meisten schweren Gewaltverbrechen geschehen aus solchen Situationen heraus. Das nehme ich sehr ernst, und ich bin nicht bereit, bei einer Katastrophe zuzuschauen. Deshalb werde ich mit Ihnen festlegen, wie Sie jetzt – zumindest vorübergehend – voneinander Distanz nehmen können."*

▶ **An die unterlegene Person („Opfer"):**

☺ *„Welchen Kontakt möchten Sie bis zu diesem neuen Paargespräch haben? Beachten Sie dabei, dass Sie nur den Kontakt vorschlagen, von welchem Sie sicher sind, dass er für Sie konstruktiv ist. Deshalb bleiben Sie vorsichtig: Lieber Telefonate als persönliche Gespräche, lieber kurz und genau begrenzt als unbeschränkt lang usw."*

▶ **An die aggressivere Person („Täter"):**

☺ *„Können Sie das bis zum nächsten Paargespräch respektieren?"*

Falls der andere einen intensiveren Kontakt will, gilt die Spielregel „Abgrenzung hat Vorrang vor Kontaktaufnahme" (→ Seite 152).

Regelung festhalten. Nun wird die Kontaktregelung bis in konkrete Details (wer, wie, wie lange) klar definiert und schriftlich festgelegt.

Sofort Distanz. Gegen Ende des Gesprächs erfolgt eine sofortige „Kontaktpause" der Konfliktpartner: z. B. vorübergehender Aufenthalt in unterschiedlichen Wohnungen, bei fortbestehender Angst vor Gewalt Aufenthalt in einem geschützten Rahmen – z. B. an anonymer Adresse bei einer vertrauten, nicht in den Konflikt einbezogenen Person. Die Konfliktparteien verabschieden sich im Besprechungsraum und verlassen diesen nicht gleichzeitig.

Übernachten bei Verwandten und Freunden. Bei Familienkonflikten sind die Nachbarn oder die Freunde der Familie eine wichtige Ressource. Vor allem in zugespitzten Situationen kann es wichtig sein, wenn einzelne Familienmitglieder kurzfristig bei einer der Familie vertrauten Person übernachten können.

Der Schutz bedrohter Kinder. Der Notfallhelfer vertritt die Interessen von bedrohten oder misshandelten Erwachsenen und speziell Kindern, falls sich bislang noch keine anderen verlässlichen und genügend einflussreichen Erwachsenen der bedrohten Familienmitglieder angenommen haben. Angaben von Kindern, dass sie misshandelt oder missbraucht würden, werden immer sehr ernst genommen. Als erster Schritt wird eine Schutzmaßnahme angestrebt, die nach Möglichkeit von beiden Eltern akzeptiert wird. Man denke daran, der Familie bekannte Vertrauenspersonen (Kinderarzt, Pfarrer usw.) hinzuzuziehen. Es ist darauf zu achten, die Kinder nicht durch einen übereilten Retterimpuls in noch größere Gefahr zu bringen oder sie in einen schweren Loyalitätskonflikt zu treiben. Falls eine akute schwerwiegende Gefährdung von Kindern besteht, so denke man daran, dass die meisten Gewalttätigen in ihrer Kindheit selbst Opfer von Missbrauch, Demütigung und Gewalt waren. Auf diese Annahme kann man sich beziehen, um eine Verständigungsbrücke zu ihnen zu schlagen. Schließlich wird erst die Einweisung in eine Kinderklinik die Voraussetzung dafür schaffen, dass die familiäre Situation näher abgeklärt werden kann, um zu einer längerfristigen Lösung zu kommen.

Der Schutz bedrohter Frauen mit ihren Kindern. Falls Angehörige weiterhin Angst erleiden oder nach der Einschätzung des Notfallhelfers gefährdet sind, sie zudem kurzfristig keine Möglichkeit haben, mit Kindern privat unterzukommen, kann man sie auf die speziell geschützten Unterkünfte für bedrohte oder misshandelte Frauen verweisen. In der Regel können dorthin Kinder mitgenommen werden. Eine telefonische Anmeldung ist nötig. Gelegentlich sind diese Institutionen überfüllt.

Kurzfristige polizeiliche Maßnahmen und gerichtliche Anordnungen. Allenfalls sind polizeiliche oder gerichtliche Schutzmaßnahmen angezeigt: Vorläufiger polizeilicher Gewahrsam für Betrunkene auf dem Polizeiposten usw. Hausverbot für Menschen, die die Abgrenzung eines Familienmitgliedes missachten, so dass diesem ein seelischer oder körperlicher Schaden droht. Provisorische Trennungsverfügung gegenüber einem uneinsichtigen oder nicht urteilsfähigen Partner.

Akute schwere Gefährdung. Wenn große Gefahr besteht, ist der Helfer unter Beachtung der Verhältnismäßigkeit nicht an das Berufsgeheimnis gebunden, sondern aus ethischen Gründen zu Hilfeleistung im Rahmen der eigenen Kompetenz verpflichtet. Ein Beispiel:

> *Ein Mann hat sich soeben bei einem Freund seine ausgeliehene Waffe zurückgeholt und gegenüber Drittpersonen düstere Andeutungen geäußert, seine von ihm getrennt lebende Frau auf dem Nachhauseweg von der Arbeit zu erschießen. Die Frau erfährt davon und wendet sich verzweifelt an einen Notdienst. Der Helfer organisiert in Absprache mit der Frau Maßnahmen und lässt sich telefonisch von der zuständigen Behörde vom Berufsgeheimnis entbinden. Die Frau wird von ihrer besten Freundin am Arbeitsplatz abgeholt und an einen unbekannten Ort gebracht. Der Freund des Mannes kann diesen schließlich dazu bewegen, die Waffe bei der Polizei zu deponieren.*

Medikation

Vorgehen bei starker Erregung. Die Anwesenheit von 5 Polizisten wirkt in der Regel verlässlicher und schneller als die Injektion von Neuroleptika und Benzodiazepinen. Die Beschreibung des Vorgehens mit Angaben zur eventuell für den Transport notwendigen Medikation → Seite 119 oben, unter „Vorgehen bei starker Erregung (auch unklaren Ursprungs)".

Spezialproblem: Missbrauch und Misshandlung

Schutz und nicht Strafverfolgung. Für den Notfallhelfer steht der wirksame Schutz des potenziellen Opfers, nicht die Strafverfolgung des Täters im Vordergrund. (Die Betreuung von Opfern wird in Kap. 2.3 besprochen, → speziell Seite 137, die von Tätern auf Seite 156.)

Besorgte Anrufe von Kindergärtnern und Lehrern. Die Vermutung eines sexuellen Missbrauchs ist in der Regel kein Notfall. Es geht um eine Krisenintervention für die Anmelder. Nie überstürzt handeln. Beobachtungen entgegennehmen, nach Rücksprache mit Experten zurückrufen. Interventionen sorgfältig und multidisziplinär planen.

Dringender Verdacht auf sexuellen Missbrauch. Der Nutzen und der Schaden der trennenden und fremd platzierenden Sofortintervention sind sorgfältig abzuwägen. Vor Aktionen gegen den Willen der Eltern ist eine besonders sorgfältige Abschätzung der unmittelbar drohenden Gefahr nach Rücksprachen mit erfahrenen Kollegen oder mit den bereits behandelnden Therapeuten wichtig. Man beachte, dass es bei Familien in einem schweren Trennungs- oder Scheidungskonflikt zu mitunter gespenstischen Wahrnehmungsverzerrungen der verfeindeten Eheleute kommen kann, in die auch Kinder unschuldig einbezogen werden können. Auf diese Weise werden gelegentlich Väter (und selten Mütter) ungerechtfertigt des Inzestes bezichtigt. Für alle Beteiligten sind derartige Eskalationen verheerend. Entsprechende Vorwürfe sollen in der Notfallsituation weder näher abgeklärt noch beurteilt werden!

Maßnahmen. Das Allerwichtigste ist, nicht noch mehr zu schaden. Unerfahrene, insbesondere Nicht-Kinderpsychiater sollen im Notfall alle Maßnahmen erst nach Rücksprache mit Experten einleiten, die sofort zugezogen werden müssen (Notdienste der kinderpsychiatrischen Zentren, diensthabende Oberärzte in Kinderkliniken). Bei dringendem Verdacht soll eine Meldung an die Jugendschutzbehörde erfolgen (nicht an die Polizei!). Personen, die unter dem Arztgeheimnis stehen, können sich über die zuständigen Amtspersonen vom Berufsgeheimnis entbinden lassen.

Drohender sexueller Missbrauch unter Gewaltanwendung. Sofortige Trennung des Kindes oder des Jugendlichen vom Täter: zum Schutz des Gefährdeten Notfalleinweisung in eine Kinderklinik „zur Abklärung".

Vergewaltigung in der Familie. Sofortige Klinikeinweisung zur Abklärung (Sammeln von Beweismaterial und sorgfältige interdisziplinäre Planung weiterer Maßnahmen). Meldung an das zuständige Jugendamt (nicht an die Polizei) durch den zugezogenen Kinder- und Jugendpsychiater.

Opfer von Verbrechen bedürfen einer lückenlosen Betreuung. Die Suizidgefahr ist akut. Alle Informationen, die der Notfallhelfer erhält, werden von ihm präzise dokumentiert.

Ein Vergewaltigungsopfer soll sofort unter persönlicher Betreuung einer ihr vertrauten Person durch eine Fachärztin für Gynäkologie untersucht und behandelt werden (Spurensicherung, Abklärung innerer Verletzungen, Infektionsvorbeugung, Verhinderung einer Schwangerschaft). Dabei ist zur Gewährleistung des gesetzlich vorgeschriebenen Vorgehens vorher stets ein Amtsarzt zu konsultieren. Bei einer polizeilichen Vernehmung ist darauf zu bestehen, dass die Vernehmung durch eine Frau in einem geschützten Raum sowie im Beisein einer vertrauten weiteren Person geschieht.

> **Sexueller Missbrauch und schwere Misshandlung** von Kindern erfordern stets koordiniertes Vorgehen von speziell erfahrenen Ärzten und Kinderschutzbehörden.

Spezialproblem: Die Notfallbetreuung von Tätern

Täter, die aus einem Affektdurchbruch gehandelt haben. Außer bei Menschen mit dissozialer Grundeinstellung stehen nüchterne Täter mit erhaltenem Realitätsbezug und intakter Hirnfunktion nach einem plötzlichen Durchbruch von Gewalttätigkeit häufig unter einer Art Schock. Sie wiederholen innerlich den Tatvorgang und begreifen nicht, weshalb sie – z. B. unter einer emotionell stark aufgeladenen Konfliktsituation – derart gehandelt haben. Dieses Nicht-richtig-verstehen-Können ist Zeichen eines wiedergewonnenen Realitätsbezuges. Im Moment der Tat werden wichtige Impulse (z. B. die Einfühlung in das Opfer) ausgeblendet, oder es ereignen sich psychosenahe Verkennungen.

Wiederholungstäter. Personen, die misshandeln oder missbrauchen, begehen eine Straftat. Dies ist ihnen in der Regel bewusst. Deshalb wird die Tat häufig abgestritten oder bagatellisiert. Auch bei „ehrenwerten Personen" kommen unglaubliche Tatsachenverdrehungen vor: Häufig wird versucht, das Opfer zum Täter zu machen.

Empfehlung für den Umgang mit grundsätzlich einsichtigen Tätern

Das Unrecht eingestehen. Nach einer Tat sollen die Täter die Möglichkeit haben, sich gegenüber einer neutralen Person auszusprechen, um Gelegenheit zu haben, sich das getane Unrecht (mit dem Helfer als Zeugen) eingestehen zu können. Hier soll nicht prinzipiell beschwichtigend eingegriffen werden.

Sühne. Ein Täter, der das Schlimme einer Tat erkennt, macht einen wichtigen Schritt nicht nur für sein zukünftiges seelisches Gleichgewicht, sondern er leistet eine Arbeit zur Rückfallprophylaxe, indem er sich das Vorgefallene eingesteht und es nicht einfach verleugnet oder verharmlost. Es ist auch bei Menschen, die ihre Tat bedauern, nie angebracht, in der Notfallsituation den Täter mit dem Opfer zu konfrontieren, da sonst die Gefahr besteht, dass es zu einer verwirrenden Rollenumkehr kommt, indem das Opfer den reuigen Sünder zu bedauern beginnt. Es ist ein Ziel der Therapie, dass der Täter sich seine Schuld nicht nur eingesteht, sondern sie als bislang verkannten Teil seiner selbst zu tragen lernt.

Selbstanzeige. Der zweite Schritt der Sühne ist bei einer kriminellen Tat die Selbstanzeige bei der Polizei. Gelegentlich erwägen Täter diesen Schritt (Missbraucher zeigen sich selten selbst an). Dieser Gedanke ist sofort zu unterstützen und ebenso schnell in die Tat umzusetzen, indem im Beisein der Helfer aus dem Besprechungsraum die Polizei angerufen wird. Die Helfer sollen dabei keinen Zweifel aufkommen lassen, dass die Selbstanzeige zwar Mut braucht, jedoch bei Verbrechen unter allen Umständen erfolgen muss. Einem unschlüssigen Täter kann man die Alternative vorlegen, dass er entweder selbst anruft oder aber der Helfer im Beisein des Täters anrufen wird.

Keine persönliche Verurteilung. Als Helfer die Tat als Unrecht werten, heißt jedoch nicht, den Täter als Person zu entwerten. Es ist Aufgabe des Täterbegleiters zwischen der vollzogenen Handlung und der ganzen Persönlichkeit des Täters zu unterscheiden.

Grenzsetzung. Es ist sofort grenzsetzend Stellung zu beziehen, sobald verbal eine neue Verletzung der Würde des Opfers geschieht:

> ☺*„Ich höre, dass Sie dies wütend gemacht hat. Wut ist erlaubt. Hingegen bin ich auf keinen Fall einverstanden, wenn Sie die Würde des Opfers erneut verletzen."*

Psychotische Täter haben ein Bewusstsein von Gut und Böse. Die angemessene Anwendung dieser ethischen Kategorien ist jedoch durch den Wahn beeinträchtigt.

Täter haben ein erhöhtes Tat- und Suizidrisiko. Deshalb ist von den Helfern abzuklären, ob eine psychiatrische Klinikunterbringung notwendig ist – auch zum Schutz von Familienangehörigen. Dies tritt nicht automatisch anstelle von Maßnahmen der Justiz.

Nachbetreuung gefährdeter Familien

Rückfallprophylaxe. Wie bei Suizidalität kann nach einem schlimmen Gewaltausbruch die Gefahr einer Wiederholung besonders groß sein. Deshalb ist es notwendig, als Nachfolgetherapeut klarzumachen, dass man die Hilfeleistung davon abhängig macht, ob aufgestellte Verhaltensregeln verlässlich eingehalten werden. Andernfalls sei man nicht in der Lage, etwas für beide Parteien tun zu können.

Belastungsbewältigung. Anschließend an eine verlässlich funktionierende Kontaktregelung folgt sinnvollerweise eine Phase von Alltagskonfliktlösung. Die meisten Paare oder Familien, die einen Notfalldienst beanspruchen, haben eine längere Zeit der Gesprächslosigkeit hinter sich. In der Regel konnten dadurch eine ganze Reihe wichtiger Entscheidungen nicht auf einvernehmliche Weise getroffen werden. Diese Arbeit muss jetzt nachgeholt werden, bevor Dahinterliegendes, mehr Emotionelles, aufgearbeitet werden kann. Dabei ist nicht von Belang, ob die Konfliktpartner noch zusammenleben oder nicht.

Wichtige Konfliktthemen von Eltern sind:

▶ **Aufgabenteilung im Haushalt:** Hausarbeit, Kinder in Schule bringen, Planung Festtage
▶ **Schnittstellen:** Kinder-Übergabe, das Nachhause-Kommen des erwerbstätigen Partners
▶ **Individuelle Freizeit und gemeinsame Zeit des Paares:** individuelles bzw. gemeinsames Ausgehen
▶ **Betreuung der Kinder:** Wer steht bei kleinen Kindern in der Nacht auf? Wer hilft bei den Hausaufgaben? Wer bringt die Kinder ins Bett? Wer ist Babysitter? Erziehungsstil (Spielregeln am Tisch usw.)?
▶ **Finanzen:** finanzielle Transparenz, Haushaltungsgeld und Taschengeld der Partner
▶ **Kontakt zu Herkunftsfamilie:** Betreuung der Kinder durch Großeltern, gemeinsames Auftreten gegenüber den Eltern der Partner

Kultur von Anerkennung und Respekt. Problembewältigung ist Anlass zu Anerkennung. Die Partner üben ein, sich wechselseitig hilfreiche Rückmeldungen zu geben.

Alkohol, Drogen, exzessives Fernsehen und berufliche Überarbeitung sind wichtige Entwicklungshindernisse. Oft ist Suchtmittel-Abstinenz resp. zeitliche Einschränkung des beruflichen Engagements Voraussetzung für weitere konstruktive Schritte.

Setting:

▶ **Die Kombination von Einzel- mit Paartherapie** (unterschiedliche Therapeuten!) ist bei schwer wiegender individueller Problematik empfehlenswert.

▶ **Einbezug der Kinder:** Bei der Konfliktlösung in der Alltagsbewältigung spielen Kinder als Thema und als Mitwirkende eine wichtige Rolle. Sobald sich die Eltern einig geworden sind, kann es sinnvoll sein, deren Kinder einzubeziehen, insbesondere wenn es Jugendliche oder junge Erwachsene sind. Das Setting wird entsprechend der aktuellen Bedürfnisse pragmatisch umgestaltet (Eltern untereinander, Eltern mit Kindern, Geschwister untereinander, Vater und Sohn, Mutter und Tochter). Dabei ist es hilfreich, die Eltern- stets von der Kinderebene zu trennen. Der Inhalt der Gespräche in den Untergruppen wird den übrigen Familienmitgliedern später knapp zusammengefasst.

Die Nachbetreuung/Krisenintervention setzt
zuerst bei den sozialen Belastungsfaktoren ein.

2.5 Alkohol-, Drogenproblem

Substanzabhängigkeit kann zu einer dramatischen Veränderung des Lebensstils führen. Notfallhelfer fühlen sich gegenüber dieser Patientengruppe oft ohnmächtig. Im Notfall wird die psychosoziale Lage dieser Patienten besonders deutlich. Das schwierige Umfeld, in dem sich Notfälle abspielen, erschweren das Beurteilen und Handeln zusätzlich. Die Maßnahmen konzentrieren sich auf Schadensbegrenzung und Motivation zur Nachbetreuung. Mit Rückfällen muss gerechnet werden. Der Notfall kann jedoch eine wichtige Chance sein, vorausgesetzt die Alarmsignale der Gesundheitsgefährdung werden ernst genommen.

Erstkontakt, Auftragsklärung

Suchtsyndrome in der Notfallambulanz. Rausch (und eventuell Entzug) sind häufige Ereignisse im Leben eines schwer Süchtigen. Ein Notfallhelfer wird in der Regel erst zugezogen, wenn zusätzliche seelische, körperliche oder soziale Komplikationen auftreten.

Der erste Eindruck. Eine Störung der sozialen Distanz kann ein Hinweis auf einen Alkohol-, Tabletten- oder Drogenkonsumenten sein. Die Notfallhelfer empfinden häufig intensive Gefühle: von missmutigem Befremden bis zu großem Bedauern. Je nach Droge lassen sich unterschiedliche Erscheinungsbilder beobachten (→ Tab. 1.**12**, Seite 36 ff):

▶ **Eine Störung der Wortaussprache, die „schwere Zunge"** (Szene-Jargon: „verladen", „hinüber", „zu", „Pause haben", „eine Scheibe haben") fällt bei Konsumenten *betäubender Drogen* auf (Alkohol, Barbiturate, Benzodiazepine, Opioide).

▶ **Euphorie, der Redefluss und die Selbstüberschätzung** (Szene-Jargon: „Spiid" von engl. speed, „hei" von engl. high) ist ein charakteristisches Zeichen für Konsumenten von *stimulierenden Drogen* (Kokain, Amphetamine, Ecstasy).

▶ **Unruhig-verwirrte, eventuell komisch-wahnhafte Störungsbilder**
  – *bei halluzinogenen Drogen* (Szene-Jargon „auf trip"): LSD, PCP (in Europa selten), Designer-Drogen, Magic Mushrooms, GHB (Gamma-Hydroxy-Buttersäure)
  – *bei Menschen auf Entzug* (Szene-Jargon: „äffig", „der Aff", „er schiebt den Affen", „törki" , von engl. turkey). Der Entzug tritt auf, wenn vorher eine körperliche Abhängigkeit bestand.

Von Belang sind Entzugssyndrome von Opioid-, Alkohol-, Barbiturat- und Benzodiazepin-Abhängigkeit. Bei Kokain- und Amphetaminabhängigen (keine Entwicklung von körperlicher Abhängigkeit) kann es auch eine Art Entzug geben: Nach dem Beenden einer regelmäßigen Drogeneinnahme treten vorher durch die Drogenwirkung verdeckte schwerste Erschöpfungszustände zutage, die mit Angst oder gar Wahn einhergehen können.

Informanten. Wenn sich Patienten selber melden, kann man sie direkt fragen, was sie konsumieren. Schwieriger wird es, wenn Drittpersonen Hilfe anfordern oder die betroffenen Patienten einen Teil ihres Konsums aus Scham verheimlichen.

Gesprächsfähig? Vertragsfähig? Die Stimmung von Süchtigen mit einer akuten Problematik ist häufig labil und beeinflussbar (Suizidalität!) oder reizbar. Gesprächsfähig sind am ehesten meist Opioid- und Cannabiskonsumenten. Mit den übrigen Patienten ist es meist schwierig, präzisere Informationen zu erhalten oder Vereinbarungen zu treffen.

Vorbereitungsphase

1. Schritt: Triage

Empfehlungen für Fragen beim Kurzinterview

▶ **Hauptanliegen des Anrufers?** Recht häufig geht es bei unbekannten Anrufern um die Nachfrage nach Betäubungsmitteln; oder es ist der Wunsch nach Kontakt in einer langen, einsam verlebten Nacht; oder geht es um die Angst eines Angehörigen vor erneuter Gewalttätigkeit eines betrunkenen Familienmitglieds?

▶ **Akutes oder chronisches Problem?** Was ist heute anders als gestern? Wann wurde der letzte derartige Vorfall erlebt? Wie verlief dieser (Rausch, Entzug, Verwirrungszustand etc.)? Was bewährte sich damals bei der Hilfestellung?

▶ **Suchtmittelkonsum:** Wie viel heute? Wie lange schon früher? Zusätzlicher Konsum von Tabletten usw. Man rechne stets mit Konsum mehrerer Substanzen (sog. Polytoxikomanie) und mit der Möglichkeit gleichzeitigen Rausches (durch die eine Droge) und Entzugs (einer anderen Droge).

▶ **Einsamkeit?** Ist der Patient allein? Hat er Freunde, Familienangehörige?

▶ **Körperliche oder seelische Krankheiten?** In ärztlicher Behandlung? Welche Medikamente? Versuchte der Patient diesen Betreuer zu erreichen? Was wurde vereinbart? Bei Bauchbeschwerden sich zudem taktvoll nach der Möglichkeit einer Schwangerschaft erkundigen.

Man rechne bei Notfällen stets mit Konsum mehrerer Suchtmittel!

Wichtigstes Triage-Kriterium:
Komplikation des Substanzkonsums?

▶ **Bedrohliche oder gar lebensgefährliche Intoxikation?** → Kap. 2.1 Bedrohlich ist eine schlechte Ansprechbarkeit des Patienten. Auch wenn die Bewusstseinsstörung während des Telefongesprächs eher zunimmt, besteht möglicherweise eine bedrohliche Intoxikation!

▶ **Suizidalität oder Aggressivität?** Kennt der Patient die Wirkung und Wechselwirkung der eingenommenen Drogen aus Erfahrung? Ist der Patient chronisch intoxikiert, so dass er bereits eine bestimmte Überlebenstechnik entwickelt hat? Handelt es sich um einen Drogenunfall?

- Suizidversuch mit Überdosis? → Kap. 2.1
- Unruhig-komisch-wahnhafter Patient? → Kap. 2.2
- Verzweifelter, suizidaler Patient → Kap. 2.3
- Aggressiver Patient? → Kap. 2.4

▶ **Akut behandlungsbedürftiges seelisches Begleitleiden?**

▶ **Akut behandlungsbedürftiges körperliches Begleitproblem?** (→ Seite 103). Achtung: Entzugserscheinungen sind je nachdem durch medizinische Laien nicht eindeutig von körperlichen Erkrankungen zu unterscheiden!

▶ **Akut betreuungsbedürftiges soziales Leiden?** Fehlende Betreuung bei Komplikationen? Obdachlos? → Abklärung vor Ort, Sofortmaßnahmen einleiten (Notschlafstelle etc.).

Zweitwichtigstes Triage-Kriterium: Aktuelles Erscheinungsbild (Syndrom)

Tabelle 2.**9** Gewöhnliche Syndrome (ohne Komplikationen) und weiteres Vorgehen.

Syndrom bei Sucht-mittelkonsum	Bemerkungen	Dringlichkeit und Vorgehen
Gewöhnlicher Rausch, gut ansprechbar	Unterschiedliche, eher gedämpfte oder angeregte Zustandsbilder	Fraglich dringlich → Seite 162
Gewöhnlicher Entzug, gut ansprechbar	Starkes Verlangen nach der Droge, ängstliche Nervosität, vegetative Begleiterscheinungen, eventuell Schmerzen	Fraglich dringlich → Seite 162

Tabelle 2.**10** Bedrohliche Syndrome und weiteres Vorgehen.

Syndrom bei Sucht-mittelkonsum	Bemerkungen	Dringlichkeit und Vorgehen
Unruhig-komisch-wahnhaft	Bei langjährigem Alkohol-Konsum oder bei Drogenintoxikation (Halluzinogene)	Sofort Hausbesuch → Kap. 2.2, Seite 110 ff
Massiv erregt: halluzinatorisch-wahnhaft	Vor allem bei hirngeschädigten Personen schon nach geringer Alkohol-Trinkmenge	Sofort Hausbesuch mit Polizei, Einweisung in psychiatrische Klinik → Kap. 2.2, Seite 110 ff
delirant: verwirrt, verworren	Wechselnde Verwirrung und Verworrenheit: ungezielte gesteigerte oder verminderte psychomotorische Aktivität, Desorientierung, Halluzinationen (etwas Kleines, Bewegtes, in Vielzahl)	Sofort Hausbesuch, Einweisung in somatische Klinik → Seite 107
Krampfanfall mit Bewusstseinsverlust	Epilepsie-artiger Anfall (sog. Grand-mal) von 1–2 Minuten Dauer im Zusammenhang mit Alkohol- oder Medikamentenentzug	Falls Anfall schon vorbei → Hausbesuch Falls Anfall anhält → Notarztwagen → Seite 168 unten
Bewusstseinsgestört: schlecht ansprechbar bis bewusstlos	Veränderung der Bewusstseinslage bis hin zu tiefem Koma, und/oder Beeinträchtigung der Vitalfunktionen (Atmung, Herz-Kreislauf!)	Sofort telefonische Triage, Notarztwagen → Kap. 2.1, Seite 101 ff

> Außer „gewöhnlicher Rausch und Entzug" bedeuten die anderen Syndrome mindestens hohe Dringlichkeit!

2. Schritt: Vorbereitung

Telefonische Kurzintervention zur Überbrückung der Wartezeit vor einem Hausbesuch

Information über die jetzt mögliche Hilfe. Hier bewährt sich der erneute und klar formulierte Hinweis auf das eng umschriebene Hilfsangebot (z. B. Abklärung unmittelbar gefährlicher Komplikationen).
Angehörige ans Telefon bitten und ebenfalls informieren.
Überbrücken der Wartezeit. Berauschte sollen nur einen einzigen (Merkfähigkeit!) Auftrag erhalten, den sie sofort auszuführen beginnen. Beispiel:

> ☺ *Der Helfer zum Patienten: „In etwa einer halben Stunde bin ich bei Ihnen. Bitte ziehen Sie sich bis dahin an, damit wir miteinander sprechen können!"*

Telefonische Intervention bei Betrunkenen oder anderweitig berauschten Patienten

Routine-Hinweis, dass man keine Suchtmedikamente abgeben wird. Viele Telefongespräche werden möglicherweise von den Patienten abrupt abgebrochen, womit sich das anfänglich dramatische Symptom als Druckmittel erweisen kann.
Bloß zuhören. Patienten, die am Telefon bleiben, beruhigen sich meist schnell. Es empfiehlt sich, eine Zeitlang zuzuhören. Meist beruhigen sich die Anrufer von selbst. Man kann empfehlen, vor dem Einschlafen noch einen Beruhigungstee zu machen, um dann mit einem guten Wunsch für die restliche Nacht das Gespräch abzuschließen. Eventuell gar nur telefonische Beratung (nüchterner) Angehöriger. Berauschte zur Abstinenz zu motivieren ist unergiebig.

Telefonische Intervention bei einer Bitte um Betäubungsmittel

Die drängende Forderung nach Betäubungsmitteln durch unbekannte Anrufer ist zu jeder Tages- und Nachtzeit möglich. Hellhörig kann der Notfallhelfer werden, wenn nach einer nicht-medikamentenverschreibenden Intervention mit keinem Wort darauf eingegangen sondern bloß nach einem Schlafmittel oder Beruhigungsmittel gefragt wird. Beliebt sind neben allen ärztlich verschreibbaren opioidartigen Substanzen Benzodiazepine oder Akineton. Es empfiehlt sich, hier innerhalb der Institution eine einheitliche, von allen Mitarbeitern konsequent befolgte Praxis einzuhalten, insbesondere, wenn es um den Umgang mit unbekannten Patienten geht:

▶ **Angemessen geringen Betreuungsaufwand** anstreben, damit der Kontakt nicht speziell attraktiv wirkt.
▶ **Es werden keine Szene-Medikamente abgegeben** oder per Rezept vermittelt.
▶ **Seltene Ausnahmen werden im Voraus schriftlich vereinbart.** Wenn der Notfallhelfer nicht im Besitz dieses Dokumentes ist, wird das Medikament nicht ausgegeben.
▶ **Anderweitigen Aussagen der Patienten** werden taktvoll zur Kenntnis genommen, ohne dass dies eine Änderung der Handlungsweise beim Helfer bewirkt. Der Helfer kann dabei auf die auch ihn verpflichtende Absprache innerhalb der Institution verweisen. Eine Auswahl von Begründungen:

> ☺ *„Mir ist das Methadon gestohlen worden." „Meine Katze hat mir das Methadonfläschchen ausgeleert!" „Mein Arzt hat mir gestern ein Rezept dafür geschrieben. Nachdem ich es verloren hatte, konnte ich meinen Hausarzt leider nicht erreichen."*

3. Schritt: Begrüßungsintervention

Gespräch mit
Berauschten:

Abstand!
Nur ganz **kurz**
Angehörige befragen
Knappe einfache
Handlungs-
anweisung
Keine Vereinbarung
treffen!
Bei Gefahr: **Polizei**!

Setting bei nüchternen Angehörigen. Möglichst in einen Raum wechseln, wo Ruhe und wenig Ablenkung herrschen (häufig läuft der Fernsehapparat). Angehörige genau über Art und Ausmaß des Drogenkonsums interviewen. Durch Beobachtung erfährt man zudem vieles: Ein Blick in die Küche z. B. zeigt, ob leere Weinflaschen herumstehen.

Setting ohne nüchterne Angehörige. Sofern niemand Nüchternes anwesend ist, die Problematik jedoch nicht besorgniserregend ist, sollte der Helfer den zu leistenden Einsatz zeitlich und von seinem Aufwand her klar eingrenzen und seine Hilfe bei Bedarf vom Einhalten minimaler Kommunikationsspielregeln abhängig machen, z. B.:

> ☺ *„Ich sehe, dass Sie viel Alkohol getrunken haben. So bin ich unsicher, ob Sie verstehen können, was ich Ihnen mitteilen werde. Ich werde Ihnen jetzt 10 Minuten zuhören, um zu sehen, ob wir miteinander reden können und ob ich Ihnen anderweitig Hilfe zukommen lassen muss – z. B. in einer Klinik. Falls dem nicht so ist, werde ich mich wieder verabschieden. Sie können mich anderentags in meinem Büro anrufen. Ich lasse Ihnen meine Karte da."*

Wenn die Situation unübersichtlich bleibt, kann man als erstes versuchen, mithilfe der Patienten Angehörige zu erreichen.

Triage überprüfen.
Ausmaß der Intoxikation oder der Entzugserscheinung überprüfen und Abklärungsentscheidungen fällen:

▶ **Vitalfunktionen betroffen?** Falls eine Bewusstseinsstörung außerhalb eines banalen vorhanden ist ➝ Kap. 2.1

▶ **Seelische Auffälligkeiten?** Ist der Zustand in einem erkennbaren Zusammenhang mit der geschilderten oder vermuteten Suchtmitteleinnahme bzw. einem Entzug oder ist eine andere seelische oder körperliche Ursache zu vermuten?
  – Ist allenfalls bereits vorbestehend ein Verlust des Realitätsbezugs, Halluzination, Wahn zu beobachten gewesen oder ist anzunehmen, dass neben der Suchtmitteleinnahme noch eine *psychotische Störung* besteht? ➝ Kap. 2.2
  – Ist der Patient *suizidal*? ➝ Kap. 2.3

▶ **Verletzungen**? Sturz auf den Kopf. Abszesse bei Fixern, usw. ➝ Seite 103

▶ **Krankheiten**? Wird über irgendwelche Symptome geklagt, die nicht im Zusammenhang mit dem Rausch gesehen werden können?

▶ **Verwahrlosungszeichen?** Gefahr eines Wohnungsbrandes bei Vernachlässigung der Küche, schwere Vernachlässigung von Kindern oder Haustieren?

Falls andere Probleme in den Vordergrund treten, ist die weitere Vorgehensweise derjenigen Problematik anzupassen, von der die größte Gefährdung ausgeht.

Abklärungs- und Maßnahmephase *(Medikation → Seite 165 ff)*

4. Schritt: Gesprächsführung

Gesprächsführung mit Berauschten

Abstand. Genügend Abstand halten (bei Erregten nur unter Schutz!), bei distanzlos wirkenden Patienten wenig Augenkontakt pflegen, diese bitten, abzusitzen und sich ebenfalls setzen, Sitzposition distanziert und abgewinkelt (nicht direkt gegenüber) einrichten. Sich ruhig und eher abwartend verhalten. Saloppe, distanzlose Gesprächsweise übergehen.

Die Gefühlsäußerungen des Patienten zurückhaltend aufnehmen. Die Gefühle sind durch den Drogenkonsum meist verfälscht. Sie zeigen nicht die tatsächliche Persönlichkeit. Zudem sind viele Berauschte und anderweitig Intoxikierte reizbar. Ein gefühlsmäßiges Mitschwingen des Notfallhelfers verstärkt eine Dramatik rückkopplungsartig. Achtung: Nicht in „familiären Ton" verfallen!

Kurze, einfache Sätze. Mit ruhiger, bestimmter und eher leiser Stimme sprechen. Nur kurze Mitteilungen über unmittelbar Handlungsrelevantes machen.

Alles Übrige wird mit den anderen Helfern oder den Angehörigen besprochen. Dabei ist es sinnvoll, sich auf die Angehörigen zu konzentrieren, da sich vor allem Alkoholberauschte durch Blickkontakt sofort zum Gespräch aufgefordert fühlen.

Gesprächsführung mit nicht berauschten Suchtkranken

▶ **Arbeitsbedingungen formulieren, die für den Helfer unabdingbar sind:**
   ☺ *„Damit ich in der Lage bin, Ihnen eine Hilfe anzubieten, muss ich von Ihnen das Einverständnis haben, dass ich in Not jederzeit - sonst nach vorheriger Rücksprache mit Ihnen – Kontakt mit der Familienfürsorge und dem Jugendamt aufnehmen kann."*

▶ **Dem Patienten in umschriebener Weise Verantwortung übergeben:**
   ☺ *„Was schlagen Sie dazu vor?" (Der Patient schweigt.) „Da Sie im Moment noch keine Idee haben, überlegen Sie sich bis morgen, was sie tun könnten." Oder: „Sie sagen mir, dass ich die Fachfrau auf diesem Gebiet bin und Sie von mir die Lösung Ihres Problems erwarten. Ich sage Ihnen als Fachfrau, dass ich in Ihrer schwierigen Situation nur in der Lage bin, Ihnen zu helfen, wenn Sie selbst etwas dazu beitragen. Ich bitte Sie, sich zu überlegen, welchen Beitrag Sie leisten."*

▶ **Keine Hilfsaufträge jenseits professioneller Hilfestellung übernehmen:**
   ☺ *„Ich höre, dass es für Sie unangenehm ist, mit Ihrer Mutter zu telefonieren und zu erklären, dass Sie ihr Geld gestohlen haben. Dies für Sie anzupacken ist nicht meine Aufgabe. Ich traue Ihnen zu, dass Sie den Mut aufbringen, diesen Schritt zu tun."*

▶ **Bei auch kleinen Grenzüberschreitungen reagieren:**
   ☺ *Der Patient: „Fräulein, wie lange muss ich noch auf meine Medikamente warten!" Die Helferin: „Zum einen heiße ich Frau Müller und nicht Fräulein. Zum anderen werde ich nicht dafür bezahlt, Sie wie eine Serviererin zu bedienen. Ihr Ton ist mir zu salopp. Ich erwarte von Ihnen eine Richtigstellung. Sie können mir rufen, sobald Sie dazu bereit sind."*

> Die folgenden Ausführungen zur Notfallbehandlung richten sich an Personen
> mit medizinischer Ausbildung; präzise Informationen bitte der aktuellen
> ärztlichen Fachinformation entnehmen!

5. bis 9. Schritt: Weiteres Vorgehen je nach Zustandsbild

Syndrom-orientiertes Vorgehen bei unklarem Intoxikationszustand mit Unruhe

Vorkommen. Bei Polytoxikomanen häufig: Kombination von stimulierenden und dämpfenden Drogen. Medikamentöse Therapie zur Ermöglichung des Transports!

▶ **Notfallmedikation bei Verdacht auf drogeninduzierte Erregung und Halluzinose:**

Medikament und Maßnahme	Verabreichung	Bemerkung
Haloperidol	Bis 5 mg p.o., i.m. oder langsam i.v.	
Eventuell Lorazepam	2–4 mg p.o.	i.v. nur bei Reanimationsbereitschaft!
Klinikeinweisung		Ständige Überwachung!
Toxikologisches Screening veranlassen		

▶ **Bei Verdacht auf drogeninduzierte Angst:**

Medikament und Maßnahmen	Verabreichung
Lorazepam Expidet	1–2,5 mg p.o.

> Viele Notfall-Suchtpatienten sind Polytoxikomane. Deshalb nur sehr zurückhaltend Medikamente verabreichen und *keine* Medikamente abgeben.

Vorgehen bei Alkoholrausch

Vorkommen. Notfallhilfe wird meist wegen *sozialer* Komplikationen angefordert.
Erscheinungsbild des Alkoholrausches (Promilleangaben sind Näherungswerte):
▶ **Leichter Rausch** (0,5–1 Promille): Enthemmung, Euphorie, Gereiztheit
▶ **Mittelgradiger Rausch** (1–2 Promille): Aggressivität, verminderte Urteilsfähigkeit
▶ **Schwerer Rausch** (über 2 Promille): Verhaltens-, Koordinations-, Bewusstseins-, Orientierungs- und vegetative Störungen
▶ **Koma** (ab ca. 3 Promille): Aspiration! Unterkühlung, Blutdruckabfall, eventuell Tod
Medizinische Komplikationen:
▶ Unruhig-komisch-halluzinierend → Klinikeinweisung!:
  – Bewusstseinstrübung zunehmend: Eventuell Delir? → Kap. 2.1, somatische Klinik!
  – Ohne Bewusstseinstrübung: Eventuell Halluzinose? → Kap. 2.2, psychiatrische Klinik!
▶ Verstärkung aggressiver Impulse: Fremdgefährdung beachten!
▶ Verstärkung suizidaler Impulse: Selbstgefährdung beachten!
▶ Psychoseartiger Zustand: Unberechenbarer, eventuell gefährlicher Verlauf des Rausches
▶ Rausch mit massiver Erregung: Akut gefährlich → psychiatrische Klinik!
Medizinische Maßnahmen:
▶ **Bei unkompliziertem Rausch**: Im Prinzip ambulante Vorgehensweise. Klinikeinweisung bei zunehmender Bewusstseinstrübung, einem abklärungsbedürftigen Leiden oder Komplikationen (→ oben).
▶ **Bei Erregungszustand**: Eventuell Haloperidol (→ oben), psychiatrische Klinik! Überwachung.

▶ **Bei schwerem Rausch bei Erwachsenen**: Notfallmäßige Einweisung in somatische Klinik oder Kinderklinik. Dauernde Überwachung.
▶ **Bei schwerem Rausch bei Kindern, Jugendlichen**: Hypoglykämiegefahr! Notfallmäßige Einweisung in somatische Klinik oder Kinderklinik. Dauernde Überwachung.

Vorgehen bei Intoxikation mit Cannabis

Körperlich gefährliche Vergiftungen sind kaum zu beobachten. Die Wirkung reicht von leichtem Rausch bis zur Intoxikation (im Urin noch bis zu 7–10 Tagen nach Konsum nachweisbar). Wirkdauer bis 5 Stunden. Die Patienten im Rausch sind ruhig, gleichgültig, verlangsamt. Intoxikierte sind verwirrt, haben Wahrnehmungsstörungen, Halluzinationen, Bewegungsstörungen und Schwindel. Gelegentlich treten Angst und Unruhe auf. Es empfiehlt sich daher ein geduldiger Gesprächskontakt („talking down") in ruhigem, abgedunkeltem Raum.

Medikament	Verabreichung	Bemerkung
Lorazepam Expidet	1–2,5 mg p.o.	
Bei psychotischen Erscheinungen: Haloperidol		→ Seite 165

Information der Angehörigen. Eltern sind häufig schlecht über Suchtprobleme orientiert. Es kann deshalb zu schweren Streitereien – auch gerade zwischen den Eltern – kommen. Hier helfen kurze Informationen (→ Tab. 1.12, Seite 136).

Vorgehen bei Intoxikation mit anderen dämpfenden Drogen oder Tabletten

Vorkommen: Bei Konsum von Benzodiazepinen, Opioiden.
Erscheinungsbild der Bezodiazepinintoxikation: Benommen, gleichgültig, verlangsamt, Blutdruckabfall, verlangsamte Atmung, eventuell Zyanose.
Erscheinungsbild der Opiatintoxikation: Pupillenverengung, Atemdepression, (bedrohlich unter 10 Atemzügen pro Minute), Herzfrequenzabfall.
Medizinische Komplikationen und Maßnahmen. Bei starker Schläfrigkeit sind Seitenlagerung (Erstickungsgefahr bei Erbrechen!) und Überwachung angezeigt.
▶ **Benzodiazepinintoxikation:** Atemwege freihalten. Antidot: Flumazenil (Anexate) 0,1–1 mg i.v. titrieren. Selten lebensbedrohlich.
▶ **Opiatintoxikation:** Atemwege freihalten, Sauerstoffgabe. Kann lebensbedrohlich werden, dann sind Intubation und Beatmung nötig. Antidot: Naloxon 0,4–2 mg i.v., i.m. oder s.c.
Bei zunehmender Schläfrigkeit bis zu Koma → Kap. 2.1, Seite 102.
Angehörige: an spezialisierte Beratungsstellen und Selbsthilfegruppen verweisen!

Vorgehen bei Intoxikation durch stimulierende oder halluzinogene Drogen

Vorkommen: In Partyszene bei Konsum von Amphetaminen (neue Amphetamine: Yabe, Shabu, Ice, Piko, Chrysal, Perlik etc.), Ecstasy (Designerdroge), LSD, Kokain, Magic Mushrooms, GHB usw. Es können weitere Inhaltsstoffe vorhanden sein, die unberechenbare Wirkungen entfalten.
Erscheinungsbild und Komplikationen:
▶ **Allgemein:**
  – **Aggressivität**, Hyperaktivität, Unberechenbarkeit: Fremdgefährdung?

- **Verwirrtheit**, Wahn, Halluzinationen (bei Halluzinogenen können nach mehreren Monaten sog. „flash backs" auftreten)
- **Selbstdestruktivität, Suizidalität:** Selbstgefährdung? Fremdgefährdung?
▶ **Bei Intoxikation durch Amphetamine, Ecstasy:** erhöhter Blutdruck, schnellere Atmung, erhöhter Puls, Bauchschmerzen, Brustschmerzen (bei Ecstasy eventuell Multiorganversagen), Fieber mit Flüssigkeitsverlust, Krampfanfälle → schwere körperliche Gefährdung!
▶ **Bei Intoxikation durch Kokain:** weite Pupillen, Euphorie, Blutdruckanstieg, eventuell Hirninfarkte, Herzinfarkt, Lungenödem
▶ **Bei Intoxikation durch Dextrometorphan:** weite Pupillen
▶ **Bei Intoxikation durch LSD:** kaum schwere körperlichen Komplikationen

Medizinische Maßnahmen bei Intoxikation durch Kokain, Amphetamine, Ecstasy:

Medikament und Maßnahme	Verabreichung	Bemerkung
Viel trinken lassen!	Eventuell Infusion	Flüssigkeitsbilanz
Klinikeinweisung		Ständige Überwachung!
Toxikologisches Screening veranlassen!		

▶ **Angst und Unruhe bei LSD-Konsum:** Geduldiger Gesprächskontakt („talking down") in ruhigem, abgedunkeltem Raum. Sorgfältige Überwachung (Selbstgefährdung)! Medikation: Benzodiazepin (z. B. Lorazepam). Nie Betablocker (wegen Blutdruckabfall)!
▶ **Angst und Unruhe bei reizbaren Intoxikierten:** *Kein* „talking down". Eventuell auch erregt. Medikation (meist erst in der psychiatrischen Klinik): Antipsychotika (Haloperidol) → Seite 165.

Vorgehen bei Alkoholentzugssyndrom

Vorkommen. 6–8 Stunden nach plötzlicher Verminderung des Alkoholkonsums (z. B. bei Krankheit, Trinkpause nach Alkoholexzess, Entzug bei Inhaftierten).

Mögliche Symptome bei Alkoholentzug-Syndrom:
▶ **Auffälliger Tremor,** vor allem der Hände, der Augenlider (und der vorgestreckten Zunge)
▶ **Vegetative Störungen:** Erbrechen, Durchfall, erhöhter Puls/Blutdruck, Schwitzen, Schlafstörungen, Gangstörungen, Krankheitsgefühl, Kopfschmerz
▶ **Psychomotorische Störungen:** ängstlich-depressiv, schreckhaft, flüchtige Illusionen oder Halluzinationen, Unruhe, Konzentrations- und Gedächtnisstörungen
▶ **Dauer:** akute Phase 3–5 Tage

Komplikationen. Entzugsanfälle. Das Syndrom kann auch in ein Delir übergehen (Delir hat hohe Mortalität!).

Maßnahmen bei leichten bis mittleren Entzugserscheinungen ohne Komplikation. Der Alkoholentzug ist bei schlechter Betreuung potenziell gefährlich. Bei guter Betreuung und bisher unkomplizierten Entzugsverläufen ist hingegen eine ambulante Begleitung mit medikamentöser Behandlung möglich. Ein konsequent durchgeführter Alkoholentzug verlangt deshalb besonders unter ambulanten Verhältnissen eine gute Zusammenarbeit des Patienten mit den Behandelnden (zuverlässige Angaben hinsichtlich vorgängigen Medikamentenkonsums und keine zusätzliche Drogeneinnahme während des ca. zweiwöchigen Entzugs; verlässliche und durchgehende Betreuung durch Drittpersonen; Behandlungsprotokoll) und eine möglichst ungefährliche Medikation (beim ambulanten Entzug besteht eine sehr große Rückfallwahrscheinlichkeit und damit die Gefahr von Interaktionen zwischen Entzugsmedikamenten und Suchtmitteln).

Medikament und Maßnahme	Verabreichung	Bemerkung
Lorazepam	Erstdosis 1–2,5 mg p.o. Später: 4–6-mal tägl. 1 mg p.o.	Maximaldosis 1. Tag bis 7,5 mg Dosisreduktion 10 % pro Tag
(Clomethiazol nur in der Klinik!)		
Viel Wasser trinken lassen	Eventuell Infusion	Flüssigkeitsbilanz
Überwachung		evtl. Antihypertensiva (z. B. Nifedipin)
Vitamine: v.a. Vitamin B-Komplex		
Körperliche Aktivität		

Im Übrigen halte man sich an die einschlägigen Angaben in den Handbüchern für klinische Notfallbehandlung.

Klinikeinweisung obligatorisch bei:
▶ Schwereren Entzugserscheinungen
▶ Patienten in schlechtem Allgemeinzustand
▶ Patienten ohne geeignete Betreuung (Alleinstehende, Untersuchungshäftlinge)
▶ Früheren Entzugskomplikationen (z. B. Entzugsanfall)
▶ Verdacht auf beginnendes Delir
▶ Multiproblemfällen (zusätzliche körperliche oder seelische Krankheit)

Nachbetreuung nach der Entzugsphase. Die große Herausforderung für den Patienten stellt die Abstinenz in der Folgezeit dar. Es empfiehlt sich, den Patienten durch eine spezialisierte Fachstelle nachbetreuen zu lassen und dies frühzeitig einzuleiten.

Vorgehen bei Entzug von Sedativa/Hypnotika/Anxiolytika

Stoffklassen: Barbiturate, Benzodiazepine usw. Derartiger Entzüge kommen nur selten vor.
Komplikationen, medizinische Maßnahmen, Klinikeinweisung: wie bei Alkoholentzug.

Vorgehen bei Delir unterschiedlicher Ursache

Vorkommen. Delirien treten in der Regel nach Entzug bei jahrelangem Alkoholmissbrauch auf, jedoch auch bei Intoxikation, z. B. durch Alkohol, Kokain, Halluzinogene, Medikamente (z. B. Anticholinergika, Antidepressiva; seltenes malignes neuroleptisches Syndrom bei Antipsychotika-Intoxikation: Achtung, hier keine Antipsychotika mehr geben!), ferner bei Entzug von Hypnotika, Sedativa. Auch Infektionskrankheiten (z. B. Enzephalitis), Schädel-Hirn-Verletzung (z. B. subdurales Hämatom), Stoffwechselstörungen und Austrocknung (alte Menschen) können mit Delirien einhergehen.
Abklärung und Vorgehen: → Seite 107

Vorgehen bei wiederholtem Entzugsanfall mit Bewusstseinsverlust

Vorkommen: Bei Alkohol-, Barbiturat-, Benzodiazepinentzug usw.
Medizinisches Erscheinungsbild: Grand-mal-Anfall.
Komplikation: Vor allem Verletzungen: mit Polsterung vorbeugen.

Medizinische Maßnahmen bis zum Eintreffen des Notarztwagens

Medikament und Maßnahme	Verabreichung
Diazepam	5–10 mg Mikroklisma
Alarmierung Notarztwagen	
Ständige Überwachung! Beißschutz	
Bei andauerndem Anfall: Intubation, Beatmung	

Vorgehen bei Opioidentzug

Kein Notfall mehr! Heutzutage ist der Opioidentzug in der Regel kein Notfall mehr. Der Entzug ist unter Notfallbedingungen obsolet geworden. Deshalb ist die Substitution mit Methadon oder Buprenorphin vorzuziehen.

Vorkommen. Heute selten. Je nachdem, wie die Versorgungslage in der Drogenszene ist.

Erscheinungsbild des Opioidentzugs:

▶ **Angst**
▶ **Vegetative Regulationsstörungen:** weite Pupillen, Schlafstörungen, Zittern, Schwitzen, Herzklopfen, Blutdruckschwankungen; eventuell Erbrechen, Inkontinenz
▶ **Schmerzen:** Rücken- und Gliederschmerzen, Bauchkoliken
▶ **Dauer der akuten Phase:**
  – bei Heroin ca. 3–5 Tage (besonders heftig am zweiten bis dritten Tag)
  – bei Methadon bis zu 20 Tage; allgemeine Nervosität und Schlafstörungen können noch monatelang fortdauern
▶ **Intensität:** v. a. abhängig von seelischen Begleitumständen und vom Allgemeinzustand. Opioidabhängige, die bei Drogenentzug keine Entzugserscheinungen erleben, beziehen mit großer Wahrscheinlichkeit wieder „Stoff".

Medizinische Komplikationen. Grundsätzlich ist der Opioidentzug körperlich ungefährlich. Achten auf Wasser- und Mineralsalzverlust, eventuell Suizidalität.

Achtung: Gewisse Krankheiten haben sehr ähnliche Symptome. Beispiele:

▶ „Akuter Bauch": akutes, meist infektiöses Bauchleiden, das sofortige Klinikeinweisung erfordert, z. B. schwere Bauchspeicheldrüsenerkrankung, Blinddarmentzündung, Eileiterschwangerschaft usw. (Fieber, Schüttelfrost, Bauchkoliken)
▶ Fieber, Schüttelfrost, Bauchkoliken: Ileus, Nierensteine etc.
▶ Angst, Unruhe, Schüttelfrost: z. B. auch bei Blutunterzuckerung
▶ Angst, Unruhe, Schlaflosigkeit, Wahn: psychotische Erkrankung usw.

Gleichzeitig mit dem Entzug besteht häufig noch ein anderes Leiden (meist Komplikation durch verunreinigte konsumierte Substanz): Gefäßentzündung (Vaskulitis), Hautinfekt (z. B. Erysipel), Infekte innerer Organe (z. B. Hepatitis) können es dem Patienten unter Umständen unmöglich machen, sein Suchtmittel zu beschaffen!

Ambulante medizinische Behandlung. Vertraute Bezugspersonen scheinen mehr zu wirken als Medikamente. Wegen Interaktionsgefahr Medikamente mit großer therapeutischer Breite und nur als Tagesration abgeben. Entzugserscheinungen lassen sich einzig über die Abgabe des entzogenen Betäubungsmittels ganz aufheben. Es bewährt sich eine standardisierte Entzugsmedikation, z. B.:

▶ **Gegen Angst, Nervosität und Schlaflosigkeit:** ein mildes Antipsychotikum wie Chlorprothixen
▶ **Gegen Spannungsgefühle:** Baclofen
▶ **Gegen Schmerzen:** wegen Komplikationsgefahr am besten keine Medikamente, sonst z. B. Paracetamol (Achtung bei schweren Leberschäden!)

Klinikeinweisung zum Entzug? Kliniken nehmen Drogenabhängige zu einem Entzug auf, wenn diese zu einem Klinikeintritt motiviert und bereit sind, die dortigen Verhaltensregeln zu akzeptieren. Auf jeden Fall muss eingewiesen werden, wenn eine schwere körperliche Komplikation (z. B. Elektrolytentgleisung bzw. Dehydratation) oder seelische Erkrankung (z. B. Psychose) besteht.

> Auch nach mehrmaligen Rückfällen kann ein stationärer Entzug sinnvoll sein!

Vorgehen bei Entzug von Benzodiazepinen

Vorkommen. Selten, da diese Medikamente leicht erhältlich sind.
Erscheinungsbild. Wechselhaft psychomotorisch erregt, dann wieder deprimiert, vegetative Symptome, Schlafstörungen, über Wochen reizbar.
Komplikationen und medizinische Maßnahmen. Wie beim Alkoholentzug (→ Seite 167). Achtung: Auf Suizidalität achten!

Vorgehen bei Beschwerden nach Absetzen von Kokain oder Amphetaminen

Vorkommen. Diese stimulierenden Drogen sind leicht erhältlich. Entzugserscheinungen kommen deshalb fast nur bei schweren Erkrankungen sowie bei Inhaftierten vor.
Entzugserscheinungen. Eine körperliche Abhängigkeit entsteht bei diesen Substanzen nicht. Nach Absetzen der Drogen Kokain und Amphetamin kann jedoch ein dahinter liegender, bisher überdeckter schwerer Erschöpfungszustand zutage treten, der sich in allgemeiner Unruhe, eventuell Niedergeschlagenheit, Angst, Schlafstörungen und in schwerster körperlicher Erschöpfung bis hin zu Apathie äußert.
Medizinische Komplikationen: Depression und Suizidalität (häufig!), psychotisches Syndrom, vegetative Symptome.
Andere auszuschließende Leiden:
▶ Blutunterzuckerung (Angst, Unruhe, Schüttelfrost)
▶ Akute Psychose anderer Ursache
Maßnahmen: Behandlung der Erschöpfung, der Angst und Unruhe: Ständige Betreuung (Suizidalität!), Ruhe, Essen, Schlafen.

Vorgehen bei Entzug von Cannabis

Der Konsum dieser Droge führt nicht zu körperlicher Abhängigkeit. Hingegen kann es nach Absetzen der vorher regelmäßig und intensiv konsumierten Droge zu Schlaflosigkeit, Nervosität, Reizbarkeit, Zittern, Fieber und allgemeiner Unruhe kommen. Die Behandlung erfolgt symptomorientiert.

Nachbetreuung und Übergang zu Krisenintervention

Angehörige. Der psychosoziale Notfall bei schwer Süchtigen kann ein wichtiger Anlass sein, die Angehörigen erkennen zu lassen, dass sie mit ihrem bisherigen Konzept von Hilfeleistung scheitern, wenn sie den Patienten weiterhin kontrollieren, von Verantwortung und Belastung verschonen, ihn vor den Konsequenzen der Sucht abschirmen und ihn damit von ihrer leider wirkungslosen Hilfe abhängig machen (sog. co-süchtiges Verhalten). Gemeinsam mit Angehörigen nach einem Notfalleinsatz das ganze Ausmaß des Desasters wahrzunehmen, sie in ihrer

Enttäuschung, Wut und Erschöpfung ernst zu nehmen und sie bei einem ersten konsequenten, jedoch nicht feindseligen Abgrenzungsschritt gegenüber dem Patienten zu unterstützen, kann zu einem Schlüsselerlebnis werden: Damit hat ein Süchtiger die Chance, wirksame Hilfe zu beanspruchen (z.B. einen stationären Entzug oder ein Methadonprogramm). Angehörige brauchen vom Notfallhelfer einfühlsame Aufklärung über diese Verstrickung. Sie passiert den meisten Angehörigen und auch vielen Helfern. Die Familienmitglieder und Partner brauchen taktvolle Aufklärung über die Grenzen ihrer Hilfsmöglichkeiten und Hinweise zu geeigneten Beratungsstellen und Selbsthilfegruppen. Viele Behandlungsstellen führen aus diesem Grund Paargespräche durch, die Wesentliches zur Klärung der Verantwortlichkeiten und Entflechtung unklar gewordener Rollen beitragen können.

Selbstverantwortung. Es ist für Süchtige entscheidend, die Selbstverantwortung für die Bewältigung der Abhängigkeitserkrankung zu erkennen. Angehörige versuchen, sich aus einer Helferverstrickung zu lösen. Die Notfallsituation gibt dazu eine Gelegenheit.

Begleitung und Wiedereingliederung mit unterschiedlichen Zielsetzungen:

▶ **Motivation:** Im Allgemeinen kann erst nach der symptomatischen Behandlung der Entzugserscheinung mit dem Patienten abgeklärt werden, ob er für eine stationäre oder ambulante Nachbehandlung der Abhängigkeitserkrankung motiviert ist.

▶ **Langfristiges Behandlungsziel:** Bei der Behandlung von Suchtmittelabhängigen sind unterschiedliche Betreuungsziele und demnach auch unterschiedliche Vorgehensweisen zu unterscheiden: Überlebenshilfe mit „Feuerwehrübungen", soziale (Teil-)Integration mit Ersatzstoffen (Methadon), Abstinenzprogramme (meist stationärer Beginn). Schließlich wird bei Zigarettenrauchern die Behandlung einer chronischen Bronchitis nicht von einer Abstinenz abhängig gemacht.

▶ **Voraussichtlicher Verlauf:** Zur Festlegung der Behandlungsstrategie ist neben der Behandlungsmotivation des Patienten das Ausmaß der seelischen und vor allem sozialen Abhängigkeit wesentlich. Die Tatsache körperlicher Abhängigkeit ist prognostisch weniger bedeutungsvoll als bereits bestehende hirnorganische Beeinträchtigungen und soziale Ausgliederung.

Vorgehen bei wiederholt gescheitertem Entzug

Bei grundsätzlicher Bereitschaft zur Abstinenz sind mehrmonatige stationäre psychotherapeutische Behandlungsprogramme in Spezialeinrichtungen für Suchtkranke angezeigt. Nach einem erneuten Entzug kann bei Alkoholabhängigen das Medikament Disulfiram (ein Vergällungsmittel) helfen, Krisen zu überbrücken.

Bei fehlender Bereitschaft/Fähigkeit zur Drogenabstinenz kann bei Opioidabhängigen in gewissen Regionen ein Substitutionsprogramm mit Methadon angeboten werden. Dadurch wird die soziale Abhängigkeit vermindert und ein wichtiger Beitrag zur psychosozialen Eingliederung geleistet. Da Methadon bei angemessener Dosierung wenig ungünstige Nebenwirkungen hat und insbesondere – im Unterschied zu Alkohol – kaum zu bleibenden Schädigungen führt, haben damit viele Menschen in Substitutionsprogrammen wieder eine gute Lebensqualität und sind voll beziehungs- und leistungsfähig.

Bei erheblichen geistigen und seelischen Störungen ist es in der Regel sinnvoll, vorerst längere stationäre Behandlung in Alkohol-Abstinenz anzustreben. Damit kann abgeklärt werden, ob eine erhebliche gesundheitliche Störung (z.B. alkoholische Demenz) reversibel ist, so dass eine anspruchsvollere Behandlung angeschlossen werden kann.

Bei schwerster Suchtkrankheit mit schwerer psychosozialer Desintegration und vielen Entzugsversuchen sind langfristig angelegte stationäre Behandlungsansätze meist ohne große Wirkung. Mit zunehmendem Erfolg wird jedoch Methadon abgegeben. Zudem gibt es in gewissen Regionen Programme zur staatlich kontrollierten Abgabe von intravenös verabreichtem Heroin. Diese Behandlungen haben zum Ziel, der Kriminalisierung ganzer Bevölkerungsgruppen Einhalt zu gebieten und diese Menschen wieder einer medizinischen Grundversorgung zuzuführen. Mit der sogenannten „harm reduction" – weniger Einwirkung auf Dealer durch polizeiliche Maßnahmen als auf die Konsumenten mit sozialtherapeutischen Mitteln – kann nicht nur einer zunehmenden Verelendung begegnet werden. Die Bemühungen zeigen, dass zum Entwicklungswillen ermutigte Menschen auch nach langer Drogenkarriere in der Lage sein können, unterstützt durch geduldige, fachkompetente Begleitung in Rahmen systematischer Eingliederungsmaßnahmen einen Ausweg aus einer schweren psychosozialen Problematik zu finden.

> **Die Behandlungsziele außerhalb der Suchtmittelabstinenz zur Schadenminderung (z. B. Substitution) haben eine zentrale Bedeutung!**

2.6 Angst, Panik

Angst ist nicht nur ein wichtiges Begleitgefühl bei vielen seelischen und körperlichen Leiden, sondern kann sich auch zu einem Krankheitsbild entwickeln, das als Panikattacke eine Vielzahl von Menschen im Lauf ihres Lebens quälen kann. Bei dieser Angststörung treten körperliche Missempfindungen auf. Die konsultierten Ärzte erleben, dass die herkömmlichen, mehr medikamentösen Behandlungsmethoden nur bedingt Hilfe bringen. Hingegen sind Behandlungsverfahren aus der kognitiven Verhaltenstherapie ein Teil der Notfalltherapie dieses Beschwerdebildes. Bei telefonischer Triage ausgeschlossen werden müssen bestimmte Angst-Brustschmerz-Syndrome, die sofort körperlich abgeklärt werden müssen.

Erstkontakt, Auftragsklärung

Offene, nicht suggestive Fragen. Sobald Angst im Vordergrund der Problematik steht, sollte der spontanen Schilderung der Angst gefolgt werden, damit die latente Katastrophenstimmung nicht durch Fragen nach körperlichen Begleitbeschwerden verstärkt wird.

Vorbereitungsphase

1. Schritt: Triage

Empfehlungen für ergänzende Fragen

▶ **Allgemeine Fragen:**
☺ *„Könnten Sie mir den letzten Angstanfall schildern?"*
„Was hat diesen ausgelöst?" (Die Antwort kann sein: „Ich weiß es nicht – das ist es ja, was mir so Angst macht!")
„Was, denken Sie, könnte im schlimmsten Fall jetzt geschehen?"
▶ **Falls spontan sonstige Beschwerden geschildert werden:**
☺ *„Wo spüren Sie diese Beschwerden? Wie lange schon? Bei welcher Gelegenheit sind die Beschwerden aufgetreten?"*
„Hatten Sie dies früher schon einmal? Wie ist es damals verlaufen? Was haben Sie dagegen unternommen?"
„Waren Sie deswegen beim Arzt ? Wie hat er Sie beraten (Bedeutung der Beschwerden, Behandlung, Medikamente)?"
▶ **Systematische Fragen:**
☺ *„Wie geht es Ihnen außerhalb dieser aktuellen Beschwerden?" „Sind Sie deswegen in ärztlicher Behandlung?" „Nehmen Sie sonst noch Medikamente?"*
„Kommt es vor, dass Sie es vermeiden, enge Räume oder offene Plätze aufzusuchen? Meiden Sie Menschenansammlungen?"

Dringlichkeit und Zuständigkeit. Für eine korrekte telefonische Triage bei Angstbeschwerden, die mit unklaren körperlichen Beschwerden verbunden sind, braucht es fachmedizinische Erfahrung (Ärzte, speziell geschultes Pflegepersonal; Tab. 2.11 und Tab. 2.12). Man beachte, dass etwa ein Viertel der Herzinfarkte ohne die typischen Beschwerden auftreten.

Tabelle 2.**11**   Zuständigkeit.

Weitere Triage durch Arzt durchzuführen, hohe Dringlichkeit (→ Tab. 2.12, Seite 175):

▶ Patienten mit *erstmalig* auftretenden, nicht präzise abgeklärten Angst-Schmerzsymptomen sollten sofort zur weiteren Triage an medizinische Fachleute verwiesen werden. Wenn es sich dabei um *ältere* Patienten handelt, kann mit großer Wahrscheinlichkeit von einer körperlichen Störung ausgegangen werden.

▶ Bei Patienten mit *bereits bekannten Herzerkrankungen* muss bei Angstsyndromen sofort durch einen Facharzt eine Durchblutungsstörung des Herzens ausgeschlossen werden, bevor psychotherapeutische Maßnahmen ergriffen werden.

Triage und Intervention durch Nicht-Ärzte möglich:

▶ Sonstige Angst oder Panik ohne körperliche Beschwerden

Eine fachgerechte Triage von Angst und Schmerzen erfordert klinische Erfahrung.

Tabelle 2.**12** Ärztliche Triage von Angst, die mit körperlichen Beschwerden verbunden ist (pro Kolonne ein Beschwerdebild).

Angst plus Brustschmerz	Angst plus Brustschmerz	Angst plus Brustschmerz	Angst plus eventuell Brustschmerz	Angst ohne Brustschmerz	Angst ohne Brustschmerz
mit Schockzeichen	**ohne** Schockzeichen	mit typischem **Angina-pectoris-Schmerz**	mit typischen Beschwerden der **Panikattacke**	jedoch **andere körperliche** Beschwerden	jedoch **andere körperliche** Beschwerden
= Verdacht auf lebensbedrohliches Ereignis! (evtl. Infarkt)	und erstmals aufgetreten = unklar	und Reaktion auf Nitroglyzerin innerhalb von 3–5 Minuten		und erstmals aufgetreten = unklar	und körperliche Krankheit bereits ausgeschlossen
→ Rettungswagen mit Notarzt und Reanimationsmaterial	→ Abklärung bei Hausarzt	→ Überweisung an Hausarzt oder Klinik	→ ambulante psychiatrische Intervention	→ Abklärung bei Hausarzt	→ ambulante psychiatrische Intervention
(→ unten)	(→ unten)	(→ unten)	(→ Seite 176)		(→ Seite 176)

Angst plus (Brust-)Schmerz und telefonisch einzuleitende Hilfe

▶ **Verdacht auf Herzinfarkt:**
 – **Bei Schockzeichen:** niedriger Blutdruck, Blässe, kaltschweißig, schneller Puls (> 100 Schläge/min)
 – **Bei Zeichen gravierender Herzrhythmusstörung:** schlecht gefüllter, unregelmäßiger Puls; auffallend langsamer Puls (< 50 Schläge/min)
 – **Bei länger als 15 Minuten andauerndem Brustschmerz nach Nitroglyceringabe** bei bekannter Angina pectoris
→ **Falls eines dieser Merkmale vorliegt:** Sofort Notarztwagen mit Reanimationsmaterial!

▶ **Verdacht auf Angina pectoris:**
Der Angina-pectoris-Schmerz besteht aus folgenden Schmerzdimensionen (Richards 1992):
 – Schmerzort hinter dem Brustbein (diese Schmerzlokalisation gibt es auch bei Speiseröhrenerkrankungen). Möglich sind jedoch auch Schmerzausstrahlung an Hals, Unterkiefer, im Arm, Rücken, Oberbauch usw.
 – Die Schmerzempfindung ist beklemmend, drückend, brennend, schwer und wird unterschiedlich beschrieben: „wie ein sich ausdehnender Ballon im Innern der Brust", „wie ein enger Reifen um die Brust".
 – Ausgelöst typischerweise durch körperliche Anstrengung, Aufregung oder Erregung, Essen, Kälte; auffällig selten bei Ruhe auftretend, kaum je in geschlossenen Räumen oder in einer Menschenmenge.
 – Eine typische Angina pectoris verschwindet bei Ruhe oder nach Nitroglyzerin-Gabe in der Regel innerhalb von 3–5 Minuten (auch bei Panikattacken ist es möglich, dass Nitroglyzerin wirkt, jedoch erst nach 10–15 Minuten!).
Bei typischem Angina-pectoris-Schmerz: medikamentöse Behandlung weiterführen lassen.
Falls erstmals → Klinik (Herzinfarkt?)

▶ **Angst und Brustschmerz, der auf Panikattacke verdächtig ist:**

Es liegt ein Syndrom mit *mehreren* Körperwahrnehmungen vor wie z.B.:

- Schmerzen oder Unwohlsein in der Brust („ein Stechen auf der linken Brustseite")
- Herzschläge heftig oder beschleunigt („mein Herz rast")
- Atemnot/Beklemmung („ich habe ein Engegefühl in der Luftröhre")
- Benommenheit/Ohnmachtgefühl („mir wird schwarz vor den Augen, wird schwindlig")
- Schwitzen, Hitzewallungen oder Kälteschauer („ich zittere und friere")
- Taubheit/Kribbelgefühle („Kribbeln vor allem in der linken Hand")
- Zittern oder Beben
- Übelkeit/Bauchbeschwerden
- Gefühl des Wirklichkeitsverlustes („ich sehe wie aus einem Tunnel", „ich beginne unscharf zu sehen", „es ist, als ob die Helligkeit schwanken würde")
- Gefühl des beginnenden Kontrollverlustes („ich spüre mich nicht mehr richtig", „ich verliere die Selbstkontrolle und schwebe ab")

Diese Wahrnehmungen werden katastrophal interpretiert: „ich muss ersticken", „ich kann nicht mehr richtig einatmen", „mein Herz zerspringt", „mein Herz versagt", „ich habe ein Herzstechen in der linken Brustseite", „ich habe Angst, dass ich sterben muss", „ich habe Angst verrückt zu werden".

Zusätzlich bestehen Depressionen/Erschöpfung/allgemeine Nervosität und Vermeidungsverhalten (z.B. wegen Platzangst usw.).

→ Falls dieses Beschwerdebild *erstmals* aufgetreten ist, muss eine körperliche Abklärung erfolgen.

→ Falls dieses Beschwerdebild schon *wiederholt* aufgetreten ist, wobei eine körperliche Erkrankung ausgeschlossen werden konnte, besteht mit großer Wahrscheinlichkeit eine Panikattacke → Seite 177, 2. Schritt.

Anmerkung: Auch bei Panikattacken ist es möglich, dass Nitroglyzerin wirkt, jedoch nicht schon nach 3–5, sondern erst nach 10–15 Minuten!

▶ **Angst und körperliche Funktionsbeeinträchtigung ohne oben beschriebene Brustschmerzsyndrome: Dissoziative Symptomatik (früher: „hysterischer Anfall"):**

Gelegentlich haben Patienten körperliche Krankheitszeichen (wie z.B. Lähmungen, untypische und dramatische Schmerzsyndrome oder einen scheinbaren Bewusstseinsverlust, den sogenannten konversionsneurotischen Dämmerzustand), ohne dass dafür entsprechende Ursachen gefunden werden können. Dies alles kann schwerwiegenden organischen Krankheiten ähneln.

Falls nach Ausschluss eines der obigen Angst-Brustschmerz-Symptome der Verdacht auf eine derartige Störung besteht → sorgfältige *psychosomatische Abklärung* vorsehen. In der Notfallsituation besteht die Chance, den Auslöser dieses Beschwerdebildes und die sozialen Reaktionen des Umfeldes beobachten zu können. Eine korrekte Diagnose ist nicht möglich.

Bei *bereits abgeklärten* dissoziativen (konversionsneurotischen) Syndromen → Hinweise in diesem Kapitel, insbesondere ab Seite 180, 4. Schritt.

> Man hüte sich davor, eine körperlich behandlungsbedürftige Störung
> ohne entsprechende Abklärung auszuschließen!

Angst ohne Brustschmerz: einzuleitende Hilfestrategie

▶ **Angst vor einem Erlebnis (z.B. Examensangst):**
Dies ist eine sachlich nicht begründbare Angst, die zu schweren Schlafstörungen und Panik-
gefühlen bis hin zur Denkblockade führen kann, so dass die betreffenden Personen bei der
Bewältigung des Ereignisses tatsächlich scheitern können.
Falls es sich um eine derartige Störung handelt → Seite 180 ff.

▶ **Angst nach einem Erlebnis:**
Die Angst ist umschrieben, dem Patienten ist der Auslöser bewusst. Dieser kann jedoch aus
Scham der Umgebung gegenüber verheimlicht werden (→ Fallbeispiel auf Seite 180).

▶ **Angst bei Phobie:**
Die Phobie ist ein Ausweichverhalten, um erlernte, unangemessen heftige, umschriebene
Ängste zu vermeiden (z.B. Schulphobie, Hundephobie, Höhenangst, Spinnenphobie, Platz-
angst). Wenn dieses Vermeidungsverhalten nicht praktiziert werden kann, tritt panikartige
Angst auf.
Patienten mit Phobie benötigen wegen dieser meist gut funktionierenden Vermeidungsstra-
tegie kaum je Notfallhilfe. Die Phobie kann deshalb außerhalb einer Notfallsituation ambulant
sorgfältig abgeklärt werden.

▶ **Angst nach Drogenkonsum:**
Eine derartige Angst kann als „bad trip" auftreten, z.B. bei Konsum von Cannabis, Halluzino-
genen (LSD), Kokain, Amphetaminen.
Maßnahmen → Seite 165.

▶ **Angst mit wahnhaftem Verhalten ohne Drogenkonsum:**
Hier ist diagnostisch offen, welche Störung hinter diesem Beschwerdebild verborgen ist. Ne-
ben seelischen Erkrankungen (z.B. Schizophrenie) kann es sich auch um eine hirnorganische
Störung handeln (z.B. einen Hirntumor).
Falls eine unklare *seelische Begleiterkrankung nicht ausgeschlossen* werden kann, verfahre man
je nach vorherrschendem Schlüsselsyndrom und organisiere eine sorgfältige medizinische
Abklärung (→ Kap. 2.2).
Hausbesuch? Eine Konsultation oder ein Hausbesuch wird vom psychosozial tätigen Notfallhelfer nur dann vereinbart, wenn am Telefon behandlungsbedürftige körperliche Leiden
zuerst ausgeschlossen werden konnten. Beim Hausbesuch kann man sich demnach auf eine
ambulante Intervention einstellen.

2. Schritt: Vorbereitung

Telefonische Kurzinformation bei Panikstörungen

Die Panik verstehen ist schon die halbe Behandlung. Bei der verhaltenstherapeutischen
Notfallbehandlung wird die scheinbar ohne Auslöser auftretende Panik in einem begleiteten
Lernprozess wieder als automatisierter Ablauf von körperlichen und seelischen Vorgängen
verstanden. Damit wird das Angsterlebnis als zwar unangenehm, jedoch ungefährlich entmystifiziert und wieder Selbstkontrolle installiert. Falls es klar geworden ist, dass es sich um
eine Panikattacke handelt, hilft häufig bereits die besonnene Ruhe des Therapeuten, der diese
Zusammenhänge kennt.

Information über den Teufelskreis der Angst. Der Patient wird eingehend über die Zusammenhänge aufgeklärt:

> ☺ *„Angesichts dessen, wie Sie Ihre körperlichen Wahrnehmungen interpretieren, begreife ich Ihre Angst. Sie haben sehr unangenehme Beschwerden, diese sind zum Glück jedoch ungefährlich. Ich erkläre Ihnen weshalb: Die stechenden Brustschmerzen sind Muskelbeschwerden wegen verstärkter Atemarbeit – z. B. wegen Anstrengung oder einer leichten Aufregung. Die Panikstörung entsteht, wenn diese Brustmuskel-Schmerzen als Anzeichen einer körperlichen Gefahr (z. B. eines Herzinfarktes) interpretiert werden. Ihre Aufmerksamkeit wendet sich nun erst recht Ihrem Körper zu. Sie beobachten sich ängstlich und entdecken andere, vorerst noch diskrete Missempfindungen. Sie interpretieren dies als Zeichen einer gesundheitlichen Gefährdung. Die entstehende Panik führt zu charakteristischen körperlichen Veränderungen – der Puls beschleunigt sich, die Atmung wird schneller und oberflächlicher, der Mund wird trocken, Sie schwitzen. Diese Veränderungen werden nun erst recht als Zeichen einer beginnenden gesundheitlichen Katastrophe interpretiert; die Panik steigert sich und der Teufelskreis schließt sich (Abb. 2.1):"*
> *„Die Panikgefühle gehen nach etwa einer halben Stunde von selbst zurück. Wie geht es Ihnen im Moment?"*
> *Falls der Patient darauf drängt, sagt der Helfer: „Sie können nun eine Beruhigungstablette und ein Glas Wasser bereitstellen, für den Fall, dass die Beschwerden – obschon sie zurückgehen – zu unangenehm sind."*

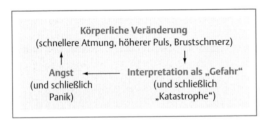

Abb. 2.1   Teufelskreis bei einer Panikstörung.

Ort der Intervention? Der Patient wird darüber informiert, dass während der nächsten halben Stunde die Beschwerden deutlich zurückgehen werden. Er brauche sich jedoch nicht zu schämen, trotzdem in die Praxis zu kommen, weil dort die am Telefon über die Angststörung geäußerten Informationen noch einmal erläutert werden können. Ein Teil der Patienten bedankt sich für die telefonische Hilfe und lässt es dabei bleiben.

Angehörige hinzuziehen? Gewisse Patienten – oder deren Angehörige – drängen auf Notfallbesuch. Dies kann sinnvoll sein, weil damit die Intervention in einem sozialen System erfolgen kann, das sich vielfach gegenseitig in Panik gesteigert hat.

Bei anderen nicht körperlich bedingten Angstsyndromen kann ebenfalls ein Telefongespräch ausreichend sein.

3. Schritt: Begrüßungsintervention

Setting. Die wichtigste vertraute Person zuziehen. Sie wird Zeuge der raschen Erleichterung und kann so als Verstärker dienen. Falls diese Person jedoch ebenfalls in Panik ist oder Anlass zu Panik gibt, empfiehlt es sich, sie mit einem Handlungsauftrag vorübergehend wegzuschicken (in der Küche einen Tee zubereiten lassen und Ähnliches).

Augenschein. Stimmt die anfängliche Beurteilung am Telefon? Steht eventuell ein wahnhafter Zustand oder eine akute Beziehungsproblematik im Vordergrund?

Sofortbehandlung der Panikattacke

Befragung hinsichtlich Selbstwahrnehmung und Interpretation:
> ☺ Der Nothelfer: „Bitte legen Sie sich auf den Rücken und ziehen Sie die Beine an."
> „Was spüren Sie?" (dabei vor allem Atemverhalten beobachten!) „Welche körperlichen Wahrnehmungen haben Sie jetzt gerade? Versuchen Sie sie genau zu beschreiben!"
> „Wie interpretieren Sie diese Wahrnehmung?" (Vorgehen nun analog zur Intervention am Telefon, → Seite 178).

Verschiebung der Aufmerksamkeit und Anleitung zur Selbsthilfe. Die Aufmerksamkeit des Patienten wird nun auf seine Atmung gelenkt, auch dann, wenn im Vordergrund der Angst keine (bewusste) Atemproblematik steht (z. B. die Angst vor dem Schwindlig-Werden usw.). Es folgen detaillierte Anweisungen:
> ☺ „Jetzt gebe ich Ihnen eine Anleitung, wie Sie von der Brustatmung zur Bauchatmung wechseln können. Das tut Ihrer Atmung gut und Sie werden weniger Angst empfinden: Legen Sie Ihre Hand flach auf den Bauch. Wenn Sie nun mit dem Bauch atmen, sehen Sie, wie sich Ihre Hand auf und ab bewegt. – Ja genau so!"
> „Nun halten Sie mal den Atem an – einfach so lange es geht. Dann atmen Sie wieder mit dem Bauch ein. – Gut! Sie machen es richtig!"
> Bei Erstickungsangst die rhetorische Frage stellen: „Glauben Sie, Ihr Körper würde es zulassen, dass Sie willentlich den Atem anhalten, bis Sie ersticken? Haben sie schon einmal versucht, den Atem unbeschränkt lange anzuhalten? – Sehen Sie, der Körper holt sich die Luft, die er braucht, selbst!"
> „Nun summen Sie – die zur Stimmbildung angespannten Stimmbänder verlangsamen den Luftaustritt, zugleich wirkt die Verschiebung der Aufmerksamkeit von der Atmung auf das Summen beruhigend. Damit beginnt die Panikattacke abzuklingen."

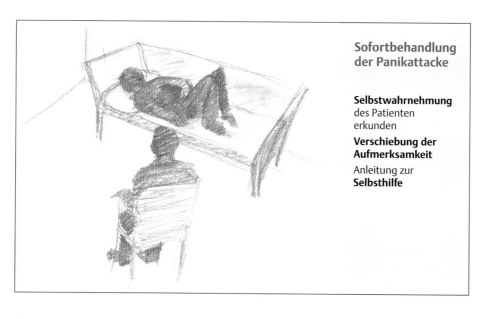

Sofortbehandlung der Panikattacke

Selbstwahrnehmung des Patienten erkunden

Verschiebung der Aufmerksamkeit

Anleitung zur **Selbsthilfe**

Über den Teufelskreis (erneut) instruieren. Eine Veränderung der Atmungsarbeit kann dem Patienten und dem Umfeld verborgen bleiben. Bereits wenige – von der körperlichen Beanspruchung her unnötige – tiefe Atemzüge können zu einer hyperventilationstypischen Veränderung der Blutgaskonzentrationen führen.

Ein Gespräch unter vier Augen empfiehlt sich, da viele Angstmomente mit Scham behaftet sind. Eine Haltung von Zuversicht und Vertrauen in die Lernfähigkeit des Patienten ermutigt – denn wenn sich jemand eine Angstreaktion angewöhnt hat, ist er auch in der Lage umzulernen. Dadurch wird etwas praktiziert, das der Beziehungserfahrung dieser Patienten gegenübersteht: allein gelassen, mit ihren Gefühlen nicht ernst genommen zu werden und hilflos, ausgeliefert zu sein.

Abklärungsphase

4. Schritt: Gesprächsführung

Zu Beginn offene Fragen stellen. Erkunden der aktuellen gefühlsmäßigen Gesamtbelastung: Der Patient wird darin bestärkt, alle seine aktuellen Sorgen und Konflikte vollständig zu äußern, auch wenn es sich um Dinge handelt, die er vielleicht bisher vor sich und anderen verborgen hat. Nebst den in Kapitel 2.3 beschriebenen Vorgehensweisen im Gespräch bewährt es sich, bei nur angedeuteten oder sehr allgemein formulierten oder nicht in die übliche Äußerungsweise passenden Stichworten behutsam nachzufragen. Dies gilt auch bei Schweigen, auffälligem Wechsel im Blickkontakt oder unerwarteten mimischen Reaktionen:

> ☺ *Der Helfer zum Patienten nach einem plötzlichen Themenwechsel: „Als Sie soeben von Ihrer Partnerin erzählt haben, setzten Sie mitten im Satz aus und schauten lange auf den Boden. Mir kam es vor, als würden Ihre Gedanken noch einem Thema nachhängen, das Sie nicht erwähnt haben. Kann das sein?" Der Patient: „Es handelt sich um etwas, das meine Partnerin auf keinen Fall erfahren darf: Seit Jahren habe ich eine sexuelle Beziehung zu einem Mann, wir schützen uns beide. Meine Freundin weiß weder von meiner bisexuellen Neigung, geschweige denn hat sie eine Ahnung von diesem Verhältnis. Kürzlich jedoch traf ich mich mit einem Zufallsbekannten. Wir hatten ungeschützten Geschlechtsverkehr."*

Angstauslöser benennen. Die unmittelbaren Auslöser der Angst werden umschrieben, womit diffuse Angst eingegrenzt wird. Dabei wird der Patient auch nach inneren Bildern gefragt, die sich im Angstmoment einstellen. Der Helfer zeigt Verständnis und streut durch sorgfältige Wortwahl Anregungen zur Problemlösung ein, z. B.:

> ☺ *Der Helfer zum Patienten: „Wenn Sie sich vorstellen, dass Sie sich mit AIDS angesteckt haben, und sich dabei vergegenwärtigen, wie Ihr Bruder an dieser Krankheit gestorben ist, so kann ich angesichts Ihrer noch vorhandenen Ungewissheit Ihre Befürchtungen nachvollziehen. Zudem ahne ich, wie Sie sich in Bezug auf Ihre sexuelle Identität in einem Dilemma fühlen. Ich höre auch, wie Sie sich Selbstvorwürfe wegen dieser Zufallsbekanntschaft machen und sich um den Fortbestand Ihrer Beziehung zu Ihrer Partnerin und wohl auch Ihrer beider Gesundheit sorgen. Trifft das zu?"*

Die tatsächliche Gefährdung durch die Angstauslöser wird besprochen, wodurch vorbewusst ablaufende angstauslösende Assoziationsprozesse durch systematische Realitätsprüfung unterbrochen werden. Je nachdem ist es angebracht, dass der Helfer offensichtlichen Fehlinformationen taktvoll und klar die korrekten Sachverhalte gegenüberstellt. Vorsichtig wird zwischen realer und vorgestellter Gefährdung unterschieden:

> ☺ *Der Helfer zum Patienten: „Was ist Ihre schlimmste Vorstellung, Ihre schlimmste Befürchtung – auch wenn es vielleicht unrealistisch klingt?" Oder: „Wenn Sie den Dingen jetzt einfach freien Lauf lassen: Was wäre das Schlimmste, was geschehen könnte?" Und: „Was ist das Wahrscheinlichste, was tatsächlich eintreffen könnte?"*

Nach dem Gespräch kann eine vorher allein mit dem Patienten besprochene kurze Mitteilung an die anwesenden Angehörigen erfolgen, um auf deren einfühlbares Informationsbedürfnis einzugehen. Zugleich hat der Patient Gelegenheit, einen ersten kleinen Schritt zu tun, zu etwas Schambesetztem zu stehen, und zugleich Abgrenzung zu markieren.

5. und 6. Schritt: Abklärung, Beurteilung und Hilfestrategie

Ergänzende Abklärung. Diese ist erst nach der ersten Intervention sinnvoll. Vorher näher abzuklären, ist angesichts der dramatisch empfundenen Beschwerden kaum möglich.

▶ **Krankheiten, Alkohol**? Bereits bestehende seelische Krankheiten sind zu erfragen sowie zu erheben, ob Drogen oder Alkohol konsumiert wurden (viele Angstpatienten behandeln ihre Angststörung mit Alkohol).

▶ **Angstauslöser? Angstablauf**? Reaktion des Umfeldes? Besonders wenn Angehörige anwesend sind, kann vieles in der Notfallsituation beobachtet werden, was als Information für die weitere Behandlung der Störung wertvoll sein kann.

Der entscheidende Beurteilungsschritt erfolgt am Telefon bei der Anmeldung.

Maßnahmephase
(Medikation ➜ Seite 182f)

7. Schritt: Notfallkonferenz

Unterstützende Personen einbeziehen. Entsprechend der soeben erworbenen Beurteilungs- und Verhaltenskompetenz des Patienten soll definiert werden, was der Patient bei einer erneuten Angstattacke selbst tun kann, und was seine Angehörigen noch unternehmen müssten. Dabei ist wichtig, den Patienten und die Angehörigen zu informieren, ohne eine Forderung an sie zu stellen. Der Patient und die Angehörigen sollen wissen, dass heute einzig gezeigt werden konnte, wie die Selbstbehandlung der Störung vor sich geht. Für einen länger dauernden Erfolg braucht es viel Übung, die im Rahmen einer Verhaltenstherapie erworben werden kann.

8. Schritt: Maßnahmen

Besprechung konkreter Problembewältigung hinsichtlich Angstauslöser mit Prioritäten. In erster Linie sofortige Entlastung, Knüpfen von unterstützenden sozialen Kontakten. Als Beispiel dient die Fortsetzung der Fallschilderung von Seite 180:

> ☺ *Der Helfer zum Patienten: „Was können Sie sofort für Ihre Gesundheit und die Ihrer Partnerin tun? Was können Sie kurzfristig in Ihrer Situation tun, um die quälende Ungewissheit wegen der fraglichen AIDS-Erkrankung zu beenden? Was möchten Sie mittelfristig unternehmen, damit Sie sich in Bezug auf ihre sexuelle Identität nicht mehr weiter in diesem Dilemma befinden müssen? Auf welche Menschen können Sie sich verlassen, wenn Sie nun das Allerwichtigste anpacken wollen und dabei vielleicht eine Begleitung bräuchten?"*

Besprechung des problemverschärfenden Verhaltens. Damit hat der Patient Gelegenheit, sich als einflussreich auf seine Beschwerden zu erfahren:

> ☺ *Der Helfer zum Patienten: „Was müssten Sie jetzt tun, damit mit großer Wahrscheinlichkeit ein neuer Angstanfall auftritt?"*

Vermitteln von Selbsthilfetechniken bei Panik:

> ☺ *„Ganz tief bis in den Bauch einatmen, Luft über Lippenbremse langsam hinauszischen lassen / Summen / Singen / lautes langsames Zählen / anstrengende Körpertätigkeit."*

Kurzes Einüben der bevorzugten Technik.

Ermunterung zur Entspannung (Rückgriff auf bereits praktizierte persönliche Entspannungstechniken wie Musikhören, Spaziergänge, Kontakt zu Freunden, Hobbys usw.). Der Patient wird darin bestärkt, all das zu tun, was ermutigt, ohne dass alles vermieden werden muss, was neue Angst auslösen könnte. (Es sind auch methodisch definierte Angstbehandlungsmethoden oder Entspannungstechniken einsetzbar, deren Anwendung jedoch nicht nur

Erfahrung beim Therapeuten, sondern eine spezifische Motivation beim Patienten sowie ein Vertrauensverhältnis zwischen Patient und Helfer voraussetzen.)

Anleitung zur Selbst-Dokumentation von wiederholt auftretenden Angstepisoden in einer Art Angsttagebuch. Die Angstattacke ermöglicht es dem Patienten, den Auslöser und einen unbewussten Nutzen der Störung zu entdecken. Die Aufmerksamkeit wird dabei auf die Frühphase der Angstentstehung gerichtet, damit die bisher verborgenen Zusammenhänge zwischen Angstauslöser und Angstreaktion im Laufe einer Nachbehandlung besser verstanden werden (meist tauchen bislang verborgene Probleme auf). Das veränderte Verständnis der Störung „heilt" durch einen neuen und angemessenen Realitätsbezug.

> **Zu Beginn: Angstattacke erkunden anstatt Angstattacke „besiegen"!**

Nachbehandlung organisieren. Der Patient soll sich überlegen, ob er mit diesem Angstanfall weiterleben oder ob er die Anstrengung auf sich nehmen möchte, eine Psychotherapie aufzusuchen. Vielleicht hat sich während der Notfallintervention das Augenmerk auf eine andere Problematik gerichtet (→ Kap. 2.2 bis 2.7).

Hinweise für die medikamentöse Therapie im Notfall

Psychotherapie oder Medikamente? Angststörungen lassen sich auch längerfristig durch hypnotische Techniken und kognitive Verhaltenstherapie erfolgreicher behandeln als mit Antidepressiva alleine. Ganz abzuraten ist von der regelmäßigen Einnahme von Benzodiazepinen wegen Medikamentenabhängigkeit: In der Entzugsphase verstärkt sich die frühere Angstneigung. Vielleicht möchte der Patient weiterhin zu seinem Hausarzt gehen und Medikamente beziehen. Gelegentlich sind Medikamente als Reserve hilfreich, weil es das Sicherheitsgefühl fördert, eine Tablette bei sich zu haben.

Panikstörung. Einzeldosis eines kurz wirksamen Benzodiazepins geben.

Medikament	Verabreichung
Lorazepam Expidet	1 mg p.o.

Der Patient sollte darauf aufmerksam gemacht werden, dass das im Notfall eingenommene Präparat in der Regel erst wirkt, wenn der Angstanfall bereits spontan zurückgeht. Diese Spontanbesserung wird von den Patienten irrtümlicherweise als Medikamentenwirkung interpretiert.

Prüfungsangst usw. Die Vorbeugung von Panik im Zusammenhang mit einem unmittelbar bevorstehenden Ereignis, z. B. Prüfungsangst, geschieht medikamentös durch einen Betablocker vor dem Ereignis und vor Beginn der befürchteten Panik.

Medikament	Verabreichung	Bemerkung
Propranolol	10 (–40) mg p.o.	Als Einzeldosis vor der Belastung

Damit eventuelle Nebenwirkungen erkannt werden können, empfiehlt sich die probeweise Einnahme des Präparates mehrere Tage vor dem Ereignis. Bei Medikamenten-ungewohnten Personen genügt häufig eine Kleindosis.

Angst nach Drogenkonsum. Am ehesten Lorazepam geben, bei psychotischen Erscheinungen: Haloperidol erwägen (→ Seite 165).

9. Schritt: Evaluation – Klinikeinweisung?

Falls sich die Angst spürbar vermindert hat, spricht dies für die realitätsgerechte Beurteilung durch den Notfallhelfer: Es handelt sich um eine typische Angststörung. Häufig wirkt die Anwesenheit des Notfallhelfers und der vertrauten Angehörigen sofort entlastend. Nach der Intervention ist es dem Patienten möglich, vorübergehend mehr Distanz zu Personen zu ertragen, zu denen als Folge der Angststörung eine Abhängigkeit besteht. Denn im Rahmen der Notfallintervention wird nicht nur eine Beziehung zu einer bisher nicht vertrauten Drittperson zugelassen und als hilfreich erlebt. Der Patient eignet sich im beeinflussbaren Moment des Notfalls auch Gedankengänge und Verhaltensweisen an, die die Selbstkontrolle der verselbständigten Angststörung wieder ermöglichen. Damit erfolgt ein wichtiger erster Schritt: der Ausstieg aus dem krankmachenden Muster einer Abhängigkeitsbeziehung zu zweit.

Wenn sich keine derartige Veränderung einstellt und Brustschmerzen länger als eine Stunde fortbestehen (→ Seite 175 f), so ist ein körperliches Leiden durch eine sofortige medizinische Abklärung auszuschließen.

Nachbetreuung und Übergang zu Krisenintervention

Bei Panikstörungen, bei Zwangskranken, Menschen mit Phobien und Zwängen sowie bei posttraumatischen Störungen empfiehlt sich eine Nachbehandlung, bei der die Patienten nicht nur die Bedeutung der Störung verstehen, sondern auch die konkreten Umstände kennen lernen, die zu Attacken führen, und sie zudem allmählich die Selbstkontrolle über ihre Beschwerden zurückgewinnen. Ein entsprechendes Behandlungskonzept ist in der kognitiven Verhaltenstherapie methodisch ausgereift.

Bei schweren Angststörungen im Zusammenhang mit Depression oder Zwängen kann zusätzlich eine medikamentöse Therapie erfolgen, deren Wirkung jedoch erst nach Wochen einsetzt: Antidepressivum (SSRI: z.B. Paroxetin, oder Trizyklika; plus 6 Wochen lang zusätzlich ein Benzodiazepin).

Bei allgemeiner Angstneigung, bei Angst im Zusammenhang mit einer depressiven Störung oder einer Borderline-Störung sowie bei angstbetonten, dissoziativen Zuständen ist der Nutzen unterschiedlicher methodischer Ansätze dokumentiert.

Bei Angst im Zusammenhang mit psychotischen Zuständen (Schizophrenie, schwere Depression usw.) empfiehlt sich eine medikamentöse Behandlung mit Antipsychotika/Antidepressiva in Kombination mit stützenden (sozial-)therapeutischen Verfahren (→ Kap. 2.2, Seite 123).

2.7 Chronisch-akut

Chronisch-akute Patienten sind für jede Behandlungseinrichtung eine besondere Herausforderung. Es bewähren sich bezugnehmende und zugleich grenzsetzende Vorgehensweisen, wie sie im Rahmen der Therapie von Borderline-Patienten mit Erfolg angewendet werden.

Erstkontakt, Auftragsklärung

Anmeldung. Häufig rufen die Patienten selbst an. Von den Personen, die den Anruf entgegennehmen, werden sie dem Helfer mit einem Seufzer angekündigt, z.B.:

> ☺ *„Es ist schon wieder Frau XY am Telefon, die bereits heute zum achten Mal anruft. Ich versuchte sie zu beruhigen. Auf jeden hilfreichen Hinweis von mir antwortet sie mit einem weiteren Problem. Nun hat sie mir zusätzlich gedroht, die Bildzeitung zu alarmieren, wenn ich sie nicht sofort weiter verbinde – was ich jetzt tue, da ich sonst ausfällig werden könnte. Wie gestern und vorgestern: Sie droht, sich umzubringen, wenn nicht sofort Hilfe kommt".*

Mit diesem Ärger wird Hilflosigkeit ausgedrückt. Die Anrufer wirken manipulativ, erpresserisch. Im Hintergrund liegt eine seelische Störung vor, bei der ausgelöster Ärger als das geringere Übel in Kauf genommen wird, um wenigstens in Kontakt zu kommen.

Risiko „chronisch-akuter Patient":
Die innere Wahrnehmung des Helfers

„Schwierige" Menschen. Chronisch-akute Patienten erleben wir im Erstkontakt meist schwierig, weil wir im Verlauf einer Krise Folgendes erleben:

▶ **Heftige** Gefühle von Irritation oder Wut/Angst
▶ **„Unprofessionelle"** Gefühlsreaktionen wie Hass, sexuelle Faszination, Ekel, Panik
▶ **Somatische** Beschwerden wie Müdigkeit, Kopf- oder Bauchschmerzen
▶ **Die Entwicklung eines unklaren Konflikts.** Meist handelt es sich um einen unmerklich beginnenden Machtkampf: Die Kommunikationspartner erleben das Gegenüber als „unberechenbar" oder als „böse" (den anderen schädigen wollend). Die Kommunikation verläuft überraschend oder es stellt sich ein Gefühl der Ratlosigkeit und Ohnmacht ein. In dieser Verunsicherung wird eine seelische Verletzung (Missachtung der eigenen Grenzen, der eigenen Würde und Infragestellung grundlegender Interessen) befürchtet, was zu einer Eskalation in Richtung Aggression oder Richtung Flucht führen kann oder Ambivalenz und Verwirrung auslöst.

> Viele Daueranrufer benützen die Krisenhilfe auf unangemessene Weise,
> weil sie die Belastungsgrenze von Helfern falsch einschätzen.

Äußere Risikomerkmale chronisch-akuter Patienten

Sozial isolierte Menschen, die sich vor allem über andere beklagen. Diese Menschen praktizieren ein Verhalten, das sie beibehalten, obschon sie in ihrem Umfeld nach einer Phase von intensiver Hilfestellung Unwillen und Ratlosigkeit auslösen, worauf sie gemieden werden, so dass sie keine nahen vertrauten Bezugspersonen mehr haben.
Verstrickung zwischen Helfer und Patient – die „negative therapeutische Reaktion". Trotz zunehmendem Engagement des Therapeuten stellt sich eine Verschlechterung ein. Manchmal sind dies Patienten aus langjährigen therapeutischen Beziehungen, die selbst in eine Krise geraten sind. Es melden sich häufig auch Therapeuten, um Hilfe für ihre Patienten anzufordern. Eine Chance, damit wieder Bewegung entsteht. Viele dieser Patienten beklagen sich über ihre Helfer.
Undurchsichtige Beschwerdeschilderung mit Verdacht auf Suchtproblematik. Recht häufig handelt es sich um Menschen, die wegen einer verleugneten Suchtproblematik (oder einer anderen verleugneten aktuellen und zentralen Lebensproblematik) immer wieder scheitern und deswegen selbst ratlos sind und ihre Umgebung in diese Ohnmacht einbeziehen. Diese Menschen drängen häufig darauf, sofort ein bestimmtes Medikament verschrieben zu erhalten, weisen jedoch die Vermutung, sie könnten medikamentenabhängig sein, weit von sich.
„Hysterische" Menschen. Gelegentlich haben wir es mit Patienten zu tun, deren Zustand wir erst rückblickend als präpsychotisch erkennen können. Der präpsychotische Zustand kann durch die beginnende inhaltliche Desintegration der Botschaften „dramatisierend", „unecht", „borderlineartig" wirken.
Daueranrufer eines Krisendienstes. Diese Personen sind institutionsbekannt. Sie gelten als lästig, ohne dass ihnen von allen Mitarbeitern angemessen Grenzen gesetzt wird.

Vorbereitungsphase

1. Schritt: Triage

Empfehlungen für die Abklärung am Telefon

☺ *„Wann hatten Sie das letzte Mal Kontakt zum Notfall-/Krisendienst?"*
„Da wir in unserem Krisendienst nicht tägliche Hilfe anbieten können: An wen wenden Sie sich normalerweise, wenn Sie in einer Krise sind?"
„Was hat Ihnen das letzte Mal in einer ähnlichen Situation geholfen?"
„Es gibt Menschen, die dann Alkohol/Drogen konsumieren. Wie ist das bei Ihnen?"

Beurteilung der Dringlichkeit, Zuständigkeit und angemessenem Einsatzort

Falls nicht schon mehrere Notfalleinsätze erfolgten: Je nach übriger Problematik beurteilen (liegt noch ein anderes Schlüsselsyndrom vor?).

Zuständigkeit bei Patienten in Psychotherapie und die Statusfrage. Klären Sie ab, weshalb der reguläre Therapeut nicht zugezogen wurde. Nehmen Sie nicht wertend Stellung zu Klagen über andere Helfer. Bieten Sie an, diese hinzuzuziehen. Die Gegenwart des bisherigen Therapeuten – unter der Gesprächsleitung des Notfallhelfers – kann bei therapeutischen Verstrickungen/negativer therapeutischer Reaktion sinnvoll sein.

Einsatzort? Falls es sich um einen Menschen mit wiederholten Kontakten zu Ihrem Krisendienst handelt: Bieten Sie eine zeitlich umschriebene Dienstleistung am Telefon an.

2. und 3. Schritt: Vorbereitung und Setting

Telefonische Vorbeugung der therapeutischen Verstrickung

Prophylaxe von Verstrickung. Wichtig ist emotionelle Distanz durch sachliche, einfache, sofort nachvollziehbare Botschaften, die mit der professionellen Rolle und der Handlungsweise kongruent sind. Zum anderen sofortige Eingrenzung auch bei kleinen, beiläufigen Grenzverletzungen in klarer, taktvoller Ausdrucksweise. Deshalb:

▶ **Stets klare Settingdefinition** – auch am Telefon (Rolle klarlegen, Zeitdauer beschränken, Thema definieren, roten Faden behalten):

☺ *Der Helfer um 03.00 Uhr am Telefon: „Ich höre, wie Sie mir viel zu erzählen haben. Ich kann Ihnen jetzt eine Viertelstunde lang zuhören. Dabei werde ich wenig sagen, da ich müde bin; ich höre Ihnen jedoch aufmerksam zu! Kurz vor Ablauf der Viertelstunde werde ich Sie noch einmal an die bald ablaufende Zeit erinnern."*

Bei Gesprächsende lässt sich dies mit der Empfehlung verbinden, sich einen Beruhigungstee zuzubereiten, die Lieblingsmusik zu hören und sich nun zu Bett zu begeben.

▶ **Geben Sie zu erkennen, dass Sie in einem Team arbeiten** und darauf angewiesen sind, alle wichtigen Informationen an ihre Teamkollegen weiterzuleiten.

▶ **Unrealistische Erwartungen sofort korrigieren!**

▶ **Bleiben Sie professionell** in der Haltung, höflich im Ton, konsequent im Verhalten!

▶ **Anteilnahme an Gefühlen des Patienten** nur zurückhaltend äußern.

▶ **Die beim Helfer ausgelösten Gefühle nennen.** Wenn ein chronisch-akuter Patient über Suizidalität Hilfe erzwingt, kann dies Ärger und Ohnmacht auslösen. Solche Gefühlsreaktionen taktvoll zu äußern, indem sie auf die Verhaltensweisen des Patienten – und nicht auf dessen ganze Person – bezogen werden, fördert deren Realitätsbezug:

☺ *Der Helfer am Telefon: „Sie rufen mich an, weil Sie verzweifelt sind und meine Hilfe möchten. Gleichzeitig beschimpfen Sie mich, weil ich Ihnen nicht sofort verspreche, ein Benzodiazepin zu verordnen. Wie Sie sich sicher vorstellen können, löst das bei mir Ärger aus. Ich bin darauf angewiesen, dass Sie mit mir in respektvollem Ton reden."*

Unterbleibt eine authentische Reaktion, werden die bei den Therapeuten ausgelösten und zurückgehaltenen Gefühle, die solche Patienten mit manchmal beeindruckender Feinsinnigkeit wahrnehmen können, als persönliche Zurückweisung erlebt. Dies verstärkt ihre Überzeugung, dass Zuwendung erzwungen werden muss.

Manipulierende Menschen. Hier sind eine ausdrückliche Eingrenzung des Hilfsangebotes, eine klare Abgrenzung im Betreuungskontakt sowie eine konfrontationsbereite Interventionsweise im Rahmen einer konsequenten Hilfestrategie notwendig. Die Notfallhelfer werden sich als Resultat dieser Vorgehensweise als „nicht lieb", jedoch respektiert erleben. Oder Sie werden beschimpft – und der Kontakt wird abgebrochen. Falls Sie auch dort deutlich und höflich blieben, darf man den Kontaktabbruch durch den Patienten gelassen hinnehmen.

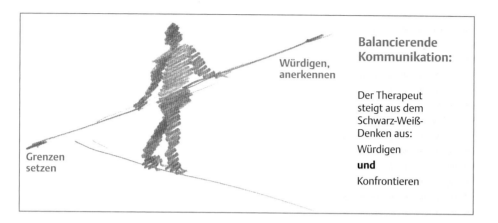

Würdigen, anerkennen

Grenzen setzen

Balancierende Kommunikation:

Der Therapeut steigt aus dem Schwarz-Weiß-Denken aus:

Würdigen

und

Konfrontieren

Abklärungsphase

4. Schritt: Gesprächsführung

Empfehlungen zur Gesprächsführung bei beginnender Verstrickung

Prinzip. Transparente, energische, jedoch ruhige Konfrontation ohne Interpretation: Sofortige Grenzsetzung gegenüber anmaßendem Verhalten und gleichzeitig Würdigung nachvollziehbarer Impulse und Anerkennung konstruktiver Anätze (balancierende Haltung, nach Linehan 2007, siehe Abbildung oben).

▶ **Bei einem Patienten, der Druck ausübt, die institutionellen Grenzen klarlegen:**
   ☺ *„Ich habe als Mitarbeiter der Institution die Weisung, keine entsprechenden Versprechungen zu machen. Ich kann Ihnen da definitiv nicht weiterhelfen."*

▶ **Grenzsetzung bei Entwertung des Notfallhelfers:**
   ☺ *Der Therapeut nach einer entwertenden Äußerung durch einen Patienten: „Diese Äußerung nehme ich nicht entgegen. Es gehört nicht zu meiner Aufgabe, mich von Ihnen beschimpfen zu lassen. Es ist mir wichtig, dass Sie sich entschuldigen, damit ich weiß, dass ich fortfahren kann!"*

▶ **Grenzsetzung bei Entwertung eines Mitarbeiters:**
   ☺ *„Mit dieser Disqualifikation meiner Mitarbeiterin bin ich nicht einverstanden. Wir arbeiten als Team zusammen. Wir respektieren uns als kompetente Personen. Es ist mir deshalb wichtig, dass Sie diese Bemerkung zurücknehmen, bevor wir weitersprechen."*

▶ **Drängenden Patienten in die Mitverantwortung einbeziehen:**
   ☺ *„Wenn Sie weitere Hilfe möchten: Ich bin darauf angewiesen, von Ihnen nähere Hinweise zu erhalten: Was konkret hat Ihnen bei diesem Gespräch etwas gebracht?"*

▶ **Klarheit durch Eingrenzung und Aufzeigen des Spielraumes:**
   ☺ *„Mein Angebot ist, dass ich Ihnen jetzt eine Viertelstunde zuhören kann oder Sie am nächsten Tag zu uns in die Sprechstunde kommen. Was hilft Ihnen mehr?"*

▶ **Unklare nonverbale Äußerungen näher erkunden:**
   ☺ *Der Therapeut: „Sie weinen immer wieder. Da ich Sie nicht kenne, weiß ich nicht, was dies bei Ihnen bedeutet. Ich kenne Menschen, die drücken damit Traurigkeit aus, andere drücken eine Erleichterung aus, dass Ihnen jemand zuhört; wieder andere bauen – wie man sagt – nahe am Wasser, sie weinen bald, es ist ihre Art. Wie ist das bei Ihnen?"*

▶ **Bei kämpferischen Äußerungen der Patienten Meinung stehen lassen:**
☺ *Der Therapeut: „Sie äußern hierzu eine gegenteilige Ansicht. Wir haben zu diesem Punkt unterschiedliche Meinungen."*

▶ **Bei Zurückweisungen von Angeboten durch den Patienten Frage zurückgeben:**
☺ *Der Therapeut: „Dies ist das Angebot, das ich Ihnen machen kann. Etwas anderes kann ich Ihnen nicht anbieten. Was würden Sie an meiner Stelle tun?"*

▶ **Fehlende Kooperation als Information auf der Handlungsebene verstehen:**
☺ *„Wenn Sie die vereinbarte Verpflichtung einhalten, merke ich, dass Sie an meinem Behandlungsangebot interessiert sind. Wenn Sie die Verpflichtung nicht einhalten, gehe ich davon aus, dass Sie mein Therapieangebot nicht nutzen können oder wollen. In einem solchen Fall würden wir eine neue Vereinbarung treffen, die diesem Umstand Rechnung trägt, z.B. indem ich Ihnen eine andere Behandlungsstelle empfehle oder indem wir den Behandlungsvertrag auflösen."*

5. Schritt: Abklärung

Anlass zur Dekompensation:
▶ Verstrickung im therapeutischen Kontakt
▶ Abwesenheit des Therapeuten
▶ Enttäuschung im Kontakt mit einer nahen Bezugsperson
▶ Bei Daueranrufern liegt meist fehlende konstante Betreuung vor.

Krankheit nach eigener Definition. Der Patient hat häufig sehr klare Vorstellungen über die Art seiner Störung, hat möglicherweise schon viel darüber gelesen und verwickelt die Helfer in ein Fachgespräch, falls sie zu argumentieren beginnen.

Einsam im Beziehungsnetz. Viele Patienten fühlen sich einsam, haben kaum wirklich nahe Bezugspersonen oder sind in Beziehungen mit ungewöhnlichem Setting mit Personen, die ihrerseits erheblich auffällig wirken können.

Psychosoziale Kompetenz und Regressionstendenz. Die Patienten können im Gespräch wegen ihrer Schlagfertigkeit und Direktheit kompetent wirken. Wegen dieser Tendenz zu Grenzüberschreitung und Misstrauen zermürben sie ihre Mitmenschen, so dass sie häufig gemieden werden. Dem fordernden Verhalten im Erstkontakt widerspricht eine manchmal deutliche Regressionstendenz – bis hin zu „aktiver Passivität".

Negatives Selbstbild. Manche dieser Patienten haben sich eine „negative Identität" zugelegt; es ist etwas, das ihnen aufgrund meist langjähriger Sozialisation in unbeschreiblichen Verhältnissen vertraut ist. Achten Sie deshalb aufmerksam auf konstruktive Ansätze, um sich nicht in eine negative Trance bringen zu lassen!

Autoaggressive Muster. Diese dienen unter anderem der Spannungsreduktion, der Selbstwahrnehmung, jedoch auch als Druckmittel zum Erzwingen vermisster Zuwendung.

Chronische Suizidalität. Die ständige Verzweiflung, verbunden mit einer zu schwerer Selbstgefährdung bereiten Haltung, kann in chronisch-akute Suizidalität münden.

6. Schritt: Beurteilung und Hilfestrategie

Körperliche Störung? Psychose? Achten Sie vor allem auf Zeichen einer psychotischen Störung.
Kooperationsbereitschaft und das Trugbild therapeutischer Allmacht. Menschen, die *im besonnenen Zustand* wichtige Spielregeln der Kommunikation brechen, ihren Helfern drohen bzw. Gewalt anwenden, zeigen, dass sie das Hilfeangebot letztlich nicht beanspruchen wollen. Es ist wichtig, dass wir früh genug höflich und bestimmt klar legen, dass wir ihre Handlungsweise so verstehen. Diese Patienten müssen lernen, dass wir nur hilfreich intervenieren können, wenn sie mit uns in einem umschriebenen Interventions-Zeitraum kooperieren. Die Bereitschaft zur Kooperation erkennen wir bei dieser Patientengruppe an der entsprechenden

Handlungsweise. Falls die Grenzüberschreitungen anhalten, ist der Kontakt so lange auszusetzen, bis wieder eine minimale Kooperation erfolgt. Wir müssen den Patienten die Möglichkeit geben, dass sie sich in einem besonnenen Zustand auch für eine Variante entscheiden dürfen, die unserer Ansicht nach gegen ihre Interessen ist – auch wenn dies allenfalls Obdachlosigkeit ist. Auch Institutionen mit sehr niederschwelligen Angeboten sind auf eine minimale Kooperation angewiesen.

> Einen echten Hilferuf erkennt man an der Bereitschaft zur Zusammenarbeit! Nicht alle chronisch-akuten Patienten realisieren jedoch, was Helfer brauchen, damit sie helfen können.

Hilfestrategie

Tabelle 2.**13** Die Stufen zunehmender Störung der therapeutischen Interaktion und Hilfestrategie.

Stufe	Therapeutische Interaktion	→	Hilfestrategie
A Erstverschlechterung	Patient mit charakteristischem Syndrom, meist zu Beginn einer Therapie: Multiproblemsituation, ohne stabile Beziehungen. Es lassen sich **erste Regressionszeichen i.S. aktiver Passivität erkennen**: Das seelische Elend wird Pfand der Beziehung zum Therapeuten. Der Therapeut realisiert, dass er seine Hilfestellung zu intensivieren beginnt.	→	1. Sorgfältige **Abklärung** bezüglich Persönlichkeitsstörung 2. Erwähnung der **Mitverantwortung des Patienten** an der Behandlung (Anerkennung seiner aktiven Beiträge) 3. Besprechung von **Angebot und Grenzen** des therapeutischen Engagements 4. Notfallszenario: Regeln der Erreichbarkeit des Therapeuten
B Rückfall	Nach einer vorübergehenden Besserung mit beginnender Idealisierung des Therapeuten kommt der **„Absturz" anlässlich einer normalen Beziehungsfrustration** (Ferien des Therapeuten usw.), was der Patient als gegen sich gerichtet interpretiert.	→	**Kurzfristige Zusatzkonsultation**, Orientierung über die reale Bedeutung der Grenzen therapeutischen Engagements, Vorbereitung späterer Therapieunterbrüche, Bezugnahme auf die Ressourcen des Patienten, Vernetzung des Patienten mit anderen Personen (im Übrigen wie bei Stufe A).
C Eskalation	**Der Patient beklagt sich über den schlechten Verlauf** und die ungenügende Hilfe; der Therapeut spürt einen gewaltigen Hilfeanspruch („ich muss zaubern können"), beginnt sich bis an die Grenzen seiner Leistungsfähigkeit zu engagieren, sieht sich in einem Machtkampf und fühlt sich verärgert oder ohnmächtig, gekränkt oder als Versager.	→	Der Therapeut vernetzt sich mit anderen Therapeuten. Er erklärt seine Ohnmacht bezüglich der (meist beiderseitigen) unrealistischen Erwartungen, und **benennt seine Gefühlsreaktionen**. Er erinnert den Patienten an den Behandlungskontrakt (→ Stufe A, vor allem Mitverantwortung des Patienten) und stellt klare Bedingungen der Zusammenarbeit (Non-Suizid-Vertrag). Klärende Arbeit im Hier-und-Jetzt.
D Verstrickung	Sowohl Patient als auch Therapeut **tabuisieren ihre Gefühle** zueinander: Der Therapeut ist hin- und hergerissen zwischen Wut, Ärger, Resignation. Der Patient hat Schuldgefühle und ist zugleich wütend, weil er sich in seinem gewohnten Beziehungsbild bestätigt fühlt. Diese Emotionen werden jedoch in der Therapie nicht angesprochen. Es entsteht ein Teufelskreis.	→	Der Therapeut vernetzt sich mit anderen Therapeuten oder zieht solche im Notfall hinzu, um die bisher tabuisierten Gefühle in einer neu triangulierten Situation anzusprechen, den Teufelskreis zu benennen und wieder klare Rahmenbedingungen für die Therapie festzulegen. Häufig ist die **Unterbringung auf einer Kriseninterventionsstation** oder einer offenen Behandlungseinrichtung zur beiderseitigen Entlastung sinnvoll.

Tabelle 2.**13**   (Fortsetzung).

Stufe	Therapeutische Interaktion	→	Hilfestrategie
E Negative therapeutische Reaktion	**Dem Patienten geht es trotz verstärktem Engagement des Therapeuten massiv schlechter:** Selbstverletzung, Selbstgefährdung, Symptomverschlimmerung (z. B. Suchtkrankheiten), Suizidalität. Der Therapeut erlebt bei sich Symptome des Burn-out.	→	Es besteht sofortiger Handlungsbedarf: Allenfalls **Unterbringung auf einer geschlossenen Station,** eventuell durchgesetzt mit rechtlichen Mitteln. Delegation der Therapie während des Aufenthaltes an Therapeuten der Klinik. Während des Aufenthaltes Gespräche zu dritt.

Maßnahmephase
(Medikation → Seite 191 unten)

7. Schritt: Notfallkonferenz

Das Helfernetz – die wichtigen Ersatzbeziehungen. Die bedeutungsvollen Bezugspersonen von chronisch-akuten Patienten sind professionelle Helfer oder Angehörige, die in eine selbstaufopfernde Helferrolle geraten sind. Deshalb ist es sinnvoll, die Notfallkonferenz mit diesen Personen durchzuführen. Wie auch bei anderen zermürbenden Situationen ist es hier besonders wichtig, dass im Beisein des Notfallhelfers die Überforderung, der Ärger oder die Erschöpfung nicht nur vom Patienten, sondern vor allem vom Therapeuten in angemessener Form ausgedrückt wird und auch die anderen bisherigen Helfer die Grenzen ihrer Belastbarkeit definieren dürfen.

Die Erklärung der therapeutischen Ohnmacht:

☺ *Der bisherige Therapeut zum Patienten: „Ich bin froh, dass Frau XY (die Notfallhelferin) gekommen ist, da ich einesteils in großer Sorge wegen Ihrem Zustand bin, andrerseits selbst an die Grenze meiner Möglichkeiten komme, so dass ich überfordert wäre, bei dieser erheblichen und andauernden Selbsttötungsgefahr die Behandlungsverantwortung im ambulanten Rahmen zu tragen. Ich bin jetzt darauf angewiesen, dass Sie entweder in die Kriseninterventionsstation gehen oder Sie bereit sind, eine schriftliche Vereinbarung mit mir abzuschließen. Diese Vereinbarung würde Ihre und meine Verantwortung in der Behandlung umschreiben und festlegen, was passiert, wenn die Bedingungen von einer oder beiden Seiten nicht mehr eingehalten werden können. Ich wäre dabei froh, wenn Frau X das Dokument im Sinne einer Kenntnisnahme ebenfalls unterzeichnen könnte.“*

Weder-noch-Situation. Falls der Patient weder in die Klinik will noch Bedingungen unterzeichnen möchte, wäre dies ebenfalls schriftlich festzuhalten und die Therapie für einen umschriebenen Zeitraum auszusetzen. Bei erheblicher Selbst- und/oder Fremdgefährdung muss durch den zugezogenen Notfallhelfer allenfalls ein Klinikeintritt durchgesetzt werden – eventuell mit Zwang. Lieber eine Therapie pausieren als eine negative therapeutische Reaktion ohne Vorgehensänderung in Kauf nehmen. Therapie kann auch schaden – dem Patienten und dem Therapeuten!

Arbeitsteilung, Gewaltentrennung. Bei chronisch-akuten Patienten gehört der bisherige Therapeut zu den unmittelbar Betroffenen der Krise. Auch er bedarf der Hilfe. Dies offen und ohne Scham und Schuldgefühle einzugestehen, ist professionell! Es gibt Patienten, die erst angesichts einer derartigen Pattsituation in der Lage sind, die Angst vor therapeutischer Allmacht aufzugeben. Das Erlebnis, dass der Therapeut ebenfalls klare Grenzen der Belastbarkeit hat und auch er sich helfen lassen muss, wirkt häufig ernüchternd und Spannung reduzierend. Dies ist Voraussetzung für eine Neudefinition eines realistischen und transparenten

Behandlungsbündnisses. Der Notfallhelfer unterstützt die Äußerung bisher zurückgehaltener Gefühle, übernimmt die Moderatorenrolle und trifft die notwendigen Betreuungsentscheidungen. Er macht dies aus einer Haltung des Respekts gegenüber der Grenzsetzung des bisher behandelnden Therapeuten.

Der neue Behandlungsvertrag. Dieser kann im Beisein des Notfallhelfers zwischen dem bisherigen Therapeuten und dem Patienten ausgehandelt und schriftlich festgehalten werden. Er umfasst folgende Punkte:

▶ **Mitverantwortung des Patienten an der Behandlung**: Häufigkeit der Konsultationen und Pünktlichkeit, Regeln für die Absage von Terminen, Medikamenteneinnahme, Blutuntersuchungen, Bezahlung der Rechnungen, Non-Suizid-Vertrag (→ unten)
▶ **Verantwortung und Grenzen des therapeutischen Engagements:** Regeln für die Erreichbarkeit des Therapeuten, Notfallszenario mit Kriterien für Klinikeinweisung
▶ **Fokussieren auf aktuelles Problem**, weil hier Erfolgserlebnisse möglich sind.

8. Schritt: Maßnahmen

Entlastung und Beruhigung durch nicht-destruktives Verhalten: körperliche Tätigkeit, Kontakt zu nahen Bezugspersonen, kreative Tätigkeit, Musikhören usw.

Der sog. Non- Vertrag (Non-Suizid-, Non-Gewalt-, Non-Selbstverletzungs-Vertrag) dient als wichtige Grundlage für eine wechselseitig verbindliche Vereinbarung. Der Vertrag enthält folgende Elemente, die gemeinsam ausgearbeitet werden:

▶ Analyse der destruktiven Eskalation:
  – Anlass für emotionelle Belastung
  – Konkrete Umschreibung der jetzt und zu anderen Zeiten begangenen destruktiven Unterlassung (bisherige problematische Belastungsantwort, wie z. B. Weglassen der Antipsychotika-Einnahme, sozialer Rückzug) und
  – darauffolgende unerträgliche Emotion und destruktive Aktion (z. B. paranoide Dekompensation, Gewalttätigkeit gegenüber Unbeteiligten, Selbstverletzung, Suizidvorbereitung)
▶ Alternative Problembewältigung:
  – Konstruktive Entlastungsmöglichkeit (z. B. Kontakt zu Bezugsperson und vorübergehende Einnahme eines Benzodiazepins) und
  – dadurch erreichter Nutzen (z. B. Impuls für einen weiteren Ablösungsschritt mit mehr Freiraum für den Patienten und seine Mutter)

Konkretes Beispiel: Umschreibung der bisher vermiedenen, jedoch in Zukunft angestrebten konstruktiven Lösung anhand eines ausfantasierten Beispiels:

☺ *„Gesetzt den Fall, ich fühle mich erneut bedrängt von meiner Mutter, dann würde ich…"*
„Und wenn alle Stricke reißen, dann würde ich…"

▶ **Bei erneuter Regelverletzung Sanktion:** Das Prinzip der Sanktion ist nicht Bestrafung, sondern Auferlegen der mit der destruktiven Aktion vermiedenen Handlung; auf obiges Beispiel bezogen Kontaktpause zur Mutter mit 3-tägigem Aufenthalt in der Kriseninterventionsstation.
▶ **Zeitliche Befristung** (dann erneute Besprechung)

Medikation

Ambivalenz. Viele Borderline-Patienten, jedoch auch ambivalente präpsychotische Menschen sind misstrauisch – auch gegenüber Medikamenten. Sie sind schnell irritiert durch Nebenwirkungen, die sie ängstlich beobachten. Deshalb sind möglichst nebenwirkungsarme Medikamente für eine syndromale Behandlung zu wählen mit einschleichender Dosierung.

9. Schritt: Evaluation

Krisenintervention ist wirkungsvoll! Falls sich eine Besserung nicht einstellt,
▶ sind wichtige Einflussgrößen der Krisendynamik nicht im Blickfeld (z. B. ein Suchtproblem oder tabuisierte Gefühle zwischen Patient und Therapeut),
▶ erlebt der Patient durch die Hilfestellung eine bedrohliche Nähe (z. B. bei Patientinnen, die eine Missbrauchsproblematik haben),
womit keine gemeinsame Arbeitsgrundlage zwischen Patient und Krisenhelfer besteht – die therapeutische Krisenintervention gerät ebenfalls in die Krise.
Grenzüberschreitende, manipulierende Patienten, die *nicht* absichtlich Dienstleistungen missbrauchen, sind froh, wenn sie auf faire, entschiedene Weise Grenzen erleben.

> Wenn nicht-psychotische, hirngesunde Menschen trotz Konfrontation
> nicht kooperieren, zeigen sie in der Regel damit, dass sie sich vor der Verbindlichkeit
> eines Bezugs zum Helfer scheuen und deshalb – trotz erheblicher Nachteile –
> gegenwärtig vorziehen, ungebunden zu sein!

Bei fortbestehender akuter Gefahr ist eine Klinikeinweisung (Kriseninterventionsstation!) zu erwägen: Bei suizidalen Menschen ist der Notfallhelfers nicht befugt zu entscheiden, ob ein Leben noch lebenswert ist. Auch ist es nicht seine Aufgabe, das Risiko eines Suizids in Kauf zu nehmen, wenn entsprechende Drohungen nicht eindeutig zurückgenommen werden. Dies muss insbesondere Menschen klar gemacht werden, die mit regelmäßigen Suiziddrohungen ambulante Hilfe erzwingen. Im Prinzip ist die gleiche Interventionsweise sinnvoll wie bei der „gewöhnlichen" akuten Suizidalität. Der kurzzeitige Aufenthalt in einer Kriseninterventionsstation – unter Einbezug des ambulanten Therapeuten – kann sich dabei besonders bewähren.

Spezialproblem: Daueranrufer

Thesen zum überall bekannten Phänomen, dass gewisse Menschen zehn- oder mehrmals täglich anrufen:
▶ **„Schwierige Menschen":** Daueranrufer sind meist suchtkranke Borderline-Patienten.
▶ **Hilfe-Sucht:** Zum Teil benützen die Daueranrufer Hilfe missbräuchlich. Solche Menschen haben nur noch Kontakte zu Profis. Sie haben gelernt, wie sie Hilfe erzwingen können.
▶ **Unklare Bedingungen:** Zum Teil benützen Daueranrufer die Hilfe unangemessen, weil sie die Belastungsgrenze von anderen falsch einschätzen.
▶ **Auch unser Problem:** Zum Problem der Daueranrufer tragen wir je nach dem selbst bei: durch fehlende Betreuungskonstanz, wenig teaminterne Weitergabe von Infos, kaum gemeinsame Arbeitshaltung. Die Ursache kann nebst Bequemlichkeit auch Langeweile der Helfer sein, die sich dann über alle Anrufe freuen (oder auch: Angst vor Verlust des Arbeitsplatzes bei zu geringer Beanspruchung des Krisendienstes).
▶ **Selbstschutz:** Es ist Aufgabe der gesamten Institution, sich gegen Missbräuche und Grenzüberschreitungen zu schützen.

Grundsätze im Kontakt mit Daueranrufern eines Krisendienstes

Erwartungen reduzieren. Hilfestellung zu Beginn der Intervention eingrenzen!
Knapp erklären. Weisen Sie bei der Abgrenzung auf den Sinn dieser Maßnahme!
Professionelle Haltung. Bleiben Sie abgegrenzt, bezogen-höflich und konsequent!
Abgrenzen. Lassen Sie sich nicht durch Ärger unter Druck setzen! Distanzieren Sie sich gegenüber Beschimpfungen und Druckversuchen!

Konfrontieren. Thematisieren Sie das bedrängende Verhalten. Machen Sie therapeutische Hilfe von angemessener Kooperation abhängig (da Sie anderenfalls ein unlösbares Problem hätten). Die Patienten können lernen, angemessen um Hilfe zu bitten, z.B.:

> ☺ *Der Mitarbeiter: „Das vorrangige Thema ist, wie wir einen Weg zur Zusammenarbeit einüben können. Wie lange haben Sie es in den letzten zwei Monaten längstens ausgehalten, uns nicht anzurufen?" Es folgt die Antwort des Patienten, z. B. „drei Tage". Nun der Helfer: „So rufen Sie ab heute einen Tag vorher, d. h. nach zwei Tagen an."*

Informationen weitergeben. Informieren Sie Teamkollegen und Vorgesetzte über Druckversuche, Missachtungen des Settings und Grenzüberschreitungen schriftlich.

Absprache. Versichern Sie sich der Unterstützung der Vorgesetzten und Teammitglieder. Patienten, die eine Notrufzentrale trotz aller Bemühungen der Helfer regelrecht belästigen, müssen durch Entscheid der Institutsleitung zeitlich befristet von weiteren Hilfeleistungen dieser Institution ausgeschlossen werden.

Nachbetreuung und Übergang zu befristeter Krisenintervention

Empfehlungen zur Gestaltung der therapeutischen Beziehung

Angemessene Ansprüche an sich selbst und den Patienten. Schwierige Menschen werden das Schwierige nicht aufgeben – sie können die unangenehmen Kommunikationseigenheiten jedoch (erheblich) vermindern.

Die stete Aufmerksamkeit des Gratwanderers. Der Umgang mit schwierigen Menschen erfordert eine balancierende Haltung (Linehan 2007):

▶ Auf der einen Seite: abgegrenzte Unterstützung und freundlicher Bezug. Auf der anderen Seite: freundlich-bestimmte Grenzsetzung und wohlwollende Forderung.

▶ Dauernde Aufmerksamkeit: Achten Sie deshalb auf Veränderungen und Verbesserungen. Weichen Sie dem Kontakt nicht aus, sondern schauen Sie hin!

Nicht nur Reaktion, sondern auch dosierte Aktion. Engagieren Sie sich mit kleinen Initiativen! Achten Sie auf Übernahme kleiner Verantwortungen durch den Patienten (Validieren Sie dies!). Sprechen Sie unklare Verschlechterungen des Verlaufes an (Ursachen: zurückgehaltene missmutige Gefühle beim Patienten oder Therapeuten, Drogen- oder Alkoholkonsum, regressionsfördernde Haltung des Therapeuten usw.).

Beziehungskonstanz und Vernetzung. Achten Sie auf eine durchgehende Betreuung durch eine Bezugsperson (geben Sie auch anderen Bezugspersonen Wertschätzung!). Organisieren Sie eine Ferienvertretung, wenn Sie in den Urlaub fahren. Kündigen Sie Abwesenheiten vorher an und besprechen Sie die Regeln der Kontaktaufnahme mit Ihnen. Verleugnen Sie nicht, dass Sie Unannehmlichkeiten in Kauf nehmen:

> ☺ *„Sie können mich übers Wochenende abends zwischen 8 und 9 Uhr anrufen. Falls ich gerade beschäftigt wäre, würde ich Ihnen dies sagen und Sie zu einem vereinbarten Termin zurückrufen. Am Telefon würde ich Ihnen sagen, wie lange ich Zeit hätte, um zu sprechen. Es ist mir lieber, wenn Sie mich vor einer schweren Krise anrufen, als dass ich mich sorgen müsste, Sie würden sich etwas Schlimmes antun!"*

Kultur von Abgrenzung und Respekt. Achten Sie stets auf die Integrität Ihrer Grenzen (Freizeit, Nachtruhe, Ferien). Reagieren Sie frühzeitig und mit angemessener Emotion (negative therapeutische Reaktionen entstehen häufig wegen zurückgehaltener Gefühlen von Missmut sowohl beim Patienten wie beim Therapeuten). Wagen Sie, Ärger zu äußern. Würdigen Sie sofort eine ernst gemeinte Entschuldigung oder einen konstruktiven Lösungsversuch. Anerkennen Sie die Leistung des Patienten, mit all seinen Schwierigkeiten, einen Weg suchen zu wollen.

Kultur von Verbindlichkeit und Konsequenz. Machen Sie Ihren therapeutischen Einsatz von der Einhaltung grundlegender Regeln der Kommunikation abhängig. Wagen Sie, dies einzufordern, allenfalls auch in einem schriftlichen Vertrag. Die Patienten fühlen sich auf diese Weise ernst genommen, da sie sich in der Regel vor ihrer eigenen Destruktivität fürchten und froh sind um angemessene Grenzsetzung.

Pragmatisch und lösungsorientiert. Setzen Sie alles ein, was sich bei der Kontrolle der destruktiven Impulse bewährt. Setzen Sie auch Medikamente ein (Antipsychotika, Antidepressiva). Fokussieren Sie auf das, was hilft. Fördern Sie dabei die Selbsthilfe- oder Selbstbehandlungskompetenz ihres Patienten, damit er lernen kann, mit seinen heftigen Impulsen umzugehen. Grenzen Sie die Dauer-Beschäftigung mit lange zurückliegenden Traumatisierungen ein.

3 Anhang

3.1 Formulare

Formular „Klinikeinweisung"

An Institution:

Stempel Einweiser:

Name . . . . Vorname . . . .

Geburtsdatum . . . .

Adresse . . . .

Datum . . . . Uhrzeit . . . . Einsatzort . . . .

---

1. **Hauptproblem**: Selbst- und Fremdgefährdung mit wichtigsten Informationen/Befunden (bitte konkret beschreiben)
2. **Übrige Probleme**: Psychosozial und körperlich
3. **Notfallanlass**: kurze Vorgeschichte zu 1.
4. **Situation vor Ort**: Gefährdungselemente, Wohnung, Umfeld
5. **Medikamente**: Was, warum, wie, wann, wie viel?
6. **Getroffene Maßnahmen**: Zwangsmaßnahme?
7. **Vorgeschlagene Maßnahmen**: Abklärung, Behördliches
8. **Bezugspersonen**: Angehörige, Therapeuten (mit Telefonnummer)
9. **Diverses**

Zu 1.:

Unterschrift Einweiser: . . . .

Formular „Patientendokumentation"

Jahr . . . .   Fall-Nr. . . . .

(eventuell Zutreffendes unterstreichen)

1. Patient

Name . . . .   Vorname . . . .   Geschlecht . . . .
        Geb.-Datum/Alter . . . .
        Wohnadresse Patient . . . .
        Telefon, Mail . . . .
Kostenträger . . . .

2. Anmeldung und Triage

Wann: Datum . . . .   Uhrzeit . . . .   ca. Dauer des Anmeldekontakts . . . . .   telefonisch?
Wie: Persönlich erschienen?
Anmelder: Klient? Angehöriger usw.? Unbekannte Privatperson? Polizei? Arzt?
            Andere . . . . ?
            Name . . . . Evtl. Vorname . . . .
            Adresse Anrufer . . . .
            Telefon . . . .

Anlass für Notfallanruf (meist der erste zum Problem geäußerte Satz): . . . .
            Schlüsselsyndrom: Benommen, verwirrt? Unruhig-komisch-wahnhaft? Verzweifelt, suizidal?
            Konflikt, Gewalt? Alkohol-, Drogenproblem? Angst, Panik? Chronisch-akut?
            Andere . . . .
Angegebene Gefährdung: Selbstgefährdung? Fremdgefährdung? . . . .
Angegebene Dringlichkeit: Lebensgefahr? Sofort? Noch heute? Später?
Anliegen: Auskunft? Beratung? Telefonische Aussprache? Konsultation? (Haus)besuch?

3. Setting der Intervention

Was: Nur telefonische Intervention? Konsultation? Hausbesuch? Notarztwagen? . . . .
Falls Hausbesuch: Wo? . . . .
Wann?   Sofort? Nach Vereinbarung? Datum . . . .   Zeit. . . . .
Zeitpunkt des Einsatzbeginns: . . . .   und -endes. . . . .   Dauer: . . . . min
Notfall-Einsatzleiter: . . . .
Mitanwesende Helfer/helfende Angehörige: . . . .

4. Abklärungsbefunde

Probleme: 1. (Hauptproblem) . . . .
           2. . . . .
           3. . . . .
           4. . . . .
           5. . . . .
Medikamente und letzte Einnahme . . . .
           . . . .
           . . . .
           . . . .
           . . . .

Soziale Situation:

Beruf . . . . Firma . . . . Tel. . . . .

Arbeitsunfähigkeit vor Notfallsituation in % . . . .

Finanzielle Situation/Rente . . . .

Bevormundung, Strafverfahren etc. . . . .

Wohnsituation . . . .

Mitbewohner/innen der Wohnung . . . .

Therapeut, Hausarzt (mit Tel.-Nr.) . . . .

Nächste Bezugsperson (mit Tel.-Nr.) . . . .

5. Vorläufige Beurteilung

Seelisch-körperlicher Befund . . . .

Ausmaß der seelisch-sozialen Störung:

        A = labil?   B = beeinträchtigt?   C = gestört?   D = krank?   E = schwer krank?

Belastbarkeit des Umfeldes: Kooperativ und belastbar? Mit ambulanter Entlastung belastbar?

        Im Moment nicht mehr belastbar? Bis auf weiteres nicht belastbar?

Gefährdung:

        Selbstgefährdung (sozial, seelisch, körperlich)? . . . .

        Fremdgefährdung (sozial, seelisch, körperlich)? . . . .

6. Maßnahmen

Ambulante Entlastungsmaßnahmen . . . .

        Sachhilfe . . . .

        Alarmsystem . . . .

        Vereinbarungen . . . .

        Medikamente . . . .

Kurzzeitige Unterbringung/Stationäre Krisenintervention? . . . .

Klinikeinweisung (somatisch, psychiatrisch)? . . . .

        Zwang: Klient nicht einverstanden? Angehörige nicht einverstanden? . . . .

        Bei Klinikeinweisungen: Wer betreut Kinder? Müssen Haustiere gefüttert werden? usw. . . .

        . . . .

        Nachbetreuung: Wo, wann und bei wem? . . . .

        Tel.: . . . .

7. Diverses: Ergänzungen, wie wichtige Daten aus der Vorgeschichte, übrige Belastungen und Ressourcen, Beobachtungen zur Familienstruktur usw.

Ausgefüllt durch: . . . .

3.2 Literatur

Aguilera D. Krisenintervention. Grundlagen – Methoden – Anwendung. Göttingen: Huber; 2000

Antonovsky A. Health, stress and coping. San Francisco: Jossey-Bass; 1979

Antonovsky A. Unraveling the mystery of health. How people manage stress and stay well. San Francisco: Jossey-Bass; 1987

Bandura A. Aggression – a social learning analysis. New Jersey: Prentice-Hall; 1973

Beck AT. The development of depression. A cognitive model. In: Friedman R, Katz M, Hrsg. The psychology of depression. New York: Wiley; 1974

Beck AT et al. Kognitive Therapie der Depression. Weinheim: Beltz; 2001

Beck M et al., Hrsg. Krisenintervention: Konzepte und Realität. Tübingen: dgvt-Verlag; 2000

Bengel J, Hrsg. Psychologie in Notfallmedizin und Rettungsdienst. Berlin: Springer; 2004

Biehl H, Hrsg. Was wir leisten – was wir kosten. Tätigkeits- und Leistungsbericht des Sozialpsychiatrischen Dienstes Bremen. Bd. 1. Bremen: Gesundheitsamt Bremen; 1999

Bronisch T. Der Suizid. Ursachen – Warnsignale – Prävention. München: C. H. Beck; 2007

Bronisch T et al. Krisenintervention bei Persönlichkeitsstörungen. Stuttgart: Pfeiffer bei Klett-Cotta; 2005

Buer F. Armut. In Hörmann G, Nestmann F, Hrsg. Handbuch der Psychosozialen Intervention. Opladen: Westdeutscher Verlag; 1988

Caplan G. An approach to community mental health. New York: Grune & Stratton; 1961

Caplan G. Principles of preventive psychiatry. New York: Basic Bocks; 1964

Ciompi L et al. Schizophrenie und Chaostheorie. Methoden zur Untersuchung der nicht-linearen Dynamik komplexer psycho-soziobiologischer Systeme. System und Familie 1992; 5: 133–147

Cullberg J. Krisen und Krisentherapie. Psychiatr Prax 1978; 5: 25–34

Dattilio FM, Freeman A, eds. Cognitive-behavioral strategies in crisis intervention. New York: Guilford Publications; 2007

De Jong P, Kim Berg I. Lösungen (er-)finden. Das Werkstattbuch der Lösungsorientierten Kurztherapie. Bd. 17. Dortmund: verlag modernes lernen; 2008

Dorrmann W. Suizid: Therapeutische Interventionen bei Selbsttötungsabsichten. München: J. Pfeiffer; 2006

Dross M. Krisenintervention. Göttingen: Hogrefe; 2001

Egidi K, Boxbücher M, Hrsg. Systemische Krisenintervention. Tübingen: Dgvt-Verlag; 1996

Erikson E. Jugend und Krise. Die Psychodynamik im sozialen Wandel. Stuttgart: Klett-Cotta; 2003

Etzersdorfer E. Krisenintervention und Notfallpsychiatrie. In: Stumm G, Pritz A, Hrsg. Wörterbuch der Psychotherapie. Wien, New York: Springer; 2000

Farewell T. Experience of initiating and sustaining a crisis intervention service from 1969–1990. Abstract from: First international conference on crisis intervention approach in mental health, London. Huddersfield: International institute of crisis intervention and community psychiatry; 1990

Feuerlein W. Alkoholismus – Missbrauch und Abhängigkeit. Entstehung – Folgen – Therapie. Stuttgart: Thieme; 2007

Finzen A. Schizophrenie – die Krankheit verstehen. Bonn: Psychiatrie-Verlag; 2004

Finzen A et al. Der Patientensuizid. Untersuchungen, Analysen, Berichte zur Selbsttötung psychisch Kranker während der Behandlung. Bonn: Psychiatrie-Verlag; 1988

Finzen A et al. Suizidprophylaxe bei psychischen Störungen. Prävention – Behandlung – Bewältigung. Bonn: Psychiatrie-Verlag; 1997

Fischer G, Riedesser P. Lehrbuch der Psychotraumatologie. Stuttgart: UTB; 1998

Folkman S, Lazarus RS. If it changes it must be a process. J Person Soc Psychol 1985; 48: 140–170

Gaebel W, Müller-Spahn F, Hrsg. Diagnostik und Therapie psychischer Störungen. Stuttgart: Kohlhammer; 2002

Glasl F. Konfliktmanagement. Ein Handbuch für Führungskräfte, Beraterinnen und Berater. Bern: Verlag Freies Geistesleben; 2004

Giernalczyk T, Freytag R, Hrsg. Qualitätsmanagement von Krisenintervention und Suizidprävention. Göttingen: Vandenhoeck & Ruprecht; 1998

Grawe K. Psychologische Therapie. Göttingen: Hogrefe; 2000

Haltenhof H. Krisenintervention und Notfallpsychiatrie. In: Machleidt W et al., Hrsg. Psychiatrie, Psychosomatik und Psychotherapie. Stuttgart: Thieme; 2004

Hannes R. Wenn Trinken zum Problem wird. Alkoholprobleme lösen. Bern: Hans Huber; 2004

Hautzinger M. Depression. Fortschritte der Psychotherapie. Bd. 3. Göttingen: Hogrefe; 1998

Hegemann T, Salman R, Hrsg. Transkulturelle Psychiatrie. Konzepte für die Arbeit mit Menschen aus anderen Kulturen. Bonn: Psychiatrie-Verlag; 2001

Heim E. Krankheit als Krise und Chance. Stuttgart: Kreuz-Verlag; 1996

Heitmeyer W, Hagan J, Hrsg. Internationales Handbuch der Gewaltforschung. Wiesbaden: Westdeutscher Verlag 2002

Henseler H. Narzißtische Krisen: Zur Psychodynamik des Selbstmords. Opladen: Westdeutscher Verlag; 2000

Henseler H, Reimer C, Hrsg. Selbstmordgefährdung. Zur Psychodynamik und Psychotherapie. Stuttgart: Frommann-Holzboog 1981

Hewer W, Rössler W, Hrsg. Das Notfall Psychiatrie Buch. München: Urban & Schwarzenberg; 1998

Huppertz M. Schizophrene Krisen. Bern: Hans Huber; 2000

Kernberg O. Psychodynamische Therapie bei Borderline-Patienten. Bern: Huber; 2008

Kersting A, Arolt V. Das Gespräch mt Angehörigen nach dem Suizid einer Patientin. Eine schwierige therapeutische Situation. Psychotherapeut 2002; 47: 106–108

Kessler RC et al. Social factors in psychopathology: Stress, social support and coping process. Ann Rev Psychol 1985; 36: 531–572

Klinger E. Consequences of commitment to and disengagement for incentives. Psychol Rev 1975; 82: 1–25

Klinger E. Meaning and void: Inner experience and the incentive in people's live. Minneapolis: University of Minnesota Press; 1977

Langewitz W et al. Panikstörungen auf der Notfallstation. Therap Umschau 1995; 52/3: 201–207

Lasogga F, Gasch B, Hrsg. Notfallpsychologie. Lehrbuch für die Praxis. Heidelberg: Springer; 2008

Lazarus RS, Launier R. Stress-related transactions between person and environment. In: Pervin LA, Lewis M. Perspectives in interactional psychology. New York: Plenum Press; 1978

Lindemann E. Symptomatology and management of acute grief. Am J Psychiat 1944; 101: 141–149

Linehan M. Dialektisch-behaviorale Therapie der Borderline-Persönlichkeitsstörung. München: CIP-Medien; 2007

Malt U. The long-term psychiatric consequences of accidental injury. Br J Psychiat 1988; 153: 810–818

Malt U. Traumatischer Stress. In: Schnyder U, Sauvant JD, Hrsg. Krisenintervention in der Psychiatrie. Bern: Hans Huber; 1993

Margraf J, Hrsg. Lehrbuch der Verhaltenstherapie. Band 1. Grundlagen, Diagnostik, Verfahren. Berlin: Springer; 2009

Margraf J, Hrsg. Lehrbuch der Verhaltenstherapie. Band 2. Störungen. Berlin: Springer; 2009

Meichenbaum D. Cognitive behavior modification – an integrative approach. New York: Plenum Press; 1977

Meyer W. Intervention suizidaler Krisen in der Notfallmedizin. Notfall & Rettungsmed 2001; 4: 57–65

Müller W, Scheuermann U, Hrsg. Praxis Krisenintervention. Ein Handbuch für helfende Berufe. Stuttgart: Kohlhammer. 2009

Müller-Spahn F, Hoffmann-Richter U. Psychiatrische Notfälle. Stuttgart: Kohlhammer; 2000

Neu P, Hrsg. Akutpsychiatrie. Das Notfall-Manual. Stuttgart: Schattauer; 2008

Otzelberger M. Suizid. Das Trauma der Hinterbliebenen. Erfahrungen und Auswege. München: DTV; 2002

Pajonk FG et al. Psychiatrische Notfälle aus der Sicht von Notärzten. Anaesthesist 1998; 47: 588–594

Pajonk FG et al. Der psychiatrische Notfall. Abgrenzung zu Psychotraumatologie und Krise. Notfall & Rettungsmed 2000; 3: 363–370

Prior M. MiniMax-Interventionen. 15 minimale Interventionen mit maximaler Wirkung. Heidelberg: Carl-Auer-Systeme; 2007

Raschle A. Kinder – vergessene Angehörige psychisch kranker Mütter und Väter. Bern: Edition Soziothek; 2001

Reimer C, Arentewicz G. Kurzpsychotherapie nach Suizidversuch. Ein Leitfaden für die Praxis. Berlin: Springer; 1993

Reiter L, Strotzka H. Der Begriff der Krise. Ideengeschichtliche Wurzeln und aktuelle Probleme des Krisenbegriffes. Psychiatria Clin 1977; 10: 7–26

Richards S. Atypical chest pain – differentiation from coronary artery disease. Postgrad Med 1992; 91: 257–267

Riecher-Rössler A et al., Hrsg. Psychiatrisch-psychotherapeutische Krisenintervention. Stuttgart: Hogrefe; 2004

Ringel E, Hrsg. Selbstmordverhütung. Bern: Hans Huber; 1969

Rosenberg M. Gewaltfreie Kommunikation: Eine Sprache des Lebens. Paderborn: Junfermann; 2007

Rupp M. Notfall- und Krisenintervention. In: Küchenhoff J, Klemperer Mahrer R, Hrsg. Psychotherapie im psychiatrischen Alltag. Stuttgart: Thieme; 2000

Rupp M. Was hilft den Krisenhelfern? Notfall- und Krisenintervention auf dem Weg zu professionellen Standards. In: Müller W, Scheuermann U, Hrsg. Praxis Krisenintervention. Ein Handbuch für helfende Berufe. Stuttgart: Kohlhammer; 2004a

Rupp M. Umgang mit gewalttätigen Patienten – Prinzipien der Deeskalation. In: Müller W, Scheuermann U, Hrsg. Praxis Krisenintervention. Ein Handbuch für helfende Berufe. Stuttgart: Kohlhammer; 2004b

Rupp M. Ambulante psychiatrische Notfall- und Krisenintervention. In: Riecher-Rössler A et al., Hrsg. Psychiatrisch-psychotherapeutische Krisenintervention. Stuttgart: Hogrefe; 2004c

Rupp M. Der Umgang mit aggressiven Patienten. In: Küchenhoff J, Klemperer Mahrer R, Hrsg. Psychotherapie im psychiatrischen Alltag. Die Arbeit an der therapeutischen Beziehung. Stuttgart: Schattauer; 2009

Rupp M, Rauwald C. Von der Aggressivität zur Eskalation – Klärung einiger Grundbegriffe. In: Ketelsen R et al., Hrsg. Seelische Krise und Aggressivität. Der Umgang mit Eskalation und Gewalt. Bonn: Psychiatrie-Verlag; 2004a

Rupp M, Rauwald C. Maßnahmen zur primären Prävention. In: Ketelsen R et al., Hrsg. Seelische Krise und Aggressivität. Der Umgang mit Eskalation und Gewalt. Bonn: Psychiatrie-Verlag; 2004b

Sadock B et al., Hrsg. Kaplan & Sadocks pocket handbook of clinical psychiatry. Baltimore: Lippincott Williams & Wilkins; 2005

Sass H et al. Diagnostisches und statistisches Manual psychischer Störungen (DSM-IV-TR): Textrevision. Göttingen: Hogrefe; 2003

Schleunig G, Welschehold M. Münchner Krisenstudie: Bedarfs- und Strukturanalyse der psychiatrischen Krisen- und Notfallversorgung in einer 360.000 Einwohner umfassenden Region von München. Bundesministerium für Gesundheit; 2000

von Schlippe A, Schweitzer J. Lehrbuch der systemischen Therapie und Beratung. Göttingen: Vandenhoeck & Ruprecht; 2007

Schmidtke A, Schaller S. Suizidalität. In: Margraf J, Hrsg. Lehrbuch der Verhaltenstherapie. Bd. 2. Berlin: Springer; 2009

Schmitt TK et al. Psychiatrische Notfälle und Krisen. Psychische Erste Hilfe, Krisenintervention und Notfallseelsorge. Notfall & Rettungsmed 2000; 3: 531–538

Schnyder U, Sauvant JD. Hrsg. Krisenintervention in der Psychiatrie. Bern: Hans Huber; 2000

Schulz von Thun F. Miteinander reden 1. Störungen und Klärungen – Allgemeine Psychologie der Kommunikation. Reinbek: Rowohlt TB; 2006

Seligman M. Erlernte Hilflosigkeit. München: Urban & Schwarzenberg; 1979

Senf W, Broda M, Hrsg. Praxis der Psychotherapie. Ein integratives Lehrbuch. Stuttgart: Thieme; 2007

Sgroi S. Handbook of clinical intervention in child sexual abuse. Lexington: Lexington Books; 1988

de Shazer S, Dolan Y. Mehr als ein Wunder: Lösungsfokussierte Kurztherapie heute. Heidelberg: Carl-Auer-Systeme; 2008

Simmich T. Behandlungskrisen ambulanter Psychotherapien aus der Sicht einer Krisenstation. Psychotherapeut 2001; 46: 252–258

Simmich T et al. Psychotherapeutische Aspekte von Krisenintervention. Literaturüberblick unter besonderer Berücksichtigung der letzten 10 Jahre. Psychotherapeut 1998; 43: 143–156

Sonneck G, Hrsg. Krisenintervention und Suizidverhütung. Ein Leitfaden für den Umgang mit Menschen in Krisen. Wien: Facultas-Universitätsverlag; 2000

Sonneck G, Ringel E. Technik der Krisenintervention. Psychiatria Clin 1977; 10: 85–95

Sopka S et al. Kommunikation in schwierigen Situationen – Ein Trainingsprogramm für Notärzte. Anästhesiol Intensivmed Notfallmed Schmerzther 2009; 2: 138–142

Watzlawick P, Nardone G, Hrsg. Kurzzeittherapie und Wirklichkeit. Eine Einführung. München: Piper; 2008

Wortman CB, Silver RC. The myths of coping with loss. J Consult Clin Psychol 1989; 57: 349–357

3.3 Glossar

Abklärungsphase: 4. bis 6. Schritt der Notfallintervention.

Abwehrmechanismen: Gedankliche und emotionelle Strategien, um sich vor einem inneren Konflikt zu schützen: z.B. Verdrängung, Verleugnung (Nicht-Wahrhaben eines offensichtlichen Gefühls oder Sachverhaltes), Somatisierung (Verlagerung in eine Körpermissempfindung), Spaltung (Aufteilung zusammengehörender Gefühle und Eigenschaften) → Projektion usw.

Akathisie: Quälende Bewegungsunruhe, möglicherweise als Nebenwirkung antipsychotischer Medikamente.

Aktive Passivität: Ein für Borderline-Patienten charakteristisches Muster der Alarmierung anderer, ohne selbst aktiv zu werden.

Alarm-System: Bereitschaftsdienst.

Ambivalenz: Innere Unentschiedenheit.

Ambulanz, Ambulanzfahrzeug: Patienten-Transportfahrzeug mit Martinshorn.

Anmelder, Anrufer: Person, die am Telefon Notfallhilfe anfordert.

Anschlussprogramm, stationäres: Spezialisiertes, mehrmonatiges Behandlungsprogramm für entzugswillige Süchtige.

Anticholinergikavergiftung: Potenziell lebensbedrohliche Vergiftung mit atropinähnlich wirkenden Stoffen (z.B. → Trizyklika, → Antiparkinsonika). Führt zur Erweiterung der Pupillen, trockenen Schleimhäuten, hohem Fieber, Krampfanfällen, Pulsveränderungen (bis hin zu gefährlichen Rhythmusstörungen), Blutdruckabfall usw. sowie Herzschwäche bis Herzversagen.

Antidepressiva: Medikamente gegen Depressionen.

Antiparkinsonika: Anticholinerge Medikamente gegen Parkinson'sche Krankheit und parkinsonartige → Nebenwirkungen (Parkinsonoid).

Antipsychotika (auch: Neuroleptika): Klasse antipsychotisch und stark dämpfend (beruhigend) wirkender Medikamente.

Aspiration: Potenziell lebensgefährliches Einatmen z.B. von Erbrochenem, vor allem bei Menschen mit Bewusstseinsstörungen.

Ausgliederung, soziale/Desintegration: Verlust der Zugehörigkeit zu einem → Beziehungsnetz infolge Verminderung der sozialen → Kompetenz.

Barbiturate: Heute kaum mehr genutzte Klasse von Schlafmitteln, die auch zur Vorbeugung gegen epileptische Anfälle (z.B. beim Alkoholentzug) verwendet wurden.

Begrüßungsintervention: 3. Schritt der Notfallintervention zur Schaffung eines geeigneten Settings vor Ort.

Behandlungsbündnis: Therapievereinbarung mit definierten Rahmenbedingungen der Behandlung (→ Setting) zwischen einem vertragsfähigen Klienten und dem für die Behandlung verantwortlichen professionellen Helfer.

Benzodiazepine: Klasse angstreduzierender, beruhigender sowie muskulär spannungslösender Medikamente. Notfallmedikament bei einem Krampfanfall und Erregung.

Betreuung: Fachliche Begleitung eines psychosozial Leidenden ohne unmittelbare Heilungs-Zielsetzung.

Beobachtung, teilnehmende/interaktive: → Evaluation der Veränderungen während eines Notfalleinsatzes im Rahmen der Betreuung des Klienten.

Bewältigungsstrategie: → Coping.

Beziehungskonstellationen: Charakteristische Verteilung von Rollen und typische Kommunikationsabläufe in menschlichen Beziehungen.

Borderline-Syndrom: ➜ Persönlichkeitsstörung.

Burn-out: Zustand des seelischen Ausgebrannt-Seins nach einer Phase überfordernden Engagements ohne entsprechenden Nutzen.

Clinch: Emotionelle Verstrickung von Partnern in einer Auseinandersetzung.

Compliance: ➜ Kooperation.

Coping: Erlernte Verhaltensmuster zur gefühlsmäßigen, intellektuellen und handlungsmäßigen Bewältigung von Lebensproblemen.

Delir, Delirium: Vorübergehender psychoseähnlicher Zustand unterschiedlichster Ursache mit wechselnder Bewusstseinstrübung.

Demenz: Abbau intellektueller Leistungsfähigkeit (Intelligenz, Gedächtnis, Orientierungsvermögen usw.), verbunden mit einer Wesensveränderung.

Denkstörung: Beeinträchtigung in Ablauf, Zielrichtung und Effizienz von Gedanken. Zentrales Symptom bei der ➜ Schizophrenie.

Desintegration, soziale: ➜ Ausgliederung.

Destruktivität: Zerstörerisches Verhaltensmuster gegenüber sich selbst und/oder andern, z.B. Suchtverhalten, Selbstverletzung, Gewaltbereitschaft usw.

Diagnose: Die medizinische oder psychologische Fachbezeichnung einer charakteristischen Veränderung des Gesundheitszustandes.

Differenzialdiagnose: Die Gegenüberstellung verschiedener abzuwägender Diagnosen beim Vorliegen einer gesundheitlichen Störung.

Diskrimination: ➜ Ausgliederung.

Dissoziativer Zustand: Seelische Ausklammerung von belastenden Erinnerungen und Verlust der bewussten Kontrolle über die damit verbundenen Verhaltensweisen (früher auch als „hysterisch" oder „konversionsneurotisch" bezeichnet).

DSM IV: Diagnostisches und statistisches Manual seelischer Störungen (entspricht weitgehend ➜ ICD-10).

Eins-zu-eins-Betreuung: Die Überwachung eines Patienten durch eine ständig anwesende verantwortliche Person.

Empathie: Anteilnahme, Einfühlung.

Epilepsie: Vielgestaltige Gruppe von Anfallskrankheiten mit oder ohne Bewusstseinsverlust, die mit hirnphysiologischen Veränderungen einhergehen. Der große Anfall mit Bewusstseinsverlust (sog. Grand mal), jedoch auch der ➜ Status epilepticus, kann durch Medikamente und Alkohol- bzw. Drogenmissbrauch ausgelöst werden.

Eskalation: Wechselseitige Steigerung des Kräfteeinsatzes in einer kampfartigen Auseinandersetzung (➜ Clinch).

Evaluation: Systematische Überprüfung gemäß vordefinierter Kriterien.

Familientherapie: Psychotherapieverfahren unter Einbezug der bei einer Problemstellung wichtigen Beteiligten (➜ Systemische Therapie).

Feed-back: Rückmeldung. Reaktion auf die Äußerung eines Gesprächspartners.

Flash-back: Als überflutend erlebtes Erinnern einer traumatisierenden Begebenheit oder eines (meist ursprünglich unter Drogeneinfluss entstandenen) Wahns.

Frühdyskinesie: Innerhalb von Tagen auftretende Bewegungsstörung bei anfänglich schneller Antipsychotika-Dosissteigerung.

Gegenübertragung: Unbewusste Reaktion eines Helfers auf eine ebenfalls unbewusste emotionelle Haltung des Klienten dem Helfer gegenüber: Der Helfer wird vom Klienten emotionell mit anderen (meist früheren) Bezugspersonen verwechselt.

Geh-hin-Angebot: Bereitschaft, Hausbesuche zu machen.

Grand-mal: ➜ Epilepsie.

Haft(erstehungs)unfähigkeit: Gewichtiger ärztlicher Vorbehalt gegenüber einer gerichtlichen oder polizeilichen Einschließungsmaßnahme.

Halluzination: Eventuell durch Drogen ausgelöste Sinnestäuschung (z. B. bei → Psychose oder bei → Delir bzw. beim Konsum von → Halluzinogenen).

Halluzinogene: Halluzinationen auslösende Rauschdrogen.

Halluzinose: Psychoseartiger Zustand mit → Halluzinationen.

Handlungsphase: 7. bis 9. Schritt der Notfallintervention.

Helfer, Notfallhelfer: Oberbegriff für alle Personen, die beruflich oder als speziell ausgebildete Laien im Zusammenhang mit einem Dienstleistungsauftrag Hilfe leisten.

Hilfe-Strategie: Die grundsätzliche Ausrichtung einer Notfallmaßnahme: Entweder versuchsweises ambulantes Vorgehen bzw. Unterbringung in Kriseninterventionszentrum oder Krankenhaus.

ICD-10: Internationale Klassifikation der Krankheiten.

Illusion: Durch akute hirnorganische Beeinträchtigung ausgelöste Verkennung einer Wahrnehmung.

Interdisziplinäre Zusammenarbeit: Teamartiges, fallbezogenes Zusammenwirken verschiedener Berufsgruppen.

Intervention: Methodisches therapeutisches Eingreifen.

Interventionssackgasse: Unlösbar erscheinende Situation, die eine Überprüfung der → Hilfe-Strategie erfordert.

Injektion, intramuskuläre (i.m.): Medikamentengabe durch Einspritzung meist in den Oberschenkel- oder Gesäßmuskel. Der Wirkungseintritt erfolgt in ca. 20–40 Minuten (ähnlich langsam wie bei Tabletteneinnahme).

Injektion, intravenöse (i.v.): Medikamentengabe durch Einspritzen in die Vene (meist Ellenbeuge), der Wirkungseintritt erfolgt sofort.

Joint: Selbstgedrehte Zigarette aus Cannabis.

Katatonie: Schizophrenieform, die durch eine Störung der Bewegungsabläufe charakterisiert ist: mit → Stupor, Erregungszuständen ohne erkennbaren Anlass, statuenartiger Haltung, stereotypen Bewegungen usw.

Klient: Im Text gleichbedeutend mit „Klientin", Patientin" und „Patient" verwendetet.

Koma: Tiefe Bewusstlosigkeit.

Kompetenz: Fähigkeit, Befähigung.

Konsilium: Fachliche Beratung eines Arztes durch einen Kollegen.

Konstruktive Muster: Problemreduzierende und entwicklungsfördernde Angewohnheiten der Lebensbewältigung.

Kontaktpause: Vorübergehende Trennung mit definierten Spielregeln der Kontaktwiederaufnahme.

Kontaktregelung: → Kontaktpause.

Kontaktstellen für seelisch Kranke: Durch Sozialpädagogen usw. betreute Treffpunkte.

Konversionsneurose: → Dissoziation.

Kooperation: Fähigkeit und Bereitschaft zur Zusammenarbeit sowie Verlässlichkeit.

Krankheitsverhalten: → Patientenverhalten.

Kurztherapie: Zeitlich auf ca. 10–20 Sitzungen befristete, auf einen Problembereich eingegrenzte psychotherapeutische Behandlung.

Laienhelfer: Meist durch Fachkräfte trainierte, unentgeltlich arbeitende Laien in Beratungsstellen.

Langzeittherapie: Mehrjährige psychotherapeutische Behandlungen bei Menschen mit tiefliegenden und umfassenden Störungen.

Lebenswechsel: Wechsel grundlegender Lebensbedingungen (sog. life-events).

Lithium: Medikament zur Dauerbehandlung von manisch (-depressiven) Erkrankungen.

Loyalität: Menschliche Verlässlichkeit, Treue.

Maßnahmephase: Letzter Teil der Notfallintervention, bei der entsprechend einer vorläufigen Beurteilung Aktionen zum Schutz und zur Unterstützung der Notleidenden veranlasst werden.

Manie, manische Phase: Angetrieben-euphorische Stimmungslage mit psychotischer Realitätsverkennung und fehlender Krankheitseinsicht.

Methadon-Programm: Abgabe des Opioid-Ersatzes Methadon unter ärztlicher Aufsicht im Rahmen definierter Rahmenbedingungen.

Manipulation, manipulativ: Kommunikationsverhalten, bei dem Absichten auf versteckte Weise durchgesetzt werden.

Methode: Überlegte Vorgehensweise im psychosozialen Notfall.

Mobile Einsatzgruppen, mobile Equipe: Kleines interdisziplinäres Team mit → Geh-hin-Angebot.

Multiproblemsituation: Beschwerdebild mit mehreren Problemschwerpunkten, die je für sich schon Anlass für eine Notfallintervention geben können.

Nachbetreuung: Zeitlich umschriebene psychosoziale Betreuung oder Therapie nach dem Notfalleinsatz, bei der die Bewältigung der Krise im Vordergrund steht.

Nachphase: Der methodische Abschluss des Notfalleinsatzes.

Nebenwirkungen, parkinsonartige: Bei gewissen → Antipsychotika können Bewegungssteifigkeit, Zittern usw. sowie eine Reihe von vegetativen Nebenwirkungen auftreten, wie sie bei der Parkinson'schen Krankheit beobachtet werden können.

Negative therapeutische Reaktion: Im Verlauf einer Therapie auftretende krisenhafte Verstärkung der Symptomatik, für die es außerhalb der therapeutischen Beziehung keinen unmittelbaren Anlass gibt.

Nervensystem, vegetatives: Nervensystem zur nicht-willentlichen, automatischen Steuerung von Organen.

Nervenzusammenbruch: Umgangssprachliche Bezeichnung für eine akute seelische Überforderung mit ausdruckstarkem Appell um Hilfe.

Netz, soziales: Beziehungsnetz.

Neuroleptika: → Antipsychotika.

Neurose: Störung der emotionellen Erlebnisverarbeitung, die sich in unangemessener Reaktion (wie einer Panikstörung, Zwängen, psychosomatischen Störungen usw.) in umschriebenen Lebensbereichen zeigt.

Non-Suizid-Vertrag: Vereinbarung zwischen Therapeut und Patient, bei welchem sich der Patient verpflichtet, eine Problemlösung durch konstruktive Problembewältigung und nicht durch selbstgefährdendes Verhalten zu erreichen und der Therapeut ein angemessenes Hilfeangebot definiert

Notarztwagen: Mit Wiederbelebungsgeräten ausgerüstetes Einsatzfahrzeug, das von einem in Wiederbelebungsmethodik ausgebildeten Arzt begleitet wird.

Notfallkonferenz: Besprechung der bei einer Notfallintervention beteiligten vertragsfähigen Personen zur Definition des Interventionsziels und der gegenseitigen Abstimmung der Hilfeleistungen (7. Schritt der Notfallintervention).

Nottelefon: Telefonisch erreichbare Beratungsstelle mit der Möglichkeit zu anonymer, kostenloser Beratung.

Opiate, Opioide: Klasse starker Betäubungsmittel, deren Konsum und Handel zum Teil verboten ist (Heroin, Methadon, Codein sowie diverse starke Schmerzmittel, die nur über Arztrezepte erhältlich sind).

Option: Handlungsalternative nachgeordneter Priorität.

Paranoia: Wahnhafte schizophrene Störung.

Patientenrechte: Gesetzliche Vorschriften, die das Vorgehen bei der Durchführung von Zwangsmaßnahmen sowie den Datenschutz und das Rekursrecht regeln.

Patientenverhalten: Charakteristisches Verhaltensmuster beim Einnehmen der Patientenrolle.

peroral (p.o.): Über den Mund eingenommen (ein Medikament).

Persönlichkeitsstörung: Umfassendes, zur persönlichen Eigenheit gewordenes Fehlverhalten, das sich in der Jugend entwickelt hat. Je nach Akzent des Störungsbildes wird die P. spezifisch benannt (Borderline-Störung, dissoziale Persönlichkeitsstörung usw.).

Phobie: Unangemessene, sich zwanghaft aufdrängende Angst.

Polytoxikomanie: Abhängigkeit von mehreren Suchtmitteln.

Präpsychose: Zustand vor Ausbruch einer ➜ Psychose.

Probeintervention, ambulante: Versuchsweise ambulante Notfallmaßnahme, zur ➜ Evaluation der Möglichkeit ambulanter ➜ Nachbetreuung.

Problemlösungsstrategie: ➜ Coping.

Projektion: Zuschreibung einer bei sich selbst verkannten Eigenheit zu einer andern Person.

Psychoanalyse: Zeitlich aufwändiges psychotherapeutisches Behandlungsverfahren. Der Patient berichtet spontan seine gedanklichen und gefühlsmäßigen Einfälle und Träume. Aus diesem Material deckt der Therapeut durch deutende Interpretation bislang unbewusst gebliebene Zusammenhänge auf, die der Analysand u. a. in Form von ➜ Übertragung wieder erlebt.

Psychohygiene: Maßnahmen zur Stabilisierung des seelischen Gleichgewichts und Wohlbefindens.

Psychomotorik: Gesamtheit der Bewegungsäußerungen, die durch seelische Vorgänge beeinflusst werden.

Psychoorganische Störungen: Charakteristisches Beschwerdebild aufgrund einer Leistungseinbuße des Großhirns.

Psychopathologie: Lehre von den krankhaften seelischen Vorgängen.

Psychosen: Bezeichnung für eine Vielzahl von ernsten, jedoch behandelbaren Geisteskrankheiten, die sich vor allem in einer erheblichen Störung des Wirklichkeitsbezuges (z.T. mit Halluzinationen und Wahnvorstellungen) äußern.

Psychosoziale Kompetenz: Fähigkeit zur eigenverantwortlichen Lebensbewältigung.

Psychotherapie: Methodisch definiertes Heilverfahren zur Behandlung seelischer Störungen im Rahmen eines ➜ Behandlungsbündnisses.

Psychotherapie, aufdeckende: ➜ Psychoanalyse.

Reaktion, negative therapeutische: ➜ Negative therapeutische Reaktion.

Realitätsbezug, gestörter: Krankhaft beeinträchtigter Wirklichkeitsbezug.

Reanimation: Fachgerechte Wiederbelebungsmaßnahme.

Regression: Entwicklungsmäßig frühere (kindliche) Verhaltensweisen; meist als Reaktion auf Überforderung.

Rehabilitation, Resozialisation: Sozialpädagogische Wiedereingliederungsmaßnahme in den Bereichen Wohnen, Kontakt oder Tätigkeit.

Ressource: Quelle seelischer Kraft, körperlicher Erholung und sozialen Wohlbefindens.

Schizophrenie: Eine häufige Form der ➜ Psychosen, die sich vor allem durch eine Störung des Denkens, der Gefühlsreaktionen und der Wahrnehmung äußert und häufig mit Wahnvorstellungen verbunden ist.

Schlundkrampf: Schwerwiegende Auswirkung einer Neuroleptika-Vergiftung.

Schlüsselsituation, Schlüsselerlebnis: Erfahrung, die sich als modellhaft einprägt.

Schlüsselsyndrom: Laienhafte Beschreibung der wichtigsten Beschwerdebilder in der Notfallsituation.

Screening, toxikologisches: Drogennachweis im Urin oder Blut.

Selbstbild: Die Vorstellung von der Eigentümlichkeit der eigenen Persönlichkeit und deren Bedeutung für sich und andere.

Setting: Unverzichtbare Rahmenbedingungen (Ort, Zeitraum, anwesende Personen, Rollen, Gesprächsregeln usw.) für eine therapeutische Intervention.

Sozialdistanz: Üblicherweise eingenommener Abstand zu anderen Personen.

SSRI: Selektive Serotonin-Wiederaufnahme-Hemmer. Gegenüber den ➜ Trizyklika im Allgemeinen nebenwirkungsärmere antidepressive Medikamente.

Stationäre Krisenintervention: Kurzzeitige Unterbringung (Tage) mit dem Ziel einer Sofortentlastung für Patient und Umfeld.

Status epilepticus: Serie epileptischer Anfälle mit Gefahr der Hirnschädigung.

Stupor: Zustand wacher Reglosigkeit (z. B. bei ➔ katatoner Schizophrenie).

Suizidalität: Ausmaß der Bereitschaft zur Selbsttötung.

Syndrom: Muster charakteristischerweise gleichzeitig vorhandener Symptome.

Systemische Therapie: Psychotherapie unter Einbezug wichtiger Angehöriger (➔ Familientherapie). Die systemische Intervention bedient sich unterschiedlicher Methoden (in erster Linie Verhaltens- und Kommunikationstherapie), um auf die Selbst- und Fremdwahrnehmung der Kommunikationspartner, deren Kommunikationsverhalten und Problemlösungsmuster einzuwirken.

Szenario, inneres: Szenenartige Vorstellung eines zukünftigen Ereignisablaufs.

Szene-Jargon: In der Drogenszene übliche umgangssprachliche Bezeichnung.

Tagesstruktur: Gestaltungsplan („Stundenplan") für den Alltag.

Therapie, systemische: ➔ Systemische Therapie.

Tranquilizer: Beruhigungsmittel. ➔ Benzodiazepine.

Traumatisierung, seelische: Seelische Verletzung durch Gewalterlebnis.

Triage: Erster Schritt der Notfallintervention. Kurzbeurteilung von Dringlichkeit und Zuständigkeit bei der Anmeldung, Entscheidung zur weiteren Vorgehensweise, insbesondere des nächsten Maßnahme-Schrittes.

Trip: ➔ Szene-Jargon für Rausch mit ➔ Halluzinogenen.

Trizyklika: Klasse antidepressiver Medikamente.

Übertragung: ➔ Gegenübertragung.

Variante: Handlungsalternative.

Verhaltenstherapie: Psychotherapieverfahren, das die Krankheitserscheinungen als Ausdruck gelernter Fehlanpassung begreift und diese durch ein methodisches Umlernen behandelt. Der Bereich der Intervention ist nicht nur das Verhalten, sondern auch das Fühlen und Denken (kognitive Verhaltenstherapie).

Verladenheit: Umgangssprachliche Bezeichnung für Rausch durch betäubende Drogen.

Verstrickung: ➔ Clinch.

Verwahrlosung, soziale: Häufig krankheitsbedingte Vernachlässigung der sozialen Pflichten und schließlich der persönlichen Fürsorge.

Vitalfunktionen: Überlebensnotwendige Organleistungen (Atmung, Herzaktion usw.).

Vorbereitungsphase: 1. bis 3. Schritt der Notfallintervention.

Vorphase: Die Entgegennahme einer Anmeldung für eine Notfallintervention.

Vulnerabilität: Seelische Verletzlichkeit. Im engeren Sinne die konstitutionelle Eigentümlichkeiten von ➔ Schizophreniekranken, aufgrund von Reizüberflutung mit einem Verlust des emotionellen und gedanklichen Zusammenhaltes zu reagieren.

Worst-case-Szenario: Schlimmstmöglicher Verlauf einer Notfallintervention.

3.4 Index